国家社会科学基金资助项目

和谐社会道德体系构建研究

HEXIE SHEHUI DAODE TIXI GOUJIAN YANJIU

李青/龙艳/邓明辉◎著

时 事 出 版 社

图书在版编目（CIP）数据

和谐社会道德体系构建研究/李青，龙艳，邓明辉著．—北京：时事出版社，2014.12

ISBN 978-7-80232-793-1

Ⅰ.①和… Ⅱ.①李…②龙…③邓… Ⅲ.①社会公德教育—研究—中国 Ⅳ.①D648.3

中国版本图书馆 CIP 数据核字（2014）第 282238 号

出版发行：时事出版社
地　　址：北京市海淀区万寿寺甲 2 号
邮　　编：100081
发行热线：（010）88547590　88547591
读者服务部：（010）88547595
传　　真：（010）88547592
电子邮箱：shishichubanshe@sina.com
网　　址：www.shishishe.com
印　　刷：北京市昌平百善印刷厂

开本：787×1092　1/16　印张：31　字数：410 千字
2014 年 12 月第 1 版　2014 年 12 月第 1 次印刷
定价：115.00 元

目　　录

Contents

导　论

每个人都乐意安居在环境优美、自由公正友善和谐的社会，都希望过上幸福美满和谐的生活。和谐是人类社会的核心价值，构建和谐社会是人类的共同理想。

一、和谐是真善美相统一的状态

何谓和谐？人类为何要追求和谐？和谐为何值得人们去追寻？和谐的生活是幸福的生活吗？和谐社会是美好社会吗？……要回答这些问题，首先需弄清楚“和谐”是什么？

和谐是事物所固有的性质（属性），还是事物存在的状态呢？和谐是大千世界普遍具有的，还是人类社会独自拥有的呢？和谐是世界固有的，还是人类创造的呢？

我们认为，和谐是人类世界一种好的存在状态，恰如自由是人的好的活动状态一样。和谐描述的不是世界的性质，而是世界的存在状态。和谐，不仅是人们主观感受的善的状态，而且是符合客观规律的真实的状态；和谐是既符合规律又符合人性——合规律性与合目的性相统一的状态。可以说，和谐是真，和谐是善，和谐是美，和谐是真善美相统一的状态。中国古代思想家们认为，天人合一即为“和”，人与自然相通的状态就是“和”；社会内部治理良好、上下里外协调一致的状态就是“和”；“和”还是一种协调互动、生机盎然的状态。周朝的史伯认为，“和实生物”，“以他平他谓之和，故能丰长而物归之”；周成王认为，“庶政惟和”；老子认为，“冲气以为和”；管仲认为，“和合故能谐”；《礼记》认为，“和也者，天下之达道也”。西方思想家们认为，公正是和谐，爱是和谐，数是和谐，“中道”是和谐，适度是和谐，美是和谐，对立统一是和谐。可见，和谐是世界及其万事万物所处的协调统一状态，是一种“适度”的“平衡”状态，是一种和平、稳定、安宁、有序的状态，是一种充满活力，奋发向上的状态。

和谐是一个关系范畴。和谐所描摹的是事物间的一种关系及其状态，是两个或两个以上不同的事物，以及事物两个以上的要素之间的关系，是事物与事物之间及事物各要素之间所处的协调统一的状态。万事万物无不处在普遍联系之中，成为普遍联系之网的一个环节。事物因联系才能生存，因联系才有发展，也因联系才能和谐。完全相同的、单一的事物没有和谐，即“同而不和”；和谐只存在于不同的事物及其要素的联系之中，即“和而不同”。因此，和谐可以看作是考察事物及其要素相互关系的范畴。事物及其各要素之间的联系是多种多样的，本质的联系是对立统一，因而世界在本质上是对立统一的。因此，和谐即是事物的对立统一，是不同的事物之间及其各要素之间的协调统一。

把和谐看作是事物及其要素的协调统一，是中西文化的共同认识。老子认为，万物负阴抱阳，冲气以为和；道生一，一生二，二生三，三生万物；人法地，地法天，天法道，道法自然。和谐是道法自然的统一状态。孔子认为，和而不同，和谐是事物处于不偏不倚的中庸状态。恩培多克勒认为，和谐的世界秩序是建立在“爱”的基础之上的，一个和谐的社会取决于人与人的友善和敬爱。柏拉图认为，和谐是万物各处其位、各司其职的协调一致的状态。亚里士多德认为，和谐是“中道”，即“适中”，是事物处于并实现“善”的状态。黑格尔认为，和谐就是对立面的统一。马克思主义认为，“和谐是矛盾的一种特殊表现形式，体现着矛盾双方的相互依存、相互促进、共同发展。但和谐并不意味着矛盾的绝对同一。和谐是相对的、有条件的，只有在矛盾双方处于平衡、协调、合作的情况下，事物才展现出和谐状态。社会的和谐、人与自然的和谐，都是在不断解决矛盾的过程中实现的。事物是多样性的统一，和谐的本质在于协调事物内部各要素的相互关系，促成最有利于事物发展的状态。”①

和谐是一种合乎规律的存在和运行状态。和谐表示的是事物及其要素之间固有的必然的联系，即规律性的联系。可以说，只要是符合客观规律的事物及其运动，便是和谐的；反之，不合乎规律的事物及其运动，则是不和谐的。合规律的联系是与事物及其要素的本性相符的。我们之所以把一个事物看作是和谐的，是因为这一事物存在及其运动是其本性使然，事物的各要素的排列组合是事物所固有的、必然的联系。在自然界，和谐就是自然，即老子所讲的自然而然的状态，合乎规律——“道”的状态。不管是天高气爽、风和日丽，还是乌云密布、狂风暴雨，无论是惊涛拍岸、石破天惊，还是和风细雨、天河一色……都是和谐的。② 在社会领域，和谐就是符合社会发展的规律和体现社会发展的客观要求。任何违背社会基本规律的行为、事物都不可能和谐统一。因为，合规律不仅是指合乎社会发展的客观规律，而且合乎人自身的发展规律，即合乎人性规律。从人的愿望、要求而言，和谐不只是一种合乎社会规律的状态，而且应是一种合乎人的需要、目的的状态，即是一种合规律与

① 《马克思主义基本原理概论》，高等教育出版社，2008 年版，第 39 页。

② 不过，严格说来，和谐是属人的，一个没有人的世界，即单纯的自然界——自在世界，是无所谓和谐或不和谐的。我们似乎很难说，喜马拉雅山的高、马里亚纳海沟的深、无垠的沙漠、广阔的草原、宽广的平原、暴风骤雨、微风细雨、和煦春风、炎炎夏日……之于地球而言是和谐的还是不和谐的；我们也很难说，丰富多彩的地球是和谐的，单调死寂的火星是不和谐的，有人类生存的太阳系是和谐的，无人类生命存在的恒星系就是不和谐的。纯粹的自然界是一个无意义的世界，因而，便无所谓和谐，也无所谓不和谐。因此，只有在人的世界里才有和谐与不和谐之分，和谐之于人而言才有意义。

合目的相统一的状态，即和谐是一种真与善相统一的状态。

和谐不仅是真、是善，而且还是一种美；和谐不仅是真与善相统一的状态，而且是真善美相统一的状态。黑格尔认为，美即为对立面的统一。马克思认为，美是自然的人化，是人把任何物种的尺度，并能够把人的内在尺度作用于外在对象上去，即按照美的尺度——美的规律进行生产和创造。李泽厚认为："美是真与善的统一，也就是合规律性和合目的性的统一。……在合目的性和合规律性的统一中，更多表现出一种实现了的目的性、功利内容直接或间接地显现出来。"① 奥古斯丁认为："一切物体的美都是具有悦目色彩的各部分的和谐。"美就是秩序、整一与和谐。和谐是事物关系的协调统一，是人与人、人与事物的有机统一。协调、统一本身就是一种美，因而，和谐是一种美。和谐的东西是美的，美的东西也是和谐的。和谐之所以成为人类世世代代的追求，根本在于和谐是合规律性与合目的性相统一的美的状态，即是真善美的统一体。

正因为和谐是真、是善、是美，是真善美相统一的状态，所以，和谐的事物、和谐的社会、和谐的生活、和谐的人生总是人所喜欢的，总是人所追求和向往的。

二、道德是人促进和谐的实践方式

"全部社会生活在本质上是实践的。"② 道德生活作为社会生活的一个重要内容或部分，在本质上也是实践的。可以说，道德的本质内容是实践的。没有人的社会生活实践就没有道德，离开实践的道德是不存在的。然而，尽管社会生活无时无处不存在道德活动，

① 李泽厚：《美学三书》，天津社会科学院出版社，2003 年版，第 436 页。
② 《马克思恩格斯选集》第 1 卷，人民出版社，1995 年版，第 56 页。

但道德活动却并不是一种独立的活动。正如唐永泽教授所言：“道德不能独立存在，它具有依存性、‘寄生’性。这就是说，道德存在于人们的各种社会生活之中，它不能单独地、孤立地成为社会生活的一种，只能融入于、渗透于各种社会生活之中。”因此，道德“不是生活实践、行为活动的本身”。[①]

的确，道德不是人的实践本身，而是人的实践方式。道德表征的不是人做什么，而是以什么样的方式做什么。因为，人的实践方式——做事情的方式决定着行为的善恶性质及其影响。马克思、恩格斯指出：人们用以生产自己生活资料的方式，“在更大程度上是这些个人的一定的活动方式，是他们表现自己生活的一定方式、他们的一定的生活方式。个人怎样表现自己的生活，他们自己就是怎样。因此，他们是什么样的，同他们的生产是一致的——既和他们生产什么一致，又和他们怎样生产一致。”[②] 所以，马克思主义认为，物质资料生产方式是社会发展的决定性力量，决定社会的性质和社会制度的更替。同样，我们也可以说，人的实践方式也决定实践的善恶性质，决定实践的成败。

人从事生产、处理社会关系和科学实验等实践活动，这些活动本身不能说是道德的还是不道德的。一种实践活动是道德的或是不道德的，根本在于人是以什么样的方式进行实践的，即怎样生产、如何处理社会关系、如何从事科学实验等。也就是说，我们不能认为从事某种生产是道德的，而不从事某种生产是不道德的，或者相反；就像不能认为打猎、捕鱼是道德的，不打猎、不捕鱼是不道德的一样，也正如不能说研究制造原子武器是道德的，不研究制造原子武器是不道德的一样。一种实践活动是不是道德的，根本在于活

① 唐永泽：“从生活实践中探寻道德本质”，《江苏社会科学》2003 年第 1 期。不过，唐教授由此认为道德是“人们的生活实践表现出来的一种属性、一种品质”。我们觉得唐教授似乎是把道德和品德混淆了。道德不应该是一种品质，而品德（美德）才是人的一种品质。当然，如果像有的学者那样把道德当作一个多义词来理解和运用，即道德既可以是一种意识形态、一种行为规范，又可以是人的品德，那么，道德便可以看作是一种属性、一种品质。

② 《马克思恩格斯选集》第 1 卷，人民出版社，1995 年版，第 67—68 页。

动是以一种什么样的方式进行或实施的。比如，从他人那里获得所需的物品，有征得他人同意的借用方式、有等价交换的方式，也有强取豪夺的方式、有偷盗的方式，等等……不同的方式决定着获取财物行为的性质及其后果。等价交换或借用的方式，能够给双方带来利益，是大家喜欢的、愿意接受的，因而是善的、道德的；而强取豪夺、偷盗的方式，会给他人带来损失，最终也会损害大家，则是人所不喜爱、不愿意接受的，因而是恶的、不道德的。可见，道德不是实践、行为本身，而是实践的方式或行为的方式。在人类道德体系所规定的诸如勇敢、无私、正直、智慧、公正、节制、仁爱、奉献、廉洁、自律、自尊等道德要求或品德规定，无一不是做人做事的方式。同时，人类所赞美的德性、品德，无一不是做人做事的方式。一个无私的人，一直是无私地做人做事；一个诚实的人，一直是诚实地为人做事；一个慈爱的人，一直是慈爱地待人……因此，我们认为，道德是人的实践方式。

人的实践活动多种多样，实践方式也多种多样，并不是所有的实践活动都是道德的活动，也并不是所有的实践方式都是道德的，能够称之为道德的必定是善的实践方式。善是人的欲望、需要的满足和实现。总体而言，那种能够使客体朝着主体需要——实践目的方向发生变化的实践方式，也就是使实践取得成功的方式，应当是善的，是能够给人类带来福利——增进人和社会利益的。比如，人们诚实、公正、智慧地做事，无论实践活动是何等复杂，实践结果是如何不确定，但必定是促使实践成功的好方式，必定能够更好地使实践目的和实践结果达成一致，至少能够让人相信这样的方式会产生好的实践结果，从而达到人的实践目的、给人和社会带来好处，因而是善的、道德的。正因如此，诚实、公正、正直、无私、勇敢、大方、节制、廉洁、慈善……就是人们欢迎的、喜爱的道德品质。人类社会有许多禁忌性、禁止性的道德规范，就是要求人们避免或排除那些不利于或有害于人与社会生存发展的实践方式。不说谎、不偷盗、不奸淫、不伤害无辜……就是要求人们不要以给人和社会带来损害的方式——恶的方式做事，从而预防、避免对人和社会的伤害。

一个完整的实践活动包括实践的目的、实践的实施过程和实践的结果。目的性是实践的一个基本特征，是人高明于其他生命体的一个根本标志。实践目的是“人的意识对客体的超前改造，是主体把自己的内在尺度运用于客体，对客体自在形式的一种批判性、否定性的反映。”由于“目的既是实践运行的初始环节，也是实践运行的内控因素，它贯穿和渗透于整个实践过程以及结果之中”。[①] 但是，实践目的并不决定实践的善恶性质。人的行为动机并不能决定行为的道德性质。一种行为的道德性并不在于行为的动机是利己的还是利他的。因而，我们不能认为动机利己的行为就是不道德的，动机利他的行为就是道德的。因为，实践的目的本身并不是行为的实际结果。实践目的、动机是主观的，实践结果是客观的。主观的东西并不对人发生利害关系。只有实践结果才对人构成利害关系。对人无利害关系的事物是无所谓善与恶的，只有对人有利害关系的事物才有善恶之别。同时，由于实践过程的复杂性，实践的目的和结果往往会不一致，甚至相反。正如毛泽东所说：“一般地说来，无论在变革自然或变革社会的实践中，人们原定的思想、理论、计划、方案，毫无改变地实现出来的事，是很少的。这是因为从事变革现实的人们，常常受着许多的限制，不但常常受着科学条件和技术条件的限制，而且也受着客观过程的发展及其表现程度的限制（客观过程的方面及其本质尚未充分暴露）。”[②] 所以，我们不能根据实践目的或行为动机决定实践活动的善恶性质，就是说，实践目的并不能作为判定实践活动善恶与否的标准。

决定实践活动善恶性质的不是实践活动本身，而是人的实践方式。实践方式是主体作用于客体的活动形式，包括主体作用于客体

---

① 李秀林等：《辩证唯物主义和历史唯物主义原理》，中国人民大学出版社，1995 年第 4 版，第 84 页。

② 《毛泽东选集》第 1 卷，人民出版社，1991 年版，第 293—294 页。

的手段、程序或程式、主观态度（体验）以及要求等。实践是联结实践目的和实践结果的中介。在实践活动中，客体能否朝着有利于实践目的和满足人的需要的方向变化发展，根本在于主体作用于客体的方式。一般而言，实践方式决定着实践的结果，标志着实践的水平。实践主体运用实践中介作用于客体的方式，特别是隐含于其中的主体能动性，在很大程度上影响实践的成败，决定实践活动的善恶性质。实践目的确定之后，主体必须运用一定的实践中介——工具、手段、方法等，作用于客体，使客体朝着实践目的的方向发生变化。如果人们作用于客体的方式能够使实践目的和实践结果趋于一致，那么，便意味着实践取得了成功，也意味着此种实践方式是值得沿用或借鉴的。在长期、反复的实践活动中，如果人们真正感受到某种实践方式是取得实践成功的最佳方式，那么，这种方式就会上升为人们从事某种或某类实践活动应当或必须遵守的规则，从而被继承、被传承。这种实践方式就是善的方式。如果人们把这种方式规定为人们应该遵循的规则，那么，这种方式就可以看作是道德。

从道德和风俗、习惯的关系看，道德来源于习俗，又脱离于习俗，习俗包含着道德，道德又高于习俗。习俗是某一地域的人们做某事、某些事的一贯做法，是做事的方式方法，是做事的规则和要求。人们遵循习俗，就是按照习俗规定或要求的方式做事。一种行为方式之所以能够被沿袭并保留下来成为习俗，根本在于这种方式事实上能够或人们相信能够增进人和社会的利益，能给人带来福祉。当人类的理性思维发展到一定阶段，社会把那些能够或相信能够给人和社会带来利益的方式明确规定为人们应该遵守或必须服从的行为规范，那么，道德就形成了。

伦理是 ethos，源于希腊语 ethikos，原意指习惯，不仅仅是指个人的习惯，而且是指生活在同一地域、同一时期的群体的习惯。习惯是人长期的做事方式。众所周知，习惯有好坏之分，即有好习惯和坏习惯。好习惯，是指好的做事方式，是人们在长期的生活实践中形成和培育的，是能够引导、帮助人顺利完成某种事项且达到预想目的的行事方式。相反，坏习惯，则是指不好的做事方式，是会给人带来不利、有害的行为方式。好的习惯，人们会不断保留、积累、遗传下来；坏的习惯则会慢慢舍弃。道德就是好的习惯、好的做事方式，道德传统就是保存下来的好的习惯和行事方式。“历史就像一个过滤器，会把坏习惯过滤掉，而保留下来的则是好的或比较好的习惯，能够世世代代承继下来，成为一个源远流长的道德传统。”①

道德的实质内容是人的实践方式，道德的形式是成文的规则、规范或不成文的风俗习惯。事物的内容决定形式。事物的内容可以有不同的形式。同一的实践方式可以有不同的规范形式。许多善的实践方式，既可以表述为倡导性的道德规范，也可以表述为禁令性的道德规范。比如，合理利用社会财富的方式可以表述为节约或不浪费，不偏不倚地对待他人和事项的方式可表述为公正或不偏私，等等。如果社会创制的道德都是促使人们达成善的实践方式，那么，社会创制的就是优良的道德体系。如果人们遵循这种实践方式从事社会实践活动，即在社会实践中接受道德的规导，那么，既能够促进社会和谐发展、科学发展，又能够促使人们形成优良品德、塑造健康健全人格。

道德是人追求好生活、建设好社会的实践方式。好生活、好社会首先必须是有序的、且是有良序的。道德的一种重要功能是建立社会良序。从一定意义上说，道德是人类为了避免严重社会冲突而确立的一种行为规则、实践方式。道德之所以必需，人之所以需要道德，根本在于人处在社会关系之中，而人与人之间的社会关系在本质上是一种利益关系。拉尔夫·巴顿·佩里认为：“道德是人们调和不同利益的努力：当不同利益之间发生了冲突时就制止这种冲突，并使没有冲突的消极调和发展为互助合作的积极调和。道德是由于同样的或不同的人们由于利益的原因而造成的冲突所带来的问题的

① 赵敦华：《西方哲学经典讲演录》，广西师范大学出版社，2007 年版，第 101 页。

一种解决。人的问题的解决在于消除敌对的状态，这种状态造成了彼此之间毁灭性的冲突。”① 梯利认为：“道德是个人利益冲突的产物。”② 万俊人教授明确说：“冲突是道德之母。哪里有冲突，哪里就有道德问题发生。……人类道德的第一动因便是调节或协调各种人际、群际，以及个体与整体之间的利益关系，减弱或消解各种利益矛盾和价值冲突，这是道德作为人类现实生活实践之普遍行为规范的主要依据之所在。”③ 为了使利益矛盾和冲突不至于把社会毁灭，社会需要寻找合适的方式来处理利益矛盾，以保证社会的生存和发展。经过长期摸索、试错、验证，社会选择了那些有利于处理利益矛盾、促进利益和谐的实践方式——道德。为此，有学者认为，道德其实就是人与人（他人与社会）、人与自然以及人与自身的一种斡旋，一种利益的调节方式，最终是要在社会发展和个人自我实现之间确立一种平衡机制。④

道德，不仅是协调利益关系、避免利益冲突的实践方式，而且更应该是促进利益和谐、增进利益总量的实践方式。可以说，道德在本质上是实现利益和谐的实践方式，就是促使人与自身、人与他人、人与社会、人与自然和睦相处的方式，就是促使人的内在和谐和外在和谐的统一。正如佩里所说：“‘道德的善’，是和谐一致的利益所赋予目的物的特性……”“一个目的物，当利益使得它满足和谐的要求时，在特殊的意义上讲，它也就是道德的善”，“伦理学上所说的‘善的生活’，可以描述为一种和谐的幸福状态——这种状态通过增进人们的合作，使全部利益成为积极的利益。”因而，“道德的善”可定义为“和谐的幸福”。⑤ 罗素也说：“最高的道德规律，

① ［美］汤姆·L. 彼彻姆：《哲学的伦理学》，中国社会科学出版社，1990 年版，第 503—504 页。

② ［美］弗兰克·梯利：《伦理学概论》，中国人民大学出版社，1987 年版，第 176—177 页。

③ 万俊人：“人为什么要有道德”，《现代哲学》，2003 年第 1 期。

④ 黄云明：“论道德的本质”，《河北大学学报》，1998 年第 3 期。

⑤ ［美］汤姆·L. 彼彻姆：《哲学的伦理学》，中国社会科学出版社，1990 年版，第 504 页。

是为着产生调和的欲求而行动，不是为着产生纷乱的欲求而行动。这个规律可以应用到任何人类的影响所能及的地方：他的自身，他的家庭，他的城市，他的国家，如果他的影响可能的话，也可以应用到全世界去。要达到这种目的，我们就有两个主要的办法：第一，产生社会的制度，在可能之内减少个人之间和团体之间的冲突；第二，教育个人使他的欲求能够自相调和，同时又能够和他人的欲求相调和。”① 海克尔也认为，道德的最高目标是建立利己主义和利他主义、自爱与博爱之间的健全的和谐。“自爱与博爱的道德平衡，是我们道德最重要的基本原则。按照这一原则，所有合理的伦理学的最高目的非常简单，就是建立利己主义和利他主义、自爱和博爱之间的自然平衡。”② 所以说，道德是人处理和调节人与人、人与社会、人与自然以及人与自身关系的实践方式，是促进人与人、人与社会、人与自然、人与自身和谐的实践方式，亦即促进人与世界和谐的实践方式。

三、社会应如何创制道德

人生而自由，自由是人的最根本的内在需要。每个人都希望能够无拘无束、自由自在地生活。徐向东教授认为，自由之所以重要，人之所以向往自由，“有一个很简单的答案：我们想要自由，想要得到更多的自由，因为我们希望有能力和机会来满足我们更多的欲望”。这只是一个表面经验的原因。从更深层次讲，因为自由是人的基本需要，是人最重要的利益，亦即“自由是最深刻的人性需

① 周辅成：《西方伦理学名著选辑》（下卷），商务印书馆，1964年版，第684页。

② ［德］恩斯特·海克尔：《宇宙之谜》，上海人民出版社，1974年版，第330页；转引自宋希仁：《西方伦理思想史》，中国人民大学出版社，2004年版，第409页。

要”。[①] 人的一切活动从根本说来就是满足自由的需要，以实现自由的需要为目的。马克思指出：“一个种的全部特性、种的类特性就在于生命活动的性质，而人的类特性恰恰就是自由自觉的活动。”[②] 自由自觉的活动即人的本质。可见，人最需要的是自由，是自由发展。人愈自由，则愈能实现人的本性，人愈能自由发展，社会也愈发达、富足、文明与和谐。

人的自由根源于人的社会性，人只有在社会中才能实现自由，即自由的实现依赖于社会中的他人的自由。也就是说，自由不能随意实现，而是有条件的。最起码的条件便是：每个人的自由是以一切人的自由为条件。如果脱离了这个前提条件，人的自由必然侵犯他人的自由，社会则必然混乱，自由也必定丧失。因此，为保障和实现每个人的自由，社会必须为人的自由设定必要的边界。道德、法律等规范就是社会为保障人的自由而创制的边界。

然而，社会不能随意设置边界。社会设置限制人的自由的边界必须是有限度的，即是说，社会设置边界也必须是有边界的。这个边界就是每个人的行为自由，即社会规范必须以不侵犯人的自由为限。保障人的自由、不侵犯人的自由，则是社会创制一切规范的根本标准。只有保障、扩大人的自由的规范，最起码应该是不侵犯人的自由的规范才是善的，不然，则是恶的。因此，道德是为保障人的自由及其实现而创制的。从道德与自由的关系看，道德是社会为每个人设置的行使社会自由的边界。道德的善就在于适当压抑个体、集团的自由和欲望，从而最终最大化增进个体和社会整体的自由及利益总量。正如韩东屏教授所言：“与本能的为人处世方式相比，道德的为人处世方式大都带有自我克制的色彩。在此意义上，道德又是一种社会理性精神，表面上它与人的本能欲望对抗，实质上却是为本能欲望规定合理的满足方式。”道德“是满足人的

① 王海明：《新伦理学》（中册），商务印书馆，2008 年版，第 1006 页。
② 马克思：《1844 年经济学哲学手稿》，人民出版社，2000 年版，第 75 页。

生存发展需要的最佳方案”。[①] 简言之，道德是社会为保障人的自由的实现而创制的限制人的自由的边界，或者说，道德就是人实现自由的边界。[②]

道德是社会创制的保障个人自由同时又限制个人自由的实践方式。因为道德能够保障每个人的社会自由，是必需的，因而社会必定要创制道德。又因为道德会限制个人的社会自由，因而社会创制道德是不能随意的，而必须是谨慎的、科学的。恰如王海明教授所言：“道德规范虽然都是人制定、约定的；但是，只有那些恶劣的道德规范才可以随意制定、约定。反之，优良的道德规范决非可以随意制定”，[③] 而必须科学制定。因此，社会只有谨慎、科学，才能创制真正的道德。

创建和谐社会的道德体系，必须坚持以马克思主义为指导，坚持以人为本的核心立场，坚持社会主义的本质要求，从构建社会主义和谐社会和社会主义现代化建设的实际需要出发，反映每个社会成员的愿望，增进每个人和社会的根本利益，保障人民群众的正当权益和自由。因此，我们所要构建和谐社会的道德体系必须是同社会主义核心价值体系相契合、与社会主义市场经济发展相适应、与社会主义民主建设相协调、与中华民族传统美德相承接、与世界文明优秀成果相融通的道德体系。

四、道德的根本目的

科学制定道德或制定真正的道德，关键在于确立道德的根本目的。道德是人为，更是为人的。但问题在于，道德是为什么人的呢？

---

① 韩东屏：“道德究竟是什么”，《学术月刊》，2011 年第 9 期。

② 李青、王义：“优良道德的创制和美德的形成”，《淮阴师范学院学报》2012 年第 4 期。

③ 王海明：《伦理学原理》，北京大学出版社，2005 年版，第 4 页。

是为人的什么的呢?

为什么人的问题，是道德的根本问题。由于人群、社会是创制道德的主体，不同的人群、阶级、社会有各自的道德。从这个角度看，道德是为特定的人群、阶级、集团和社会的人服务的。因为，不同人群、社会的人作用于世界的实践方式，尤其是获取生活资料的方式、生活的方式是不一样的；同时，不同的环境、社会和历史阶段，人们获取生活资料的方式、生存方式必然会发生变化。因此，不同地域、不同历史时期的人群、社会只能据此来确立人们应该遵循的行为方式，告知人们应该怎样行动和生活，什么样的行为才是有效的、合理的，什么样的生活才是有利于人生存和繁衍的。人类历史上出现的林林总总、形形色色的道德，无论彼此之间是多么不一致，但都是不同人群、社会对人们的实践方式长期选择的结果，因为那种或那些实践方式对于特定的人群、社会是最为有效、有利的，至少在他们的主观世界里认为是最有效和有利的。由于阶级社会不同人群的利益，尤其是统治阶级和被统治阶级的根本利益是直接冲突的，因此，阶级社会的道德在整体上是为各阶级、利益团体服务的，不是为增进每个人的利益总量的道德，因而不是实现每个人的自由和利益总量的实践方式。社会主义社会与阶级社会有着本质的不同。社会主义的性质，尤其是社会主义和谐社会的本质特性，决定了人与人之间根本利益的一致性，因此，社会主义社会、和谐社会的道德必定是增进每个人自由和利益总量的，是为每个人服务的，是实现每个人的善的实践方式。换言之，每个人、一切人都是社会主义社会这一道德共同体的成员，每个人、一切人都是社会主义社会这一道德共同体关爱的对象。

道德应该是为每个人的，应该满足每个人的需要，实现每个人的利益。然而，人的属性、需求和利益是多样的，社会财富也是有限的，因此，社会不可能同时满足每个人的所有需要，不可能实现每个人的所有利益，而只能满足人的部分需要，实现人的部分利益。

那么，社会应该满足人的什么需要、实现人的什么利益才是道德的呢？或者说，社会创制道德是为了满足人的什么需要、实现人的什么利益呢？由于这一问题与人生价值紧密相连，因此，我们应弄清楚什么是人的最高价值目标。人所追求的，应当是社会所追求的，也应当是道德所追求的。可以说，人的最终目标、最高价值应当是社会道德的终极目标。

一切美好的东西都是人应该追求的，人也希望获得一切美好的东西。因为人有众多的欲望和需要。然而，人不可能追求一切美好之物、更不可能获得一切美好之物，而只能追求、获取为数不多的美好之物。为此，人必须为自身确立最终的价值目标。那么，什么是人的最高价值目标呢？马斯洛认为，人的需求是有层次的，最低层次的需求是生理需要的满足，最高的需求是人的自我实现。亚里士多德认为，善是多样的，至善是人的幸福。马克思认为，人的自由全面发展是社会的最高价值目标。应该说，满足人的需求就是幸福的，满足人的最高需求就是人的最大幸福，就是至善。也就是说，人的最高价值目标就是实现自我、过幸福的生活。既然道德是人达成善的实践方式，那么，道德的目的便在于善。至善是最高的善，具有最大的价值。因而，至善则是道德的最高目标，即促使每个人实现自我、生活幸福便是道德的最高目标。

至善是人生的幸福。至善建立在其他层次的善的基础之上，依赖于其他善，并由其他善构成。亚里士多德认为，人生的幸福，离不开过一种体面的、有尊严的生活。如果一个人没有体面的生活，没有起码的做人的尊严，那么人是不会幸福的。而人要过体面的、有尊严的生活，便离不开一定的物质生活条件、社会关系、家庭、运气、特别是闲暇等等。因为一个人的基本的生活已经满足，才能来谈能不能获得幸福。因此，人的幸福，除此能够过体面的生活之外，还有一种更为重要的因素：人必须要有德性。基本的生活条件都满足了，人是不是幸福的？在亚里士多德看来，解决这个问题的关键在于人是不是有德性。外在的好处和德性对于幸福来说都是必需的，但德性更为重要。幸福，不仅是一种受到社会尊重的体面生活，而且更是一种德性的生活。“因为外在的好处靠运气，但德性却不靠运气。如果你凭自身的努力形成了这种习惯，德性就会终生伴随着你，一生都不会失去它，这不是命运所能支配的。既然德性终生可以伴随着人，如果没有偶然的厄运干扰，大部分人经过自己的努力都可以获得幸福。”① 可见，道德不仅以人生的幸福为最高目的，而且道德还是实现人生幸福的重要方式。

综上所述，道德是一种实现人的幸福生活——至善的实践方式。只要是有利于每个人幸福生活的，就是可以选择的、行动的，就是善的、道德的。道德之所以为人所必需，根本在于道德是促使人达成善——幸福生活的实践方式，是保全和增进人的利益、最终实现人的幸福生活的实践方式。所以说，道德的根本或终极目的是为实现人的幸福生活的。既然道德是为每个人的幸福生活的，是人实现幸福生活的实践方式，那么，社会主义社会就必须创制有利于促进人自由全面发展、使人幸福生活的道德。也就是说，社会主义道德必须是促进社会主义价值目标的道德，是促进人的自由全面发展的道德，是使人生活幸福的道德。

五、道德体系的构成

在库恩的“范式”中，理论体系由理论核心和保护带构成。理论核心是贯穿整个理论体系的一根红线，其他思想、观点可以说是这一核心思想或观点的展开和丰富。任何理论体系都有一些基本的观点或原理，是理论体系的保护带。理论体系的完整性、自洽性根

① 赵敦华：《西方哲学经典讲演录》，广西师范大学出版社，2007 年版，第 96 页。

本在于核心思想和基本原理的一致性和互补性。道德体系如同理论体系，其内部不能相互矛盾、相互冲突，而必须是自洽的，就是说，各种道德原则、道德规范之间不能相互打架，而必须相互贯通、协调一致。可见，道德体系也必然要有核心，这个核心是构筑道德体系大厦的灵魂。道德体系如果没有一个核心，整个道德体系就没有灵魂，各种道德规范就会相互矛盾对立，从而引发道德混乱和道德失范。

那么，什么是道德体系的核心呢？这个核心其实就是“道德目的”。道德目的是社会创制道德的最终依据和最终标准。“‘道德目的’是行为应该如何从行为事实如何产生和推导出来的条件，是衡量行为事实应该不应该、道德不道德的标准，所以叫做‘道德价值标准’或‘道德标准’。”道德目的是“道德构成的条件和标准”。[①]因为道德作为一种规范是规约或指导人们应该如何行为的准则。然而，社会为何要人们应该这样而不应该那样，应该采取这样的行为方式而不应该采取那样的行为方式呢？这里必然存在一个根本的标准或依据。否则，道德体系就不可能是一个自洽的体系，也不可能是一个科学的体系，更不可能是一个优良的行为规则体系。恰如如果没有统一的理论基础则不可能建立一种科学的理论体系一样。

然而，一个社会制定出怎样的道德，全在于社会的性质及其所设定和秉持的道德目的。道德目的是社会制定和认可道德的出发点和落脚点。道德目的不仅决定道德的性质，决定道德体系的质量，而且决定道德的效能。道德目的不同，创制的道德体系就不同。不同的社会有不同的道德目的，即有不同的制定道德的标准，从而形成不同的道德体系。社会由人构成，社会的目的亦即每个人的目的。但由于不同历史时代的人所组成的社会不一样，人类便出现了不同的社会形态、不同的人群（阶级），也出现了不同形态的道德体系。

---

① 王海明：《新伦理学》，商务印书馆，2001 年版，第 113 页。

不同形态的社会所追求的目标不一样，道德目的也会不一样。在人的根本利益对立的阶级社会，少数统治者是社会利益的代表者，在社会利益关系中处于决定地位。统治阶级为了维护和扩大自身的利益并使之合法化，不仅通过确立社会基本经济政治制度来保障，而且通过创制道德予以规范。剥削阶级的阶级本性及其社会经济地位，决定了阶级社会创制的道德不可能反映劳动人民的利益要求，不可能是维护劳动者的道德，不可能是优良的道德体系。因为阶级社会的价值目标或道德目的决定了它根本不可能在整体上创制优良的道德体系。

社会主义社会是代替那存在着阶级和阶级对立的旧社会的新社会。新社会“是私有财产即人的自我异化的积极扬弃，因而是通过人并且为了人而对人的本质的真正占有；因此，它是人向自身、向社会的即合乎人性的人的复归，这种复归是完全的，自觉的和在以往发展的全部财富的范围内生成的。”① 新社会是“以每个人的自由全面发展为根本原则”的社会形式。因此，社会主义社会保障和实现的是每个人的根本利益。增进每个人的福利、促进每个人的自由全面发展是社会主义社会的根本目的。社会主义社会把增进每个人的最大福利、促进每个人的自由全面发展确立为最高的道德目的和道德原则，并以此建立新的经济、政治和文化制度，创制新的道德体系。

理论体系不仅有核心，而且还必须有围绕核心而形成的能够支撑整个理论大厦的基本原理或理论观点。同样，道德体系也是如此，不仅要有核心道德原则，而且还要有基本道德原则和基本道德。同时，由于社会生活的复杂性、多元性和人的需要、行为的多样性，基本道德难以囊括多样的社会生活和人的实践的所有领域以及各个方面，因而，社会还必须根据道德目的、基本道德原则以及社会生活和人的需要多元化的要求，制定众多具体的非基本的道德规范。

① 《马克思恩格斯全集》第3卷，人民出版社，2002年版，第297页。

由此，我们把道德体系看作是由基本道德和非基本道德构成的整体。所以说，一个社会道德体系就是由道德目的这一核心和基本道德以及非基本道德所构成的规范体系。

和谐社会的道德是坚持以人为本为核心，由自由原则、公正原则、人道原则、集体主义原则和生态环境保护原则等基本原则，以及包括人之为人、人之为社会公民、人之为家庭成员、人之为职员应当遵从的基本道德以及非基本道德所构成的体系。

六、美德如何形成

社会并非为道德而创制道德，社会创制道德是为了保存社会和推动社会发展，是为了增进每个人的利益总量，即实现道德的目的。因此，社会一旦创制道德，便会要求人们遵守道德的规约，发挥道德的功效。人们遵守道德，按照道德要求为人做事，长此以往，人便会形成某种品德或德性。品德是一个人长期遵守或违背道德的伦理行为积淀而成的心理态度和人格特征。品德或德性就是人的行为习惯。亚里士多德认为："对于我们，没有一种伦理德性是自然生成的。因为没有一种自然存在能够改变习性。……我们的德性既非出于本性而生成，也非反乎本性而生成，而是自然地接受了它们，通过习惯而达到完满。"[①] 亚里士多德还说："道德德性则通过习惯养成，因此它的名字'道德的'（Ethike）也是从'习惯'（Ethos）这个词演变而来"。[②] 就是说，一个人仅仅知道什么规范是道德不等于就有了德性，仅仅偶然做合乎道德要求的活动也不等于就有了德性。只有经常从事公正活动的人才是公正的，只有经常从事节制的活动

① 王海明：《新伦理学》（下册），商务出版社，2008 年版，第 1526 页。
② 亚里士多德：《尼各马可伦理学》，商务印书馆，2003 年版，第 20、35 页。

的人才是节制的，只有一贯做勇敢之事的人才是勇敢的。德性的生活不仅要去行动、实践，而且要习惯性地行动、实践。可见，德性不仅是实践性的，而且是一种行为习惯。就是说，品德是人长期遵守或违背社会道德规范的结果，是人长期的道德行为不断累积的结晶，亦即品德是一个人长期遵守或违背道德的行为所形成和表现出来的道德人格和道德个性。

然而，道德有优良与恶劣之别，那么必然就会有长期遵守或违背优良道德所形成的品德，也必然有长期遵守或违背恶劣道德所形成的品德。这两类品德是否都是美德？是否具有同样的价值？显而易见，一个人长期坚持优良道德所形成的品德，或者长期违背恶劣道德所形成的品德，具有正道德价值；反之，一个人长期违背优良道德或长期遵守恶劣道德所形成的品德，则具有负道德价值。因而，那种不具有道德正价值的品德不能称之为美德，而只有那种具有正道德价值的品德才能是美德。就是说，人们长期遵循恶劣道德或违背优良道德的实践活动所形成的品德，不能称为美德。美德只能形成于长期遵守优良道德或违犯恶劣道德的社会活动之中，只有长期遵守良德或违犯恶德所形成的品德才能称为美德。因此，我们绝不能把“只要遵守道德——不论是优良道德还是恶劣道德——所形成的品德”称之为美德。可见，并非一切品德皆为美德，美德仅仅是优良品德。总之，美德是人们在长期遵守优良道德或违背恶劣道德的实践活动中形成的优良品德。①

从美德和品德的关系可见，美德的形成是以遵守优良道德或违犯恶劣道德为前提的，是与道德的性质直接相关的，是与行为的社会效益紧密相联的。因而，社会要人们具有美德，重要的是社会首先要创制良德。如果社会创制的道德是优良的，那么人们遵守道德就会保障人的自由、增进人的利益，人们长期遵守道德，就会形成

---

① 李青、王义：“优良道德的创制与美德的形成”，《淮阴师范学院学报》，2012 年第 4 期。

美德。如果社会创制的道德是恶劣的，那么，人们要具有美德，则只能反抗、违犯道德。任何道德抗争都是悲壮的，甚至是悲剧性的，因为道德抗争只有通过流血牺牲才能取得成功。一个充满流血牺牲的社会必定不是好社会。因此，一个好社会首先应该制度公正、道德优良。只有制度公正、道德优良的社会才容易造就德性高尚之人。如果每个人或绝大多数社会成员都品德高尚，那么社会就会日益和谐，人的生活也会越来越幸福。所以，一个社会要成为好社会，一个社会要造就众多具有美德或品德高尚的人，首先必须创制优良的制度体系和道德体系。

社会是创制道德的主体。根本利益对立的阶级社会，统治阶级的阶级本性及其社会经济地位决定了统治阶级创制的道德不可能反映劳动人民的根本利益，因而不可能创制优良道德。就是说，阶级社会不可能在整体上创制优良道德体系。因此，只有那种消除阶级对立的新社会才能够创制保障每个人自由的优良道德体系，即只有优良的社会才能创制优良的道德。

马克思、恩格斯设想的未来社会——共产主义社会则是这样的能够创制优良道德的优良社会。“共产主义是私有财产即人的自我异化的积极扬弃，因而也是通过人并且为了人而对人的本质的真正占有；因此，它是人向作为社会的人即合乎人的本性的人的自身的复归，这种复归是彻底的、自觉的且保存了以往发展的全部丰富成果的。这种共产主义，作为完成了的自然主义，等于人本主义，而作为完成了的人本主义，等于自然主义；它是人与自然之间、人和人之间的矛盾的真正解决，是存在和本质、对象化和自我确证、自由和必然、个体和类之间的对抗的真正解决。它是历史之谜的解答，而且知道自己就是这种解答。”[①] 社会主义社会作为共产主义的必经阶段，是一个不断改革、不断完善的社会。中国特色社会主义始终坚持科学社会主义的基本原理，始终坚持以人为本的核心原则，全

① 《马克思恩格斯全集》第3卷，人民出版社，2002年版，第297页。

面深化改革，努力构建和谐社会，不断完善社会关系，积极为每个人的自由全面发展创造有利条件。

道德总与自由同在。道德在本性上是对人的自由、欲望和行为限制。然而，社会创制道德的根本目的并不是为了限制人的欲望和自由，而在于更好地实现人的欲望和自由，从而增进每个人的利益总量，促进人的自由全面发展。社会一旦创设道德，必然要求人们自觉遵守道德，接受道德的引导与约束，使社会安定有序，使人与人之间、人与社会之间和谐相处，每个人在社会中获得更大的自由和更多的利益。人们则在遵守道德规范的过程中逐渐把道德规范转化为道德认知、道德情感、道德义务和道德行为，使外在的社会行为规范转化为内在的道德需要，不断形成个人品德和美德。

道德不是用来说教的，而是用来实践的。道德的生命力在于行善。美德的形成不是依赖说教，而是依赖人们长期的从善行善。既然美德是一种好的行为习惯，那么，社会就必须注重培育人们养成文明的行为习惯。既然美德生成于人的行为——合乎道德的行为，那么，社会便应该加强道德行为建设，不断引导和规约人的行为，促使人们培养和养成良好的、文明的行为习惯。

任何社会问题都不是单一的社会事件，必须放在整个社会、整个历史中予以说明和解答。道德问题从来就不单纯是道德生活领域自身的问题，道德建设也从来不是一种纯粹的道德实践，而是依赖于整个社会的实践活动，是全部社会实践活动共同作用的结果。从这个意义上看，和谐社会道德建设其实就是和谐社会整体建设的问题，必须放在构建和谐社会全部实践中去理解和解决。因此，加强和谐社会思想道德建设，加强社会公德建设、家庭美德建设、职业道德建设和个人品德建设，不仅要构建优良的道德规范体系，而且要创立有利于道德发展、美德形成的社会环境；不仅要培育健全的道德主体，而且要不断推进社会经济健康协调发展，建立自由公正的民主法治社会，繁荣社会主义和谐文化，提高人的综合素质、促进人的自由全面发展。只要我们每个人都能积极实践，锐意进取，改革创新，努力提升自身素质，道德的春天必将来临，自由和谐的社会必将实现。

第一章　和谐社会与道德建设

“构建社会主义和谐社会，既需要雄厚的物质基础、坚强的政治保障，又需要良好的思想文化条件。”① 社会是否和谐，“很大程度上取决于全体社会成员的思想道德素质。”② 因此，构建和谐社会、促进社会和谐，必须“切实加强思想道德建设”，积极倡导和谐理念，培育和谐精神，进一步形成全社会共同的理想信念和道德规范，打牢全党全国各族人民团结奋斗的思想道德基础，巩固社会和谐的思想道德基础。③

一、社会和谐是中国特色社会主义的本质属性

“社会和谐是中国特色社会主义的本质属性，是国家富强、民族振兴、人民幸福的重要保证。”④ 构建和谐社会是我们党从中国特色社会主义事业总体布局和全面建设小康社会全局出发提出的重大战略任务，反映了建设富强民主文明和谐的社会主义现代化国家的内在要求，体现了全党和全国各族人民的共同愿望。

---

① 《十六大以来重要文献选编》（下），中央文献出版社，2008 年版，第 712 页。
② 《十六大以来重要文献选编》（中），中央文献出版社，2006 年版，第 710 页。
③ 《十六大以来重要文献选编》（中），中央文献出版社，2006 年版，第 701 页。
④ 《十六大以来重要文献选编》（下），中央文献出版社，2008 年版，第 648 页。

（一）和谐是人类共同追求的核心价值

“和谐”是中西方传统文化精神的重要内容，建立和谐社会是人类共同的追求。“实现社会和谐，建设美好社会，始终是人类孜孜以求的一个社会理想。”①

对和谐统一的强烈追求是中国传统哲学和中华传统文化的一个显著特征。许多思想家认为，社会内部治理良好、上下里外协调一致的状态就是“和”。“和”就是一种协调互动、生机盎然的状态。据《国语·郑语》记载，周幽王八年，郑桓公与太史史伯一同谈论国家“兴衰之故”和“死生之道”，太史史伯最早提出“和”的概念。他说：“虞幕能听协风，以成乐物生者也。夏禹能单平水土，以品处庶类者也。商契能和合五教，以保于百姓者也。周弃能播殖百谷蔬，以衣食民者也。”虞夏商周之所以能够成就功业，根本在于能够在天地和人事之间建立和合关系。史伯提出了“和实生物，同则不继”的思想。“以他平他谓之和，故能丰长而物归之。若以同裨同，尽乃弃矣。故先王以土与金木水火杂，以成百物。”如果“去和取同”，万物就要衰灭、国家就会衰败。《易传》提出“太和”思想，高度赞扬并提倡万事万物的和谐。《中庸》认为，“和者，天下之达道。”《管子》说，“和合故能谐。”《老子》讲：“冲气以为和”。蒋锡昌先生对此解释道：“按《说文》：‘冲，涌摇也。’此字老子用以形容牝牡相合时，摇动精气之状，甚为确切。‘气’指阴阳之精气而言。‘和’者，阴阳精气互相调和也。《庄子·田子方》：‘至阴肃肃，至阳赫赫……两者交通成和而物生焉。’《荀子·天论篇》：‘万物各得其和以生。’《贾子·道术篇》：‘刚柔得适谓之和。’并与此义相同。‘冲气以为和’，言摇动精气以为调和也。‘万物负阴而抱阳，冲气以为和’，即万物生育之理，乃所以释上文生生之义

① 《十六大以来重要文献选编》（中），中央文献出版社，2006年版，第701页。

者也。”[1] 老子认为，构成世界的相互冲撞的阴阳二气始终在“道”的规整下实现统一，使世界成为“和谐”的整体。孔子提出过“君子和而不同，小人同而不和”、“和为贵”等思想。中国传统文化中的“和”的思想，既是一个重要的哲学范畴，又是一个重要的伦理道德标准和社会治理标准，其本质在于实现各种差异之物的协调与统一。

“和”的思想对中国古代政治产生了重大影响。“和”是历朝历代治国安邦、治世抚民的重要法则。周公旦摄政 7 年后在还政于周成公时说：“呜呼，孺子王矣……相我受民，和我庶狱庶慎，时则勿有间之。”（立政篇）周成公在总结施政经验时说：“庶政惟和，万国咸宁”。（周官篇）西周的成康之治被后世史家称作为“和谐社会”，其治理社会之道就在一个“和”字。《论语》也提出了“礼之用，和为贵，先王之道，斯为美，小大由之”的社会治理思想。

“大同社会”是中国古代人们的最高社会理想。墨子提出“兼相爱、交相利”、“爱无差等”、“尚贤”、“尚同”的理想社会方案；孟子描绘了“老吾老以及人之老，幼吾幼以及人之幼”的社会状态；《礼记》描绘的理想社会是：“大道之行也、天下为公，选贤与能，讲信修睦。故人不独亲其亲，不独子其子，使老有所终，壮有所用，幼有所长，鳏、寡、孤、独、废、疾者皆有所养。”康有为在《大同书》中提出要建立一个“人人相亲，人人平等，天下为公”的理想社会。中国民主革命的伟大先行者孙中山先生曾提出将在中国乃至世界建立一个没有压迫、没有战争的“天下为公”的社会。尽管大同世界在旧社会不可能实现，但反映了人们对美好生活和理想社会的向往，为后人留下了宝贵的精神财富。

在西方思想史上，古希腊哲学很早就把“和谐”作为了哲学的基本范畴。在古希腊自然哲学家的认知中，人并不是一种特殊的存

---

① 辛战军：《老子译注》，中华书局，2008 年版，第 173—174 页。

在，而是世界的一种自然存在。世界的本质是和谐的。赫拉克利特认为，世界的表象是布满斗争的，斗争是万物之父，然而，内在于这种对立斗争表象深处的是和谐。世界的和谐是由相互对抗的力量不断均衡的结果。他说："世界秩序不是任何神或人所创造的，它过去、现在、未来永远是永恒的活火，在一定分寸上燃烧，在一定分寸上熄灭。"[①] 世界一团活火，处在不断的运动变化之中，但世界的运动变化不是杂乱无章的，而是有序的、和谐的。恩培多克勒认为，世界是由"火、气、水、土"四种元素（"四根"）构成，万物的产生和消失是由"四根"的混合与分离所致。"爱与恨"是"四根"混合与分离的原因。当世界由"爱"支配时，"四根"交融，世界达到和谐状态；反之，当憎恨支配世界时，"四根"分离，世界的和谐就解体。因此，美好、和谐的世界秩序是建立在"爱"的基础之上的，一个和谐的社会取决于人与人的友善和敬爱。毕达哥拉斯认为，一切生命都有共同的灵魂，灵魂是不朽的，且可以在不同的身体之间相互转换。人为了不失去灵魂或死后重新获得灵魂，需要不断地净化灵魂。音乐和哲学是净化灵魂的根本方式。因为灵魂是世界的理性，"灵魂是一种和谐"，而音乐是和谐的音调，哲学是对事物之间和谐关系的思索。灵魂的真正满足不是从感官和主观中获得，而是通过灵魂拥有智慧、节制等美德，并按照"逻各斯"而做到理性生存时才能达到。和谐是数的规定性，数是世界的本原，因而，世界的本质是和谐的。柏拉图提出了"公正即和谐"的命题，认为统摄世界一切的原则是"至善"，至善是安排、规定世界秩序的原则，是真、善、美的统一。亚里士多德提出了"中道"概念，"中道"是相对于人的情感和行为而言的适中。在政治学中，亚里士多德认为，国家的目的是为了使人们过有组织的生活，因为个人只有在公共生活中才能最大限度的获得德性和幸福。为此，他提出了最理想的社会政治发展模式，认为现实中最佳的政治制度是立宪制。

---

① 《西方哲学原著选读》（上册），商务印书馆，1982 年版，第 21 页。

因为立宪制是由中等阶级统治的政体，是最坏的政体和最好的政体的“中道”，有利于社会的稳定和长久。在文艺复兴运动和产业革命的影响下，许多思想家提出自由、平等、博爱、民主等思想，设计“理性国家”方案，力求构建一个富裕、公正、法治的理想社会。卢梭认为，人生而平等，人类应当建立一个法律面前人人自由平等的契约社会。孟德斯鸠以“法的精神”为出发点，主张采取依法治国的方针，建立一个公民权利不受侵犯的法治社会。1803 年，傅立叶在《全世界和谐》一文中指出，现存的资本主义是不合理的制度，将要被“和谐制度”所代替。英国空想社会主义者欧文以“新和谐”公社为名在美国进行建设理想社会的试验。1942 年，德国空想共产主义者魏特林在《和谐与自由的保证》一书中认为，社会主义社会是“和谐与自由”的社会，新社会的“和谐”是“全体和谐”。马克思曾对《和谐与自由的保证》一书给予了很高的评价，认为是工人阶级“史无前例的光辉灿烂的处女作”。马克思还充分肯定了空想社会主义者关于未来社会的美好设想，认为他们“提倡社会和谐”是“关于未来社会的积极的主张”。

当代西方的思想家们从不同的角度提出了建设和谐社会的主张。罗尔斯希望建立以公平的正义为首要原则的良序社会；德沃金主张建立一个消除因人与人之间的天赋或出身的不同而造成的社会不平等的平等社会；诺齐克从自由主义出发，主张建立一个充分保障个人自由或个人权利完全不受侵犯的“最弱意义的国家”。桑德尔批评了以罗尔斯为代表的新自由主义，提出建立一个使社会成员或个人有归属感的共同体；麦金泰尔从历史叙事的角度，坚持亚里士多德的德性传统，主张建立一个德性社会；斯威夫特主张建立一个能够平等对待自己的成员和人人相互关心的社会共同体，等等。

可见，构建和谐社会、实现社会和谐，是人类的共同向往，是人类的核心价值。但是，由于实践、时代和阶级等局限，人类建立和谐社会的理想在阶级社会只是一种理论的建构，而不是现实的建造。人类实践的发展把建设和谐社会的历史重任推给了一个崭新的社会形态——社会主义社会。促进社会和谐、构建和谐社会成为了社会主义社会的重大现实课题和历史任务。

（二）社会和谐是社会主义的本质特性

社会和谐是马克思主义关于未来新社会的基本特征。“存在着阶级和阶级对立的资产阶级旧社会”必然要被新的无阶级对立的新社会所代替，这是历史发展的必然。马克思、恩格斯在《共产党宣言》中明确指出：“代替那存在着阶级和阶级对立的资产阶级旧社会的，将是这样的联合体，在那里，每个人的自由发展是一切人的自由发展的条件。”[①] 马克思、恩格斯还对未来和谐社会提出了一系列的设想，主要观点有：实现和谐社会是人类历史发展的必然趋势；资本主义社会绝对不是一个和谐的社会；只有实现共产主义社会（社会主义社会是共产主义的初级阶段），才能真正实现社会和谐；生产力的发展、社会物质生活资料的丰富是和谐社会的物质基础；社会基本矛盾的相互适应并通过自身的改革调整予以解决，是和谐社会的本质体现；工业与农业、城市与乡村、脑力劳动和体力劳动的差别——“三大差别”的消除，是和谐社会的重要特征；“人的自由而全面的发展”是和谐社会的本质特征和最高表现形式。

列宁在领导俄国革命和社会主义建设过程中，不断总结社会主义建设的实践经验，丰富了马克思、恩格斯关于未来社会的思想。列宁认为，只有社会主义才可能广泛推行和真正支配根据科学原则进行的产品的社会生产和分配，使劳动者过上美好幸福的生活；社会主义社会应大力帮助农民，消除城乡差别；必须把国民经济的一切部门建立在同个人利益的结合上面；必须发扬民主、改革国家机构，反对官僚主义，最大限度地发挥人民群众的积极性和

① 《马克思恩格斯选集》第1卷，人民出版社，1995年版，第294页。

创造性；必须时时处处千方百计地巩固和扩大党同群众的密切联系。

马克思、恩格斯、列宁关于未来和谐社会的设想和探索，不仅描绘了未来社会的美好蓝图，而且为实现美好社会理想指明了正确道路，既是社会主义和谐社会理论的思想来源，又是构建和谐社会伟大实践建设的根本指针。①

以毛泽东为核心的中国共产党人对在中国建设社会主义和谐社会这个重大历史和实践课题进行了创造性的探索。1956年，毛泽东发表《论十大关系》，从社会主义建设的全局和局部、局部与局部等重要关系方面论述了中国社会主义建设的一系列重大问题，提出要调动一切积极因素，根据中国的特点建设社会主义的思想。1957年在《关于正确处理人民内部矛盾的问题》这一重要著作中，毛泽东明确提出了社会主义基本矛盾理论，创立了关于社会主义两类不同性质矛盾的学说，要求学会用民主的方法处理和解决人民内部矛盾，团结一切可以团结的力量，调动一切可以调动的积极因素，为建设社会主义事业而奋斗。他还提出了建设和谐政治环境的设想："我们的目标是造成一个又有集中又有民主，又有纪律又有自由，又有统一意志又有个人心情舒畅、生动活泼那样一种政治局面，以利于社会主义革命和社会主义建设，较易于克服困难，较快地建设我国的现代工业和现代农业，党和国家较为巩固，较为能够经受风险。"②然而，由于种种原因，我们党在探索社会主义建设中出现了重大失误，社会主义建设事业遭受严重挫折。但是，毛泽东领导的中国共产党人对社会主义建设的实践探索和理论思索丰富了科学社会主义理论，深化了对人类社会发展和社会主义建设规律的认识，对进一

① 需要强调的是，我国的社会主义和谐社会建设事业是在生产力不发达、科学文化落后、人口多、底子薄的基础上进行的，其历史前提和实践基础与马、恩的设想有着根本性的区别。因此，在中国这样的东方大国建设社会主义和谐社会不可能从马、恩等经典作家那里找到现成答案，必须从实际出发，坚持以马克思主义为指导，在实践中不断探索构建社会主义和谐社会的规律和特点。

② 《建国以来毛泽东文稿》第6册，中央文献出版社，1992年版，第543页。

步构建社会主义和谐社会具有重要的借鉴和指导作用。[①]

从党的十一届三中全会开始，我们党在以邓小平为核心的中央领导集体的带领下，解放思想，实事求是，总结新中国建立以来社会主义建设的经验和教训，借鉴世界社会主义运动的历史经验，把党和国家的工作中心转移到经济建设上来，坚定不移地实行改革开放，开辟了建设中国特色社会主义的新道路。在建设中国特色社会主义实践中，我们党不断进行理论总结，创立了邓小平理论，科学回答了中国特色社会主义的一系列基本问题。邓小平理论科学认识和把握我国处于社会主义初级阶段的国情，深刻揭示社会主义本质理论，确立社会主义初级阶段的基本路线，提出了社会主义物质文明和精神文明建设理论，以及“两手抓、两手都要硬”等思想，进一步丰富了社会主义建设理论，成功开创中国特色社会主义，奠定了社会主义和谐社会建设的历史根基。

以江泽民为核心的新的中央领导集体在国内外形势十分复杂、世界社会主义运动出现严重曲折的严峻考验面前捍卫了中国特色社会主义，创立了“三个代表”重要思想。“三个代表”重要思想在新的实践基础上全面论述正确处理社会主义现代化建设的一系列重大问题和关系，深入阐述了中国特色社会主义是全面发展、全面进步的社会，提出要促进社会主义物质文明、政治文明和精神文明协调发展，要努力促进人的全面发展，要始终代表全国人民的根本利益，实现好、维护好、发展好最广大人民群众的根本利益，要处理好改革发展稳定的关系，要实行可持续发展战略等，成功把中国特色社会主义推向21世纪，丰富和发展了社会主义和谐社会的理论和

---

① 党的十八大明确指出：“以毛泽东同志为核心的党的第一代中央领导集体带领全党全国各族人民完成了新民主主义革命，进行了社会主义改造，确立了社会主义基本制度，成功实现了中国历史上最深刻最伟大的社会变革，为当代中国一切发展进步奠定了根本政治前提和制度基础。在探索过程中，虽然经历了严重曲折，但党在社会主义建设中取得的独创性理论成果和巨大成就，为新的历史时期开创中国特色社会主义提供了宝贵经验、理论准备、物质基础。”

实践。

新世纪新阶段，我们党紧紧抓住难得的战略机遇期，在建设中国特色社会主义的伟大征程中推进实践创新、理论创新和制度创新，明确提出构建社会主义和谐社会的重大任务，开创了构建和谐社会的伟大事业，在新的历史起点上坚持和发展了中国特色社会主义。党的十六大报告指出：全面小康社会是“经济更加发展、民主更加健全、科教更加进步、文化更加繁荣、社会更加和谐、人民生活更加殷实”的社会。党的十六届三中全会，我们党提出了科学发展观，明确要坚持以人为本、按照全面协调可持续的要求建设社会主义，促进社会全面进步和人的全面发展。党的十六届四中全会正式提出要建设“全体人民各尽所能、各得其所又和谐相处的社会”，并要求全党提高构建社会主义和谐社会的能力。2004 年底召开的中央经济工作会议明确提出“构建社会主义和谐社会”的战略目标。2005 年 2 月，在中共中央举办的省部级主要领导干部专题研讨班开班式上，胡锦涛对和谐社会的涵义、特征和重大意义等问题进行了系统阐述。胡锦涛指出，根据马克思主义基本原理和我国社会主义建设的实践经验，根据新世纪新阶段我国经济社会发展的新要求和我国社会发展的新趋势新特点，我们所要建设的社会主义和谐社会，应该是“民主法治、公平正义、诚信友爱、充满活力、安定有序、人与自然和谐相处”的社会。党的十六届六中全会通过的《中共中央关于构建社会主义和谐社会若干重大问题的决定》是构建和谐社会的纲领性文件，开启了我国构建和谐社会的伟大征程。《决定》指出：“我们要构建的社会主义和谐社会，是在中国特色社会主义道路上，中国共产党领导全体人民共同建设、共同享有的和谐社会”，必须“按照民主法治、公平正义、诚实友爱、充满活力、安定有序、人与自然和谐相处的总要求，以解决人民群众最关心、最直接、最现实的利益问题为重点，着力发展社会事业、促进社会公平正义、建设和谐文化、完善社会管理、增强社会创造活力，走共同富裕道路，推动社会建设与经济建设、政治建设、文化建设协调发展。”[①] 构建社会主义和谐社会，就是要充分考虑和兼顾不同地区、不同行业、不同阶层、不同群众的实际和利益需求，坚持理想与现实的统一，走生产发展、生活富裕、生态良好的文明发展道路；就是要促进社会主义物质文明、政治文明、精神文明、社会文明和生态文明的协调发展，最终实现全体人民的共同富裕和自由全面发展。

党的十八大把“促进社会和谐”作为新形势下发展中国特色社会主义的基本要求之一，重申了“社会和谐是中国特色社会主义的本质属性”这一科学论断，指出：“要把保障和改善民生放在更加突出的位置，加强和创新社会管理，正确处理改革发展稳定关系，团结一切可以团结的力量，最大限度增加和谐因素，增强社会创造活力，确保人民安居乐业、社会安定有序、国家长治久安”；“必须从维护广大人民根本利益的高度，加快健全基本公共服务体系，加强和创新社会管理，推动社会主义和谐社会建设。”[②]

十六大以来，我们党关于构建社会主义和谐社会的一系列论述既符合科学社会主义的基本原则，反映体现了社会主义的本质要求，又赋予了鲜明的中国特色和时代特色，充分体现了我们党构建社会主义和谐社会的理论自觉与实践自觉，标志着我们党对社会主义建设规律和人类社会发展规律的认识达到了新的高度，开辟了中国特色社会主义理论和实践的新境界。

（三）社会主义和谐社会的基本特征

“民主法治、公平正义、诚实友爱、充满活力、安定有序、人与自然和谐相处”，既是构建社会主义和谐社会的总要求，也是社会主义和谐社会的基本特征，集中反映了社会主义的本质要求，体现了

① 《十六大以来重要文献选编》（下），中央文献出版社，2008 年版，第 650 页。
② 《十八大报告辅导读本》，人民出版社，2012 年版，第 15、34 页。

社会主义的本质特性。

社会主义和谐社会是以人为本的社会。以人为本是构建社会主义和谐社会最根本的原则。人是构建和谐社会的主体，构建和谐社会是每个中国人的事业；人是构建和谐社会的目的，构建和谐社会最终是要使每个人过上和谐安宁的幸福生活。党的十八大报告认为："提高人民物质文化生活水平"是社会主义和谐社会建设的根本目的，构建和谐社会，加强社会建设就是要"让人民过上更好生活"。[①] 构建和谐社会，就是要把人民的利益作为一切工作的出发点和落脚点，不断满足人民的多方面需求和促进人的自由全面发展；就是要切实尊重和保障人民的经济、政治、文化、社会等权益，不断提高人民群众的物质文化生活水平；就是要建立人人自由平等全面发展、每个人充分发挥聪明才智的社会环境，不断提高所有社会成员的思想道德素质、科学文化素质和健康素质。

社会主义和谐社会是民主法治社会。人民民主是社会主义的生命。没有民主就没有社会主义，没有民主也没有社会主义和谐社会。人民民主是社会主义发展的目标，也是社会主义事业取得成功的力量源泉和根本保证。社会主义社会以最广大人民的根本利益为出发点，通过在充分民主的基础上制定的法律法规和制度规章，明确利益主体、规定利益范围、指导利益分配、协调利益关系、救助社会弱势群体、维护和保护社会各成员的正当权利，最大限度地维护社会公正，实现社会成员间的共生共荣，使全体群众平等创造和享受社会改革和发展的成果。民主法治通过法律等规范确认和维护劳动者的创造活动、经济利益和创造成果，通过公正的社会制度和体制机制调动人们的积极性和主动性，形成鼓励人们干事业、干成事业的良好氛围，营造平等竞争和持续发展的社会环境。法治具有规范性、强制性等特征，可以通过立法和法律的实施，调整社会关系、平衡社会利益、整合社会资源、维护社会秩序，形成安定团结、互

① 《十八大报告辅导读本》，人民出版社，2012 年版，第 33—34 页。

助有为的和谐局面。民主法治在和谐社会基本特征中居于重要位置，决定、制约和影响其它特征及其实现。社会主义和谐社会是良序社会，安定有序是社会和谐的基本前提，民主法治是社会安定有序的根本保障。公平正义是社会和谐的重要条件和标志，民主法治是维护社会公平正义的利器，是社会正义最有力的保障。充满活力是和谐社会的基本条件，民主法治确立和保障了人的主体地位，是社会生活充满活力的制度保障。诚实友爱是社会和谐的基本要求，民主法治是人们建立诚信友爱的人际关系的法制制度前提和保障。

社会主义和谐社会是人人平等的公正社会。公平正义是社会主义和谐社会的关键因素和核心价值。公平正义是社会文明进步的重要标志。公平正义是现代社会进行制度安排和制度创新的重要依据，是协调社会各群体利益关系的基本准则，是社会具有凝聚力、感召力的道义源泉，是激发社会创造力、保护社会积极性的动力之源。只有遵循公平正义原则，制度设计和制度创新才能获得最广泛的支持，制度才能成为规范人们行为的准绳，才能有效调节社会各种资源和力量，实现社会利益和个人利益的协调统一。机会平等是社会公平与正义的重要体现，是实现社会和谐的重要条件。和谐社会保障全体公民享有共同的基本权利、平等的发展机会，保证社会成员教育均等、平等参与市场竞争和社会生活，保障人们依靠法律、制度维护自身合法权益，建立公正合理、互助和谐的人际关系，形成遵法纪、讲道德、守诚信、讲秩序的社会环境。

社会主义和谐社会是诚信友爱的人道社会。社会和谐的根本在于人与人之间的和谐。人与人的和谐决定人与自然的和谐，决定人与社会的和谐，最终决定社会和谐。人与人之间的和谐程度决定社会和谐的程度，决定社会发展的状态，决定社会文明的发展方向。人与人的和谐根本在于利益和谐。人与人之间利益关系的和谐，除了靠公正的社会基本结构和制度保障外，还要靠人与人诚实守信、平等友爱的道德来维持和巩固。在社会生活的各个领域和各个方面，如果人们之间能够坦诚交往、互帮互助、相互关爱、相互促进、共同发展，那么，就会建立和保持融洽和谐的人际环境，就会促进个人利益和社会整体利益的协同发展。

社会主义和谐社会是安定有序的良序社会。安定有序是社会和谐的首要特征和基本元素。安定有序是社会发展进步和人们生活幸福的先决条件和根本前提。任何社会都不可能在不安定中发展，任何人都不可能在动荡不安中享受到生活的幸福。安定有序，既包括整个社会秩序的稳定和社会运行的良好，又包括社会生活的各个领域、各个方面的稳定有序和运行良好。如果整个社会生活及其各个方面都能够相互配合、相互协调、相互促进，既合乎规律又充满活力地运转，那么，社会便能安定有序，人们则可安居乐业。

社会主义和谐社会是充满创造活力的自由社会。增进社会活力是社会进步协调发展的源泉。社会主义和谐社会应当是充满生机活力和创造性的自由社会。社会活力的持续增长和有序发展，是现代社会的重要标志。社会和谐不是一种沉寂或死寂的状态，而是一种生机盎然、活力无限的状态，是各种社会力量不断发展、各种创造力不断迸发、各种创新成果得到尊重和保护的状态。社会主义和谐社会的发展活力，集中体现为社会成员的历史责任感、创造力和主体性的充分发挥、不断增进与成功实现上。自由是人的生命最深层的需要。自由是活力的源泉和动力，活力来自自由。人没有自由则必定没有活力，社会没有自由则必定停滞或倒退、甚至覆灭。社会主义社会的和谐是保证人的潜能自由全面发展的和谐，是保证人的个性、人格独立和潜能、创造性极大发挥的和谐，因而是自由的和谐。因此，要构建充满活力的和谐社会，就必须充分尊重劳动、尊重知识、尊重人才、尊重创造，就必须促使一切积极因素得到最广泛最充分的调动、人的创造活力得到充分激发，社会的开放性和竞争的活力在政策上、制度上得到保证，就必须使一切有利于社会进步的创造愿望得到尊重、创造活动得到支持、创造才能得到发挥、创造成果得到肯定，就必须使一切劳动、知识、技术、管理和资本的活力竞相迸发，一切创造社会财富的源泉充分涌流，全体人民各尽所能、各得其所而又和谐相处。

社会主义和谐社会是人与自然和睦相处的生态文明社会。人与自然和睦相处、协调发展是和谐社会最基本的前提。维持动态平衡的生态环境是构建和谐社会最基本的条件。和谐社会必须在一个有益于人类生存发展的生态环境中才能建立、保持和发展。只有在适宜安居的自然环境中，人们才能进行正常的实践活动和社会生活，才能建立和巩固和谐的人际关系，才能促进政治、经济、文化和社会事业的全面协调发展，才能过上幸福安康的生活。

“民主法治、公平正义、诚实友爱、充满活力、安定有序、人与自然和谐相处”这些特征相互联系、相互作用、相互协调、相互促进，共同构成社会主义和谐社会的本质内容。和谐社会的基本特征既体现了经济、政治、文化、社会和生态等多位一体的格局，又体现了经济社会发展和人的发展的统一、民主与法制的统一、公平与正义的统一、活力与秩序的统一、科学与人文的统一、人和自然的统一。同时，社会主义和谐社会的基本特征在地位和作用上并不是完全同等和并列的，每一特征都有各自的地位和作用，其中人与自然和谐相处是基本前提，安定有序是先决条件，民主法治是根本保证，公平正义是核心内容，诚信友爱是重要因素，充满活力是动力源泉。这些特质从不同方面反映和体现了社会主义的本质要求，是社会主义本质的具体表现。所以说，社会和谐是社会主义的本质属性。

构建社会主义和谐社会目标的确立，表明了中国特色社会主义事业建设的总体布局更加具有全面性、协调性和可持续性；提出和谐社会是中国特色社会主义的本质属性的论断，标志着我们党对我国社会主义建设总体布局的认识更加深化和拓展，实现了对社会主义建设规律和中国特色社会主义建设规律认识的新飞跃，发展了社会主义本质观，丰富了科学社会主义的理论与实践。

二、和谐社会是德性社会

在科学社会主义理论中，未来社会不仅是生产力发达、社会财富极大丰富的丰裕社会，而且是社会关系和谐、人们精神境界极大提高的德性社会。我国构建的社会主义和谐社会就是这种丰裕的德性社会。“和谐不仅是一种人与人类社会所追求的理想，同时也是社会治理的善治状态。因此，和谐包含着理想境界和善治状态两个层次。从社会生活的内容来看，和谐又包含着社会政治治理的内涵，也包含着人际和美、社会风气祥和、人与自然协调等道德内涵。”[①] 社会主义和谐社会既是公平正义、民主自由、安定有序的法治社会，又是人人团结和睦、诚信友爱的德治社会，是“法治”和“德治”相结合、相统一的善治社会。只有在善治社会，人们才更有可能过美好的生活。

（一）“法治”与“德治”

按照马克思的观点，社会要存续，首先要有生命的个人，个人的存在离不开基本的生活资料，为此，社会的第一个实践活动就是物质生活资料的生产。任何生产都是在一定的社会关系（生产关系）中进行的。为了发展生产，创造更多更好的财富来满足人的需要，人类就必须对创造财富的社会活动进行管理。管理是对人的行为的引导、规约和限制，也可以看作是对人的自由的限制。管理，从约束力而言，可分为权力管理和非权力管理。权力管理是刚性的，甚至是暴力的，非权力则是柔性的，非暴力的。由于管理在一定意义

① 肖群忠：“论和谐的理想与道德”，《河北学刊》，2005 年第 4 期。

上是对人的自由的限制，如果社会管理者只依据自己的好恶对被管理者随意进行无限制的干预和约束，那么，这种管理必定会对社会和个人带来危险甚至灾难。因此，管理就不能是随心所欲、为所欲为的，而必须是依据一定法则、且是好的法则才能施行的。那么，社会管理为什么应当依据法则而行呢？俗话讲，无规矩则不成方圆。恰如王海明教授所言："唯有借助行为规范，才能实现对行为的管理，才能实现政治和德治，从而保证经济、文化产业、人际交往以及一切具有社会效用的活动之存在和发展。""否则，如果没有这些规范，那么，管理者就会无所遵循、各行其是、随心所欲滥用职权；而被管理者也就无所适从、糊里糊涂、相互侵犯、乱成一团。"①

制度，尤其是社会根本制度是重要的社会规范，带有根本性、全局性、稳定性和长期性。制度包括一般层面的制度和具体层面的制度。制度实际上就是实现社会价值的规范体系。它真实地影响、制约、塑造人的活动，为人的活动提供规则、标准、模式，将人的活动引入到可合理预期的轨道，给人提供从事活动的现实空间。② 制度不仅直接规定着人的社会地位，规范、制约着人的活动范围、行为方式、社会关系，而且规约人的思想观念、价值取向。任何制度都是在一定的思想意识指导下建立的，蕴涵着一定的文化价值，是一定价值观念、伦理精神的实体化、具体化。制度通过一定的组织形式、运作程序、基本权利义务分配和安排等方式确定人的社会地位，引导、制约人的行为，整合人的德性。③

法律和道德是社会最基本、最重要的"制度性"规范。法律是由国家权力机关制定或认可的规定人们在法律上的权利和义务并由国家强制力保证实施的规范，是人们应该且必须如何执行的权力规范。道德是由社会制定或认可的关于人们具有社会效用的行为应该

---

① 王海明：《新伦理学》（上册），商务印书馆，2008 年版，第 410 页。

② 参见徐春：《人的发展论》，中国人民公安大学出版社，2007 年版，第 379 页。

③ 参见吴向东："制度与人的全面发展"，《哲学研究》2004 年第 8 期。

如何执行的非权力规范。[①] 道德和法律作为社会规范，它们的根本区别在于是否存在政治权力强制。[②] 由此，社会治理也可以分为权力治理和非权力治理。一般而言，依据应当且必须执行的权力规则——法律进行的社会治理活动就是法治，即依“法”（法律规范）进行治理；依照道德进行的社会治理活动就是德治，即依“德”（道德规范）进行治理。可见，无论是德治还是法治，都是依据规范进行社会治理，是依照规范而实施的社会行为。但由于法律和道德的社会性质以及对人的社会行为约束力的不同，法治和德治的社会作用和影响则不一样。

法治是依照法律对社会生活进行的权力治理。法是权力规范，法治是权力治理。由于法治的前提是法律，因而法治的作用依赖于法律自身的作用。“法本身的作用（即法的规范作用），是指法通过对人们思想的影响，实现对人们社会行为的评价、指引、预测，实现对合法行为的保护和对非法行为的谴责、制裁、警戒和预防的作用。”[③] 法律所规范的是社会的基本的且具有重大社会效用的行为，是维护社会的基本生存和发展所必需的。因此，法就不能不具有严厉的强制性和约束力，不得不通过国家权力强制实施。这样，法便是人应该且必须遵守的行为规范。人的基本权利和义务是通过法的形式予以规定的。权利是法律允许实施、能够施行的行为；义务是法律要求实施且必须施行的行为。社会个体可以自行放弃某些法定权利，但决不能不履行法定义务，更不能施行法律禁止的行为。如果人的行为超出法律所规定的限度，国家强制力就会依法对行为主体实行制裁和惩戒，这是法治的惩恶功能。惩恶的根本目的在于保持社会正常的秩序而使社会不至于因无序而毁灭。这是法治的根本特点和最大优势。

一物有优势，必有劣势，同时，优势和劣势在一定条件下能够

---

① 王海明：《伦理学原理》，北京大学出版社，2005年版，第91页。
② 王海明：《伦理学原理》，北京大学出版社，2005年版，第91页。
③ 孙国华、朱景文：《法理学》，中国人民大学出版社，2004年第2版，第54—55页。

相互转化。法治因其权力的强制性对社会存续的维护有着其他社会因素不可比拟的优势，但是法治也有其固有的局限性。博登海默认为："尽管法律是一种必不可少的具有高度裨益的社会生活制度，但它像人类创造的大多数制度一样也存在着某些弊端。如果我们对这些弊端不引起足够的重视或完全视而不见，那么它们就会发展为严重的操作困难。法律的这些缺陷部分源于其保守的倾向，部分源于其形式结构中所固有的僵化呆板因素，还有一部分是源于与其控制作用的有关的限制方面。"[①] 法的制定具有一定程度的前瞻性，但由于人的理性的局限，法律无论如何都无法全面预测社会生活发展的状况，难以准确判断社会生活将要发生的变化。于是，当社会生活发展变化到一定阶段时，有些法律规范就会落后于社会实际生活，法律对社会生活、人的行为的制约作用就会减弱。同时，又因法只对具有重大社会效用的行为进行规约，不能囊括整个社会生活，必然存在法所不能管辖的领域，这势必会存在游离于法之外的"恶"，存在法所惩戒不到的"恶"。这可以称为法之惩恶的有限性。再者，法的执行是由独立的权力部门独立行使的。执法部门的执法效率和力度也会影响法治的效果和权威。

德治是依据道德对社会生活、社会行为进行的非权力治理。由于道德与人的社会生活直接相连，哪里有人的社会生活，哪里有人的社会性行为，哪里就会有道德，哪里就会有道德对人的行为的规导。因而，道德对人的社会行为的规导作用具有最大的普适性。亦即道德对人的善行的褒奖无处不在，道德对人的不良行径的谴责、制约也无处不在。同时，德治的社会成本是最低的，效率却是最高的。因为：道德所倡导的是道德主体的行为自律，提倡人的内心自觉和自我约束，因而可以减少社会管理成本，从而节约生产成本，提高社会资源的利用率；道德主体的行为自觉与能动性的发挥，必

---

① 转引自王旭伟："法治、德治关系的分析"，《沈阳师范大学学报》（社会科学版）2005 年第 3 期。

然会提高活动效率，促进生产力的发展，加快社会财富的增长，为提高生活水平奠定坚实的物质基础；道德的自我激励和自我约束有利于促进人与人、人与集体之间的利益和谐，尤其是当人与人、人与社会的利益相冲突且难以两全时，道德主张自觉利他，这既能够规避或减少不必要的社会冲突，保全和增加社会公共利益，又能够改善人的社会关系，促使人与人、人与社会的和谐，创造有利于实现人的本质力量的和谐环境。另外，道德以一种隐而不显的方式规约人的社会行为和社会关系，维系社会的存在和作用于人们的生活。也就是说，道德与社会、实践和人的生活具有内在的关联性与同在性。无论社会发生怎么样的变化，处在何种状态，无论法律等规范如何不起作用，道德始终发挥着保持社会存续所需要的约束和管理功能。只要人类社会存在，就会有道德和德治；反过来，只要有德治，社会就不会灭亡。从这个角度讲，社会可以没有法律、法治，但是不能没有道德，不能没有德治。可见，德治是最长久、最广泛、最深远的社会治理。

同法律和法治一样，道德和德治也具有历史的局限性。道德作为非权力规范，不具有权力规范的强制性，因而德治的强制力比较弱，尤其在社会转型时期，道德的力量更显得薄弱（同时也显现道德的重要性）。道德虽然有扬善惩恶的作用，但其惩恶功能却很有限，特别是对那些缺乏道德良心的人和不良行为，简直是无能为力。由于道德惩恶功能的弱化，道德的扬善作用也必然受到抑制，从而减损德治的社会效用，在一定程度上使社会出现道德失范状态，从而扰乱社会的正常秩序，降低人们的生活质量和幸福指数。由于道德也是由社会制定或认可的，在社会生活急速变化的时代，原有的道德体系难以发挥作用甚至失效，新的道德规范又未能迅速确立起来，即使确立起来的新道德也难以立即发挥积极作用，更难以使其作用普遍化。同时，由于旧道德，特别是那些不能适应新的社会关系发展的旧道德，维护和保障的是旧的落后的社会关系，但其作用却具有一定的历史惯性，往往会成为新的社会力量的压制者，阻拦新事物的形成和壮大，阻碍社会变革，延缓社会的进步与发展。另外，道德的多元性，也容易降低或减缓道德的社会作用。一个社会的法律是统一的，法律体系是一致的，有利于人们的遵循和权力机关的执行。但是，各种不同利益主体的道德会有差异且彼此可能存在冲突，特别是在社会转型或道德两难的情况下，更是如此。个体道德间的冲突有可能引发社会道德实践的冲突，造成社会利益的损失。因道德不能适应复杂的社会生活而引发的实践冲突，也会降低道德主体的能动性，从而减弱德治的力量，增加法治的成本。[①]

法律和道德都是社会意识形态的基本形式，属于上层建筑范畴，都是通过对政治上层建筑的作用来影响社会经济基础乃至整个社会生活的，它们的最终目的都是为了保证社会的存续和发展，增进社会成员的利益总量，使人们过上幸福生活。在存在阶级和根本利益相冲突的社会，法律与经济基础直接相联，法律的作用与国家权力职能是基本一致的。一个国家的政治权力具有什么样的职能，法律就会有什么样的作用。然而，道德与国家权力职能并不一定是一致的。因为道德不仅有统治者的道德，而且有被统治者的道德。统治者的道德与国家权力紧密联系在一起，道德的作用与国家权力的职能相一致，是为维护统治者的利益服务的。被统治者的道德有的与国家权力的职能相一致，有的则不相一致，或有时是一致的，有时则是不一致的。可见，道德的作用要比法的作用更为复杂和多样化。因而，就社会本身而言，便要求全体社会成员具有共同的道德观，形成共同的道德价值，避免因道德多元而引发不必要的社会冲突，减少因道德差异而引发社会行为的偶然性和任意性，保持必要的社会秩序，维护社会的统一和完整。

法治和德治的功能各有优劣，且具有互补性。充分发挥德治和

---

① 参见应飞虎、戴劲松："法治与德治"，《深圳大学学报（人文社会科学版）》，2001 年第 18 卷。

法治的优势是社会治理和发展的必然要求与目标。然而，德治和法治的积极功能的发挥及其相互补充并不是天然的，而是有条件的。最基本的条件就是道德和法律的性质及其价值目标的一致性。恶德与恶法、恶德与良法、良德与恶法之间无法实现互补，只有良法与良德才能实现功能互补。恶德、恶法既与人类社会发展的规律和趋势相逆，又与人的本性不相符，根本不能实现德治和法治的应有功能。恶法与良德、良法与恶德，其价值目标严重冲突，不可能调整好社会利益关系。良德与良法不仅体现的是先进社会生产方式的要求，而且符合人性需求，同时，它们的社会目标是一致的，因而便可以发挥各自的优势，实现功能互补。如果说法治的功能主要是惩恶，德治的功能主要是扬善，那么，德治和法治就实现了惩恶与扬善的统一，形成良好的社会治理体系。一方面，德治为法治提供丰富的道德资源，降低法治的社会成本；另一方面，法治为德治提供统一的价值尺度，并通过对恶行的惩戒建立较为优良的社会环境，增强道德的扬善抑恶能力，增进德治的社会功效。

现代社会，人与人、人与社会、人与自然之间关系越来越复杂、松散和偶然。如果说传统社会主要是熟人的联合体，人与人之间的关系相对较为稳固，那么，现代社会就是一个陌生人的集合体，人与人之间的关系偶然而松散。从社会治理而言，德治的功能在不断弱化，法治的作用则更为重要和显著，其功能也不断强化和完善。与此同时，社会管理的机构越来越庞大，社会管理的成本越来越高涨。这种状况在一定程度上降低了人的道德能力和德性，降低了人的精神生活的质量。德性作为人的重要品质，是人之为人的根本。德性是人的幸福的内在要求或内在本质。人的德性的低位，则意味着人的生活质量的降低，人的幸福在某种意义上的丧失。这似乎是许多现代思想家、尤其是美德伦理学家不愿看到的情形。如何在道德日渐式微的现代社会，发挥道德的作用，如何建立德性社会，如何光大人的德性，如何不至于生活在“冷冰冰”的法治和无处不在的社会“枷锁”[①] 之中，这些问题是当代社会人们不断思考和试图解答的问题，更是我们构建社会主义和谐社会亟需解决的问题。

（二）和谐社会更是“德性”社会

现代社会，法治是基础，德治是根本。法律制度是现代社会的基本构架，决定着社会的性质和基本功能，决定着人们行为的基本取向，是社会秩序的重要保证。和谐社会首先必须是法治社会。但是，并不是任何法律制度、任何法律治理都能走向社会和谐。只有公正合理的法律制度、只有民主自由的法治才是实现社会和谐的根本条件和保障。很难想象，一个没有民主、没有自由、缺乏公正的社会仅仅依靠法律或依靠严刑峻法就能够促进和实现真正的社会和谐。因而，进一步说，和谐社会必须首先是公正、民主、自由的法治社会。一般而言，在真正的法治社会，人的基本权利——人权是有保障的，人的基本生活需要是能够得以满足的，人能够享有幸福生活的基本要素。但是，法治社会，人并不一定是有德性的，人的生活也并不一定是美好的、幸福的。因为，民主、公正的社会制度毕竟只是构成人的幸福生活的必要条件。人们对现代伦理的反思，特别是麦金太尔在《追寻美德》等著作中对现代人类道德生活的批评，从一个侧面说明生活在法治社会中的人们并非是德性的、幸福的。同时，人生的幸福似乎更需要人的情感、精神生活的丰富与满足，更需要一个充实的、内在的生活目标的实现。从人们对幸福生活的日常理解来说，幸福的生活的确离不开客观的内容——基本的

---

① 卢梭在《社会契约论》开篇即指出：“人是生而自由的，但却无处往不在枷锁之中。自以为是其他一切主人的人，反而比其他一切更是奴隶。”卢梭揭示的这种人的自由悖论在现代社会表现得似乎更为显著。现代科学技术的发展一方面增强了人们认识世界、改造世界的能力，拓展了人的社会关系，扩大了人的自由；但另一方面，现代科技深入到了人类生活的各个领域，科技对人的活动、人的生活的控制能力日益加强，同时由于伦理道德对人的科技行为的引导、约束作用发挥不够，科技成果被误用、滥用的几率上升，人类似乎日渐被自己创造的强大科技所控制而更不自由，从而形成人的一种新的异化。

物质生活资料和有序的社会生活条件等等，但更多的在于人的情感体验和生活态度。然而，法律制度毕竟是刚性的，是对人的社会关系、尤其是行为要求的硬性规定，实实在在有些“冷情”。法治更多关注的是人的理性，却较少顾及人的情感。我们不难发现，法与情有时的确是相互冲突的。而人不仅是理性的存在，而且是感性的生命体，是情感的生命体，生命或行为的动力在很大程度上来源于人的情感世界。谁都不能否认，情感是构成人的精神世界的重要内容和强大力量。为此我们可以说，法治的社会、理性的生活虽然是基本的、必需的，但毕竟是有重大缺失的、不完满的。有重大缺失的不完满的生活，虽然不能说是一种痛苦的生活，但毕竟不是一种完善的幸福的好生活。

因此，从社会治理的角度看，法律和道德应该融和，法律精神和道德精神应当一致，法律必须体现道德精神。因为，“就规则本身来讲，一切法都不过是那些具体的、最低的道德，因而也就都产生于、推导于、演绎于道德的一般的、普遍的原则。……法是以道德原则为原则的：法的原则就是道德原则。”① 但我们也不得不承认，法律和道德的冲突也是经常存在发生的。特别是由于立法者的理性和利益关系等方面的限制，一些法律规范不能很好的体现道德精神，甚至背叛道德精神，这时，法律和道德的冲突就会更加明显和激烈。如果法律和道德相互冲突，尽管法律可以凭借国家强制力强制施行，但是，法律的权威性和神圣性难以真正确立。因为这种“法律，其本身并不具有神圣不可侵犯的性质；相反，不论它们拥有何种神圣性，均来自道德认可——这种道德认可，正如我们所观察到的，究其源头，乃在于社会条件下行使着的人类生活的法则。由此，它们必将受到理所当然的挑战，并且无法再披着神圣的面纱来唬弄大众。”② 温斯坦莱认为：“管理良好的国家法律应以正义的理智为基

① 王海明：《新伦理学》（上），商务印书馆，2008 年版，第 413 页。

② ［英］赫伯特·斯宾塞：《国家权力与个人自由》，华夏出版社，2000 年版，第 113 页。

础，如果这一正义被否定，人民中间没有法律可言，只有专横的权力了。”[①] 约翰·迪金森说得更明确：“我们所需要的不只是一个具有确定的一般性规则的制度，我们还需要该制度中的规则是以正义为基础的，是以对人性的某些要求和能力的考虑为基础的。否则，这个制度就会不可行，而且由于它违反了根深蒂固的判断偏向和标准，所以它会不断地被人们所违反，进而它也不可能提供准确性，这种准确性只是该制度存在的理由。”[②] 就法治本身而言，管理者更多地是考虑法律依据，强调的是“普遍性的解决问题”，是“规则之治”[③]；倡导的是对当事人“自由权利”的保护以及对“正当程序”的坚持。[④] 而对社会个体的具体情境（包括道德文化情境）、人与人之间关系的多样性和差异性，以及各种利益关系的复杂性等，却缺乏整体性的考虑和权衡。这也会造成法治与道德的冲突，从而降低法治的应有权威。因此，尽管法治是社会和谐的基石和首要保证，但仅仅依靠法治是不够的。因为法治下的社会和谐还是低层次的和谐，法对社会生活变化的滞后性和局域性决定它不能深入到社会生活的所有领域以及人的所有活动领域。可见，如果仅仅依赖于法治而实现社会和谐，那么，在法未所及的领域，或者说在法律之外的领域，必定会陷入无序。因此，社会和谐，除了法治之外，必定还有其他的社会力量。其中一种最为重要的力量就是道德、德治，就是人的德性或美德。

和谐社会的构建是一项伟大而艰辛的工程，是多种因素和力量共同作用的结果。但是，在所有的因素和力量中，至关重要的是人。人是怎样的，社会就是怎样的。因为，所有的社会活动都是人从事和承担的，人的素质如何决定社会活动的质量和效果，也决定社会

① 转引自李建华：《法律伦理学》，中南大学湖南人民出版社，2006 年版，第 273 页。

② ［美］博登海默：《法理学：法律哲学和法律方法》，邓正来译，中国政法大学出版社，2004 年版，第 332 页。

③ 苏力：《送法下乡——中国基层司法制度研究》，中国政法大学出版社，2000 年版，第 176—196 页。

④ 方乐：“司法如何面对道德?”，《中国法学》，2010 年第 2 期。

的状况和社会发展的进程。在人的各种素质中，决定人的活动取向的是人的道德素质或德性。人的德性如何，在很大程度上决定人的其他素质和各种社会力量的效力以及社会活动的运行方向。

的确，包括法律在内的基本制度的设计对于和谐社会的构建与发展是十分重要的。胡锦涛指出："社会公平正义是社会和谐的基本条件，制度是社会主义公平正义的根本保证。"① 制度作为一个社会的骨架和人们最根本的行为准则，规范着人的行为方式和生活方式。从一定意义上说，制度的优劣、公正与否决定着人们行为方式和生活方式的好坏。一般而言，人生活在公正的社会制度中，会形成好的行为方式，具有好的德性，也能过上好的生活。毫无疑义，社会主义和谐社会的基本制度应该是完备的、公正的、善的。因此，构建和谐社会首先必须构筑公正的基本制度，通过基本制度保障普遍的社会公正，实现社会的良序。但是，社会和谐"不仅需要社会法制、国家基本政治制度和经济制度等显形制度的制度资源，还需要公民道德、社会伦理和其他社会风俗礼仪、精神心理等隐形制度或文化价值资源的有效供应。而且，即使我们能够建立一个基本程度的公平正义社会，也并不意味着我们就可以自然而然地实现这个目标。和谐社会的目标，后者比前者更需要社会道德伦理的价值资源和心理、精神维系。因为，和谐社会或社会的和谐秩序，不但意味着社会基本秩序的安定和平，更意味着特定社会生活条件下人们的精神心理的和平安静。在某种意义上甚至可以说，人们内心的精神心理和谐最终会成为影响社会秩序和谐的更为复杂和更为长远的内在因素。"② 对此，无论是古代的亚里士多德、近代的康德，还是现代的罗尔斯、麦金泰尔等人，在强调公正的社会制度对于建立良序社会的重要性的同时，都十分重视人的德性的作用。麦金泰尔在《追寻美德》一书中强调指出，对于一个没有正义德性的人来说，即

① 《十六大以来重要文献选编》（下），中央文献出版社，2008 年版，第 657 页。
② 万俊人："和谐社会及其道德基础"，《马克思主义与现实》，2005 年第 1 期。

使是再完备合理的正义规则也等于零。

公正制度的创制、落实及其效力的发挥，在很大程度上“取决于全体社会成员的思想道德素质”。[①] 因为，从制度和人思想道德素质的关系来看，可以从以下几个方面进行说明：

首先，好制度的创制与完善不仅需要智慧，而且更需要德性。善的制度不是人随意制定的，只有恶劣的制度才可以随意制定。好的社会制度的制定，必须考虑是否真实反映客观的社会实际生活及其发展趋势，是否与全体人民群众的意愿相符合，是否体现自由、公正、平等、人道等社会价值。而要达于此，制度的创制者，不仅需要科学的头脑和高超的智慧，而且更需要具有自由、公正、平等、人道的德性和情怀。善的制度必须具有善良意志的人才能设计，公正的制度只有具有公正之心的人才能创制。很难想象，在道德上存在严重缺陷的人能够为社会创制和确立公正优良的制度。另外，善的制度不是一次性实践的结果，而是人们不断完善的产物。理性和实践的历史局限性，决定人不可能一次性便可以制定出完美无缺的制度。好的制度是随社会生活领域的扩大、社会实践的丰富而不断完善的。相对于制度的原创者而言，制度的改革者和完善者，从一定意义上说应具有更高的德性要求。因为，社会制度的变革是人的利益关系的重新分配，是人与人之间利益格局的调整，改革者——优良公正制度的制定者、完善者，不仅需要政治勇气、胆识和智慧，而且更需要高尚的品德、情操和社会历史责任感。惟有如此，才能担当起完善制度、改革社会的历史重任。

其次，好的制度要靠人们的自觉遵守才能发挥其应有的作用。好制度需要人的设计和确立，好制度更需要靠人们的自觉遵守。只有人们自觉遵守制度、维护制度的权威，制度才能发挥规范社会、改善生活的作用。如果制度得不到人们的敬畏和普遍遵守，再好的制度也只是镜中花、水中月，对社会生活不会发生任何积极的效力。

---

① 《十六大以来重要文献选编》（中），中央文献出版社，2006 年版，第 710 页。

现代制度经济学奠基者康芒斯认为，制度实际上就是集体行动对个体行动的控制、解放和扩张。从这个意义上看，制度是社会协调、调节社会利益和个体利益的工具。同时，制度在根本上追求社会的整体利益的实现，当个体利益与社会利益发生冲突时，优良制度优先保障的是社会利益或最少得利者。因此，人们自觉遵守制度，在一定的意义上说，就是主动接受规则对人的自由和欲望的压抑、自愿接受社会（集体）对人的利益的再分配、甘心接受群体对个体利益极大化追求的约束，亦即自主限制自我利益最大化的实现。因此，只有具备一定德性的人，才能依据制度行事，恰如只有具备一定法律精神的人才能遵守法律，依法办事。

再次，制度需要人养成好的德性来维护。好的制度，尤其是社会的基本制度具有长期性，效力是长久的。人一时或短期接受制度的约束或规范不是件很难的事情，但是要长期承受制度的限制就不是件容易的事情了。由于人的行为和利益是不断变动的，且具有偶然性，于是，变动的利益和行动与相对静止的制度总是会出现不一致和矛盾。同时，再完美的制度也不可能兼顾到所有的利益主体的所有利益。因此，当个人的利益与制度所保障的社会利益，亦即个人利益和公共利益发生较大摩擦或冲突的时候，人们在制度所维护的利益和个体利益之间，就会出现一个如何选择的问题。一般而言，人应当遵守规则、制度，除非遵守制度会危及生命等最根本利益。这是社会对个体的一般性的行为要求，或习惯性的行为要求，即人应当形成遵守规则和制度的行为习惯——德性。不然，每个人都可以随时随地因为自身利益的不同甚至惟一性而违背制度。从历史和日常的生活经验看，许多好的制度、规则既是这样一点一点地累积起来的，也是如此一步一步被破坏掉的。好的制度需要人的德性来维护，德性是构成好社会、好生活的一个重要前提和标志。在亚里士多德看来，好生活离不开人的德性，没有德性的生活不是好生活。人的目的，即人可实践的最高善，就是幸福。对于多数人而言，幸福的生活就是合乎德性的生活。合乎德性的生活是人可实现的幸福，是人能够通过实践达成的生活，是实践的生活合于伦理德性的活动。

因此，“和谐社会，无疑是一个兼备社会政治理想和道德理想之双重特性的社会伦理概念，它所表达的不仅仅是社会对公平正义秩序的制度期待，而且还有人们对美好安宁生活理想的伦理期待。一个和谐的社会应当是一个正义的社会，一个充满道义关切和共享和谐的社会，需要的是公平正义的制度安排，以确保社会全体成员能够分享平等的基本权利和共同的社会责任；同时也要求社会中的每一个人具有良好的个体美德和精神心理，以确保社会的正义秩序能够长期稳定，并从良好的社会秩序中分享和谐与安宁。”① 所以说，和谐社会不仅应是自由公正的民主法治社会，而且更应是自主的德性社会。

三、构建和谐社会与道德建设

“道德建设”一词从《中共中央关于社会主义精神文明建设指导方针的决议》首先提出以来，就作为一个约定俗成的词语一直在使用。但从中央到学界却对以下一系列问题缺乏系统而清晰的回答，诸如：什么是“道德建设”？道德是否需要建设？道德是否可以建设？为什么要进行道德建设？道德建设为谁？道德建设是谁的需要？道德建设会给我们的社会、我们的生活带来什么？道德建设真的会使我们的社会变得美好、我们的生活变得幸福吗？我们的社会、我们每一个人的生活应该需要一种怎样的道德？我们应该如何建设一种有利于社会进步和个人幸福的道德呢？社会是否可能建设一种我们并不需要的道德呢？道德建设的内容应该是什么？道德建设要依靠谁？道德建设需要怎样的条件？道德建设是不是道德领域自身的实践？道德建设与社会经济建设、民主政治建设、文化建设、社会

① 万俊人：“和谐社会及其道德基础”，《马克思主义与现实》，2005 年第 1 期。

建设以及生态文明建设是怎样的关系？每个公民在道德建设中应该有怎样的担当？不同的社会群体、不同职业、不同阶层的社会成员在道德建设中是否都负有社会责任、负有怎样的责任？道德建设如何利用传统社会和世界的道德资源？……这些问题的确需要人们认真思考和解答。由于现在我们主要探讨的是和谐社会的道德建设问题，着重要回答的是构建和谐社会为什么要加强道德建设，即道德建设是不是构建和谐社会的内在要求，以及如何加强道德建设等问题。

道德是社会存续、人们正常生活的一个基本条件。道德更是社会和谐、人们生活幸福的基本条件。道德起源于社会的需要。道德之所以出现和延续，根本在于社会对于道德的需要。从构成要素看，社会无非是人与物的统一体，包含着人与物、人与人之间的关系。物，除了高等动物具有一定的能动性之外，一般都没有什么自主意识和自主活动能力，容易被纳入自然或人类社会所设定的秩序之内。因此，在人与物的关系中，人是主体、物是客体，人以什么样的方式对待物、人要与物建立一种什么样的关系，根本取决于人，由人决定、从人出发。从本质上说，人对待物的方式其实是人对待自身的方式，因为人是从有利于自身的需要来处理人与物之间的关系的。尽管人对待物的方式可能会给人的长远利益带来危害，就像工业革命以来，人类对自然的开发、对自然资源的掠夺、对物质生活资料的疯狂消费所引发的生态危机、能源危机一样，人也可能会因此调换自己对待物的方式，但无论如何，在人与物的关系中，人总是处于中心和主导地位，总是以满足自身的需要为出发点和落脚点的。然而，在人与人的关系中，由于人是具有自觉能动性的高级生命，都有自由、自主的内在需要，人具有主客二重性——人既是主体，又是客体。因而，人与人的联结就不能仅仅建立在有利于某一方的生存和发展的基础之上，而必须建立在有利于维护、增进双方或各方的利益——共同利益的基础之上。不然，人类社会就会陷入霍布斯的“自然状态”。从这个角度看，社会要把人与人联结起来组成一个利益共同体，就不能不考虑和维护人们的共同利益，就不能不寻找和创制维护共同利益的实践方式，就不能不寻找和创制能够把人们相互连接起来的纽带。道德作为人的一种达成善的实践方式，是实现人的共同利益的实践方式，是人与人之间相互联结的纽带。一个社会可以没有市场，可以没有法律、军队、警察，可以没有诗歌、戏剧、音乐，却不能没有道德。没有任何道德的社会是不能存在的，没有道德的共同体不能成为人类共同体。

社会生活的全部本质是实践的。社会不是自然生成的，而是人自己创造出来的。历史什么都没有做，历史不过是有意识、有目的的人追求自身目的的活动而已。然而，道德之于人，不是一种先定的存在。道德并不是来自神造，也不是如同自然物一样来自天然，而是来自人类自身的创造。道德来源于社会生活，是社会实践的产物。道德和道德的生活都是人创造出来的，就像美好幸福的生活是人创造出来的一样。因此，人类总是根据自身的社会生活需要来创建道德规范，来安排道德生活，来培育德性。

人类社会的基本活动大体可以分为创造社会财富的生产活动与不直接创造社会财富的治理活动。创造财富的活动可以分为创造物质财富的活动和创造精神财富的活动；不直接创造社会财富的治理活动可分为政治治理活动与道德治理活动。因为创造社会财富的活动都是社会性的活动，既有分工又有协作，因此，就必须对之进行必要的社会治理，不然就会发生混乱而破坏生产和社会。然而，什么样的治理方式更有利于创造更多的社会财富和人们生活的幸福呢？无疑是合乎人性的治理方式。而合乎人性的治理必定是体现道德目的的善治——德治。道德治理是最有效率的治理，而最有效率的治理是自我治理——依靠劳动者思想道德素质的管控。因为，在生产力的基本要素中，作为劳动者的人是最具决定性的因素。劳动者的积极性、创造性越能得到充分发挥，社会就越能创造更多更好的社会财富；反之，社会财富则可能会减少。那么，劳动者的积极性和创造性如何才能更好地发挥出来呢？毫无疑问，劳动者的思想道德素质无疑是最具有根本性的因素。思想道德素质决定着劳动者科学文化素质、生产技能等因素的发挥方向和程度，思想道德素质高，劳动的积极性和创造性就高，反之就低。可见，德治，是社会治理追求的最高目标。

但是，在阶级社会中，由于生产资料的私有制致使阶级剥削和压迫普遍存在，劳动者及其劳动被异化，劳动者的劳动不是为自己而是为统治阶级服务的，因而劳动者的劳动不可能是自由自觉的活动。当劳动的强制一旦被解除，劳动者立即像逃避瘟疫一样逃避劳动。然而，任何社会都不能让劳动者逃避劳动，因为如果社会停止了劳动，就等于自取灭亡。为此，统治阶级为了维护自己的阶级利益，维持阶级社会的延续，就必然通过残酷的政治统治来强制劳动者从事劳动。这样，阶级社会的社会治理主要依靠残酷的政治统治，德治依附于政治，成为政治的工具，道德说教更多地是统治者对被统治者的一种麻醉和欺骗。

社会主义社会①，根本不同于存在着阶级剥削和压迫的旧社会。在科学社会主义的创始人看来，社会主义（共产主义）是对那种存在着阶级和阶级对立的旧社会的消灭，“是私有财产即人的自我异化的积极扬弃，因而也是通过人并且为了人而对人的本质的真正占有；因此，它是人向作为社会的人即合乎人的本性的人的自身的复归，这种复归是彻底的、自觉的且保存了以往发展的全部丰富成果的。这种共产主义，作为完成了的自然主义，等于人本主义，而作为完成了的人本主义，等于自然主义；它是人与自然之间、人和人之间的矛盾的真正解决，是存在和本质、对象化和自我确证、自由和必然、个体和类之间的对抗的真正解决。”② 所以，社会主义社会，政治和德治真正实现了有机统一。政治以根本的道德原则为基础，体

① 这里说的社会主义社会，尽管有现实的描述，但更多的是马克思主义创始人所设想的理想形态的社会主义。中国特色社会主义的历史起点决定了它在一定意义上还是邓小平所指出的那样，是“不够格”的社会主义（邓小平，1987 年），还远未达到那种理想形态。然而，这并不意味着中国特色社会主义在社会价值目标和实践追求方面不具有理想形态的某种特征。

② 马克思：《1844 年经济学哲学手稿》，人民出版社，2000 年版，第 81 页。

现自由、正义、平等等根本道德原则，服务于道德的最终目的。社会治理在公平正义的社会基本结构中更多或主要不是依赖于权力的政治，而是依靠社会的德治；社会活动主要不是依靠政治强制，而是依靠人们的道德自觉。

创造社会财富的活动不仅包括财富生产，而且包括财富的分配、交换和消费。劳动者创造的社会财富能否合理地分配给劳动者、分配给劳动者手中的社会财富能否公正地交换，这是社会发展的重大问题，也是一个与道德紧密关联的重要问题。一个社会应该如何分配社会产品和资源才最有利于统治者的需要、最有利于统治阶级的利益最大化，是一个政治问题。一个社会应该如何分配社会产品才是公正的，才最有利于社会成员生活的改善，则既是政治问题，又是道德问题。在社会政治治理中，不同的阶级或阶层出于自身利益和政治需要，建立不同经济制度、采取不同的分配方式，以实现有利于自己的阶级统治。阶级社会的政治是一个阶级压迫、剥削另一个阶级的工具，在本质上是不合道德性或“不道德”的①。阶级社会由于存在严重的阶级压迫和剥削，被压迫和被剥削的阶级便起来反抗，打破既有的社会秩序，推翻统治阶级的统治。劳动者的反抗、斗争促使阶级社会的更替。当新的阶级社会建立之后，在一定程度上改变了以往社会的政治统治，增进了人民群众的利益。但是，阶级社会的本质和统治阶级的本性决定了阶级社会的“不道德”，也决定了它必然被没有压迫和剥削的新社会所代替，即被新的道德共同体所代替。社会主义社会在本质上要求消灭剥削、消除两极分化、最终实现共同富裕，促进人的自由全面发展。社会主义社会，人民是社会的主人，人民当家作主。社会主义的政治是为最广大人民群

---

①　当然，这里的“不道德”，不是说阶级社会不具有任何道德意义，而是说那种压迫和剥削制度是缺乏人性的，是与道德的根本目的相背离的。如果阶级社会没有任何实际的道德价值，那么，它是不可能存在和发展的。在阶级社会的不断更替中，新的更高形态的社会具有更多的道德意义，比如资产阶级统治的社会要比奴隶社会、封建社会进步得多。同时，经济、政治上占统治地位的阶级，也必然在文化、精神领域占有统治权力，必然会建立与之相适应的道德体系，来寻找道德依据，论证社会政治、统治制度的道德合法性。

众的根本利益服务的、为人民群众谋福祉的政治，体现了道德的根本目的和要求，因而是合道德的。社会主义社会不仅是一种经济的、政治的社会形态，而且是一种文化的、道德的社会形态。社会主义不仅需要发达富足的经济、民主清明的政治，而且需要丰富的文化、优良的道德。为此，加强道德建设便是构建社会主义和谐社会应有之义。

加强道德建设不仅是社会主义本质的根本要求，而且是由和谐社会的基本特性决定的。“民主法治、公平正义、诚信友爱、充满活力、安定有序、人与自然和谐相处”是和谐社会的基本内容和特征。社会和谐主要是人与自然的和谐、人与人、人与社会的和谐。社会和谐的基础是人与自然的和谐，社会和谐的根本在于人与人、人与社会的和谐。“人与自然的和谐”是和谐社会的首要前提。人与自然的和谐是人对自然的友好、保护和爱护。这需要我们加强生态文明建设，建立生态伦理，树立尊重自然、爱护自然的道德理念，培育珍爱自然的道德情怀。只要人类怀揣怜爱自然的道德心，保护自然、节约资源，转变生产方式和生活方式，人与自然便能和谐共处。人与人、人与社会的和谐，是人社会实践的结果，是人的道德实践的产物。和谐不仅是人的存在状态，而且是人的存在方式；不仅是人的实践的结果，而且是人的实践的一种根本性的方式。因为，和谐表现为人们以平和或和平的方式处理、解决彼此间的利益矛盾或冲突；而道德正是人的自主实现和谐的实践方式，正是处理人与人之间利益关系的一种非暴力的、友善的方式。公平正义、诚信友爱体现了以人为本的根本原则，体现了公正、人道的社会治理的道德原则。公平正义是社会和谐的基本条件。民主法治是公平正义在国家政治生活的体现，只有公平正义的政治才是民主的政治，只有自由民主的政治才能构成真正的法治。亚里士多德认为，法治不仅要求社会有良法，而且要求公民具有法治精神。好社会不仅要有公正的制度，而且要有公正的德性。因此，构建民主法治、公平正义的和谐社会，不仅要加强民主法治建设，而且要加强思想道德建设。“诚信友爱”作为和谐社会的基本特征和构建和谐社会的基本要求，说明和谐社会本身就是一个真实的、人道的道德共同体。要构建和培育这样的道德共同体，更需要加强道德建设。和谐社会是“充满活力”的自由社会。一个活力四射的社会，必定是人的社会主体性得到充分尊重和实现、人的主观能动性得到充分调动和发挥的自由民主社会。因为，只有在自由民主社会，才能充分“营造鼓励人们干事业、支持人们干成事业的社会氛围，放手让一切劳动、知识、技术、管理和资本的活力竞相迸发，让一切创造社会财富的源泉充分涌流”，才能真正“营造平等竞争、共谋发展的法治环境、政策环境和市场环境”。[①] 和谐社会不仅要充满活力，人的积极性、创造性充分涌流，而且要安定有序，团结统一。社会的安定、团结、有序、统一是社会和谐的基本前提和要求。安定有序的社会环境和生活，不仅必须依靠法治的力量，而且更需要道德的力量，尤其是人们的德性力量。因为，社会最大的安宁是人心的安宁，最好的秩序是靠德性维系的秩序。因此，社会和谐在本质上是具有道德内蕴的，真正的社会和谐是通过道德和人的德性调节的和谐。所以说，“一个社会是否和谐，一个国家能否实现长治久安，很大程度上取决于全体社会成员的思想道德素质。没有共同的理想信念，没有良好的道德规范，是无法实现社会和谐的。”[②] 可见，构建社会主义和谐社会是一项伟大的事业，需要我们在大力发展社会主义市场经济、民主政治和生态文明的同时，努力加强社会主义文化建设、加强社会主义核心价值体系建设和道德建设。我们既要不断完善制度、依法治国、实现公平正义，而且要大力加强道德建设，创建优良的道德规范体系、培育人的崇高德性、提高人的思想道德境界。

加强道德建设是和谐社会提升人的生活质量、增加生活福祉的需要。按照亚里士多德的观点，道德是人特有的实践的生命活动。

---

① 《十六大以来重要文献选编》（中），中央文献出版社，2006 年版，第 713 页。

② 《十六大以来重要文献选编》（中），中央文献出版社，2006 年版，第 710 页。

人“是”什么样的人取决于其实践的生命活动中实现的东西。一个人怎么实践，他（她）就是一个什么样的人。人的生命实现活动首先是灵魂的一种合乎理性的实现活动与实践。[①] 人的目的，即人的可实践的最高善，就是幸福的生活。对于有德性的人来说，属于他们的幸福就在于灵魂合乎伦理德性的活动。如果一个人过的是正义、勇敢、节制、智慧的生活，那么，他（她）就是幸福的。因为，合于伦理德性的生活是幸福的生活。的确，构成一个人的幸福生活需要许多资源。作为有生命的自然存在物，人不能没有必要的物质生活资料；作为喜交往的社会存在物，不能没有一个自由公正平等的社会环境；作为有意识的理性存在物，不能没有起码的文化资源。然而，人的本质在于人的社会性。社会性是决定人之为人的最本源的根据。人的社会性决定人只能依赖他人、社会而生活；离开了社会生活的“人”，无论肢体如何发达，只能成为具有人型的动物，而不能称之为真正的“人”。不仅如此，社会性还是人的尊严、幸福生活的来源。人的尊严和幸福虽然在一定程度上离不开自身，但根本在于社会。归根结底，人的一切都来自于社会，来源于与之相联系的人际环境。诚信友爱的社会与一个友善、和蔼、融洽、和谐的人际环境是一个人幸福生活的源泉。而建立和巩固这种诚信友爱的和谐的人际环境，便离不开人的美好德性。人的德性和德性生活不是与生俱来的，而是在社会生活和道德实践中不断累积和养成的。道德的实践和生活既需要每个人的努力，也需要社会的共同培育。众所周知，每个人都有对美好幸福生活的向往，都希望过上美好幸福的新生活。幸福的新生活不仅需要德性的保持，而且需要培育新的德性，即创造新的实践方式和生活方式。亚里士多德认为，德性的生活就是幸福的生活，没有人的德性就没有人的幸福。德性是长期遵守道德所形成的品质，是道德的实践方式的积淀。因此，在一定意义上，人的幸福生活是人的一种善的生活方式和实践方式。我们

① 宋希仁：《西方伦理思想史》，中国人民大学出版社，2004年版，第58页。

做什么，我们就会成为什么样的人，就会造就一个什么样的世界；我们怎样生活，我们就会成为一个什么样的人。我们以幸福道德的方式做事和生活，就会过一种幸福的生活，我们过幸福的生活，就是一个幸福的人。幸福的生活应当是一种和谐的生活。幸福的生活不是混乱的、动荡的，而是安宁的、有序的。和谐的人际关系、人与人之间和谐的利益关系是人的幸福生活必不可少的构成要素，美好幸福的生活总是在和谐的人际关系与社会环境中建造构筑而成的。另外，道德、人的德性不仅是构成幸福生活的重要内容，而且是实现社会和谐的积极因素。和谐社会不能没有道德，幸福生活不能没有人的德性。因此，构建社会主义和谐社会必须大力加强道德建设，不断提高培育人的德性，促使人们过宁静、和谐的幸福生活。

和谐社会应当构建一个什么样的道德规范体系，根据什么样的原则来构建道德体系，人们应该具备什么样的德性，如何培养人的德性，如何帮助人们过和谐幸福的生活等问题，是我们需要着重深入研究和解答的。

道德源自生活，又高于生活；道德来自实践，又引导实践。和谐社会既是一种基于当今中国社会主义现代化的伟大实践，又是我国社会发展的一个实践目标。因此，构建和谐社会、加强道德建设必须以当今中国的社会实践为源泉和基础，同时必须以中国特色社会主义的建设目标为价值追求，以社会主义核心价值体系为牵引，体现社会主义先进文化的发展方向。

道德的内容尽管十分丰富，但主要包括道德规范、道德行为和道德环境等方面。道德建设则主要包括道德规范建设、道德行为建设和道德环境建设。由于道德在本质上是人的一种实践方式，是人的一种生活样式。因此，道德建设就是促使人的实践方式和生活方式合乎规律、合乎目的的变化，就是说，道德建设就是通过改变和创新人的实践方式，从而促使人们更好地达成善，过更好的生活——幸福生活。追求幸福是最高的善——至善。道德建设的最终目的是为了追求和实现至善，使人过上幸福生活。因而，道德建设就是要创建有利于人达成至善——实现幸福的实践方式和生活方式，即促使人过有德性的——幸福的生活。为了达成至善、促使人们过幸福的生活，社会便应创建有助于人们过上幸福生活的实践和生活规则，从生活的“是”推出生活的“应该”①。幸福的生活是人应该过的。生活在本质上是一种创造，道德同样是一种创造——创造新生活、新社会的实践方式。为了实现对幸福生活的向往，人们总是在不断根据现有的社会状态和人性需要创造符合人性及其发展要求的生活与活动规则。用康德的话来说，人应当为自己立法，人能够为自己立法。人要自由，要过社会生活，要生活的幸福，便不能没有规矩、没有道德规则。因此，道德建设其实就是一种人的实践方式和生活样式的创新。由于任何实践和生活都不是没有规则的，且只有遵守规则的实践和生活才是有序的、有效的，为了让人过上好的幸福的生活，社会就应当确立有助于实现人的幸福生活的实践准则与生活规则。这是道德建设的首要内容。然而，社会并不是为制定道德规则而制定道德规则，而是希望人们遵守道德规则，为的是人们在实际生活中按照道德规则的要求改造世界、社会和人生，实现道德的终极目的。因此，道德建设第二方面的内容就是人的道德行为——个人品德建设。幸福的生活是人的德性生活。而人的德性（品德）是在长期的道德实践中所形成的品质，所以，道德行为建设即是公民道德素质、个人品德建设。由于道德源自整个社会生活，不是一种孤立的社会现象，而是在一定的社会环境中才能发育、生长的。因此，道德建设还应当包括道德环境建设。道德规范、品德和道德环境相互联系、相互制约、相互影响。只有规范、品德和环境三者相互协调统一，道德建设才能取得应有的成效，才能不断实

① 自休谟提出“是”不可推出“应该”这一根本问题以来，理论界对此进行了很多的探讨。我们认为，对这一问题的根本解决还必须回到实践、回到生活。只有“在人的实践中以及对这个实践的理解中”才能得到合理的解决。道德是一种“应该”，但道德也是一种“是”，因为“应该”也是一种“是”或要成为一种“是”。道德是行为、生活的一种指引，但也是行为和生活本身。道德只有变成一种行为和生活事实才是有效的。人应该过一种善的好的生活，更要过上善的好的生活。其实，生活本身就有许多美好的东西，社会发展和道德进步为的是好上加好罢了。

现道德的终极目标。

当代中国，和谐社会的生活目标已经确立，但是，为实现这一美好目标的许多行为、生活的规范却没有确立起来，即使确立了一些实践和生活的法则，也因种种原因还没有完全落实到人们的生活实践中去。因此，在我们的现实生活中总存在着诸多道德失范现象和不文明不道德的行为。面对复杂多变的社会环境，制度、规则的缺失难以使整个社会实现和完成集体理性对个体有限理性的弥补，难以帮助人们建立对未来的好生活的长久而持续的预期，人们也难以把握人生的价值、生命的意义和生活的真谛。于是，社会普遍弥漫着焦虑、浮躁、不安的情绪，行为的价值取向则急功近利，甚至杀鸡取卵、竭泽而渔。制度、规则的缺失是集体理性的丧失，是共同体的结构错落。相反，制度、规则的确立和有效，则是集体理性对个体有限理性的延长，是共同体对个体的保护，尽管同时也是一种限制。一个道德的、和谐的社会，首先必须是一个有好的制度和道德规范供人选择与遵守的共同体；一种和谐的道德的生活，首先必须是有好的道德规范供人遵守的生活。道德行为是遵守或符合道德规则的活动，人的德性是在遵守道德规则的行为中不断累积而成的。没有道德规范及其对规范的认识，人们便不知道什么行为是道德的或不道德的，什么行为是应该做的或不应该做的。同时，没有道德规范，则意味着没有做事做人的标准，人们便难以对自己的行为和生活进行反思，难以判断自己的行为是否道德、自己的生活是否值得。目前，我国处于社会的大转型时期，各种新旧伦理观念相互冲撞，善恶是非界限比较模糊，更需要社会以制度的形式建立明确的社会道德规范体系，明示人们什么是应当做的和什么是不应当做的，协助个体确立正确的伦理道德观和价值观。和谐社会首先应当是一个拥有优良制度体系和道德规范体系供人选择与遵守的共同体。因此，构建和谐社会，加强道德建设，首要内容就是加强道德规范建设，构建有利于社会和谐的道德规范体系。

我国正处于社会主义初级阶段，中国特色社会主义是需要几代、十几代，甚至几十代人才能完成的艰巨事业。从理论上讲，社会主义和谐社会是社会主义较为高级的阶段，对于今天的中国来说还是一个“可能世界”。尽管我国已经初步具备了有利于积极推进构建社会主义和谐社会最基本的前提条件，但是，“同建设社会主义现代化国家要经历一个很长历史过程一样，构建社会主义和谐社会也是一个需要经济、政治、文化的发展而不断推进的很长历史过程。”因此，“建成社会主义和谐社会任重道远。”[①] 新中国成立、尤其是改革开放以来，我国社会主义建设事业取得了举世瞩目的辉煌成就，社会生活发生了巨大而深刻的变化，人们生活水平不断丰富和提高，社会和谐的因素不断增多，化解社会矛盾的方式方法不断创新，社会治理的能力不断增强，党和政府的执政与行政水平不断提高，等等。这是我国构建和谐社会的现实依据和有利条件。但是，“进入新世纪新阶段，我国发展呈现一系列新的阶段性特征，主要是：经济实力显著增强，同时生产力水平总体上还不高，自主创新能力还不强，长期形成的结构性矛盾和粗放型增长方式尚未根本改变；社会主义市场经济体制初步建立，同时影响发展的体制机制障碍依然存在，改革攻坚面临深层次矛盾和问题；人民生活总体上达到小康水平，同时收入分配差距拉大趋势还未根本扭转，城乡贫困人口和低收入人口还有相当数量，统筹兼顾各方面利益的难度加大；协调发展取得显著成绩，同时农业基础薄弱、农村发展滞后的局面尚未改变，缩小城乡、区域发展差距和促进经济社会协调发展的任务艰巨；社会主义民主政治不断发展、依法治国基本方略扎实贯彻，同时民主法制建设与扩大人民民主和经济社会发展的要求还不完全适应，政治体制改革需要继续深化；社会主义文化更加繁荣，同时人民精神文化需求日趋旺盛，人们思想活动的独立性、选择性、多变性、差异性明显增强，对发展社会主义先进文化提出了更高要求；社会活力显著增强，同时社会结构、社会组织形式、社会利益格局发生

---

① 《十六大以来重要文献选编》（中），中央文献出版社，2006年版，第700页。

深刻变化，社会建设和管理面临诸多新课题；对外开放日益扩大，同时面临的国际竞争日趋激烈，发达国家在经济科技上占优势的压力长期存在，可以预见和难以预见的风险增多，统筹国内发展和对外开放要求更高。”[①] 党的十八大报告指出：“前进道路上还有不少困难和问题。主要是：发展中不平衡、不协调、不可持续问题依然突出，科技创新能力不强，产业结构不合理，农业基础依然薄弱，资源环境约束加剧，制约科学发展的体制机制障碍较多，深化改革开放和转变经济发展方式任务艰巨；城乡区域发展差距和居民收入分配差距依然较大；社会矛盾明显增多，教育、就业、社会保障、医疗、住房、生态环境、食品药品安全、社会治安、执法司法等关系群众切身利益的问题较多，部分群众生活比较困难；一些领域道德失范、诚信缺失；一些干部领导科学发展能力不强，一些基层党组织软弱涣散，少数党员干部理想信念动摇、宗旨意识淡薄，形式主义、官僚主义问题突出，奢侈浪费现象严重；一些领域消极腐败现象易发多发，反腐败斗争形势依然严峻。”[②] 由此可见，“我国仍处于并将长期处于社会主义初级阶段的基本国情没有变，人民日益增长的物质文化需要同落后的社会生产之间的矛盾这一社会主要矛盾没有变，我国是世界上最大的发展中国家的国际地位没有变。”[③]“我国发展中不平衡、不协调、不可持续问题突出，制约科学发展的体制机制障碍躲不开、绕不过”。[④] 因此，在构建和谐社会进程中加强道德建设必须从社会主义初级阶段基本国情出发，深入研究我国发展的阶段性特征，深刻把握和谐社会道德建设所面临的各种现实问题与矛盾，扎实做好构建社会主义和谐社会的包括道德建设在内的各项工作。

---

① 《中国共产党第十七次全国代表大会文件汇编》，人民出版社，2007 年版，第 13—14 页。

② 《十八大报告辅导读本》，人民出版社，2012 年版，第 5—6 页。

③ 胡锦涛：《在庆祝中国共产党成立 90 周年大会上的讲话》，人民出版社，2011 年版，第 20 页。

④ 胡锦涛：《在庆祝中国共产党成立 90 周年大会上的讲话》，人民出版社，2011 年版，第 18 页。

道德问题从来就是社会问题、生活问题和实践问题。道德是在社会生活、社会实践中孕育和发展起来的，也是随着社会生活和实践的发展而逐步完善的。因此，道德建设问题其实是一个社会全面协调发展的问题。和谐道德只能建立在和谐社会的整个实践之中，建立在人们的和谐生活之中。但是，根据亚里士多德的看法，一个人过好的生活、人生的幸福、人的德性是伦理学研究的主要任务。而集体德性、城邦伦理、建设一个让人们过上好生活的好城邦则是政治学研究的任务。因此，必须从伦理学走向政治学。因为，好的生活、好的社会、人生的幸福，不仅需要好的道德，而且需要好的法律；不仅需要好的德性，而且需要好的政治。从这个意义上说，社会主义和谐社会既是一个经济目标、生态目标，更是一个文化目标和政治目标。所以，构建和谐社会不仅需要加强经济建设、社会建设和生态文明建设，而且必须加强包括道德建设在内的先进文化建设以及民主政治建设。

总之，构建和谐社会必须加强道德建设，必须构建优良的道德体系、文明的道德行为和优美的道德环境。和谐社会的道德建设不仅是一种理论的系统阐述，而且是一场生活实践的彻底革新，不仅是道德伦理的整体性转换，而且是全部社会生活的整体性创造。

第二章　道德的本质和特征

道德为何物，道德从何而来，人为什么需要道德，道德的目的是什么，等等，是道德哲学需要探讨的重要问题。在此，我们主要探讨道德的本质和特征。

一、道德的本质

古今中外的伦理学家对道德的本质的认识可谓众说纷纭，莫衷一是。怀特利甚至认为："道德的含义是如此众多而又各不相同，以致试图澄清它们的努力是无望的。"[①] 改革开放以来，我国伦理学界对道德的本质问题进行了广泛的讨论和争论，提出了众多的观点。王小锡教授主编的《中国伦理学60年》第三章对我国理论界关于道德本质问题的探讨进行了专门的回溯和梳理；[②] 杜振吉教授在"近三十年来关于道德本质问题的研究综述"一文中，列举15种关于道德本质的不同看法。[③] 由此可见，道德本质问题的复杂及其解答的艰难。然而，大凡谈道德，总绕不开道德的本质这一问题。在此，我们也谈点粗浅认识。

---

① 王海明：《新伦理学》，商务印书馆，2001年版，第104页。

② 王小锡：《中国伦理学60年》，上海人民出版社，2009年版，第34—63页。

③ 杜振吉："近三十年来关于道德本质问题的研究综述"，《道德与文明》，2010年第2期。

（一）把道德当作人的实践去理解

马克思指出："从前的一切唯物主义——包括费尔巴哈的唯物主义——的主要缺点是：对对象、现实、感性，只是从客体的或者直观的形式去理解，而不是把它们当作人的感性活动，当作实践去理解，不是从主体方面去理解。"[①] 由此出发，我们对道德本质问题的认识便不能只从"客体的或者直观的形式"去理解，而应当把道德"当作实践去理解"。这样，对道德的理解和认识便不会越来越神秘，道德之于人的生活便不会越来越遥远，道德便不再是可望而不可即的虚无缥缈的东西，而是生活中实实在在的内容；道德对社会生活的作用则不会日渐式微，而必将产生强大的力量。为此，对道德本质的认识应当回归到实践唯物主义的根本立场，回归到人的生活和实践本身。

"全部社会生活在本质上是实践的。凡是把理论引向神秘主义的神秘东西，都能在人的实践中以及对这个实践的理解中得到合理的解决。"[②] 实践作为人的存在方式，不仅创造了人自身，而且创造了人的全部社会生活。人的社会生活是一种道德生活。不存在脱离生活的道德，也不存在脱离道德的生活，没有生活的道德和没有道德的生活都是不存在的。正如唐凯麟教授所说："道德广泛地渗透在人类社会生活的各个领域，存在于人与人之间的各种社会关系之中，体现在人们的各种思想意识和行为举止上。可以说，凡是有人的活动和关系的地方，凡是涉及人们的利益和善恶价值的社会现象，都有道德的存在。"[③] 由于社会生活的全部本质是实践的，因而，我们对道德的本质的认识便不能脱离社会生活、脱离社会实践，而应当依据人的社会生活和社会实践，且把道德当作人的社会生活和实践

① 《马克思恩格斯选集》第 1 卷，人民出版社，1995 年版，第 54 页。
② 《马克思恩格斯选集》第 1 卷，人民出版社，1995 年版，第 56 页。
③ 唐凯麟：《伦理学》，高等教育出版社，2001 年版，第 50 页。

来理解。就是说，“从生活实践中探寻道德的本质”,[①] 应当成为研究道德本质的出发点。[②]

社会生活的本质是人的实践活动本身。实践是人的生命活动最根本的方式，也是人的本质特性。实践是人的社会生活的发源地。实践活动不仅把人从自然界中提升出来，使自然界成为自己的对象，而且在改造自然界的过程中发展自身多方面的社会需要，进而丰富人的社会关系和社会活动。实践创造了人的一切社会关系，创造了人之为人的一切特性，决定人的社会性本质。

“在实践上，人的普遍性正表现为这样的普遍性，它把整个自然界——首先作为人直接的生活资料，其次作为人的生命活动的对象（材料）和工具——变成人的无机的身体。自然界，就它自身不是人的身体而言，是人的无机的身体。人靠自然界生活。这就是说，自然界是人为了不致死亡而必须与之处于持续不断的交互作用过程的、人的身体。所谓人的肉体生活和精神生活同自然界相联系，不外是说自然界同自身相联系，因为人是自然界的一部分。”[③] 人是自然的生命体，为了维持生存和发展，人首先维持生命的存在。为此，人不得不从事物质生活资料的生产。这是人类社会存在的第一个历史前提。因此，实践，首先是物质资料的生产实践。生产实践是人以自身的活动调整和控制人与自然之间物质、信息和能量交换的过程。在这个过程中，人不仅同自然界发生关系，而且要结成人与人的关系。人与自然的关系和人与人的关系相互联系、相互制约，共同存在于物质生产实践之中。人在物质生产实践中不仅获得了人所需要的物质生活资料，而且形成了人的意识——精神世界，人的意识在实践中不断得以丰富和发展。意识的产生和发展使得人具有了其他动物难以企及的生命活动高度和生活样态。因为人的主观能动性使人的实践结果从实践活动开始之际就在人的头脑中作为目的以观念

① 唐永泽：“从生活实践中探寻道德的本质”，《江苏社会科学》，2003 年第 1 期。

② 黄云明：“论道德的本质”，《河北大学学报》，1998 年第 3 期。

③ 《马克思恩格斯全集》第 3 卷，人民出版社，2002 年版，第 272 页。

的形式存在了，而实践目的影响和制约着人的活动方式和方法。这样，在实践中便形成了一个新的关系——人与意识的关系。因此，实践包含着三重内在关系：人与自然的关系、人与人的关系、人与意识的关系。而这些关系又构成了基本的社会关系，即物质的社会关系和精神的社会关系。可见，人的全部的社会关系都在实践中产生，并随着实践的发展而发展。实践以浓缩的形式包含着全部的社会关系，包含着人的社会生活的全部内容。正是在这个意义上，全部社会生活的本质是实践的，或实践构成了全部社会生活的本质。所以，全部社会生活的本质只能“当作实践去理解”。

从生活经验可知，道德是社会生活的重要内容，人的社会生活是一种道德生活。人的生活不能没有道德，道德也不能离开人的社会生活。没有道德的社会生活是不值得过的，恰如没有思考的人生是不值得过的。既然社会生活要“当作实践去理解”，那么，道德也应当“当作实践去理解”；既然社会生活的本质是实践的，那么，道德作为社会生活须臾不可分离的一种“定在”，其本质无疑也是实践的。

因此，我们必须把道德置于人的现实生活的视域之中，揭示道德是以人的现实生活为基础和依据的实践方式。道德源于实践，在实践活动中产生、形成和发展。社会实践和社会生活的逻辑决定道德生成的逻辑。人的生活实践的善恶性质和伦理取向规定人的活动的道德和价值维度。其实，价值关系和价值活动本身就是人的生活实践的一个重要组成部分。

（二）道德是人把握世界的实践方式

我们的确应当把道德的本质当作人的实践去理解，然而，问题是：道德应被当作什么样的实践去理解呢？道德是一种独立的社会实践吗？社会生活中存在纯粹的道德实践吗？如果道德是一种独立的社会实践，那么是一种什么样的实践？如果道德不是独立存在的实践，那么又如何把道德当作实践去理解呢？

毫无疑问，虽然道德与社会生活、社会实践共存，但道德并不是一种独立的社会生活和社会实践。社会有独立的生产实践、政治活动、科学实验等等，但却没有独立的道德实践。虽然生产实践、政治活动、科学实验包含或隐含着道德，但是生产实践、政治活动、科学实验并不是独立的道德实践。也就是说虽然生产实践、政治活动、科学实验是具有道德意义的实践，但却不是纯粹的道德实践。社会生活中的确不存在纯粹的道德实践，道德不具有实践的独立性。正如唐永泽教授所言："道德不能独立存在，它具有依存性、'寄生'性。这就是说，道德存在于人们的各种社会生活之中，它不能单独地、孤立地成为社会生活的一种，只能融入于、渗透于各种社会生活之中。"因此，道德"不是生活实践、行为活动的本身"。①

既然道德不是一种独立的、纯粹的社会实践，那么我们如何把道德当作实践去理解呢？我们认为，道德不是一种独立的实践，而是实践的方式。如果说实践是人把握世界的活动，那么道德就是人把握世界的活动方式——实践方式。然而，道德是一种怎样的实践方式？或者说，道德是用怎样的方式把握世界呢？

在"政治经济学手稿"中，马克思将人把握世界的实践方式区分为四大类——科学的、艺术的、宗教的和实践精神的方式。他说："整体，当它在头脑中作为思想整体而出现时，是思维着的头脑的产物，这个头脑用它所专有的方式把握世界，而这种方式是不同于对世界的艺术的、宗教的、实践精神的把握的。"② 对世界的实践精神的把握就是道德的方式。人通过科学、艺术、道德和宗教等不同的方式把握世界、实现自身。科学的方式是人以理性思维来把握世界，即人在实践中揭示客观事物的规律，形成对世界的真理性的认识；

---

① 唐永泽："从生活实践中探寻道德本质"，《江苏社会科学》，2003 年第 1 期；"论道德的本质属性"，《淮阴师范学院学报》，2001 年第 2 期。

② 《马克思恩格斯选集》第 2 卷，人民出版社，1995 年版，第 19 页。

科学把握世界的方式是对世界整体的把握，是对世界的基本原则和本质规定性的概括和总结，具有综合性、抽象性等特征。正因如此，人才能深刻而全面地在观念中建构世界，以理论逻辑摹写和创造世界，形成改造世界的实践观念，从而有效地指导人改造世界，获取人所需要的物质资源，使人成为自然和社会的主人。人把握世界的艺术方式主要是通过塑造具体生动的艺术形象实现对世界的审美性的理解，是人对世界的形象认识和改造。在艺术方式中，人从主体出发，以一种主体的精神逼近世界，在美和丑的对立冲突中理解和塑造审美对象，使人进入审美的愉悦之境，给人带来美感，从而达到人与世界的沟通与融合，人由此获得象征性的自我实现。把握世界的宗教方式主要借助于信仰的方式来理解和把握世界，其根本点在于以某种神秘的力量来实现人与世界的统一，使世界服从人，并以此领悟生命的神圣价值。把握世界的道德方式则是以善恶的价值尺度和评价方式解释世界、改造世界，一方面通过评价的方式为人确立应当寻求的善的理想，为人性的丰富发展肯定多元的价值追求；另一方面通过评价判定正义与非正义、善与恶，使人趋善避恶，维护良好的社会秩序，实现身与心、人与我、人与社会、人与自然的和谐，为人的自由全面发展创造良好的社会条件。[①]

在社会生活中，道德似乎无处不在，无时不有。在处理人与自然关系的实践中，存在着人如何对待自然的问题，人是应该尊重生物尤其是动物的权利，合理利用自然资源，还是无节制地开发自然，便出现了生态伦理；在生产劳动中，会出现劳动者是应该积极劳作还是消极怠工等问题，于是便出现了从业规范、职业道德；在社会生活中，人如何过公共生活，是应该平等互助还是仗势欺压、是诚实守信还是坑蒙拐骗等等，即出现了社会公德；在家庭生活中，有如何对待家人和近邻的问题，是应该慈爱还是暴戾，是应该温和还

① 参见黄云明："论道德的本质"，《河北大学学报》，1998 年第 3 期；何怀远：《马克思主义哲学教程》，国防大学出版社，1998 年版，第 64—70 页。

是粗鲁等，于是便形成了婚姻家庭道德；即使在个人生活中，如何对待自身，是应该爱己还是害己，是自暴自弃还是自尊自重，都有个人品德的要求。然而生产活动创造物质产品，政治活动创设法律法规和秩序，文化活动创造精神产品，道德实践创造什么呢？从经验观察，道德并不像生产实践、科学实验那样具有独立性，也并不直接创造什么产品，我们似乎也找不出能够称之为道德产品的什么东西来。道德虽然有助于或有损于社会生产活动的效益，但它并不直接生产物质产品，不创造物质生活资料，不同于经济活动，因而不属于生产实践。按照马克思主义的理解，道德是社会意识形态的一种形式，属于文化现象。然而，道德活动却并不像艺术活动那样能够直接创造精神文化产品，如作家创作小说、画家绘出图画、诗人写出诗歌、音乐家作词作曲一样。可见，道德并不是一种独立的文化活动或精神生产实践。既然道德实践既不属于生产实践，又不属于精神文化活动，那么，道德就只能归于处理人的社会关系的实践活动范围了。由此可以推断，道德应该属于处理社会关系的实践范畴。

为什么说道德属于处理社会关系的实践范畴呢？根本的原因在于：道德源自人的社会性及其需要。人不仅具有个体性，而且具有社会性。社会性是人的本质属性。荀子认为，人之所以为人，主要不在于人具有生物学意义上的形态和生理特征，而在于人具有能“群”的特性，因而人是一种“能群”的动物。马克思认为，人只有作为社会性的存在，人的自然存在才是现实个人的存在。现实的个人，“是从事活动的、进行物质生产的”，因而是在一定的物质的前提和条件下活动着的人。同时，现实的个人是在一定社会关系中活动和存在着的个人。“社会关系的含义在这里是指许多个人的共同活动，至于这种活动在什么条件下、用什么方式和为了什么目的而进行，则是无关紧要的。”社会关系作为个人的存在方式，实际上就是个人的共同活动。所以，“人是最名副其实的社会动物，不仅是一种合群的动物，而且是只有在社会中才能独立的动物。”[①] 因此，“人的本质是人的真正的社会联系。”[②] “人的本质不是单个人所固有的抽象物，在其现实性上，它是一切社会关系的总和。”[③]

正是人的社会性本质决定了人的社会性需要，而社会性的需要又决定人必然从事处理社会关系的实践活动，正如人的生物性的需要决定人必然从事生产实践、人的精神性需要决定人必然从事文化创造实践一样。人的社会关系是矛盾关系，即人与人、人与社会之间的对立统一关系。处理社会关系的实践其实就是处理人与人、人与社会之间的矛盾，以实现人与人、人与社会的和谐统一。因此，在荀子看来，正是因为人的“群”与“分”，才需要“义”——道德。唐凯麟教授也认为，道德源自人的二重性和二重性的需要及其矛盾。人既具有个体性，又具有社会性，既有个人利益，又有社会共同利益，因而二者既有统一性，又有对立性。因为统一性，道德有其产生和发挥作用的可能；因为对立性，道德则有其存在的必要。因而，道德是用来调节和调整个人利益和社会利益之间的矛盾关系的，从而“求得个人同社会的协调发展，而这种协调发展又是人实现自身发展的需要”。因此，“道德作为人类社会生活的一方面，就是适应处理个人利益和社会共同利益的关系这一人类社会生活的必然要求而产生的。如何处理这种利益关系就是道德的中心问题，历史上出现的各种类型的道德，就是对这个问题的不同处理和调节的行为方式。”[④] 肖雪慧先生也认为：“道德产生于人的需要……一方面，道德产生于协调社会群体内部个人与个人之间、个人与整体之间的相互关系的需要，另一方面又产生于人自我肯定自我发展的需要”。[⑤] 由于人的自我肯定、自我发展从根本上说是在社会中实现的，

① 《马克思恩格斯选集》第2卷，人民出版社，1995年版，第2页。
② 《马克思恩格斯全集》第42卷，人民出版社，1979年版，第24页。
③ 《马克思恩格斯选集》第1卷，人民出版社，1995年版，第60页。
④ 唐凯麟：《伦理学》，高等教育出版社，2001年版，第32页。
⑤ 肖雪慧：“人的主体性是一切道德活动出发点”，《光明日报》1986年2月3日。

人在与他人和社会的关系中确证自身、发展自身，因此，人的自我肯定、自我发展其实也就是处理人与社会的关系，人的自我肯定自我发展的需要可以归于处理人与社会关系的需要。

综上所述，道德是人把握人类世界的一种实践方式，是人调节社会关系的方式，也是人实现自我的活动方式。[①] 由于人的自我必须是在社会中才能实现的，因而，归根结蒂，道德是人把握属人世界——社会的实践方式。

（三）道德是人自主实现利益和谐的实践方式

人的生存发展离不开实践，实践是人的本质内容。有实践，就必定有实践的方式。实践及其方式千千万万，那么，什么样的实践方式是道德的呢？既然道德是人的一种把握世界的方式，是人的一种实践方式，也是人的一种存在方式，那么，道德是人的一种怎样的实践方式？道德这种实践方式会给人或人的生活带来什么呢？如果进一步追问，道德的实践和生活是人所必需的吗？

如果道德是人所必需的，那么，单独一个人的世界有道德的需要吗？或者说，独自生活的个人或孤独的个人生活或不与他人发生任何联系的生活领域，道德有存在的必要吗？可以肯定，一个人的世界是不需要道德的，不与他人建立社会关系的人是没有道德需要的。因为，每个人都想在这个世界自由自在地生活，谁都不愿意为自己设置行为的障碍。费尔巴哈认为："事实上，被想作是自身独立存在的个人道德，是毫无内容的虚构。在我之外没有任何人，亦即没有其他人的地方，是谈不上道德的"。"道德的发生，至少也必须有两个人——男人和女人。加之，性关系可以直接地看为是基本的道德关系，看为是道德的基础。"因为，"只有把人对人的关系即一个人对另一个人的关系，我对你的关系加以考察时，才能谈得上道

---

① 黄云明："论道德的本质"，《河北大学学报》1998 年第 3 期。

德；只有把对自己的义务认为是对他人的直接义务，只有承认我对自己有义务只因为我对他人（对我的家庭、对我的乡村、对我的民族、对我的祖国）有义务时，对自己的义务才具有道德的意义和价值。”①

既然一个人的孤立的世界不需要道德，道德无存在的必要和意义，那么，道德只存在于人与人联合的世界，只存在于处理人与人的社会关系的实践之中。在此，我们必须进一步追问：为什么只有处理人与人之间关系的实践才具有“道德的意义和价值”？如果人与人之间就像一个人似的，没有任何的矛盾和冲突，人与人之间没有任何的利益分割与利益争执，道德有存在的必要吗？从日常经验看，这种生活状态的人也是不需要道德的，道德在这时是一种多余的累赘。正如富勒所说：“如果天使们可以在没有任何规则的情况下共同生活并且完成他们的慈善工作，他们当然不需要任何法律。如果他们所依循的规则是默会的、非正式的和凭直觉来领会的，他们也不需要任何法律。”只有“在一个复杂而又人口众多的社会中”，法律才是不可缺少的。② 富勒的这段论述同样适用于道德。道德之所以被需要，或者说，人之所以需要道德，根本在于人处在社会关系之中，而人与人之间的社会关系在本质上是一种利益的矛盾关系。人与人之间的利益不仅有对立甚至冲突，而且这种利益对立在一定条件下又是能够统一的。荀子认为：“人生而由欲，欲而不得则不能无求，求而无度量分界则不能不争。争则乱，乱则穷。先王恶其乱也，故制利义而分之。”③ 拉尔夫·巴顿·佩里认为：“道德是人们调和不同利益的努力：当不同利益之间发生了冲突时就制止这种冲突，并使没有冲突的消极调和发展为互助合作的积极调和。道德是由于同样的或不同的人们由于利益的原因而造成的冲突所带来的问题的一种解决。人的问题的解决在于消除敌对的状态，这种状态造成了彼

① 周辅成：《西方伦理学名著选辑》（下册），商务印书馆，1964 年版，第 473、474 页。
② ［美］富勒：《法律的道德性》，商务印书馆，2005 年版，第 67 页。
③ 《荀子·礼论》。

此之间毁灭性的冲突。”[①] 当代著名伦理学家汉普歇尔在《道德与冲突》一书中指出：“道德与冲突是不可分离的包括各种不同却都令人羡慕的生活方式之间的冲突，各种不同却均能获得辩护的道德理想之间的冲突，各种义务之间的冲突，以及各种根本性的、然而却又是互不相容的利益之间的冲突。”[②] 梯利认为：“道德是个人利益冲突的产物。”[③] 罗尔斯同样认为：“一个不存在各种相互冲突的需要、人们的所有需要都能自然而然地和谐并行的社会，在某种意义上可以说……排除了必须诉诸正当和正义原则的理由。”[④] 万俊人教授明确认为：“冲突是道德之母。哪里有冲突，哪里就有道德问题发生。在没有任何冲突的时间和地点，道德将会保持沉默或者休眠。而在人类生活世界的各种冲突中，利益的冲突又是最基本最深刻的，它是其他各种冲突的根源。因此，人类道德的第一动因便是调节或协调各种人际、群际，以及个体与整体之间的利益关系，减弱或消解各种利益矛盾和价值冲突，这是道德作为人类现实生活实践之普遍行为规范的主要依据之所在。”[⑤] 为了使利益的矛盾和冲突不至于把社会毁灭，人需要寻找合适的方式来调整，使各自的利益都能够在某种程度上得以维护，以保证人自身的生存和发展，以保证人的基本自由之实现。经过长期的摸索、试错，社会选择了一种叫做“道德”的处理社会利益矛盾关系、协调社会利益格局、促进社会利益关系和谐的实践方式。因此，我国有学者认为，道德其实就是人与人（他人与社会）、人与自然以及人与自身的一种斡旋，一种利益的调节方式，最终是要在和谐的社会发展和个人自我实现间确立一种平衡机制。[⑥] 所以，道德可看作是人们自主调节、和解社会（利益）

---

① ［美］彼彻姆：《哲学的伦理学》，中国社会科学出版社，1990 年版，第 503—504 页。

② 转引自万俊人：“人为什么要有道德”，《现代哲学》，2003 年第 1 期。

③ ［美］弗兰克·梯利：《伦理学概论》，中国人民大学出版社，1987 年版，第 176—177 页。

④ ［美］罗尔斯：《正义论》，中国社会科学出版社，1988 年版，第 282 页。

⑤ 万俊人：“人为什么要有道德”，《现代哲学》，2003 年第 1 期。

⑥ 黄云明：“论道德的本质”，《河北大学学报》1998 年第 3 期。

关系的一种实践方式。

如前所述，实践构成了社会生活的基本领域，是社会关系的发源地。社会关系最根本的是生产关系，即人们在生产活动中所结成的关系。由于生产关系在本质上是利益关系，因而人与人之间的社会关系在本质上是利益关系——物质的、精神的利益关系。因此，处理社会关系的实践就是协调人与人利益关系的活动，即是人的利益的分配和再分配。众所周知，处理社会关系的实践活动主要有"政治"和"德治"。"政治"是国家通过国家强权对社会利益关系予以规定、调解或强制实施的治理活动。法治是现代政治的根本特征。国家制定法律明确基本制度，规定人们在国家生活中的地位、权利以及责任和义务，并主要通过法律的手段来管理社会和人们。"政治"的实施主体是社会管理部门及其工作人员；"政治"的基本方式是强制；"政治"的根本目的在于保障和实现社会生活的有序、稳定和一致。"德治"不同于"政治"。德治是以道德规范来调节社会利益关系的管理活动。德治主要是以人自主自愿的方式来解决人与人之间的利益关系，主张在利益冲突面前自愿选择个体利益的减损甚至牺牲，避免利益冲突的扩大化，保全他人和社会的利益，实现人与人、人与社会的和谐统一与协调发展。如果说"政治"是一种依靠外在强制力而实施的利益协调活动，那么，道德则是一种依靠人的内驱力而施行的利益协调活动。正是由于道德这种依靠人的自主自愿的自觉调节、尤其是通过个人利益的自觉牺牲来解决利益冲突和实现社会和谐的独特方式，使道德实践具有独有的社会功能和魅力，也使道德实践的主体具有崇高的品德和人格。这正是人们崇仰品德高尚者的根本缘由。因此，道德可看作是人自主调节各种社会利益矛盾关系的一种实践方式，或者说是人调节社会利益矛盾关系的自主的实践方式。

处理社会利益矛盾和冲突的方式大体可归于三类：一是互利的方式，即增进双方的利益；二是互害的方式，即减少双方的利益；三是一方增进而另一方减少或牺牲的方式。第三种方式表现为两种情形：一方主动牺牲自己的利益而增进他人的利益，一方为了增进自己的利益而减少或牺牲他人利益，即舍己为人和损人利已。从结果看，最坏的自然是第二种方式——互害，这种方式是人最不愿意选择，且要极力避免的；最好、最满意的应该是互利，互利是最佳的方式；第三种方式似乎是人不得已的选择，但却是最能体现人的德性的方式。

毫无疑问，互害的方式是人最应该极力避免的。互害是一种相互减少或损害对方利益的行为方式。互害不能给人带来任何的利益增进，而是一种自我毁灭的方式。互害既不是人的理性行为，也不是人的真正的社会性行为。因为互害的方式既不符合人的本性要求，也不符合人的情感需求，更不合乎社会存续和发展的需要。由于互害既与人的理性和人的自然本性相违背，又与社会存续和发展的要求相背离，因而，在实际的社会生活中，互害尽管存在，但并不常见，并非人类处理社会关系的经常性的实践方式。由于互害对人的健康生活和社会持续发展损害最大，因而是社会最不需要的方式，而且也是人们最应当避免的方式。所以，互害的方式便根本不能成为道德，反而是最不道德的。

互利是利已和利他的统一，无疑是人最应该追求和实现的。自利是人最原始的行为动机，或者说自利是人最深刻的本性。人的自利本性是实现人人互利的人性前提。人的自利之心为自利走向利他与互利提供了可能，并成为利己和利他相统一的桥梁。万俊人教授认为，互利是“通过满足或促进他人的利益来满足或增进自己的利益”，是“人类道德行为最基本最经常的动机”。“互利”作为人类道德行为的最基本最经常的动机，具有一种普遍而真实的道德约束力。因为“互利”包含着丰富的伦理意蕴：“只有在相互有利的情况下，相关行为主体的道德行为才会付诸实践，从互利的动机到互利的行动。互利的伦理要求首先是相互性，其次才是行为的效用。这就如同经济伦理中所讨论的交易伦理一样，首先建立相互合作、平等、诚信、遵守承诺的交易关系，其次才是交易的达成，并通过交易行为实现交易的价值剩余，因此，实现交易双方的市场价值目的。就此而言，互利的道德首先是一种相互性的道义约束，其次作为结果才是双方价值目的的实现。”[①] 互利，一方面是对自利的承认和肯定，是对自我利益和他人利益的尊重，是对各方利益的增进，同时也增加了整个社会的利益总量；另一方面，促进了各方利益的协调，实现了利益的和谐。互利的道德性，根本在于互利是利己与利他的统一，能够增加社会和每个人的利益总量，符合社会和个人的发展需求。

另外，万俊人教授还认为：“互利作为最广泛、普遍和经常的道德行为动机，并不具有绝对唯一性。也就是说，互利并不是人们所有道德行为的唯一动机，更不是人类较高道德行为的动机。因此，不能把互利看作是解释所有人的所有道德行为的终极依据。”[②] 既然互利是合人性的，那么，为什么同时又“并不具有绝对唯一性”，并不能看作是所有道德行为的“终极依据”呢？对于这个问题，万俊人教授没有作进一步的阐述。在此，我们对这一问题做些尝试性的回答。

第一，社会生活和人的利益关系的复杂性决定了互利不是人唯一的行为选择。利益主体之间的矛盾冲突具有普遍性，尤其是在现代社会，利益的多元更容易产生利益矛盾，存在着许多不能互赢、互利、互惠的利益冲突，因而，并不是每个利益主体在社会生活的任何领域都能够实现互利。第二，人的深刻的自利本性限制了互利的行为选择。人尽管有利己和利他的本性，但相对而言，自利的行为动机比互利的行为动机更为根本、持久和深刻。自利不仅可以走向利他和互利，实现利他与利己的统一，而且可以走向损人利己，引起、加深或扩大人与人的利益矛盾冲突。可见，自利既是承认和实现互利的前提，也是引发利益矛盾和冲突的前提。从人的本性而

① 万俊人：“人为什么要有道德”，《现代哲学》2003 年第 1 期。
② 万俊人：“人为什么要有道德”，《现代哲学》2003 年第 1 期。

言，每个人都希望自身的利益最大化。在许多时候，互利的确是对个体利益最大化的限制，因为互利是利益双方或各方作出一定的让步——让渡一定的利益或接受一定的利益损失而产生的结果。可见，互利会在一定程度上妨碍着自利，尤其是在利益相互冲突的情况下更是如此。因此，互利并不是人最愿意选择的方式。从行为的动机来看，互利的确不是人们所有道德行为的唯一动机，相反却是人们迫于某种社会压力或经过痛苦的博弈而做出的行为选择。第三，互利并不一定公正。互利有公正的互利，也有不公正的互利。的确，互利是利益各方都获得了一定的利益。但是，各方都获利并不意味着是平等公正的。互利并不完全意味着利益的普遍增进，并不一定是每个人都能够增进同样的利益总量。在大多情况下，互利是利益主体相互减少各自的部分利益而得到一定的利益。为了实现互利，各方都要在一定程度上让渡利益，有时甚至需要为达成长远、长久的互利而迫不得已选择牺牲目前利益。如果互利各方尽管都获得了一定的利益，但未能体现公正原则，即一方本来应获得更大利益而得到的却是小利或者相反，或者一方因为信息的不完全而造成认识不充分，未能获得应当获得的利益。因此，互利并不是人们具有普遍性的行为选择或行为方式。只有公正的互利才会不断激励人们普遍选择这种双赢的行事方式。第四，互利在时间上并不总是同时性的，而是经常存在时间差的。毫无疑问，互利是各方利益的获得。但是，得利各方不仅存在一个大小问题，而且还存在一个先后问题。在实际的利益分割中，利益各方的行为选择尽管能够兼顾，能够达成互利互惠，但是，有时可能是一方得利先于另一方，或者一些人获得的是眼前利益而另一些人则是牺牲眼前利益而获得长远利益。这时，人们应该选择先人后己，还是先己后人呢？这就要求有一种秩序的设计或安排来保证每个个体的利益的满足和实现。对于个体而言，遵守先人后己、先来后到的约定，会更有利于个人利益的实现，也有利于良好公共秩序的形成与和谐社会关系的建立。相反，如果采取的是先己后人的方式，尽管也会给人带来利益，但更可能带来无谓的争斗和残酷的争夺。因此，在互利的先后处理上，社会提倡先人后己的行为方式。总之，互利互惠并不是社会生活领域唯一的利益关系，尽管人愿意和希望它是一种普遍的、经常的利益关系。同时，并不是所有的互利关系都能带来普遍的利益增进，并不是所有的互利都是公正的，并不是所有的互利都能够有利于人与人、人与社会的利益关系的协调。只有平等公正的互利、先人后己的互利是道德的行为选择，才有利于个人利益和整个社会利益的增进，才有利于社会利益关系的和谐。

处理个人正当利益和他人、社会正当利益之间矛盾冲突的第三种方式是增进一方而减少或牺牲另一方，即舍己利人和损人利己。无论是损人利已，还是舍己利人，从静态看，都没有增加社会的利益总量。因为在利益冲突中，各自的利益大小是既定的，只是最终的利益归宿不一样而已。当舍己利人时，舍己的利益即为利人的利益，自身利益减少或损害的部分则为他人利益增加的部分；同样，损人利已时，他人损失的利益即为自己利益增加的部分，利益的总量并未因此而有所增减。既然如此，那么，在这个时候社会应该提倡和褒奖哪种行为方式呢？是损人利已还是舍己利人呢？无疑，道德的方式是舍己为人，或舍己利人，或大公无私，或无私奉献，或自我牺牲。然而，我们必须进一步追问：为什么舍己为人的方式是道德的，而损人利已则是不道德的？或者说，为什么道德是舍己为人的实践方式？

从人的自然本性而言，人在利益冲突面前或当受到极大利益诱惑的时候更可能趋向于利己而损人，即损人利已。从著名的囚徒困境的博弈可以看出，囚徒之所以选择坦白，主要是为了避免更为严重的处罚。这说明，理性的人或人的理性决定着人最不愿意的是自身受到更多更严重的伤害，最愿意的是自己获得最大的利益。同时，正是因为人在本性上更容易趋向自利，自利更容易、更经常地成为人的实践动机，因此，在利益冲突面前，人容易做到的是利己损人，而不是相反。然而，道德之为道德，一方面是为了保护人的自利本性和动机，另一方面恰恰在于或者根本在于压抑、克制人的利己本性和欲望，在于它要求人们在一定程度上牺牲自我利益而保全和增进他人、社会的利益。因而孔子强调“克己复礼”为“仁”，提倡“先劳后取”、“义然后得”。再者，在利益冲突的社会关系中，舍己为人是解决利益冲突的最佳方式。当人们处于相互矛盾（冲突）的社会利益关系时，如果能够自我克服、压制利己本性，减少或牺牲自我利益而成全他人、集体和社会的利益，那么，这无疑有利于矛盾的和解，符合道德的最终目的。因为，如果人们舍己为人，必定会减少或平息利益纠葛，减少或避免因利益冲突而引起的暴力斗争，尤其是可以避免野蛮的相互残杀。相反，如果损人利己，最终必然会走向互害。俗话说，害人者，人恒害之；冤冤相报，何时了。这是每个有理性的人最不愿意要的结果。因为，每个理性的人都不会愿意自己陷入无休无止的暴力冲突和武力争夺之中。因此，为了生存和发展，人应该极力避免损人利己、避免互害。因而，最好的解决利益冲突的方式是舍己为人。

舍己为人在本质上是爱人，爱他人、爱社会。慈爱、仁慈、仁爱、谦恭、慷慨、人道等德性都与舍己为人有关，从一定意义上说，就是舍己为人的本质体现。孔子认为，仁者“爱人”。反过来讲，即爱人即为仁，则是道德。社会因此提倡人应该爱人的道德，提倡爱他人甚于爱自己的道德。这也是儒家和基督教道德的重要内容和特征。墨子认为，“兼相爱，交相利”。墨家好像是提出互利，其实墨家伦理提倡的兼爱也是舍己爱人。爱人者，人恒爱之。爱人，无疑是增进他人福利的行为。尤其是在利益冲突关系中，减少、舍弃自己的利益而维护、增加他人的利益，无疑是一种最好的消弭利益冲突的方式。尽管舍己的一方存在利益的损失，但避免了双方因利益争夺而造成的两败俱伤，也不失为是一种人与人的利益增进方式。同时，如果社会中的每个人在任何的利益冲突中，都能够自觉做到舍己为人、先人后己，无疑会使社会更加稳定和谐，也能够不断提高人的德性，提升人的精神境界，促进人的发展，增进生活的幸福。

因而，无论是从目的论和功利论的观点看，都是道德的。许多伦理学家认为，每个人都有对同类的同情心，道德来自人的同情心，如我国孟子提出的“恻隐之心”，休谟、亚当·斯密强调的是同情心。在孟子看来，道德就是仁之“四端”的发动与扩充。人的恻隐之心的扩充就是爱人，就是增进他人和社会的利益。根据功利主义的观点，社会之所以提出舍己为人的道德，在于它更有利于人与人之间避免互害，避免更大的伤害，而增加社会和大多数人的利益，即“多数人的最大幸福”。因此，在利益冲突的社会关系中，道德的实践方式是舍己为人的，并且舍己是自觉自愿的，而不是强迫的。这是道德的实践方式区别于其他实践方式最本质的依据。

一个社会是不是道德的，或是不是德性社会，最根本的在于这个社会的人是如何处理人与人之间的利益矛盾和冲突的。因为，相对而言，利己和互利，人们容易做得到。有福共享，在任何社会、任何群体、任何人，并不是难事。因为，一个理性正常的人，或者说大多数人，在互利的社会关系中，一般能够自觉地利己利人。从人的情感的角度看，这也是人之常情。然而，当利益关系相互冲突，尤其是相互冲突的利益不能同时两全的时候，何去何从，则是考验人的德性和社会的道德水平的重要的或根本的试金石。如果一个社会，大多数人选择的是舍己为人的实践方式，那么，这个社会必定是相对和谐的、美好的；反之，如果选择的是损人利已的行为方式，那么，社会必定不和谐、不美好。同样，一个人选择舍己为人的方式处理人与人的利益冲突，那么，这种行为方式就是道德的，这个人就是有德性的；反之，则是不道德的，是没有德性的。

在处理人与人、人与社会关系的所有行为中，首要的、根本的是要避免互害，因为互害破坏着社会存在和人生存的基础与基本前提；再就是要避免损人利已，因为损人利已最终会走向互害。最好的、最应该追求的是实现对等的互利，因为这种互利体现了平等与公正原则，最有利于人和社会的和谐与发展。当且仅当利益关系是冲突的且难以两全之时，才最应该提倡和要求舍己为人、自我牺牲或无私奉献，因为这是解决利益矛盾冲突的最佳方式。

道德不仅仅是消弭利益矛盾与冲突的实践方式，而且更是促进利益和谐发展的实践方式。和谐的世界、幸福的生活是人欲求的，纷乱的世界、不幸的生活是人厌弃的。道德作为人作用于世界的实践方式，是促使人与世界和谐发展——实现生活和谐幸福的实践方式。就是说，道德在本质上是一种促进和谐、实现和谐的实践方式。正如佩里所说："'道德的善'，是和谐一致的利益所赋予目的物的特性……""一个目的物，当利益使得它满足和谐的要求时，在特殊的意义上讲，它也就是道德的善"，"伦理学上所说的'善的生活'，可以描述为一种和谐的幸福状态——这种状态通过增进人们的合作，使全部利益成为积极的利益。""道德的善"可定义为"和谐的幸福"。[①] 黑格尔认为："道德的观点是关系的观点、应然的观点或要求的观点。"[②] 同时，道德的观点也是一种"意志的观点"[③]。而意志"首先包含着主观性和客观性的对立以及与此相关的活动"[④] 因此，在道德的观点上，意志自觉到它的自由，主观的意志的内容作为"为我的东西"，"不仅要作为为我的内在目的，而且当它具有外在的客观性时，自己意识到包含着我的主观性"。[⑤] 所以，"我的目的的实现包含着这种我的意志和他人意志的同一，其实现与他人意志具有肯定的关系。"[⑥] 罗素也说："最高的道德规律，是为着产生调和的欲求而行动，不是为着产生纷乱的欲求而行动。这个规律可以应用到任何人类的影响所能及的地方：他的自身，他的家庭，他的城市，他的国家，如果他的影响可能的话，也可以应用到全世界去。要达到这种目的，我们就有两个主要的办法：第一，产生社会的制

① ［美］彼彻姆：《哲学的伦理学》，中国社会科学出版社，1990年版，第504页。
② ［德］黑格尔：《法哲学原理》，商务印书馆，1961年版，第112页。
③ 黑格尔：《法哲学原理》，商务印书馆，1961年版，第110页。
④ 黑格尔：《法哲学原理》，商务印书馆，1961年版，第113页。
⑤ 黑格尔：《法哲学原理》，商务印书馆，1961年版，第113—114页。
⑥ 黑格尔：《法哲学原理》，商务印书馆，1961年版，第114页。

度；在可能之内减少个人之间和团体之间的冲突；第二，教育个人使他的欲求能够自相调和，同时又能够和他人的欲求相调和。”① 海克尔也认为，道德的最高目标是建立利己主义和利他主义、自爱与博爱之间的健全的和谐。因为，人是社会性的动物，人具有双重的责任：一是对自己的责任，另一是对所属社会的责任。人想要在社会中生存，不仅要追求个人幸福，而且要为其所属的集体、社会以及为他人的幸福努力工作。海克尔说：“自爱与博爱的道德平衡，是我们道德最重要的基本原则。按照这一原则，所有合理的伦理学的最高目的非常简单，就是建立利己主义和利他主义、自爱和博爱之间的自然平衡。”② 李德顺、孙伟平教授认为：“道德作为一种价值关系，主要是指人的行为对于人伦社会关系的意义，即在人的一切活动中，人的思想感情、言论行动是否符合人与人之间关系的一定结构、秩序和规则的要求，是否有助于它的合理、稳定和发展。如果是这样，就被人们和社会所肯定、接受，判定是合乎道德的、善的；反之，则被否定和排斥，判定是不道德的或恶的。这是道德区别于非价值和其他价值层面的所在。”③ 可见，道德是人自主的促进利益和谐的实践方式。

总之，道德是一种实践方式，是人处理和调节人与人、人与社会、人与自然以及人与自身关系的实践方式，是人与人、人与社会、人与自然和人与自身之间矛盾冲突的和解方式，是实现人与人、人与社会、人与自然、人与自身协调发展的实践方式。道德作为一种关系范畴，作为人处理各种社会关系的实践方式，根本在于使各种社会关系相一致、相协调，从而有利于人的生存发展和人的幸福生活。恰如韩东屏教授所说：“只有对满足人的生存发展需要有益的行为规范和品质规范，才是真正的道德；相反，有害或有碍于人的生

① 周辅成：《西方伦理学名著选辑》（下卷），商务印书馆，1964年版，第684页。

② ［德］海克尔：《宇宙之谜》，上海人民出版社，1974年版，第330页；转引自宋希仁：《西方伦理思想史》，中国人民大学出版社，2004年版，第409页。

③ 李德顺、孙伟平：《道德价值论》，云南人民出版社，2005年版，第10页。

存发展需求的行为规范和品质规范，则不是真正的道德。”[①] 因此，道德是人自主地促进和实现利益关系和谐的实践方式，是有利于人的生存发展和生活幸福的实践方式。

二、道德的基本特性

人们对道德本质的认识百花齐放，对道德基本特性的认识也异彩纷呈。对道德本质的认识决定人们对道德基本特性的认识。我们认为，道德作为人们促进和谐、达成善的实践方式，具有实践性和客观性，主体性和规范性、特殊性和普遍性、利己性和利他性等特性。

（一）道德的实践性和客观性

道德作为人特有的实践方式，其本质特性是实践性。道德的实践性根源于社会生活的本质与人的生活需要。人作为一种独特的生命，总是生活着的，并总是存有对美好生活的向往。因而，人总是在不断追问、探索生命的真谛和生活的意义。人应该过一种怎样的生活？什么样的生活才是好的生活？什么样的生活是有意义的、值得过的生活？我们应该成为一种什么样的人？道德生活是一种怎么样的生活？什么样的人是道德的，或者说是有美德的？从古至今，思想家们一直在努力回答这些问题，提出了众多的思想观点，形成了众说纷纭的道德理论。但是，不管何种道德理论，无论是目的论、功利论，还是动机主义理论、后果主义理论，无论是亚里士多德的伦理学，还是康德主义伦理学，无论是墨家道德，还是儒家道德，

① 韩东屏：“道德究竟是什么”，《学术月刊》，2011 年第 9 期。

无论是马克思主义伦理学，还是非马克思主义伦理学，都认为道德离不开人的生活和实践。当然，每一种道德理论对生活、实践的理解都不尽相同。诚然不同的道德理论对“什么是道德”的看法没有达成一致，但几乎都认为“道德构成了人类生活的一个本质特点”（徐向东）。苏格拉底认为，“未经省察的生活是不值得过的”。苏格拉底这一命题表达了道德对于人的生活的重要性。每个人都有生活的理想，都在反思怎样的生活才是好的生活。虽然每个人关于好生活的概念可能不同，对好生活的认识也可能不一致，但是，关于好生活的基本内容，例如基本生活资料、基本社会自由等的获得，以及善行之于好生活的不可或缺性等等的认识，是大体一致的。人们从对生活的反思中所获得的道德认识，在很大程度上就是对道德规则的认识。当人们按照这种认识来指导生活，以道德规则来规约行为，那么，人的生活和行为就具有了道德的意义，人的生活则可看作是有道德的生活。当人们深深地感受到了道德之于生活的必要性，尤其是之于生活幸福的重要性时，道德就内在地成为了生活的根本内容。因为人需要生活，需要过好的生活，所以，人需要道德；又因为道德之于生活、尤其是好生活的内在性，所以，人不但需要生活的道德，而且需要过有道德的生活。因此，只有源自生活的道德才会是真正的道德，只有基于道德的生活才会有真正幸福的生活。

人要生活，要实现生活的幸福，就必须进行实践，特别是从事生产劳动实践。实践作为人的生存方式，不仅构成了人类生活的基础，而且是人的生活自身。人的实践是怎样的，人的生活就是怎样的，人自身也就是怎样的。人是劳动实践的产物，生活是劳动实践的结果。生活是怎么样的，全在于人对生活的实践创造。这种创造，不仅在于创造了什么，而且根本在于怎样创造，即在于创造的方式。构成生活内容的各个元素，对于许多人而言，并没有本质的区别，可以说是大同小异，但是，不同的人对待生活元素的方式却有很大的差异、甚至截然不同。好生活需要充足的财富，但是，不同的人获取财富的方式却有很大的不同，有的人通过勤劳而得，有的人则通过贪腐而得；同时，处理财富的方式也会因人而异，有的节俭，有的铺张，有的用于慈善，有的用于挥霍。可见，一种生活、一种行为是道德的或是相反，并不主要取决于生活之外的事物，而主要取决于构成人的实践和生活本身，尤其是人的实践方式和生活方式。由于不同的实践方式、生活方式之于生活的影响和意义是不同的，有的优良，有的恶劣，人们在漫长的生活中比较不同实践和生活方式之间的优劣，不断进行筛选，当人们不断地在生活中切身感受到某种或某些实践和生活方式能够让人过一种好的生活，那么，人们就会选择那些有益于实现好生活的实践方式，并且把这些有益的方式作为生活的准则予以确立，并按照此种方式继续生活或去追求更好的生活。

道德的实践性决定于道德的目的。对于道德的目的，不同的伦理学家提出了很不一致的回答。亚里士多德、孔子等人认为，道德生活的目的在于完善人性；康德把道德生活的目的和人类自由的理念联系起来，道德的目的在于实现人的自由；密尔、西季威克等功利主义者提出道德生活的目的就是实现最大多数人的幸福；中国的墨子也认为道德的目的是为了增加人的利益。我国当代伦理学者对道德的目的也提出了不尽一致的看法：王海明教授认为，道德的目的就是“保障利益共同体与增进人类利益”；[①] 徐向东教授认为，“道德的目标就是要创造一个繁荣昌盛的人类共同体”；[②] 罗国杰教授把道德看作是一种社会意识，属于上层建筑范畴，因而道德的目的则是为巩固一定的经济基础和维护阶级统治服务。尽管关于道德目的的认识存在差异，但多少都有一些相似或相同的地方。恰如徐向东教授所言：“一般来说，伦理学家有一个一致的共识：道德规则就是这样的规则，对这些规则的普遍服从有助于使每一个人都能够

---

① 王海明：《新伦理学》（上册），商务印书馆，2008 年版，第 400 页。

② 徐向东：《自我、他人与道德》（上册），商务印书馆，2007 年版，第 41 页。

过上一个兴旺发达的生活。当然，道德规则确实限制了我们的自由，限制了我们对自己的自我利益的追求，不过，这种限制是为了使所有的人都能够获得更大的自由，过得更加幸福。人性使我们每个人在追求自己的幸福或生活理想时都不是自我充分的，人类的生存条件使我们在追求自己的自我利益时必然会发生冲突。所以，为了在现实的人类条件下能够顺利地追求我们自己的幸福或生活理想，我们就必须遵守某些共同认识到的规则，按照这些规则来引导我们的行动。”①

道德的目的是人类的生活目标或生活理想，也是人类的行为目标。道德目的的实现——人类整体利益的增进、每个人的幸福生活的获得，不是在道德意识或道德规则、规范中自行完成的，而是每个人的道德实践的结果。从道德的观点看，每个人都有追求自我幸福的需要和权利，生活的价值对于每个人都同样的重要性，因此，人就不应该在追求自己的利益和幸福的时候减少或牺牲他人的利益和幸福。社会生活是每个人获取幸福的根源和基本条件，每个人都必须在社会中才能获得生活的幸福。全部社会生活的实践本质决定了人类必须通过自身的实践活动才能拥有过一种好生活的基本条件，才能获得生活的幸福。人的实践在本质上是自由自觉的活动。但自由自觉的活动并不是没有规则、不要限制的。为了保障每个人在生活中追求属于自己的幸福生活，社会就必须制定避免因利益冲突而互相损害的生活准则，从而防止生活的混乱和社会的瓦解；同时制定能够促进互惠互利的行为规则，以增进社会的整体福利。当我们每个人遵守和服从了这些规则，我们的行动就是符合道德要求的，就是自由自觉的，我们就能够创造属于自己的幸福生活。从这种意义上说，道德的生活既是构成幸福生活的基本条件，也是人的幸福生活本身。

道德的实践性还在于实现道德功能的要求。人需要道德、社会

---

① 徐向东：《自我、他人与道德》（上册），商务印书馆，2007年版，第40页。

创制道德的目的，并不在于道德自身，而根本在于道德产生的结果，确切地说在于人们遵守和服从道德规则所带来的结果，亦即人的道德行为产生的结果。人生活的质量如何，是好是坏，是富足、舒适、安逸、幸福，还是贫穷、困苦、不幸，几乎都是人的活动的结果。我们以一种怎样的行为及其方式作用于社会生活，我们就会过一种与之相适应的生活，我们的生活就会是怎样的。不同的行为及其方式创造出不同的生活，合乎道德的行为创造着德性的生活，幸福的行为方式创造着生活的幸福。如前所述，虽然人们对于什么样的生活是应该过的、什么样的生活是幸福的这些问题会有不同的理解，但是，人们对构成好生活的基本要素的认识是基本一致的，也能够大体一致地认识到什么样的行为及其方式会对生活产生什么样的影响，也就是说，人们可以在经验上共同知晓不同的行为及其方式对于生活的不同影响——道德行为会增进人的生活的幸福，不道德的行为会降低人的生活的质量。当然，人们一般都能够真切地感受到道德对人的利己欲望和自由的限制与压抑。因而，有的伦理学家干脆把道德看作是一种“恶”——“必要的恶”[①]。孔子说：“克己复礼为仁”，即“仁”的获得在于以礼“克己”，或“克己”以符合“礼制”。既然如此，那么，为什么人和社会还需要道德这种“必要的恶”呢？的确，道德作为一种行为规则，对人的欲望和自由着实施行了一定且必要的限制。道德的限制说是“一定的”，在于道德并没有必要、也不可能限制人全部的欲望和自由，道德所限制的是那种在一定条件下可能给自身、他人和社会带来更大危害的欲望和自由，以避免更大更多的害或恶，从而维护和增进更大的利或福。道德的限制之所以说是“必要的”，在于人的欲望和自由具有无限扩张

① 王海明教授认为：“所谓‘必要的恶’，也就是这样一种害，它能够求得更大的利或防止更大的害；也就是这样一种恶，它能够求得更大的善或防止更大的恶。”“道德与法、政治一样，就其自身来说，不过是对人的某些欲望和自由的压抑、侵犯，因而是一种害和恶；就其结果和目的来说，却能够防止更大的害或恶（社会、经济、科教的崩溃）和求得更大的利或善（社会、经济、科教的存在发展，因而是净余额为善的恶，是必要的恶。这恐怕是人类思想史上最重要的真理之一”。——王海明：《新伦理学》，商务印书馆，2001 年版，第 141、143—144 页。

性，需要约束和限制这种扩张性。试想，如果不对人的欲望和自由进行必要的限制，也就是让我们每个人都放任甚至放纵自己的欲望和自由，那么，社会必定陷入霍布斯的“自然状态”。同时，从辩证法的角度看，限制也是一种防范、一种保护。道德在一定条件下对人的某种或某些欲望和自由的限定或压抑，意味着人的其他欲望和自由避免了侵犯或得到了保障。就是说，在道德的范围内，人的欲望和自由是能够满足和实现的。社会创制道德，根本在于通过道德来保存和发展社会。社会的存在和稳定是人生活的最基本的要素。有了道德等规则，才会有社会的安宁与稳定，才会有人正常的社会生活。因此，道德对人的自由和欲望，既是一种限制也是一种保护。当人们认识到道德的这种特性及其功用，形成道德意识，既服从道德的约束，又接受道德的保护，那么，人的行为就是道德的。道德行为创造合乎道德的生活与社会，人则成为有德性的人。

道德价值是内在的还是外在的这一问题，不同的道德理论存在分歧。有观点认为，道德具有内在价值，道德就是善，道德自身就是目的，人所追求的是道德自身，而不是道德带来的结果；也有观点认为，道德的善是外在的，道德只具有工具价值，道德自身不是人所追求的目的，人所追求的是道德带来的结果，因为道德是对人的欲望和自由的限制或压抑——是“必要的恶”；还有观点认为，道德既具有内在价值，也具有外在价值，诸如诚实、善良、公正、勇敢等本身就是人直接追求的品格，具有独立的内在价值，对此不应该作工具主义的理解，如果把这些道德价值看作是工具性的，那么，就贬低了道德本身的价值。我们这里无意对道德价值的不同认识作出评论，每一种看法都有其合适的理由，我们在此想要说明的是道德价值是如何实现的，或者说道德价值是通过何种方式实现的。我们认为，不管道德价值是内在的还是外在的，道德价值的实现绝对不是一个观念问题，而是一个实践问题。无论是道德判断、道德意识还是道德规范都不能实现道德价值。道德价值只能体现或实现于人们的道德实践。道德实践是实现道德价值的唯一途径或方式。正确的道德判断、优良的道德规范，只有落实到人们的道德实践中去，才能实现道德的价值，发挥道德的功能。所以说，道德归根到底是实践的。一个人正确的道德判断来源于人的社会道德实践，道德规范的优劣必须在社会道德实践中予以检验和确认。一个人的道德品格——德性的形成，必须是长期道德实践的产物。没有道德实践，道德理想、道德规范都是乌托邦或一纸空文。德性来自德行。没有道德实践，便没有人的德性。如果一个人不从事道德的行为，他（她）就不可能有德性；如果一个人根本没有表露出其德性的行为，人们是不可能对其道德品质进行判断。一个商人是诚实的，是通过其童叟无欺的商业行为来体现的；一个人是守信的，是通过其对诺言的遵守行为体现出来的；一个人具有忠诚的品质，是通过其对国家、事业、朋友、爱人等的忠贞不渝、不背叛的行为表现出来的。当然，我们并不排除道德真理、良好的道德规范对于道德实践的意义，道德真理、道德规范是构成道德实践必不可少的条件。

道德的实践性离不开道德的客观性。道德作为人们实现社会关系和谐的自主的实践方式，其客观性在于道德主体和客体的客观性。人是道德主体。道德是人的道德，道德实践是人的活动。人尽管具有意识、目的、激情等，但是，主观的意识并不是人的本质，人的本质是自由自觉的活动，是处在一定社会关系中的活动者。道德的客体是社会关系。社会是不同个人的集合体，依赖于个体，但不等同于个体。社会关系是不以任何个人的意志为转移的客观实在。从具体的个人而言，社会关系是一种“先在”——先于每一个体而存在于人世间。每一个体都必须在其所遇到的社会关系中生活，也只能在这种既定的社会关系中进行活动和创造。这种先在、既定的社会关系决定了人的实践活动的客观现实性。道德存在于人所遇到并起着作用的社会关系之中。离开了现存的社会关系，就不可能形成道德伦理关系。没有道德伦理关系，也就没有道德。马克思指出：“凡是存在某种关系的地方，这种关系是为我而存在的；动物不对什么东西发生‘关系’，而且根本没有‘关系’；对于动物来说，它对他物的关系不是作为关系而存在的。"[①] 因而，动物不可能有道德[②]。人不仅在劳动实践中建立了关系，而且建立了复杂的社会关系。正是因为社会关系之于个人的先在性及其复杂化，才会产生调节社会关系的道德规范，才会有道德的调节和道德的行为。

道德客观性在于道德价值的客观性和真实性。价值是客体依赖于主体而存在的属性，是关系属性。道德价值是道德客体依赖于道德主体而存在的属性，同样是关系属性。道德价值是人的行为之于社会的道德需要而存在的，是人的行为对于社会道德目的需要之关系——满足或不满足的关系。"行为应该如何与行为事实如何都是存在于行为之中的属性。只不过，行为事实如何是行为独自具有的属性，是行为不依赖于道德目的而具有的属性，是行为不论与道德目的发生还是不发生关系都具有的属性，是行为的固有属性。反之，行为应该如何不是行为具有的属性，而是行为依赖道德目的而具有的属性，是行为事实如何与道德目的发生关系时所产生的属性，是行为事实如何对于道德目的的效用，是行为的关系属性。这就是道德应该、道德善、道德价值的存在本质。"[③] 一种行为符合社会道德目的之要求，则为道德行为，否则，就是不道德的行为或非道德行为。人的行为是客观的，人的行为对人、对己、对社会之功效——有利或无利或有害，都是客观的。

道德的客观性源于社会生活的需要。需要具有客观性。人的社会生活需要是道德产生的一个重要历史前提。马克思指出："在社会发展某个很早的阶段，产生了这样的一种需要：把每天重复着的生产、分配和交换产品的行为用一个共同规则概括起来，设法使个人服从生产和交换的一般条件。这个规则首先表现为习惯，后来便成

---

① 《马克思恩格斯选集》第 1 卷，人民出版社，1995 年版，第 81 页。

② 有人认为动物，尤其是群居性的高等动物有道德，如动物中的舔犊之情，动物迁徙过程中的相互照应等，都与人类的道德相近。我们认为，动物有一定程度的道德性，但不能说是道德的。恰如人具有利他的本性，但不能说利他本性是道德。

③ 王海明：《伦理学原理》，北京大学出版社，2005 年版，第 48 页。

了法律。”[1] 道德作为一种生活规则或行为准则是一定的社会关系和伦理关系在人们意识中的反映和概括，它反映了社会伦理关系和社会道德要求对人们行为、情感的基本节制和约束。社会规则对人的行为、情感的约束也是客观的，尽管每个人可能对这种约束的认识存在差异，但是，人们的认识差异，并不能改变这种约束的客观存在。正如马克思所说：“作为确定的人，现实的人，你就有规定，就有使命，就有任务，至于你是否意识到这一点，那都是无所谓的。”[2]

道德客观性在于道德所发挥的作用是客观实在的。道德是维系社会生活稳定和进步的“客观力量”，能够实实在在地作用于人的社会生活，对社会的存在和发展发挥独特的功效。厉以宁教授认为道德是维系和调节社会的“第三种力量”，是既“超越市场”又“超越政府”的力量。“习惯和道德调节既与市场调节、政府调节相似，又与市场调节、政府调节不同，所以，它既相似于‘无形之手’，但又不等于‘无形之手’；它既不等于‘有形之手’，却又与‘有形之手’有相似之处。实际上，它介于‘无形之手’与‘有形之手’之间。”[3]“只要人们遵循传统所形成的习惯，信奉并坚持一定的社会信念和道德原则，习惯与道德调节能在社会经济生活中发挥应有的作用，并可以填补因市场调节与政府调节不足而留下的空白。”[4] 一个社会可以没有政府、没有法律，但不能没有道德。一个没有道德的社会，无论是在理论上还是在实践上，都是不可能存在的。

徐向东教授认为：“我们可以说道德在两个意义上是客观的。首先，它是客观的，因为道德规范产生或出现的方式不依赖于任何特定个体的意志，虽然从投射主义的角度来看，我们其实可以认为，道德规范起源于人们在某些条件下的集体或策略的相互作用。其次，道德是客观的，因为道德规范所产生的条件不是任何特定个体的心

---

① 《马克思恩格斯全集》第18卷，人民出版社，1964年版，第309页。
② 《马克思恩格斯全集》第3卷，人民出版社，1960年版，第329页。
③ 厉以宁：《超越市场与超越政府》，经济科学出版社，2010年版，第17页。
④ 厉以宁：《超越市场与超越政府》，经济科学出版社，2010年版，第9页。

灵决定的。从休谟对'人为美德'的论述中，这两点应该是特别清楚的。"[①] 徐教授还从实践必然性的角度对道德的客观性进行了论述，道德的客观性来源于道德实践的必然性。人的道德实践是社会性的，有其自身发展的必然逻辑或客观规律，具有不以任何个体意志为转移的属性。道德实践离不开一定的社会现实条件，并受社会条件的制约。社会生活条件既是客观的，又是多样的，多样而客观的社会生活条件为人的道德实践活动提供了多种可能性，为人们选择不同的实践方式提供了广阔的空间。在长期的社会实践进程中，人们对各种实践方式进行比较，最终选择那些能够带来最大效益的行为方式，使之经常化、习惯化，从而形成实践习惯、并确定为规则。一种实践方式之所以能成为经常化的习惯、能成为人们遵守的道德规则，根本在于它具有实践的必然性与合理性。所以，无论是中国还是西方，道德、伦理总是与风俗、习惯相联系，在西方，道德、伦理在词源上就是习性、习惯。可见，道德规范就是人们对道德实践经验的概括和总结。道德规范一旦确立，就成为了独立于每个个体的社会实在，就成为了社会生活的一个组成部分和一种力量，不断作用于社会生活，作用于人的社会实践，调节着各种社会关系。

总之，道德不但源自社会生活、源自社会实践，而且促进社会实践、增进生活的福祉。人是一种实践性的存在，也是一种道德性的存在。人的实践本质，决定道德的实践本质；实践的客观性决定道德的客观性。

（二）道德的规范性与主体性

道德规范论和道德主体论是关于道德的本质及其特征的两种主要观点。道德规范论认为道德同法律一样是社会制定的限制人的欲望和行为的规范，甚而认为道德是调整个人利益和集体利益之间矛

① 徐向东：《道德哲学与实践理性》，商务印书馆，2007 年版，第 437 页。

盾冲突的行为规范。规范性是道德的本质属性。“道德从一开始就是一种调整个人利益和集体利益矛盾关系的行为规范。”“道德本质就在于既要注重于个人的发展和个人利益的满足，更要注重于社会的发展和集体利益的实现。”由于“无论过去、现在还是将来，都不曾出现也不会出现个人利益和集体利益毫无矛盾的理想社会”，因此，道德的真正出发点应该是“反映个人与社会的客观矛盾和追求矛盾统一的活动”。虽然“优先保障社会的发展和集体利益的实现，宗旨还是落脚于作为社会和集体的各个成员的具体人之上”，但是，“个人的发展，个人利益的满足，其根据只能从社会、从集体中去寻找”。因而，道德的原本用意就在于“公开声明个人对社会或多或少的自我牺牲”，以实现维护社会和集体利益之目的，这正是道德的崇高性、尊严和价值之所在。所以，“道德原本就具有规范和约束的属性”。①

道德主体论批判道德规范说，认为道德的规范说是把道德作为限制人、压抑人的工具，是片面的、错误的，而应该把道德看作是人实现自我、实现自由的内在品性，道德是人的健康的生命活动的表现形式，是“人探索、认识、肯定和发展自己的一种重要方式”，是“人的需要和人的生命活动的一种特殊表现形式”。② 还有学者把道德看作是生活在一定环境中的人“根源于种种需要的涉及彼我利与害的自觉行为”。③ 有学者认为，“道德即是人在自己的行为中表现出来的一种以利他或损他为内容的主观能动性。”④ 可见道德主体论强调道德本质的能动性，把道德看作是人的关乎利害的行为的能动性，看作是人在行为中体现的品格、品质。

在道德主体论的各种观点中也存在一定的分歧，主要表现为道

① 夏伟东：“略论道德本质——兼与肖雪慧同志商榷”，《哲学研究》1986 年第 8 期。

② 肖雪慧：“人的主体性是一切道德活动的原动力”，《光明日报》，1986 年 2 月 3 日第 3 版；“‘道德本质在于约束性’驳论——答夏伟东同志”，《哲学研究》1987 年第 3 期。

③ 苏富忠：“道德的自觉行为观”，《齐鲁学刊》，1999 年第 6 期。

④ 郭永军：“道德评价的根据再认识——从道德的本质谈起”，《山东师大学报》1999 年第 6 期。

德究竟是人的内在价值还是外在手段，即道德是人的内在品质还是为人服务的工具。

当代美国伦理学家弗兰肯纳认为："道德的建立是为了人，但不能说人的生存是为了体现道德。""道德是为了人，但不能说人的生存是为了体现道德而存在。"[①] 由此可见，道德的目的是为了人、为了人的生存。我国也有学者认为，"人的需要才是人进行道德创造和道德发展的根本动力和目的"。"道德是为人的，人是道德的享用者和价值体现者。只有从人出发而不从道德本身出发去看待道德的作用和存在的理由，才是科学的道德目的论者。"[②] 然而，万俊人教授对此并不认同。他认为把人的存在和道德关系看作是目的和手段的关系的看法是有问题的，因为它"不能完整准确地说明道德之于人类生活的基本意义"。因而，虽然不能认为人是为道德而存在的，但不能反过来作出这样的推断——"道德是为了人而产生的"。"倘若如此，道德与人类社会就成为了两个互不关联的东西，仿佛人类就像创造碗筷、刀叉、犁耙、车骑或其他生活工具一样创造了道德。"道德应该是人类社会具有内在价值的东西，是人类生活的必要条件，内在地成为了人类生活的一部分，"而不是外在于人类生活的某种设置、背景或工具"。因此，"道德地存在或有道德地生活本身就是文明人类的生存方式和生活方式"；"道德首先是人的生活本身的价值维度，它同人的生活一样具有目的性价值的意义。"[③]

从我国改革开放以来30多年来关于道德本质的规范论和主体论的争论看，规范论并不否认道德的为人性，主体论也并没有完全否定道德的规范性，只是强调的方面不同。例如，万俊人教授认为："道德是人类文化的精神内核。人性的文化特质和文化的价值取向决定了道德必定成为人类自身的内在目的之一，甚至是最为重要的内在目的"。尽管如此，同时他也承认：道德"根源于人类实际社会经

① 万俊人："人为什么要有道德"，《现代哲学》2003年第1、2期。

② 葛畅："自由：道德的本质"，《学术探索》2004年第8期。

③ 万俊人："人为什么要有道德"，《现代哲学》2003年第1期。

验、甚至是作为人类基本生活之一部分的现实的行为规范”，道德是“作为以协调人类各种利益关系为宗旨的行为规范”。[①] 既然道德是人的内在目的，道德又是一种行为规范，而人恰恰是实践的存在物，那么，这里便提出了一个问题：接受约束是不是人的一种内在的需要？如果反过来发问的话，即是：人能不能没有约束地生活？或者，如果没有了行为的约束，人能不能生活？没有任何约束的生活是不是真正的好生活呢？

按照马克思的观点，人的本质是自由自觉的活动。自由是人的本质。自由也是人最深刻、最根本、最重要的需要。阿马蒂亚·森认为，“自由是发展的首要目的”；同时，“自由是促进发展的不可缺少的重要手段”。他要求：让每个人自由成为社会的承诺。这是阿马蒂亚·森《以自由看待发展》这一著作的核心诉求。哈耶克也认为，“自由能够给予个人的只是种种机会”，“自由不仅仅是许许多多价值中的一个，而是一切价值的根源。”[②] 之所以如此，根本原因在于：自由是每个人充分发挥潜能的必要的根本条件。而个人潜能的充分发挥，无疑是其个性的充分发挥，而个性充分发挥的根本条件就是自由。说到底，个性的发挥就是人的自我实现。而自由无疑是自我实现的最必要、最根本的条件。同时，社会无非是个人的集合体。社会的一切成果和进步都是人的创造物。人的才能发挥得越充分，创造的财富就越多，社会也就越进步。这样，自由便是社会进步最根本的要素和条件。因为自由是人和社会进步的最基本的条件，获得自由便必然成为人最根本的利益。霍布斯所说：“每个人应该享有与别人同样多的自由，恰如他允许别人相应于他自己所享有的那么多的自由一样。”[③] 可以说，自由是人的本质。

但是，人是不能脱离社会、他人而生活的，更不能脱离社会和他人而获得自由。任何孤立的个人都是无法生存的。自由的实现必

① 万俊人：“人为什么要有道德”，《现代哲学》2003 年第 1 期。
② 王海明：《新伦理学》（中册），商务印书馆，2008 年版，第 1008 页。
③ ［英］霍布斯：《利维坦》，商务印书馆，1996 年版，第 10 页。

须以社会、他人为条件。因为人是最名副其实的社会动物，不仅是合群的动物，而且是只有在社会中才能独立的动物。人的本质在其现实性上是一切关系的总和。社会性是人的本质。可见，他人、社会是每个人生存的前提和基本条件，没有了这个条件，就没有了人的生存。现代社会分工日益复杂和细密，社会组织十分繁杂，人与人之间的联系更加紧密。每个人都是社会不可或缺的“中介”。所以，人要获得自由、实现自由，就不得不联系他人、结成社会或融入社会。社会是人实现自由的条件和前提，人只能在社会中才能实现自由。可见，人的自由根源于、依赖于人的社会性。

人的社会性决定了人不能单独实现自己的社会利益，不能独立地获得自由和享受自由。一个人要实现自己的内在善，比如自由，还需要依靠众多的外在善。外在善是实现内在善的基本条件。人的自由的实现必定依赖于他人和社会的自由，没有他人和社会的自由，就没有任何个人的自由。由于社会性的需要同样是人之为人的根本，而人的社会性的需要其实就是对他人和社会的依赖性需要，因此，人之为人，人的一切，必须在社会中、在与他人的交往中实现。既然每个人都不能脱离社会、他人而实现自身，那么，社会性的需要同自由的需要一样也是内在的。于是，接受来自社会和他人的必要的约束便是人的内在需要。从一定意义上看，人的社会化就是不断接受、内化社会规范的过程，而道德规范的内化是人社会化的最本质的内容。一个人接受、内化了其所处社会的道德，那么，这个人就具有了社会性，就能够较好地处理社会关系，从而实现社会性的本质。因此，人的社会本质的实现就是不断遵守包括道德在内的一切社会规则和不断利用社会资源实现自身自由和利益的过程。

由此可见，自由和社会性都是人的内在需要。人没有自由不能生活，确切地说，没有自由的生活不是合乎人性的生活，更不是好的生活；同样，人没有社会更不能生活，脱离社会生活的人是“非人”，没有社会性的生活同样是不合乎人性的生活。因而没有社会性、或社会性不完整、不充分的生活不是好的生活。因此，好的生活，既是自由的，又是社会性的。简言之，好的生活是人的自由的社会生活。

为此，对道德的本质及其特性，我们不仅要从人的社会性、人的自由等方面进行考察，而且更要从人的自由和社会性的辩证关系来探索。

人的自由本质和人的社会本质是辩证统一的。首先，二者相互依赖，相互促进。一方面，人的自由本质依赖于、决定于人的社会本质。人只有在社会中才能成为人，人也只有在社会中才有自由。即人只有在不断实现其社会性本质的过程中才能实现人的自由本质。人的自由离不开社会，自由是在社会中才能实现的。另一方面，人的社会本质同样依赖于、决定于人的自由本质。社会是人创造的。人的自觉能动性是自由的重要标志。人的自觉能动性发挥的程度决定社会的发展水平和发达状况。人越自由，社会便越自由、越发达；人越不自由，社会则越不自由、越落后。在这个意义上，人的自由与人的社会性具有同一性。其次，人的自由本质与人的社会性存在矛盾。这是由个人与社会的矛盾关系决定的。自由的需要可能会冲破社会的限制，社会的秩序也可能会妨碍自由的实现。因此，人的社会本质和人的自由本质会相互冲突或出现分离。可见，人的自由和人的社会性既相互对立，又相互统一。二者的对立和统一都是在社会及其实践中实现的。

社会是历史的，人的社会性和自由也是历史的。社会决定人的社会性与自由，人的社会性和自由是在特定的社会实现的，不同的社会决定着人的不同的社会关系，决定着人的不同的社会本质，决定着人的自由及其实现程度。因而，人具有什么样的社会性、获得怎样的自由，取决于社会的性质及其发展状况。因此，马克思认为，人的解放，真正在于社会的解放。只有解放社会，才会有人的真正解放，才能实现人自身。

人的自由和社会性相对立的社会，比如专制社会，人的社会化则意味着被奴役，意味着自由本性的丧失，人越社会化，人则愈不自由，愈成为奴仆，成为专制制度中的工具——奴役人的工具或被奴役的工具。“物的依赖性”社会，人的类本质、人自身、人的社会关系、人的自由被异化。人的社会关系变成了物的关系，人的社会本性异化为物，人的自由异化为追逐物的工具，人的自由只是被物激发的欲望。可见，不自由的社会，人的自由和社会性相对立，人的自由与道德相对立，道德是人的外在力量，是限制人、奴役人的工具。相反，在人的自由和社会性相统一的社会，即在“每个人的自由发展是一切人自由发展的条件”的自由和谐社会，人的社会性的实现即为人的自由的实现，人的自由的实现即为人的社会性的实现。自由的和谐社会，道德是促进人的自由的重要保障，道德作为人的社会性的一个重要内容，也是人的自由的重要部分。由于社会道德与人的自由具有本质的一致性，因而，人越社会化、人的社会性的实现越丰富就意味着人越自由，人的发展越全面和谐。所以说，自由社会、人的自由和人的社会本质的实现是同一个过程，是和谐一致的。

因此，真正的道德在本性上既是主体性的，也是规范性的，是主体性和规范性的统一。如果只承认道德的主体性，强调道德的自由本质，而否认道德规范性，那么，无疑等于把道德看作是一种虚无，一种恰似轻烟薄雾的飘渺之物，是无法对人的内心、行为发生积极作用的，人也不可能有什么道德实践了。反之，如果只承认道德的规范性，强调道德对人的行为、心理的制约，而否认道德与自由的一致、道德对人的自由的保障，那么，道德就没有任何存在的理由和意义了。因为，人是不需要戕害人性、取消自由的道德的，即便有了这样的道德，人们一定会把它们打破和废除。当然，必须承认，人类历史上，特别是在专制时代，的确存在无人性、不自由的“道德”，但不能因为存在着不能称其为道德的“道德”，就认为只要是道德就是限制自由的，就是自由的绝对障碍，更不能因此就认为规范性是道德的本质。同时，也必须承认，道德的主体性和规范性的统一，在不同性质的社会和不同的历史阶段是不一样的，二者的统一是一个具体的历史的过程，恰如自由的实现是一个具体的历史的过程一样。

（三）道德的普遍性和特殊性

道德是普遍的还是特殊的？有没有普世道德？各种文化类型的道德是在一定程度上可以通约，还是根本不能通约呢？对这些问题的认识存在着道德相对主义和道德绝对主义的争论。

道德相对主义者认为，道德是相对的、主观的，不存在客观的、绝对可认知的、对任何人都适用的道德，没有相同的或单一的道德真理。道德真理只是相对于不同的文化、不同的民族和社会，甚至不同的个人的主观意识而言的。洛克认为，世界上没有普遍的共同的道德原则。历史和现实生活证明，从来没有普遍同意的共同的道德原则。道义、公道、守约等似乎是人们共同接受的道德原则，其实，人们只是把它们当作相互维系的手段。在实际生活中，道德原则是很不相同，甚至截然相反的。除了维系社会所绝对必需的那些规则以外，几乎不存在什么原则是一切民族所一致赞同和遵守的。①

道德相对主义有两种形态：文化相对主义和规范相对主义。人类文明是由不同地区不同的文明形态或不同的文化构成的，人类历史是在不同的文化中形成和发展的。由于人类社会在相当长的时期内是在相对封闭的地域孤立发展起来的，不同地域的文化出现了很大的差别，表现在道德规范上甚至是对立的。由此，文化相对主义者认为，道德完全是相对的，一切道德都是相对于一定的文化形态和社会而存在的，文化形态和社会的不同决定道德的不同，不存在适用于一切文化、所有社会的普遍的道德。规范相对主义者则认为，一定的社会和个人都具有各自的道德立场和观点，这些立场和观点

---

① 宋希仁：《西方伦理思想史》，中国人民大学出版社，2004 年版，第 210 页。

是互不相容的。[①] 或者认为，人们所奉行的道德规范的真理性完全是相对的：任何道德只有相对于奉行它的特定的社会才是正确的；不存在对于一切社会都是普遍正确、绝对正确的道德。[②]

与伦理相对主义者相对立，伦理绝对主义者则否认道德的相对性、特殊性，认为一切真正的道德都是普遍的、绝对的，那些不具有普遍性的道德不是真正的道德，更不是优良的道德。康德认为道德是一种"普遍的立法形式"，是绝对律令、绝对命令。他说："道德法则在人类这里就是一个命令，这个命令是用定言方式提出来，因为这条法则是无条件的"。[③] 而构成这个绝对命令最基本的一条就是：不论做什么，总应该做到使你的意志所遵循的准则永远同时能够成为一条普遍的立法原则。在康德看来，只有一个"绝对命令"，那就是："只照你能意愿它成为普遍律令的那个准则去行动"。一个规则要成为道德，必须具有"普遍性"，否则就不能成为道德的规则。是否符合这种"普遍的"立法形式是判断经验准则和形式能否成为道德的标准。所以，任何生活准则必须具有普遍的有效性，才能成为道德。弗莱彻的"境遇伦理学"与康德的道德绝对主义一样，认为道德就其真正的本性而言是绝对的，不具有绝对性的道德便不是真正的道德。只不过，在康德看来，绝对道德是一系列道德原则，如责任、诚实等；而在弗莱彻看来，绝对道德只有一个，那就是"爱"："只有'爱'这一戒律是绝对的善"，"爱是唯一的规范"。只有"爱"才具有绝对性，其他任何道德规范都因不具有绝对性而不能称其为道德，完全没有存在的必要。[④]

道德在地域和文化上的差异是一种不争的事实，伦理规范主义者所强调的道德相对性在文化差异的意义上无疑具有一定的真理性。这是因为不同的地理环境和生产方式决定不同地域的人们的社会生

① 龚群：《现代伦理学》，中国人民大学出版社，2010 年版，第 33 页。
② 王海明：《伦理学原理》，北京大学出版社，2005 年版，第 101 页。
③ ［德］康德：《实践理性批判》，商务印书馆，1999 年版，第 33 页。
④ 王海明：《伦理学原理》，北京大学出版社，2005 年版，第 103 页。

活及其方式会有较大的差别，从而使人们的价值观念、道德规范、风俗习惯等具有不同的形态。但是，这种道德的特殊性、相对性不是道德本质、道德本性的不同，而是具体道德规范、范畴的不同；我们不能因为道德规范、范畴具有一定的相对性、特殊性就否认道德的普遍性、否认道德的共同本质和不同道德的可通约性。恰如王海明教授所说："伦理相对主义者所描述的不同民族或同一民族在不同时代所奉行的不同的乃至相反的道德风气，都是具体的、特殊的道德规范。这些道德规范的差异，只能说明道德具有相对性，却不能否认道德具有绝对性。因为这些道德规范所由以推出而为其前提的道德最终目的是完全相同的，都是为了增进全社会和每个人的利益：它是任何人在任何条件下都应该遵守的道德终极标准，是绝对的道德标准。"①

一种道德之所以是道德，或者说一种规范、规则之所以能称之为道德规范或道德准则，能够指导和约束人们一定的行为，其间总有某种共同的东西存在，即具有普遍性。任何规范或行为准则之所以是道德的，是因为它与道德的本质、本性相符合。尽管某些行为或规范在有些文化或人看来是道德行为或道德规范，或者相反，但是我们不能因此把任何一种被认为是道德的行为或规范都看作是道德的，或者把每一种不被认为是道德的行为或规范都看作不是道德的。因为，能够称得上道德的行为、规范和准则，必须是符合道德本质、体现道德最终目的的。反之，那些不符合道德本性，不符合道德最终目的的行为或规范，即那种不但不能增进社会和每个人的福利或给人带来幸福，反而减少社会整体利益、伤害人们的利益或给人带来不幸、灾祸的行为规范、风俗习惯，是不能称其为道德的。道德是具有普遍性的，不具有普遍性的"道德"是不能成其为道德的。对此，那些持道德相对主义的人肯定会表示反对，有人可能会列举非洲一些部落或南亚一些地区对待少女或妇女的身体或精神的

① 王海明：《伦理学原理》，北京大学出版社，2005 年版，第 101 页。

残忍的风俗习惯，还有我国古代对待女子的一些所谓的道德要求——如女子“裹脚”的道德、“饿死事小，失节事大”的贞节等。最为典型的，是在许多伦理学著作中展开广泛讨论的关于爱斯基摩人的一条行为准则：当年老体衰的父辈请求子女结束他们的生命时，子女就应该采取一定的方式（如让其冻死或深埋等）让多病或严重体衰的父辈提前死去。

我们认为，诸如在非洲大陆某些部落对女孩子身体施暴的风俗习惯，不管在那些部落中是如何的盛行，都是不能称之为道德行为和道德规范。就像我们绝对不能把一定历史时期某些国家或人群所倡导和施行的那种残害他人的无人性不人道的规则与行为——不管在当时如何被看作是道德的、甚至是高尚的，比如日本军国主义在二战期间侵略中国等亚洲国家所倡导的肆意杀戮他国人民的“武士道”等等——看作是道德或是道德的一样。

然而，对待爱斯基摩人的那种特殊之举，我们不能只看到其行为要求本身，而应该把握其内在的实质。的确，爱斯基摩人根据体弱病重的亲人要求就让他们死去，在我们当代人看来，是十分残忍的行为。这种行为要求也不能成为普遍性的，因为它是与善待老人、善待亲人的道德要求严重相违背的。可是，爱斯基摩人的这一行为要求，在社会生活的需要和终极的意义上却体现了道德的本质及目的：一是爱斯基摩人所处的自然环境和社会条件决定他们维持整个群体生命延续所需要的物质生活资料的严酷性，需要这样的行为要求，自然界所提供和社会所创造的财富不足以长久维持群体每个人的生存需要，如果要维持体弱病重的老人生存，势必会使更多的小孩、成人死去。二是因为他们的宗教观和生命观的影响。在他们看来，人死后，是到另一个世界去生活。人怎样死去，便会怎样再生。爱斯基摩人杀死他们年迈体弱的亲人，正是建立在他们关于死亡与生命再生的广泛信仰的基础之上的。这里体现了一种行善——善待老人、善待生命的原则。再如，彼彻姆在《哲学伦理学》中论及了居住在哈逊港湾的部落民族中流行着一种子女应当勒死年老体衰的双亲的风俗。彼彻姆在分析这种原始风俗与其他社会，如现代社会敬老的道德之不同时认为：即便它们有很大的不同，但是，“我们仍然可以肯定存在着许多价值的一致性，特别是那些重要的价值，它们为解决各种争论提供了某些基础。”他还说：“两种文化中的人们采取了不同的实践方式，但都是在遵循着共同的原则（例如行善原则）。这就是说，两种文化在终极道德原则上可能是一致的，然而在应用该原则时发生了‘伦理’分歧；一些文化尊重老年人；另一些文化处死老年人。”[①] 因此，“这在表面上看来与我们的标准根本冲突的行为，从终极原则上看，并不冲突。”[②]

为了更好地理解道德的普遍性，我们有必要进一步讨论“普遍性”的含义。高兆明教授在讨论“普世价值”时对价值“普遍性”的理解，我们认为同样适用于我们对道德“普遍性”的理解。他认为，“普世价值”概念中的“普世”概念不能做简单的字面解释，而应在哲学“普遍”的意义上理解，它的核心是具有“普遍性”品质的价值精神。普世价值的“普遍性”品质本身就意味着它当然承认某种具有普遍性意义的价值的存在。不过，这里的关键是对“普遍性”须有合理的、准确的哲学理解。不能望文生义，不能简单地以为所谓“普遍性”就是适用于一切时间、地点、条件，并为所有人都认可。这种望文生义的理解，不是科学的态度，不是哲学的理解，更不合乎马克思主义创始人所秉持的哲学立场。对“普遍性”的理解应该包括以下四个方面的内容：第一，这里的“普遍性”是与客观性、必然性等同的概念，因而，它首先是一个质的、内容的规定，而不是一个量的规定。黑格尔在《小逻辑》与《法哲学原理》中都几次明确、详细地分析了“客观性”概念，并揭示“客观性”与“必然性”、“普遍性”的一致性。[③] 因此，这里的“普遍

---

① ［美］彼彻姆：《哲学伦理学》，中国社会科学出版社，1990 年版，第 58、59 页。

② 龚群：《现代伦理学》，中国人民大学出版社，2010 年版，第 31 页。

③ 黑格尔：《小逻辑》，商务印书馆，1980 年版，第 120 页；《法哲学原理》，商务印书馆，1961 年版，第 35 页。

性”是黑格尔所说的客观性、必然性意义上的普遍性，它指的是当今时代具有客观性、必然性的价值精神。这种具有客观性、必然性的价值精神，就是当今人类文明的时代精神。第二，这里的“普遍性”当然包含有“全体”、“全部”的外延意思，但是，这个“全体”、“全部”的外延并不是无规定性的。众所周知，哲学的普遍总是相对于特殊而言，而且总是不能离开特殊存在，普遍总是特殊的普遍，否则，普遍就是空洞虚幻。因而，首先，当我们今天说“普遍性”之全体、全部，是立足于当今人类的生活世界、立足于我们这个时代而言，它是当今人类这个具体、特殊的普遍、全体和全部，是我们这个时代或当代人类社会的普遍、全体和全部，而不是指自古以来或自有人类以来的全体及全部历史时间。所以，不能以自古以来没有永恒的价值为由，来否定具有“普遍性”品质的价值精神的存在。其次，在前述关于“普遍性”品质的客观性、必然性这一质的规定性意义基础之上，进一步把握质与量的统一，那么，就不难理解，这个普遍性之“全体”、“全部”就并不是无一例外的量的集合，而是指我们这个时代或当今人类社会占支配地位的主导价值。个别人的不承认并不影响其普遍性品质。第三，应当注意区别普世价值与普世价值的特殊存在样式。具有客观必然性或普遍性品质的价值精神，总是以特殊样式存在，其具体内容、具体规定总是具体的。不同的主体、不同的社会历史条件，会有不同的具体规定。即普世价值是抽象的，这种抽象的价值须有一个具体化的过程。不能将特殊化、具体化的普世价值样式等同于普世价值自身，不能以否定普世价值的某一具体特殊存在样式为由否定普世价值自身。第四，应当注意区别价值精神的普遍有效性与普遍有效性价值精神的特殊实践。一种价值精神是否具有有效性是一回事，这种具有有效性的价值精神在具体情境中的具体实践又是另一回事。前者直接指向的是价值自身的合理性、客观性，后者直接指向的则是主体的实践理性能力。不能简单地以具有普遍有效性的价值精神的特殊实践状况为由，否定价值的普遍性。[①]

如果价值具有普遍性，那么道德也具有普遍性，承认价值的普遍性，就应当承认道德的普遍性，因为道德本身就是价值。那么，为什么说道德具有普遍性呢?

其一，道德的普遍性源自于价值具有普遍性或共同性。价值是否具有普遍性、共同性这一问题，近年在我国学界争论较多，理解不一。价值作为揭示客体与主体之间关系的哲学范畴，不仅具有客观性、社会历史性，而且具有主体性和多维性。价值以主体为尺度，以客体为源泉和基础。真理是一元的，价值是多元的。价值的多元是否意味着价值不具有普遍性、共同性呢? 价值的多元源自价值的主体性，源自主体需要的差异。既然如此，那么，如果主体具有普遍性、共同性，就说明价值也具有普遍性、共同性。价值主体是否具有共同性、普遍性呢? 马克思认为，人的普遍性是人超越于动物的特性之一:“人把自身当作现有的、有生命的类来对待，因为人把自身当作普遍的因而也是自由的存在物来对待。”[②] 同时，马克思还认为，相互交往的人之间存在“共同利益”。“这种共同利益不是仅仅作为一种‘普遍的东西’存在于观念之中，而首先是作为彼此有了分工的个人之间的相互依存关系存在于现实之中。”[③] 就是说，“包括人们之间利益共同性在内的人的普遍性，不仅在一定程度上存在于人们的观念之中，而且首先作为社会实践关系存在于人的现实之中。”[④] 因而，万俊人教授很肯定地认为:“人类不仅有可能达成某种程度和范围的道德共识，而且事实上已经共享过许多相同或相似的道德价值观念。就现代人类的道德境况而言，这种可能则首先来自现代人类自身共同的道德需要。”[⑤]

① 高兆明:“关于‘普世价值’的几个理论问题”,《浙江社会科学》2009 年第 5 期。

② 《马克思恩格斯选集》第 1 卷，人民出版社，1995 年版，第 45 页。

③ 《马克思恩格斯选集》第 1 卷，人民出版社，1995 年版，第 84 页。

④ 李德顺:“怎样看‘普世价值’?”,《哲学研究》2011 年第 1 期。

⑤ 万俊人:《现代性的伦理话语》，黑龙江人民出版社，2002 年版，第 71 页。

其二，道德的普遍性源于人性的共同性或共同的人性。“性相近，习相远”。所谓人性就是指人的共同性，是所有人都具有的本性。那种在一些人身上具有而另一部分不具有的特殊性，哪怕这种特殊性是何等的强烈，都不是人性。如果人与人之间在本性——自然性和社会性上存在重大或根本的差别，那么，他们就不是同一个类的，就不能成为人类共同的成员。人的本性即人的需要。人具有许多共同的普遍的基本需要，诸如马斯洛多层次需要理论所提及的生理需要、安全需要、归宿和爱的需要、自尊需要、求知需要、爱美需要和自我实现的需要等。共同的、普遍的需要决定人类具有某些共同的、普遍的价值。同时，人们还具有大体相同的实现需要的基本行为能力。这决定了人们之间的大体相同的价值实现方式。既然人性具有共同性，每个人就具有共同的需要，那么，每个人都有满足这种需要的道德要求或道德权利。食色，性也。既然人都有“食色”的需要，那么，每个人就应当享有满足这种需要的道德要求。“既然人的本性是共同的，每个人都有受到他人尊重的道德期望，都有一定的道德理解力或道德理性能力，那么，人们应当受到同样的人格尊重而不受到远不如人的待遇，这是人作为社会成员的最起码的要求。”①

其三，道德的普遍性源于人们共同的社会生活或共同的社会生活需要。一切历史的第一个前提就是具有生命的人的存在：人们为了创造历史，就必须能够生活。人要生活，首先就需要吃喝住穿以及其他一切东西。正因如此，人类的“第一个历史活动就是生产满足这些需要的资料，即生产物质生活本身，而且这是这样的历史活动，一切历史的一种基本条件，人们单是为了能够生活就必须每日每时去完成它，现在和几千年前都是这样。”② 尽管每个时代人们生产力水平不一样，创造物质财富的多寡不同，满足人的物质生活需

---

① 龚群:《现代伦理学》，中国人民大学出版社，2010 年版，第 38 页。

② 《马克思恩格斯选集》第 1 卷，人民出版社，1995 年版，第 79 页。

要的方式和形态也有很大的差别。但是，任何时代的人类都有物质生活的需要，都必须从事满足这种生活需要的生产活动——“生产物质生活本身”，这是共同的、普遍的。因此，“任何历史观的第一件事情就是必须注意上述基本事实的全部意义和全部范围，并给予应有的重视。”① 同样，任何道德理论（道德观）的第一件事情也必须注意人类历史的第一个历史前提这一共同的基本事实。当然，人不仅需要从事生产，过富裕的物质生活，而且还要进行交往，组建社会关系，过多样的社会生活，同时还要进行精神生产，过丰富的精神生活。因此，只要承认这一共同的基本的历史事实，从人的社会生活出发，那么，道德理论就不应该否认人类生活的共同性和普遍性，就应该承认道德的普遍性。既然人的社会生活具有共同性，那么道德就具有普遍性。所以，恩格斯论及道德的普遍性时便是从共同的社会生活、“共同的历史背景”、“同样的或差不多的经济发展阶段”中去寻找根源。恩格斯认为：现代社会的三个阶级即封建贵族、资产阶级和无产阶级虽然都有自己特殊的道德，但是，其中“还有一些对所有这三者来说都是共同的东西……这三种道德论代表同一历史发展的三个不同阶段，所以有共同的历史背景，正因为这样，就必然有许多共同之处。不仅如此，对同样或差不多同样的经济发展阶段来说，道德论必然是或多或少地互相一致的。”恩格斯举例说：“从动产的私有制发展起来的时候起，在一切存在着这种私有制的社会里，道德戒律一定是共同的：切勿偷盗。”②

其四，道德的普遍性源自人们处理社会关系的实践需要。人的社会性本质，决定了人要成为人，就必须与他人建立一定的社会联系。因此，不管处于何种时代、何种社会的个人，都必须与他人、群体和社会建立关系，否则，人便没有社会性，则不成其为人。只要人与人之间建立了社会联系，就会产生利益的联系和矛盾，就会

① 《马克思恩格斯选集》第1卷，人民出版社，1995年版，第79页。

② 《马克思恩格斯选集》第3卷，人民出版社，1995年版，第434—435页。

出现处理社会关系（利益）的实践需要，就会形成诸如道德的、政治的等等实践方式。尽管不同时代、不同地域的不同人群对社会关系的认识会产生差异甚至对立，但是，人必须是社会性的存在物，必须生活在一定的社会关系中，必须维持社会关系的稳定和有序，亦即维持社会的存续。这是任何时代和社会中的人的共同利益与需要。为此，每个人必须遵守一定的基本准则才能成为现实，也就是说，每个人必须共同承认或认可、遵守最低限度的社会交往准则，从而避免因为人与人的战争而使社会解体。对此，从霍布斯罗尔斯等众多思想家都进行了充分的阐述。如罗尔斯特别强调一个稳定有序的社会存在的重要性，这是人生存和发展最为基本的条件，也是社会成员的基本福祉所在。而要维持社会的健康稳定发展，就需要建立社会的公正原则，实现社会的基本善；同时，在不同的社会群体和持不同的社会道德观点的人之间建立或形成某种道德的“重叠共识”，承认和遵守社会存在和发展所需要的基本的道德意识和行为准则——诸如公民的正义感和正义原则等。

其五，道德的普遍性还源自人们具有可通约的思维方式和心理情感模式。从表面上看，不同时代、不同地区的人们的思维方式和心理情感的确有很大的不同，有的甚至截然相反。但是，从更深处便可以发现，人与人之间在思维方式和心理情感模式上是可以通约的，且具有不同程度的共同之处。孔子所论的“仁者爱人”之意，孟子所讲的“恻隐之心”，亚当·斯密所说的同情心，休谟所讲的道德情感等，在不同的人身上都是具备的。无论人的模样、肤色如何不同，也无论人的生活方式、语言习惯等方面有多么大的差异，但只要彼此相见在一起，就能够相互进行一定的思想交流和情感沟通。即使两个属于彼此对立的阶级、政治信仰相互敌对的人，当他们抛开阶级的、政治的对立时，也是可以发现彼此无论是在情感上还是在思想道德观念方面有一定的相似或相同之处的。因为，无论如何，我们每个人都无法抛弃作为一个人的思想、情感、心理和对美好幸福生活的追求。从古至今，人类相互交往、共同发展的历史就充分地说明和证实了这一点。语言是文化最典型的载体，每一种文化的核心都是道德等价值体系。世界各地的语言文字差异很大，但在各种文字之间都能够互译，各种不同文化、不同语言的人群都能够彼此交流思想和感情。这就足以证明："人们之间不仅在生理、生活和生产等存在方式层面，而且在深层的思维方式、心理结构之间，都是有共同性的。""因为有这样的共同性基础，人类的知识、科学、技术、财富、艺术、道德和宗教等，才得以程度不同地普遍流行，也才有整个人类的共同文明成果和历史进步过程。"①

总之，肯定道德的普遍性不是为了否认道德特殊性，同样，承认道德相对性、特殊性也不是为了否定道德的普遍性。特殊性和普遍性是相互统一的，特殊性包涵着普遍性即共性，普遍性寓于特殊性之中，普遍性又贯穿于特殊性之中、并统摄着特殊性。特殊性和普遍性相互联结、相互制约、相互通约。道德作为人的一种特有的实践方式、生活方式是与人的实践活动、社会生活紧密联系在一起的。社会实践的条件、社会生活的范围，即人的活动的时间和空间，必然会对人的道德产生影响，使道德具有一定的地域性、民族性，甚至个体性。但是，实践是人的活动，生活是人的生活，社会是人的社会，只要是属于人的，就离不开人性，就离不开人的需要。因此，只要是人的道德，就能够找到某种属于人的共同的追求、共同的价值取向。

（四）道德的为己性和为他性

对道德利己性和利他性及其关系问题的解答关涉对道德本质的理解，也影响社会创制什么样的道德，构建怎样的道德体系。如果认为道德在本质上是利己的，那么，社会就会建立一种利己的道德

① 李德顺："怎样看'普世价值'？"《哲学研究》2011 年第 1 期。

体系；反之，则会建立一种利他的道德体系；如果认为道德在本质上是利己和利他的平衡，那么，就会建立一种平衡利己和利他的道德体系。

道德究竟是为己的还是为他的？为己利己是否等于自私自利呢？道德是否真的与为己、利己无关？道德是否只能是为他利他的呢？为己利己和为他利他，在道德上是不是绝对相左呢？如果道德容不得为己、利己，为己的、利己的都不是道德的，那么，人是否有必要维护、实现和增进自我利益呢？自我利益对于人而言是否具有价值呢？如果每个人都成为了“毫不利己、专门利人”的人，世界会是一个怎样的模样呢？同样，如果道德就是为己、利己的，人就是应该为己、利己，不为己、不利己的事情与人没有任何关系，人们对那些不利己而利他的行为避而远之，而把为己利己看作是中心、是一切，那么，世界又会是何等的模样呢？对于道德的利己性和利他性，徐向东教授提出了以下值得认真研究的问题：“自我关注、自我利益或者自爱在道德生活中占据了一个什么样的地位？我们实际上出于自我利益的动机去做的任何事情是否都是这样，以至于道德必然是利己主义的呢？某种形式的利己主义就是最好的道德理论吗？或者，利己主义与真正的道德是否实际上是完全对立的？利他主义是否是可能的，如果是可能的话，它是合理的吗？”①

对这些问题的认识，形成了利己主义和利他主义两种根本不同的道德观。利己主义的道德观认为，道德在本质上是利己的，利己是道德的；利他主义的道德观认为，道德在本质上是利他的，利己是不道德的，只有利他才是道德的。

根据一些学者的研究，利己主义至少可以区分为四种类型：心理的利己主义、个人的利己主义、个体的伦理利己主义和普遍的伦理利己主义。心理的利己主义认为，人总是做属于自己的最佳利益的事情，也就是说，除了自私自利以外，我们别无选择。有益于自

① 徐向东：《自我、他人与道德》（上），商务印书馆，2007年版，第92页。

身是人做事的唯一动机。不管人在事实上是否为他人带来了一定的利益，但终究是为了满足自己的欲望和爱好。个人的利己主义认为，每个人总是尽量促进自己的最佳利益，而不管这样做会给他人造成怎样的后果。个体的伦理利己主义认为，每个人都应该促进自己的最佳利益。这种理论提出了一个规定性的主张：其他的人应该为“我”的利益服务。普遍的伦理利己主义认为，每一个人都总是应该做一切有益于最好促进他自己的自我利益的事情，甚至他这样做与其他人的利益相冲突时，也是如此。①

利他主义则认为道德是为了他人的利益而不是为了增进自我利益，在主观上是为了自我利益的行为是自私自利的，不是道德的。因此，道德是无私的，是为他利他的。孔子认为，“君子喻于义，小人喻于利”。关心他人的利益——“义”，才是道德的，有德性的人（君子）就是关心和实现他人利益的人；反之，只关心自我利益——“利”，则是无德性的人（小人）。康德也提出了利他主义思想。康德认为：“人是目的”而不是手段和工具，因此，一切道德法则和义务要求，不是基于其他任何目的，而只能是为了人自身，即以人为“最高绝对目的”。由于人是理性的存在者，理性的存在者总是以人自身为目的的，这里的人是所有的理性存在者，就是说，理性的人所关心的是所有的理性存在者的利益；相反，一个理性的人如果不是关心所有理性者的利益，他就不是一个理性的人，因此，理性者不可能是利己主义的，因而，道德是为他利他的。可见，孔子和康德的思想是典型的利他主义。利他主义强调他人（集体）利益高于个人利益，个人利益服从他人利益，必要时牺牲个人利益。徐向东教授认为利他主义有以下几种类型：进化的利他主义、心理的利他主义、互惠互利的利他主义、普遍的利他主义和纯粹的利他主义等。但他并没有对这些类型的利他主义进行界定，而是从进化论、生物学的角度论述互惠互利的利他主义的可能性。他说：“愿意考虑和关

① 徐向东：《自我、他人与道德》（上），商务印书馆，2007 年版，第 92—93 页。

心他人的利益肯定是利他主义行为得以产生的一个最小要求。只要我们不把利他主义理解为纯粹为了他人利益而牺牲自己的一切利益，那么我们就可以说明互惠互利的利他主义的可能性。而那种纯粹的利他主义则可能是一种文化进化的产物。”①

那么，道德究竟是为己、利己的，还是为他、利他的，或者二者兼得呢？从伦理学史看，利己主义和利他主义的道德主张都与其对人性的理解紧密相关。② 霍布斯相信，利己主义是道德和政治生活的恰当基础。③ 在霍布斯看来，人性基本上是自我利益导向的。每个人都是出于自己的自我利益来行动和生活的，这是人性的一个普遍特点。然而，霍布斯也看到了这种自我利益导向所引发的可怕后果。生活在“自然状态”的人们，由于每个人都从自我利益出发，没有共同的生活方式，每个人都是通过自身而不是依赖他人来维护属于自己的利益，除了通过暴力解决利益冲突之外就再没有任何其他手段。这样，“自然状态”必然是混沌的无政府状态，生活在自然状态的人们就陷入了“一切人反对一切人的战争”之中，“人们不断处于暴力死亡的恐惧和危险之中，人的生活孤独、贫困、卑污、残忍和短寿”。④ 可见，只追逐自我利益的理性与人的自我保护和追求生活幸福的欲望以及理性是相冲突的。在霍布斯看来，人的理性并非是什么新的动机，而是一种远虑或自我调节能力。理性使人认识到和平的重要以及对舒适生活的必需，也使人认识到“一切人对一切人的战争”其实对每个人都是不利的。因此，理性引导人们必须走出这种不利状态。自然法是理性所发现的戒条和基本法则——“社会或人类和平的条件”。“这种戒条或一般法则禁止人们去做损毁自己的生命或剥夺保全自己生命手段的事情，并禁止人们不去做自己

① 徐向东：《自我、他人与道德》（上），商务印书馆，2007 年版，第 159—160 页。

② 道德与人性紧密相连。人性是决定道德性质和道德建构的一个根本前提或基础。我们将在第三章对此作进一步的阐述。

③ 徐向东：《自我、他人与道德》（上），商务印书馆，2007 年版，第 85 页。

④ ［英］霍布斯：《利维坦》，商务印书馆，1986 年版，第 92 页。

认为最有利于生命保全的事情。”[①] 自然法是对人的“自然权利”——每个人都有凭借自己的理性做最有利于自己的事情的权利——的限制，从而使人以和平的方式在社会生活中保全自己。“这样，一个大家都会相互同意的道德准则的概念就从理性的自我利益的状况中产生出来了。”[②] 只要每个人都接受和遵守这些基本准则，那么，人们就会更好地实现自我利益，过更好的社会生活。但是，在亚当·斯密等人看来，利他也是人性的一个普遍特点。亚当·斯密认为，道德源自人的同情本性。人为何要有道德或德性，以及人为何赞同一类行为和品质或反对另一类行为和品质，其根源于人性中同情的特质，即每个人都有同情本性，无论这个人是多么的自私和可恶。[③] 他说：即使“最大的恶棍，极其严重地违犯社会法律的人，也不会全然丧失同情心。”[④] 作为人性中的基本情感倾向的同情，不是神赋的，而是源自人的社会生活经验和想象力。人的相同的感官会产生相同的感觉，人的感受的一致性是人的同情发生的基础。同情不只是指对他人不幸的情绪反映，而且包括对他人福乐的同感。同感即是“用来泛指我们人与人之间的任何情感上的共鸣”。亚当·斯密认为，情感共鸣是影响和决定人的行为的主要力量，是人的友谊和道德关系的纽带，是道德发生的基础。[⑤] 休谟认为，道德源于人的情感。但决定道德善恶的情感既不是自爱的利己心，也不是仁爱的利他心，而是人的同情心。“人性中任何性质在他的本身和他的结果两方面都最为引人注目的，就是我们所有的同情别人的那种倾向，这种倾向使我们经过传达而接受他们的心理倾向和情绪，不论这些心理倾向和情绪与我们的是怎样不同，或者甚至相反。”[⑥] 休谟还认为，从人性来看，人作为生命有机体，人的天性存在着自利性，它

① 霍布斯：《利维坦》，商务印书馆，1986 年版，第 97 页。
② 徐向东：《自我、他人与道德》（上），商务印书馆，2007 年版，第 86 页。
③ 宋希仁：《西方伦理思想史》，中国人民大学出版社，2004 年版，第 239 页。
④ ［英］亚当·斯密：《道德情操论》，商务印书馆，1997 年版，第 5 页。
⑤ 宋希仁：《西方伦理思想史》，中国人民大学出版社，2004 年版，第 241 页。
⑥ ［英］休谟：《人性论》，商务印书馆，1980 年版，第 352 页。

驱使人们关心自身的利益，但是，人类不只是具有关心自我利益的情感和能力，而且也有感受他人之情的同情心。事实上，我们人类的心灵，是自利与同情、利他的统一。人不可能绝对利他或绝对利己。因为，如果人绝对利他，则意味着每个人都无限地慷慨、待他人绝对超出待自己、关心他人远甚于关心自己，意味着人可以没有自我利益和权利，那么，人与人的利益界限和矛盾就不可能存在，即使存在也会消失。同时如果人具有这种广博的仁慈，那么，社会就不可能出现财产所有权的问题，也不会有公正等道德要求和原则。同样，如果人绝对的利己，那么，就会出现“人吃人”的“霍布斯状态”，这是理性的人所不愿意看到的结果。因此，绝对的自利心和利他心都不能成为道德善恶的基础。

从上述介绍可见，绝对的、普遍的利己主义和绝对的、纯粹的利他主义都是在人类道德实际生活中行不通的。利己主义会走向“霍布斯状态”，最终会导致人类共同体的毁灭，达不到长远和普遍利己之目的。因此，“利己主义的道德观念并不符合日常对一个‘好的生活’的理解，也不符合我们大多数人对‘道德’的直观认识。”[①] 从人性来看，既然每个人都有个人需要和自我利益，就意味着每个人都有获得自我利益的权利，那么，我们在追逐自我利益最大化的同时就不应该限制他人的这种追求，至少不应该减损或危害他人的自我利益，用康德的话来说，就是绝对不能把他人当作纯粹实现自身目的的手段。从这一点看，利己就不应该是绝对的、普遍的，而应该是相对的、受限的。因此，我们应该引进利他主义的合理因素，对利己欲望进行必要的限制，“在极端的自我关注和对他人的关注之间达到某种平衡”。这样，人们不仅能够顺利地走出霍布斯的“自然状态”，而且还“能够在一个公正友爱的社会环境中去实现我们自己的个人目的”[②]。但是，我们也不能完全否定利己主义道

① 徐向东：《自我、他人与道德》（上），商务印书馆，2007 年版，第 136 页。
② 徐向东：《自我、他人与道德》（上），商务印书馆，2007 年版，第 138 页。

德观对人之为己利己动机与行为的肯定，而把为己利己完全等同于自私自利，否认为己利己的道德价值，走向纯粹的、绝对的利他主义。绝对的利他主义是把为己、利己排除在道德之外和为了利他目的必须舍弃自我利益甚至牺牲自己的一切的道德理论。这种道德理论也是有悖于人类生活需要与日常道德生活的。因为，人之在世，人作为人，都有生存和发展的基本需要，都有基本的自我利益，都有对“好的生活”的一般理解和追求。如果每个人在任何时候都放弃自身需要、牺牲自我利益，那么，这无疑是要求社会确立“人应该自杀”的道德，鼓励人们“自杀”。这必然是另一种霍布斯的“自然状态”。为此，我们也应在考虑他人利益的同时加以对自我利益的关注，达成他人利益和自我利益的相对平衡，在为他利他中利己为己，至少不要给自我利益造成不必要的减损，从而建立一种公平正义、团结友爱的道德和社会环境。

道德作为人特有的一种实践方式，在本质上是属人的、为人的。为人，就是为了人的幸福生活，而且是为了每个人的幸福生活。因而，道德不只是为己或为他，而是既为己利己，又为他利他。道德的目的是为了增进整个社会和每个人的利益，是为了使每个人都过一种有尊严的、和谐的、幸福的生活。然而，道德终究不能只是写在纸上的美好传说，道德是一种实践，必须落实到全体社会成员的实践活动之中。道德只有成为一种创造人的幸福生活的实践，才能成其为道德，才有意义，才有价值。人们实践的动力来自人的创造幸福生活的需要。道德既是构成人的好生活的内在因素，也是实现好生活的必要条件。既然道德与人的利益、人的生活、特别是好的生活息息相关，且“正确理解的个人利益是整个道德的基础”，那么，道德就不可能不对人的自我需要、自我利益进行必要的关注，不可能不积极促进人的幸福生活的实现，不可能不增进每个人的自我利益。正是因为道德与人的利益紧密相连，能够调节和增进人的自我利益和公共利益，且只有道德的生活才是好的生活，人们才有追求道德生活的必要，才有努力遵守道德规则、实现道德善和做一个有德性的人的必要。反之，如果道德不是构成人的好的幸福生活的必要条件，道德的生活不是好的生活，那么，就意味着谁遵守道德，谁就吃亏受苦，谁就不能过上好的生活，于是，人们必定会像逃避瘟疫一样逃避道德，像抗击魔鬼一样抗击道德。如果道德与公然关心人的自我利益没有任何关系，为己利己被排斥在道德领域之外，甚至认为自我关注、追求自己的利益和生活幸福是一种罪过，必须受到谴责，那么，这就是一种“自我泯灭的道德”。[①] 假如在道德的视域中，自我都消失了，个性都泯灭了，那么，人便成为了什么呢？道德又是什么呢？所以，道德必须关照每个人的幸福生活，关注人的自我，维护和增进人的利益。人们对自我的关注、对自我利益和幸福生活的实践，应该被道德之光照耀，使之焕发耀眼的光芒。当然，对自我利益的关注是有条件和限度的，这个条件和限度就是在维护和增进自我利益的同时，不能使与之相关联的他人或社会的利益减少或受损。如果任何主体的行为满足了这一基本条件和限度，那么，这种行为我们就可以称之为是道德的。

然而，每个人的生活、每个社会都是充满矛盾的，人与人之间的矛盾始终是构成社会矛盾的重要方面，而且是社会发展进步的基本动力，因此，妥善处理人与人的利益关系始终是社会的一项重要任务。的确，从理想的角度看，每个人都应该在自我关注和他人关注之间达成一定的平衡，为己利己和为他利他之间都应该建立一种和谐关系。但是，实际上，个人利益和他人利益总是一种矛盾运动，为己利己与为他利他的平衡、和谐总是相对的，有时甚至是相互对立而难以两全的。在各种利益相互交织的状态中，如果是比较简单的互利关系或显而易见能够实现一定程度的互利，一般而言，为己利己和为他利他是比较容易达成平衡的；如果是比较复杂的互利关系和根本对立的利益关系，即为己就不可能为他、利他就不可能利己，那么，从道德的本质要求看或者从道德动机上考虑，社会和个

① 徐向东：《自我、他人与道德》（上），商务印书馆，2007 年版，第 83 页。

人应该为他利他，即社会应该确立一种为他利他的道德，个人也应该把他人的正当利益放在第一位，自我奉献、自我牺牲。从短期或局部看来，这在一定程度上可能不符合功利主义的价值目标，但从整体和长远看，却又是一种更为合理的功利主义或后果主义。因为这有利于筑建一种礼让宽容和谐的人际（利益）关系，有利于促进社会的和谐与繁荣进步。

社会是由单个人构成的共同体。人作为一种社会性的存在物，其实就是一种社会关系的存在物。既然人是一种关系性的社会存在物，那么，人性、人的需要、人的自我利益等等，都是关系性的社会存在。既然每个人的自我利益是以一种关系性、社会性的存在，且只能在一定社会关系中才能实现，那么，个人与个人之间的利益、个人利益和社会利益，或者每个人的为己利己之欲望和目的便能够在一定的社会关系中得到某种程度的统一与实现。因此，道德便应该在利己和利他、个人利益与社会利益之间达成某种程度的平衡，道德便应当要求每个个体都应该在追求自身利益的同时肯定他人追求自身利益的正当性，且尽可能不妨碍他人利益之实现，即自觉达成为己利己与为他利他的统一、个人利益和社会利益的统一。如果社会创制的道德是利己与利他相统一的道德，我们每个人在一般情况下又都能遵循这样的道德，即在追求自身利益最大化同时考虑他人利益的存在和实现，那么，一个有利于增进社会利益总量与每个人幸福生活的美好社会便能够成为现实。

第三章　和谐社会道德体系的基础

道德存在于社会生活之中，并由社会生活所决定。由于经济生活在整个社会中的基础地位和决定作用，道德也以经济生活为基础，并随着社会经济的变动而变化。道德作为人的社会生活的重要内容，是与人的本性密切相关的，且以人性为前提。经济与人性都是在社会中生成和发展的，并由社会所决定。社会作为一种独立的实体，同人一样是有生命的，有其自身存在、发展的需要和规律。

一、经济基础

马克思主义伦理学要求我们从社会生活，尤其是从社会经济生活去考察和说明道德现象。道德作为人达成善的实践方式，从根本上决定于社会经济状况和物质资料的生产方式。社会主义和谐社会不仅应是生产力和经济相对发达、物质财富比较雄厚的社会，而且应是各种经济成分、经济关系协调发展的社会。贫困不是社会主义，人们生活不富裕不是社会主义；同样，经济发展不平衡、经济关系不协调、社会分配不公平也不是社会主义，更不是社会主义和谐社会。因此，和谐社会道德必须以相对发达的生产力水平和社会经济均衡协调发展为基础。

（一）道德与经济基础

社会存在决定社会意识是唯物史观的根本观点。社会的生产方式、经济关系所构成的社会的经济基础，决定着社会的政治、法律、道德等，以及与之相适应的各种制度。马克思指出：“物质生活的生产方式制约着整个社会生活、政治生活和精神生活的过程。不是人们的意识决定人们的存在，相反，是人们的社会存在决定人们的意识。”① “法的关系正像国家的形式一样，既不能从它们本身来理解，也不能从所谓人类精神的一般发展来理解，相反，它们根源于物质的生活关系”；“这种具有契约形式的（不管这种契约是不是用法律固定下来的）法的关系，是一种反映着经济关系的意志关系。这种法的关系或意志关系的内容是由这种经济关系本身决定的。”② 恩格斯指出：“每一个历史时代主要的经济生产方式和交换方式以及必然由此产生的社会结构，是该时代政治和精神的历史所赖以确立的基础，并且只有从这一基础出发，这一历史才能得到说明。”③ 道德依赖并反映社会存在。任何道德都有其产生和发展的社会物质生活条件。脱离社会物质生活的道德是不存在的。道德不仅产生于社会物质生活，并且随着变化的物质生活而不断地变动自身的内容和形式。马克思认为：“社会的物质生产力发展到一定阶段，便同它们一直在其中运动的现存的生产关系或财产关系（这只是生产关系的法律用语）发生矛盾。于是这些关系便由生产力的发展形式变成生产力的桎梏。那时社会革命的时代就到来了。随着经济基础的变更，全部庞大的上层建筑也或慢或快地发生变革。”④ 当社会生产方式、经济基础发生变革时，道德也必然

---

① 《马克思恩格斯选集》第2卷，人民出版社，1995年版，第33页。

② 《马克思恩格斯选集》第2卷，人民出版社，1995年版，第32、143页。

③ 《马克思恩格斯选集》第1卷，人民出版社，1995年版，第257页。

④ 《马克思恩格斯选集》第2卷，人民出版社，1995年版，第33页。

随之改变自身的内容和形态。

恩格斯比较详细地论述了道德对经济基础的依赖关系。恩格斯在《反杜林论》中指出："如果我们看到，现代社会的三个阶级即封建贵族、资产阶级和无产阶级都各有自己的特殊的道德，那么我们由此只能得出这样的结论：人们自觉地或不自觉地，归根到底总是从他们阶级地位所依据的实际关系中——从他们进行生产和交换的经济关系中，获得自己的伦理观念。"① 因此，"我们断定，一切以往的道德论归根到底都是当时社会经济状况的产物。而社会直到现在还是在阶级对立中运动的，所以道德始终是阶级的道德；它或者为统治阶级的统治和利益辩护，或者当被压迫阶级变得足够强大时，代表被统治者对这个统治的反抗和他们的未来利益。"② 在阶级社会，当社会的经济关系主要表现为一个集团占有另一个集团的劳动时，即表现为剥削和被剥削时，道德自然不能超出这种经济关系的界限，属于阶级道德。因为，道德终归是属于价值体系的，反映的是人与人之间的利益关系。无论社会处于何种形态，只要社会存在各种不同的利益集团，道德就会反映各自的利益诉求，以保护既得利益和争取未来利益。那种认为道德与功利无涉的观点是脱离社会经济结构的，是无根的。因此，只要社会存在阶级、存在不同的利益集团或利益群体，就会有不同的道德。但是，恩格斯也并没有因为道德的阶级性而否定道德具有共通性，没有因为道德的特殊性而否定道德具有普遍性。与别的道德理论不同的是，恩格斯论及的道德普遍性不是从抽象的人性中，而是从共同的社会生活、"共同的历史背景"、"同样的或差不多的经济发展阶段"中去寻找根源。恩格斯认为："在上述三种道德论中还有一些对所有这三者来说都是共同的东西……这三种道德论代表同一历史发展的三个不同阶段，所以有共同的历史背景，正因为这样，就必然有许多共同之处。不仅

① 《马克思恩格斯选集》第3卷，人民出版社，1995年版，第434页。
② 《马克思恩格斯选集》第3卷，人民出版社，1995年版，第435页。

如此，对同样或差不多同样的经济发展阶段来说，道德论必然是或多或少地互相一致的。”恩格斯举例说：“从动产的私有制发展起来的时候起，在一切存在着这种私有制的社会里，道德戒律一定是共同的：切勿偷盗。”① 然而，这种私有制社会共同的道德戒律并不是永恒的，当这种道德的经济基础已经失去，即在“偷盗动机已被消除的社会里”，“切勿偷盗”就不能成为“一条永恒的真理”。正因如此，道德是依赖于一定经济基础的，只要一种道德的经济基础还存在，无论是以一种什么样的形式存在，建立在这种基础之上的道德就会存在，而不管它是以一种什么样的面目而存在；同样，当一种经济基础消失之后，与之相应的道德也必将或迟或早、或快或慢地退出历史舞台。社会发展是社会形态不断变更的过程。新的经济基础的建立、巩固和壮大需要人们具有新的生产方式、新的处理社会经济关系的实践方式，需要建立新的意识形态和政治上层建筑反映、体现和保障新的经济关系、实践方式以及生活方式的确立、巩固与发展。当社会经济关系超出了阶级利益集团的限制时，即“在不仅消灭了阶级对立，而且在实际生活中也忘却了这种对立的社会发展阶段上，超越阶级对立的统一的、真正人的道德才成为可能。”②“真正人的道德”是超越“阶级的道德”之上的，是建立在消灭“那存在阶级和阶级对立的资产阶级旧社会的”新的“联合体”之中的。且只有在这样的联合体中，“真正人的道德”才能建立起来，并不断发展。

（二）和谐社会道德的经济基础

道德反映社会的经济基础并建立在经济基础之上。和谐社会的道德必然反映和谐的经济关系并建立在和谐的经济基础之上。因此，

① 《马克思恩格斯选集》第3卷，人民出版社，1995年版，第434—435页。
② 《马克思恩格斯选集》第3卷，人民出版社，1995年版，第435页。

和谐社会的经济基础就是和谐社会道德的经济基础。

对于什么是和谐社会的经济基础这一问题，理论界作了不少的讨论。有学者认为和谐社会的经济基础是市场经济，有的认为是完全的市场经济，有人认为是“市场经济条件下的利益表达和利益均衡机制”，也有人认为是“市场利润的均衡化”；也有学者认为混合经济是和谐社会的经济基础[①]。还有学者从所有制方面提出看法，有的认为是公有制，有的认为是混合所有制；有学者甚至认为“生产资料私有制并不必然导致生产资料所有者占有劳动剩余产品，它与构建和谐社会的经济基础不矛盾”，“和谐社会的经济基础是由和谐的生产资料所有制形式所决定的和谐的交换关系和和谐的分配关系的有机统一体”；[②] 还有学者认为：和谐社会经济基础是“公有制为主体，多种形式并存的社会主义市场经济”，等等。由于“经济基础”内涵的复杂性、“社会主义和谐社会”作为一种社会状态的理想性，权威文献并没有对此进行明确的解答和界定，势必给理论界以较宽广的认知空间，因此，要为和谐社会的经济基础给出一个明确而科学的答案确实有些困难。

理论来源于生活，是社会现实的反映。但理论并非只是描摹现实，只是社会生活的直观的机械的映像；理论对现实的反映不仅具有客观性，而且具有创造性。想象、猜想是理论的必然要素。在某种意义上，真理性的理论首先是一种猜想。当然，猜想不是纯粹的想象，它不仅要有现实依据，而且要有理论依据。我们对和谐社会经济基础的认识应当具有现实的、实践的和理论的根据。

《中共中央关于构建社会主义和谐社会若干重大问题的决定》指出：“社会要和谐，首先要发展。社会和谐在很大程度上取决于社会生产力的发展水平，取决于发展的协调性。必须……更加注重解决

---

① 徐志雄：“混合经济——和谐社会的经济基础”，《黑龙江教育学院学报》2007 年第 1 期。

② 李松龄：“和谐社会的经济基础”，《吉首大学学报（社会科学版）》2007 年第 05 期。

发展不平衡问题，更加注重发展社会事业，推动经济社会协调发展。”[①] 我们认为，这段话是认识和研究和谐社会的经济基础的重要理论依据。由此可以认为：较高的生产力发展水平、经济发展的协调性、平衡性是和谐社会的经济基础。

尽管理论界对经济基础的内涵的认识也不一样，但是，一般说来，理解经济基础的内涵，需要把握三个方面的内容：其一，经济基础是生产关系，生产关系是与生产力密切联系，并以生产力为基础的；其二，经济基础的实质是社会的基本经济制度或是罗尔斯所说的社会基本经济结构，是制度化了的物的社会关系（物质利益关系）；其三，经济基础与经济体制具有内在联系。[②] 经济体制是社会基本经济制度所采取的组织和管理形式，是生产关系的具体实现形式，与生产力发展的关系更为直接和具体。

劳动是理解社会历史的钥匙，生产力是社会发展的决定性力量。理解经济基础的内涵不能脱离社会生产力。经济基础，从根本上说是生产关系，是人们在物质资料的生产、分配、交换和消费等方面的关系。而生产关系，其实就是人与人在生产、分配、交换和消费中所结成和表现的利益关系。人与人之间的社会利益关系如何，虽然与社会的经济分配制度直接相关，但在很大程度上取决于生产力的水平和社会财富的总量。因为，一个社会的分配制度归根到底是由社会生产力的水平决定的，且直接依赖于社会财富的总量。在生产力低下、社会财富稀缺的社会，人与人的利益关系是难以和谐的。尽管原始社会，氏族部落内部不得不采取平均分配的原则，人与人之间关系是平等的，但是，在氏族与氏族之间，却是血腥的征伐与杀戮，人与人之间的关系是残酷的。奴隶社会、封建社会，生产力水平依然低下，人与人的关系集中表现为阶级对立关系，阶级剥削严重，社会利益关系极不公正和谐。资本主义社会，生产力水平迅

① 《十六大以来重要文献选编》（下），中央文献出版社，2008 年版，第 652 页。

② 《马克思主义基本原理概论》，高等教育出版社，2008 年第 2 版，第 93 页。

速提高，社会财富日渐丰富，尽管社会依然存在阶级剥削，收入差距比较悬殊，但是，在发达资本主义国家，社会保障制度和社会保障体系不断完善，人们的生活水平大幅提高，人与人之间利益关系的冲突性大大缓和，社会关系的和谐性日渐增加。这是建立新社会的物质前提和必要准备。按照马克思主义创始人的设想，代替资本主义的新社会是社会关系高度和谐的，但是，社会关系的和谐是建立在生产力高度发达、社会财富极大丰富的基础之上的。因为，社会关系的和谐，最根本、最关键的是人与人之间利益关系的和谐。人与人的社会利益关系的和谐也是社会主义和谐社会的一个重要标志。发达的生产力水平和丰足的社会财富，是生产关系和谐的前提，是人与人社会利益关系和谐的前提。因此，生产力的发达、社会财富的丰富是社会和谐的前提和基础。

马克思主义经典作家认为，共产主义社会不仅是生产力高度发达的社会，而且是经济关系、社会关系和谐统一的社会。生产力的高度发展、社会财富的极大富足是未来美好社会的首要特征，也是实现美好社会的基本前提。恩格斯在《共产主义信条草案》中明确认为，“财产公有”制度并不是任何时候都可以实现的，它必须建立在因发展工业、农业、贸易等而产生的大量的生产力和生活资料的基础之上。马克思、恩格斯在《共产党宣言》明确提出，巨大的社会生产力是实现代替那种阶级剥削的新的社会联合体的物质基础。在《哥达纲领批判》中，马克思进一步指出，只有在生产力发展起来，在集体财富的一切源泉都充分涌流之后，才能实行共产主义的分配原则。因此，经济关系与社会的和谐必须以高度发展的生产力水平为前提。发达的社会生产力水平是实现社会和谐的最坚实的基础和源泉。

毫无疑问，社会经济关系、利益关系的和谐，离不开公正的社会制度，尤其是公正的分配制度。但是，公正的分配制度的确立和有效实行在很大程度上却取决于一定规模的社会财富总量。社会财富丰足，有利于施行公正；社会财富贫乏，公正则难以实现。休谟认为，如果世界的财富多得任何时候都能够满足人的不断增长的需求，就像原始时期的土地一样，自然就不会有人与人之间的社会财富的争夺，也就不会出现社会公正的道德原则。人类之所以需要确立公正这一社会道德原则，主要是因为社会财富的匮乏。尽管社会资源的匮乏与人们日益增长的需要之间的矛盾是建立公正道德原则的重要原因，但是，公正原则的施行和实现却有赖于社会财富的富足。人的需要与社会财富之间的矛盾在任何时代、任何社会都存在，且永远不会消失。因此，公正原则永远都是需要的。但是，建立公正制度、保证公正的实施却不是在任何社会、任何时代都能够取得成功的。只有发达的社会生产力、丰富的社会资源，才能为人类实现社会公正提供物质条件和现实依据；只有发达的生产力水平，才能为建立和谐社会关系、构建优良社会秩序和美好生活创造物质基础。所以说，发展是社会和谐的基础，发展是构建和谐道德的基础。发展，首先是发展生产力，发展经济。只有生产力发展了，社会经济实力增强了，才能投入更多的物力、财力，提供更多的社会公共产品、提高社会保障能力和水平，才能让发展的成果更好地惠及全体人民，才能消除由社会利益不协调而引起的各种矛盾，促进社会和谐。反之，社会和谐的目标则难以达到。因此，要促进社会和谐、建立和谐的社会关系，构建和谐道德，首先要发展生产力，创造更多更好的社会财富。

总之，不管和谐社会的经济基础是公有制，还是非公有制，是以公有制为主体多种经济共同发展，还是以非公有制为主体的混合经济等等，有一点是必须承认和肯定的，那就是必须以比较发达的社会生产力为前提，亦即和谐社会的经济基础必须以相对发达的生产力为前提和先决条件。脱离了这一点，就不可能是和谐社会的经济基础。

同时，不管和谐社会是以什么样的公有制经济为主导，有多少种所有制形式和经济形式，各种所有制和经济形式必须是彼此平衡、协调发展的。所有制及其形式之间、多种所有制经济成分之间，以及建立在较发达生产力之上的生产、分配、交换和消费各个环节之间的平衡性、协调性是和谐社会经济基础的主要内容。经济发展、经济关系的平衡性与协调性也是和谐社会道德确立和发展的经济基础。

生产资料所有制形式是生产关系的基础。生产资料所有制是生产关系最基本、最具决定意义的方面，因为它是人们进行社会生产的前提，在很大程度上决定着生产、分配、交换和消费关系。一定的生产资料所有制形式，决定人们在生产中的地位和相互关系。因此，研究和谐社会的道德经济基础，还必须探讨和谐社会的生产资料所有制。

毫无疑问，任何社会不可能只有单一的所有制形式、单一的经济成分，因为社会不可能只有一种生产的领域，同时所有生产领域的生产力也不可能都处于同等水平，而必定存在多种多样的、发展不一的生产力。社会生产力发展的不一致、不平衡是客观的、基本的历史事实，是社会常态。妄图以某种方式使社会任何生产领域的生产力水平整齐划一是不可能成功的。因此，和谐社会不可能只有单一的所有制，不可能只有公有制而没有其他的所有制。社会主义和谐社会仍然同时存在多种所有制形式、多种经济成分。

在多种所有制和多种经济成分中，肯定总有一种占主导地位和起决定作用的所有制和经济成分。由于社会主义社会的性质决定了公有制的主体地位，在和谐社会，公有制的生产关系依然是主体。构建和谐社会也必须保持公有制经济的主导地位，同时积极探索有利于生产力发展的公有制实现形式，进一步发挥公有制经济的基础作用，发挥公有制经济在实现最广大人民群众根本利益和共同富裕中的重要保证作用。

长期以来，理论界对于公有制、公有制经济，尤其是对公有制经济的效率等有不同的看法，这是很正常的。毕竟社会主义公有制的建立、公有制经济的发展相对而言，只有较短的历史，发展很不成熟。过去苏联的公有制，包括我国目前的公有制，只能代表人类对公有制的一种探索，或者说是一种低级形式，决不能成为公有制的样本，更不可能是公有制的成熟或完美形式。同时，公有制、公有制经济的发展也同世界上其他任何事物一样，是一个不断完善的过程。我们不能把过去的公有制或者今天的公有制当作公有制的完美形态，或把公有制看作是一种静止的形态，进而因此否定公有制在未来社会的地位和作用。今天的公有制并不能代表未来的公有制，未来社会的公有制经济肯定不同于今天的公有制经济。这一点是完全可以肯定的。

社会化的大生产是现代社会生产力的基本特征，也是未来社会生产力的基本特征。既然生产关系一定要适应生产力的发展要求是社会的客观规律，那么，社会化的生产力必定要求社会化的生产关系与之相适应。由于公有制是社会化的生产关系的一种形式，是适应社会化大生产的一种较好的形式，但绝不是唯一的好形式，因此，在构建和谐社会的进程中，我们不仅要探索公有制新的实现形式，而且要探索新的所有制形式，不仅要探索公有制经济的新形态，而且要探索新的所有制经济的发展形式。

社会生产的平衡、协调与持续是社会存在和发展的根本保证，是和谐社会形成和巩固的根本保证。任何生产是在一定的生产关系中进行的。但只有与生产力相适应的生产关系才能促进社会生产的发展。生产资料的所有制是生产关系的基础并起决定作用，因而，所有制及其形式的选择十分重要。一个社会究竟选择什么样的所有制及其形式，即是选择公有制还是私有制，以及采用公有制或私有制的什么实现形式，并不能根据理论家的认识和领导人的喜好，而要以生产力水平为前提。正如邓小平所提出的，只要有利于生产力发展的，有利于增强综合国力的，有利于提高和改善人们生活水平的，就应该大胆地试，大胆地用。邓小平的“三个有利于标准”依然是建立和谐社会经济基础的根本标准。只有坚持“三个有利于标准”，各种所有制经济形式才能协调发展，才能建立和谐的生产关系，才能极大地调动人的积极性和创造性，才能极大地促使人们发挥聪明才智和潜能，才能创造更好更多的社会财富。同时，根据我国地域发展不平衡的历史和现实状况，应进一步协调地域、城乡发展，改变地域、城乡的非均衡发展状态，实现东、中、西部地区以及城市和乡村的均衡发展。

生产的大发展、社会财富的丰裕，只是建立和谐经济基础和实现社会和谐的前提性条件，还并不能保证和谐经济基础的建立和巩固。要建立和谐社会的经济基础，不仅要生产的发展，而且要使生产、分配、交换和消费相协调。生产和消费是一对矛盾。生产决定消费，消费也决定生产。而在生产和消费的关系中，社会产品的分配和交换，尤其是分配，是生产关系各环节的中介，起着重要的纽带作用。如果社会财富分配不合理、不公正，则意味着各种生产关系链条的扭曲或断裂，不仅影响流通的正常进行，而且还会限制人们的消费，甚至会出现畸形消费，进而使生产和消费产生冲突，阻碍社会生产的正常发展。因此，生产关系的协调发展、和谐经济基础的建立，社会分配起着至关重要的作用，必须切实保障财富分配的公正合理。

构建和谐道德，实现人际和谐是构建社会主义和谐社会的重要内容，而公正的分配制度是构建和谐的社会关系的关键性因素。任何社会的人际关系，说到底都可以归结为利益关系。在人们的利益关系中，物质利益关系是最重要的表现形式，是人们之间最基本、最普遍的关系。表面上看，人的利益似乎是人自己创造的，是通过自己的劳动获取的，而在实质上则是社会给予的，是社会分配的结果。比如，奴隶社会的奴隶，劳动最多、最刻苦，但获得却最少。资本主义早期，劳动极度异化，正如马克思所说："劳动对工人来说是外在的东西，也就是说，不属于他的本质；因此他在自己的劳动中不是肯定自己而是否定自己，不是感到幸福，而是感到不幸，不是自由地发挥自己的体力和智力，而是使自己的肉体受折磨、精神受摧残。因此，工人只有在劳动之外才感到自在，而在劳动中则感到不自在，他在不劳动时觉得舒畅，而在劳动时就觉得不舒畅。因此，他的劳动不是自愿的劳动，而是被迫的强制劳动。”马克思进而认为：“劳动的异己性完全表现在：只要肉体的强制或其他强制一停止，人们会像逃避瘟疫那样逃避劳动。外在的劳动，人在其中使自己外化的劳动，是一种自我牺牲、自我折磨的劳动。最后，对工人来说，劳动的外在性表现在：这种劳动不是他自己的，而是别人的；劳动不属于他；他在劳动中也不属于自己，而是属于别人。”① 最后的结果是：“劳动为富人生产了奇迹般的东西，但是为工人生产了赤贫。劳动生产了宫殿，但是给工人生产了棚舍。劳动生产了美，但是使工人变成畸形。劳动用机器代替了手工劳动，但是使一部分工人回到野蛮的劳动，并使另一部分工人变成机器。劳动生产了智慧，但是给工人生产了愚钝和痴呆。”② 劳动者未能得到他们的应得，违背了公正的基本要义。分配的不公正使社会财富积聚在少部分人手中，造成社会财富的严重不均，人与人之间利益关系的严重失衡，必然引起社会冲突、社会动荡，甚至社会分裂或瓦解。社会的存在都成为了问题，还谈什么和谐、什么道德的作用以及人的德性呢？在利益分配不公正的社会，不可能建立协调的生产关系或经济基础，没有和谐的经济基础，便不可能有社会和谐和优良道德，也不可能有全体社会成员的美好德性。因此，和谐社会道德的经济基础离不开公正的分配关系，只有公正的分配关系，才会有公平的利益关系与和谐的人与人之间的关系。

交换是联结生产和消费的基本纽带。社会生产和消费的正常运转离不开交换。任何社会主体、不管是生产者还是消费者，要想从其他社会主体手中得到其所需要的产品以满足自身的需要、维持生存和推动自身的发展，就必须进行交换。如果不同的生产主体之间、

① 《马克思恩格斯全集》第3卷，人民出版社，2002年版，第270—271页。
② 《马克思恩格斯全集》第3卷，人民出版社，2002年版，第269—270页。

生产者和消费者之间，不能有效地实现产品与产品、产品（商品）与货币、货币与货币的交易，或者交易不顺畅、不平衡，社会生产就难以持续进行，人们的需要就不可能得到满足。要交换，必须有载体和形式。在人类历史发展不同的阶段，交换的载体和形式尽管不同，但是，自由市场无疑是最有效的载体和形式。因为，在市场中，产品变成了商品，商品所有者为了维护自身的利益，在彼此发生经济联系和互相交换产品时，要求各方遵守等价交换原则。按照斯密的说法，有一只“看不见的手”在起作用，亦如马克思所说的“为自己开辟道路”的价值规律。商品交换以价值量为基础，按照等价交换的原则进行，形成价值规律。价值规律是整个商品经济的一般规律，不仅支配商品生产，而且支配商品流通。任何社会，不管制度如何，为了使生产和再生产正常持续进行，生产资料和劳动力在各生产部门之间的分配，必须遵循一定的比例，否则就会造成某些部门发展过快、产能过剩，浪费社会资源，或某些部门发展过慢、产能不足，不能满足社会生产和消费的需要。在商品经济条件下，按比例合理分配社会资源，是市场通过价值规律的作用来实现的。当然，市场和价值规律的有效作用不是自然而然的，而是有条件的。因为，在一定的社会范围内，只有那种在平等和自愿基础上所产生的等价交换观念和等价交换行为，才是每一社会行为主体得以正常生存和发展的基本条件。[①] 而平等、自愿的等价交换只有在“市场均衡与法制健全”的社会环境中才能真正实现。“只有在市场均衡、法律法规健全的条件下，交换才是等价的。如果市场非均衡、法律法规不健全，交换就不可能是等价的。”“在市场均衡、法律法规健全的条件下，交换关系是和谐的，也就是能够实现等价交换。在劳动力市场上，劳动者以劳动力的边际价值为依据决定劳动力的供给价格，生产资料所有者以劳动力的边际使用价值为依据决定劳动力的需求价格。因为劳动力市场均衡，劳动力的供给价格、需求价格和

① 周德海：“论道德悖论与新道德体系的构建”，《理论建设》2008 年第 2 期。

市场交换价格是一致的。劳动力的边际价值与劳动力的供给价格相等；劳动力的使用所创造的价值（边际使用价值）与劳动力的需求价格相等。劳动力的边际价值与劳动力的使用所创造的价值相一致。生产者剩余与消费者剩余消失，没有劳动剩余产品可供生产资料所有者占有。同时，在市场均衡的条件下，复杂劳动向简单劳动的简化也是通过商品的等价交换实现的。所以，由劳动力交换关系的和谐能够推导出分配关系的和谐。另一方面，等量劳动能够获得等量收入，生产资料所有者不能占有劳动剩余产品的情况说明，商品和劳动力的交换关系是等价的，从而交换关系是和谐的。"① 交换关系的和谐表征着人与人之间的利益关系是和谐的。由这种等价交换的观念和行为所体现的利益关系的道德观念和道德行为，构成和谐社会道德的基本内容。

总之，和谐社会及其道德的经济基础，是与较高的社会生产力水平相一致的和谐的生产关系的总和，是以多种生产资料所有制形式相协调为主导的生产、交换、分配和消费的内在统一，是各种生产关系之间的协调统一。和谐的经济基础是社会和谐的基本前提。道德归根到底是反映和调节社会利益关系的。社会各种利益关系的协调共进决定各类主体的道德、各种层次的道德之间的协调发展。只有建立在和谐的利益关系基础之上并反映这种利益关系的道德观念及其规范才是和谐社会所需要的，并反过来为维护和促进和谐的社会利益关系服务。

二、道德人性

卢梭认为，研究社会及其现象的基本方法应当是："通过人去研

① 李松龄："和谐社会的经济基础"，《吉首大学学报》（社会科学版）2008 年第 5 期。

究社会，通过社会去研究人”。[1] 所谓“通过人去研究社会”，就是先研究人性，然后再去说明人的行为及其关系，由此解释社会现象。[2] 和谐社会道德体系的构建，也必须首先研究人，尤其是人性。[3] 因为人性是影响和决定人的行为的主要力量源泉，是人们建立道德关系的纽带，是道德发生的根本前提。只有对人性有全面科学的理解和把握，才能建立合人性的道德。只有合人性的道德，才是优良的道德。只有合人性的道德，才能从外在规范转换为人的内在德性，才能发挥道德固有的社会功能，才能最终实现道德的终极目的，增进社会的利益总量，促进每个人的自由全面发展。因此，和谐社会道德体系必须以人性——正确理解的人性为前提。

（一）道德与人性

人性及其与道德的关系是道德理论和道德建构的一个重大问题。中外许多伦理学家都把人性看作是道德的源泉，又把对人性的改造或完善作为道德的最终目的。我国学界关于道德与人性的争论主要围绕人性是不是道德的根源或本质而展开。一种观点认为，人性既是道德产生的精神土壤，又是道德规范得以实行和调整的内在杠杆，还是道德规范具有生命力的不竭源泉，道德是人性向社会舆论的延伸和表现。因此，人性是产生道德的第二原因或土壤。另一种观点认为，人性不是道德产生的第二土壤，人性或者道德两者都是由一定经济关系决定，不能离开一定时代的经济关系去寻找人性或道德的根源，人性和道德不存在谁决定谁的问题[4]。

探究人性，尤其是以人性为前提来研究道德，是近代以来伦理

---

① ［法］卢梭：《爱弥儿》，上卷，商务印书馆，1981 年版，第 327 页。

② 宋希仁：《西方伦理思想史》，中国人民大学出版社，2004 年版，第 260 页。

③ 张国清教授认为：“在我看来，研究和谐社会同样离不开人性研究。只有当我们对人性有着越来越全面的理解的条件下，我们对于和谐社会的构建才能把握正确的方向。”——《和谐社会研究》，人民出版社，2006 年版，第 52 页。

④ 章海山：《当代道德的转型与建构》，中山大学出版社，1999 年版，第 166 页。

学的重要特征。休谟首先明确提出人性是道德的基础和源泉。他认为，所有科学都与人性有一定的联系，并且都可以归结为人性的科学，都是对人性的某一方面的阐述。人性论是一切科学的唯一稳固的基础，人性论是从总体上研究人性的科学，它必须建立在经验和观察的基础之上。斯宾诺萨认为，每个人都有自爱的本性，都寻求自己的利益，自保自利，这是必然的真理，是德性的基础。爱尔维修也说，制订道德原则必须从人的本性出发，人的本性就是人的肉体的和精神的感觉。人有一种喜欢快乐而逃避痛苦的情感，这就是“自爱”和“利己”。弗洛姆也认为，只有真正认识到人的本性，才能理解善与恶。人性是道德的根源和基础，道德规范应该从人的本性中得出。因此，认识人的本性是伦理学的首要任务。他说：“人道主义伦理学主张，为了理解对人而言何为善，我们就必须懂得人性。”“为了识别何为善、何谓恶，就必须懂得人性”。因为“伦理行为规范的源泉应当在人的本性中发现，道德规范是以人的内在品质为基础的”。[①] 可见，研究道德必定要探讨人性。

由于休谟对人性和道德关系的研究较为详尽和深刻，我们便简要介绍一下他的思想。休谟认为，以往的哲学缺乏稳固的基础，具有薄弱性：一是缺乏对人、人性的科学把握；二是忽视研究方法。为了科学地探讨人性，休谟首先确立了研究人性的方法。深受牛顿力学的影响，休谟试图运用“实验的推理方法”建构科学的人性论，希望寻找普遍的人性原则来解释人的各种活动方式、思想、知觉和感觉。于是，他采取了自然主义的经验归纳法和心理分析方法。一方面，把人置于自然界中，以观察和经验为依据，对人类的思想、感觉、行为的产生与活动方式作出自然的描述，从中归纳出一些普遍的人性原则；另一方面，对人的心理构成要素，诸如感觉、知觉、思维等心理现象的分析，阐明人的心理倾向以及心理倾向的联结对人的行为影响，依此推断人的行为发生的一般原则。休谟发现，人

① ［美］弗洛姆：《为自己的人》，三联书店，1988 年版，第 37、27、28 页。

性对道德行为起决定作用的基本倾向不是理性，而是情感、同情。尽管理性是人性的重要内容之一，但是，理性不是道德善恶的源泉。人们在道德上的区别不是从理性获得的，而是来自于情感。只有现实的、直接的情感才能发动意志，激发行动，是道德行为的直接动力。在《道德原理探究》中，休谟进一步认为，理性只辨别事实真伪，情感则断定善恶。辨别事实真伪是对人的行为进行恰当判断的首要前提。如果对行为事实不能辨别真伪，就不能判断行为的善恶。因此，道德判断需要理性的帮助。但是，理性的功用是为道德判断提供事实，至于它是善是恶，是不能由理性判断直接产生的，因为善恶不是事物本身的性质，而是主体在内心引起的称赞或谴责的感情，是主体根据自己的感受赋予它的。[①] 因此，“我们最终必须承认：罪恶或不道德决不是特殊的可以作为理解力的对象的事实或关系，相反它完全是从不满之情产生出来的。”[②] 另外，理性只指明行为的趋向，而情感则判明行为的正当与否。在休谟看来，人的道德判断有赖于弄清楚行为对人是有益还是有害，而这需要理性发挥作用，是理性判断的结果。但是，对行为的利害的判定并不意味着人们就可以对之进行“善恶”判断。因为，“效用仅仅是达到一定目的的倾向；如果这个目的与我们不相干，那么，我们同样也会对其实现手段采取漠然置之的态度。情感在这里有必要显示自己，以便使有益的趋向优先于有害的趋向。这种情感可能正是对人类幸福的好感和对痛苦的反感；因为这些感受正是善与恶往往会促成的不同结果。”[③] 因而，人们关于道德的感知，不是对实际事物的描述，而是人的态度和情感的表达。[④] 因此，“道德不是理性的科学”，而是情感的科学。因为道德起源于情感。那么，决定行为道德善恶的是什么情感呢？休谟认为，既不是自爱的利己之心，也不是仁爱的利他

① 宋希仁：《西方伦理思想史》，中国人民大学出版社，2004 年版，第 230 页。
② ［英］休谟：《道德原理探究》，中国社会科学出版社，1999 年版，第 109 页。
③ ［英］休谟：《道德原理探究》，中国社会科学出版社，1999 年版，第 104 页。
④ 宋希仁：《西方伦理思想史》，中国人民大学出版社，2004 年版，第 231 页。

之心，而是人的同情心。“人性中任何性质在它的本身和它的结果两方面最为引人注目的，就是我们所有的同情别人的那种倾向，这种倾向使我们经过传达而接受他们的心理倾向和情绪，不论这些心理倾向和情绪同我们的是怎样的不同，或者甚至相反。”① 人性中对他人同情的倾向就是同情心。由于人具有共同的感官和心理结构，人与人之间会产生相同的感觉，产生与他人情感相同的情感。休谟因此认为，行为善恶的区别是由“道德感”得来的。道德感是指人的苦乐感、人的共同利益感。休谟把人的这种苦乐感、共同利益感看作是行为道德善恶的基础和标准。“心灵的任何性质，在单纯的观察之下就能给人以快乐的，都被称为是善良的；而凡产生痛苦的每一种性质，也都被人称为恶劣的。”② 即给人愉快的，就是善良的；令人不快的，则是恶劣的。如果以主观的苦乐感作为判断行为道德善恶的标准，显然会导致狭隘性和主观性。为了克服这种局限性，休谟又提出，我们判断行为善恶，不仅仅是因为它使我们产生了苦乐感，更是因为它本身具有一种利或害的倾向。正是因为行为的这种利或害的倾向，使人们产生道德感。但是，这种利害的效用必然会产生一个新的问题：对“谁”的效用？休谟进一步认为，人性中既有利己的情感，也有利他的情感。由于人的同情心，人不仅利己，而且可以控制自己的自私心，去关心他人与社会。同时，在社会中，人不是孤立的存在者，尤其是在商业社会，社会分工日渐精细，每个生产者不能仅仅依靠自己的产品来满足自己的一切需要，而必须依赖于他人。另外，个人利益的实现也有助于他人和社会利益的增进。最后，休谟说：“如果有用性是道德感的一个来源，且如果这个有用性不总被认为与自我私利相关的话，那么，就必须得出这样的结论：凡有助于社会幸福的东西，本身就会直接引起我们的赞许和亲善。这里有一个原则，该原则在很大程度上解释了道德起源。”③

① ［英］休谟：《人性论》（下册），商务印书馆，1980年版，第352页。

② ［英］休谟：《人性论》（下册），商务印书馆，1980年版，第633页。

③ ［英］休谟：《道德原理探究》，中国社会科学出版社，1999年版，第44页。

可见，休谟的人性论为道德找到一个客观的根基——社会效用，从道德情感论偏向了功利主义。

休谟等思想家们为什么要在探讨道德问题时研究人性呢？人性与道德究竟是怎样的关系呢？王海明教授揭开了其中的奥秘："伦理学是规范科学而不是事实科学，它之所以研究人性——亦即人的伦理行为事实如何之本性——只是为了从中推导出人的伦理行为应该如何的道德价值，从而制定与其相符的优良道德规范。伦理学人性论的目的并不是把握人性，而是推导和制定出与人性相符的优良道德。"①

道德作为人的惯常的实践方式，是社会对人的行为的规范。而任何规范都是对人的自由、欲望和行为自主性的约束。"道德和法都是对人的行为的规范、限制、约束，因而也就都是对人的某些（亦即那些具有负社会效用的）自由和欲望的压抑、阻遏、侵犯。只不过，就法律和道德所借以实现的力量来说，道德比法律给予的人的自由和欲望的压抑和侵犯相对较轻：法是一种权力侵犯，是暴力强制和行政强制的侵犯；而道德则是一种非权力侵犯，是思想教育和舆论强制的侵犯。但是，如果就法律和道德所侵犯的行为来说，道德则比法对人的自由和欲望的侵犯较多。因为法仅仅约束人的具有重大社会效用的欲望和自由，道德则约束人的一切具有社会效用的欲望和自由；法仅仅要求勿害人，道德还要求自我牺牲。所以，……我们同样可以说：'每一则道德都侵犯了自由'，'每一则道德都压抑了欲望。'"② 由此可见，道德，就其本身来说，并不是一种善，而是一种恶——"必要的恶"。③ 道德的善，不是道德本身，而是道德对人的欲望和自由的限制所带来的社会的结果。即"对人有益的，并非这些管理和规范本身，而是这些管理和规范通过对人的损害达成的结果、目的：经济活动、文化产业和人际交往的

① 王海明：《人性论》，商务印书馆，2005 年版，第 27—28 页。
② 王海明：《伦理学原理》，北京大学出版社，2005 年版，第 124 页。
③ 王海明：《伦理学原理》，北京大学出版社，2005 年版，第 124 页。

存在和发展。”所以，道德，同法律等一样，不过是人类为了达到利己目的（保障经济活动、文化产业和人际交往的存在发展）而创造的害己（限制每个人的欲望和自由）手段。[①] 就是说，道德作为一个社会创制或认可的非权力规范，是社会通过对人的自由、欲望和行为自主性的约束已达到保全社会、促进社会稳定发展之目的。社会通过对自身的保存和发展最终促进每个人的生存和发展。由于道德作为一种行为规范，其本身是对人的限制和约束，因此道德规则越多、越苛严，对人的压抑和限制就越广泛、越严重。如果这种压抑和限制超出了人所能承受或忍受的限度，这就说明此种或此类道德是不符合人的本性和内在需求的。人们就不可能会自主接受和自觉遵守道德，其结果必定是：要么大家在口头上高举道德而在实践上却绕开道德或背离道德，道德成为形同虚设的空架子，社会变成了一个充斥着“伪君子”的“虚假的集合体”；或者要么大家千方百计设法冲破道德规范的约束，打破道德的限制，形成一个行为失范的“混乱的集合体”。众所周知，一个道德失范、道德无力的社会，便失去了社会稳定的基础，最终必将走向解体甚至毁灭。同时，如果道德对人的限制过于严重，即便社会未能走向无序和解体，也没有什么活力，人的创造力必将会减弱或被扼杀。一个缺乏活力和创造力的社会，必定是发展十分缓慢，或者是倒退的。正如老子所言：“天下多忌讳，而民弥贫；民多利器，国家滋昏；人多伎巧，奇物滋起；法令滋彰，盗贼多有。民之饥，以其上食税之多，是以饥。民之难治，以其上之有为，是以难治。”[②] 社会的失范、无序、混乱，甚至解体，社会的无活力，或倒退，必定给人的生存和发展带来无穷的祸害。因此，道德的创制必须考虑人的生理和精神的承受能力，必须以人性为前提、为基础。因为，“人性这个东西，既是道德产生的精神土壤，又是道德规范得以实行和调整的内在杆杠。在没有人

① 王海明：《伦理学原理》，北京大学出版社，2005 年版，第 123 页。

② 《老子》第五十七章，第七十五章。

性的地方，不可能产生一种共同遵守的、靠社会舆论力量得以维持的行为准则。在人性被蹂躏的地方，道德也必然被践踏。……道德是人性向社会舆论的延伸和表现。道德规范是构筑在人性王国基地上的，用以抵御污秽的生活习俗的城堡；人性又是使道德规范具有生命力的不竭源泉。”[①] 所以，真正的道德必须反映人性、体现人性，只有依据人之本性而创制的道德才是符合人性的，才是优良道德；只有符合人性的道德才能促进人性的发展，才能真正体现和实现道德的终极目的——增进社会和每个人的福利，促进人的自由全面发展，建设美好社会和幸福生活。和谐社会的道德无疑应当是真正的优良的道德。优良的道德必然是以人性为前提的。就是说，和谐社会的道德必定要以人性为基本前提，既要符合人的本性，又应有助于人性的发挥与实现。

（二）人性之事实与人性之应该

人性问题是个争论激烈的大问题。何为人性？人性是自然的还是社会的，或既是自然的又是社会的？人性是普遍的还是特殊的？人性是不变的还是变动的？道德依据的人性又是怎样的？对这些问题的解答是社会构建道德的重要前提。

关于人性的认识很多，理论界也未形成统一的意见。恩格斯曾经认为：“一切人，作为人来说，都有某些共同点”。[②] 我们似乎可以由此推断：恩格斯所言的“共同点”就是人性，即人性就是人作为人的“共同点”，是一切人所共有的特性。恰如王海明教授所言：“所谓人性，顾名思义，也就是人的属性，亦即人所有的属性。……人性也就是一切人都具有的属性，是一切人共同地、普遍地具有的属性，亦即一切人的共同性、普遍性”。“所谓人性，说到底，也就

① 曾钊新：《曾钊新文集》，湖南人民出版社，2003 年版，第 9 页。
② 《马克思恩格斯选集》第 3 卷，人民出版社，1995 年版，第 444 页。

是一切人与生俱来、生而固有的普遍本性。”[①] 人生而固有的普遍本性，是一切人共有的自然本性，而非只有个别人生而有之的特性或行为、情感倾向。如孟子所说：“生之谓之性”；或如孔子所讲的“未见好德如好色”之中的“好色”，即“食色，性也”。每个人都有安全的、饮食的需要和欲望，这是人的自然本性，就是人性。可见，人性包含人的自然性。可以说，人的本能都是人性的，但并非人性都是人的本能。人生而固有的普遍属性是人性，这一认识是否排斥人的社会性也是人性呢？或者说，人生而固有的普遍属性是否可以推断人的社会性也是人性呢？人不仅是自然存在物，而且还是社会存在物。亚里士多德明确肯定人天生是一种社会政治动物。他说：“人是政治动物，天生要过共同的生活。这也正是一个幸福的人不可缺少的”。[②] 马克思认为：人即使不像亚里士多德所说的那样，天生是政治动物，无论如何也天生是社会动物，而且是名副其实的社会动物。因而可以说，人具有社会本性，或社会性即是人的本性。因此便可以得出这样的结论：“人性是人生而固有的普遍本性：它一方面是人生而固有的自然本性，另一方面是人生而固有的社会本性。”[③]

马克思认为，人的本性就是人的需要，人的需要即人的本性。“他们的需要即他们的本性，以及他们求得满足的方式，把他们联系起来。”[④] 人的需要是一个多样性的复合体，是一个“需要体系”。但并不是人的所有需要都是真实的，只有符合人的本性的需要才是真实的需要，只有符合人性的需要、满足人的本性的需要才是正当的需要。

然而，问题在于，马克思所说的人的本性具体是指什么呢？袁贵仁教授认为，在马克思的著作中，“人的本性”有多种含义，至少

---

① 王海明：《人性论》，绪论，商务印书馆，2005年版，第9页。
② 《亚里士多德全集》第8卷，中国人民大学出版社，1997年版，第205页。
③ 王海明：《人性论》，绪论，商务印书馆，2005年版，第11页。
④ 《马克思恩格斯全集》第3卷，人民出版社，1972年版，第514页。

包含我们现在所常说的“人性”、“人的天性”和“人的本质”三个方面。由于“人的天性”侧重于从生成（自然生成和社会生成）的角度讲人的特性，在一定意义上可以归并到“人性”中的“自然属性”与“社会属性”。因为在马克思看来，人是自然存在物、社会存在物、精神存在物的统一，人性则是人的自然属性、社会属性和精神属性的综合。因此，合乎人性的需要就是那种具有人的内在特性的，符合人的本质、有利于促进人的本质力量和促进人的发展的需要。可见，真正的人的需要是指那些符合人性、有利于增强人的本质力量和巩固人的主体地位的需要。①

人的需要从其作用上可划分为生存需要、享受需要和发展需要。生存需要，也叫自然需要。人的自然需要主要是指维持人的生存的需要，是一切社会的人都共同具有的，是人最直接的需要。人的生存需要是人最基本的需要。人的生存需要的满足是人生存和延续的基本前提，是其它需要产生和实现的基础。因此，马克思把它称之为“必要需要”。享受需要是人旨在提高生活质量、改善生存条件的需要。恩格斯指出：“人类的生产在一定的阶段上会达到这样的高度：能够不仅生产生活必需品，而且生产奢侈品，即使最初只为少数人生产。这样，生存斗争就变成为享受而斗争，不再是单纯为生产资料而斗争。”② 人的享受需要及其满足具有历史性与合理性。享受需要和生存需要是辩证统一的。人的发展需要是人为了自身的完善和文明程度的提高，为实现人的自由个性而产生的需求。发展需要既表现为满足人的精神生活需要，又表现为人的自由和个性之完善。作为最高价值的人本身，主要是指人本身的发展、完善、自我选择和自我实现。人的自我实现主要是指人的创造性潜能的实现，是人充分发挥自己的创造性潜能从而使自己成为可能成为的最完善、最完美的人，就是实现自我——自由个性。

---

① 袁贵仁：《马克思的人学思想》，北京师范大学出版社，1996 年版，第 148 页。

② 《马克思恩格斯全集》第 34 卷，人民出版社，1972 年版，第 163 页。

从马克思关于人的需要即人的本性的观点我们可以发现，从最根源、最本质的意义上讲，人的根本或最终目的是满足自身、完善自身和实现自身。就是说，人的行为趋向或目的最终是实现人自身的需要，这是人的本性。因为，需要的满足总是指向人自身的，也是从人自身出发的。人的行为尽管可以满足他人的需要，但根本的出发点和落脚点是人自身的需要。需要的满足即为利益。人所奋斗的一切都是与自身的利益相关的。马克思认为，在市民社会，“每个人追求自己的私人利益”。[①] 思想一旦离开了利益，必定会使自己出丑。黑格尔更露骨地认为：“市民社会是个人私利的战场”；“在市民社会中，每个人都以自身为目的，其他一切人在他看来都是虚无。”[②] 弗兰克·梯利也认为：“人的利己动机不是比利他动机更为强烈吗？一般说来，个人首先欲求的是自己的生存，然后才是别人的生存。这也是应该如此的。每个人都必然采取保存自己的行动，对他有直接利害关系的事情他能干得最好。”[③] 人有自利自爱的人性，这不是一种理论臆造，而是一种经验的事实。达尔文认为，生物的合目的性是利己的。因为“自然选择绝不会使一种生物产生有害自己的任何东西”，“自然选择不能使一个物种产生专门为了有利或损害另一物种的任何东西，虽然它能适当地产生对另一物种极其有利甚至不可缺少的或极其有害的部分、器官和分泌物，但是，在所有的情况下，同时都是利己的。”[④] 弗洛伊德认为，人的心理结构由处于不同层次的三个系统——意识、潜意识和无意识构成。无意识处于心理结构的深层，是人的生物本能、欲望和储藏库，是心理的最简单、最基本的因素，是人的心理和行为的出发点。“无意识是精神生活的一般基础。无意识是个较大的圆圈，它包括了‘意识’这小圆圈；每一个意识都具有一种无意识的原始阶段；而无意识虽然也

① 《马克思恩格斯全集》第46卷（上），人民出版社，1979年版，第102页。
② ［德］黑格尔：《法哲学原理》，商务印书馆，1996年版，第309、179页。
③ ［美］弗兰克·梯利：《伦理学概论》，中国人民大学出版社，1987年版，第176页。
④ 转引自王海明：《人性论》，商务印书馆，2005年版，第84页。

许停留在那个原始阶段上，但却具有完全的精神功能，无意识乃是真正的‘精神实质’”。[①] 在后期的《自我与本我》等著作中，弗洛伊德对他原先的心理结构理论作了修正和补充。他把人的心理结构垂直划分为“本我”、“自我”和“超我”三个部分。“本我”是最原始的、无意识的心理结构。“本我”根据快乐原则而通过“自我”得到满足。“自我”根据现实原则行事，主张克制，但不否定“本我”的要求。[②] 功名利禄之心，人皆有之，谁都想成名成家，流芳百世。孔子早就认为，富与贵，人皆欲之；贫与贱，人皆恶之。中国古代讲的“立功、立德、立言”，“格物、致知、修身、养性、齐家、治国、平天下”，“留取丹心照汗青”等，又何尝不是自爱自利之人性的另一种表达呢？

当然，承认和肯定人性的自爱利己性，并不是要否认人性的利他性，更不是为了否定道德的利他性。人是社会动物，人在社会环境中存在，要与人打交道，人与人的交流是人生活必不可少的内容，人对他人的依赖是人的内在需要。这决定人同时也具有利他之需要、利他之人性。可以说，人在许多时候是有利他动机的，会在一定程度上考虑他人和顾及他人利益的。这既是我们日常的道德经验事实，也是人的一种心理事实。孟子认为，“人皆有不忍人之心”、“恻隐之心，人皆有之”。休谟认为，“人性中任何性质在它的本身和它的结果两方面都最为引人注目的，就是我们所有的同情别人的那种倾向”。[③] 人的同情心能够使人站在他人的角度设身处地去感受他人相同的情感并产生情感的共鸣，从而使人跳出“自我”的圈子，关心他人和社会。亚当·斯密说得更明显：“无论人们会认为某人怎样自私，这个人的天赋中总是明显地存在着这样的一些本性，这些本性使他关心别人的命运，把别人的幸福看成是自己的事情。虽然他除

---

① ［奥］弗洛伊德：《梦的解释》，伦敦1913年，第486页；转引自刘放桐：《新编现代西方哲学》，人民出版社，2000年版，第443页。

② 刘放桐：《新编现代西方哲学》，人民出版社，2000年版，第445页。

③ ［英］休谟：《人性论》（下册），商务印书馆，1980年版，第352页。

了看到别人的幸福而感到高兴以外，一无所得。这种本性就是怜悯或同情，就是当我们看到或逼真地想象到他人的不幸遭遇时所产生的感情。我们常为他人的悲哀而感伤，这是显而易见的事实，不需要任何实例来证明。这种情感同人性中所有其它的原始感情一样，绝不只是品行高尚的人才具有”。[①] 同情不只是对他人不幸处境的情绪反映，而且包括对他人福乐的同感。可见，利他性是人的本性。

人性是复杂的，既有利己之本性，也有利他之本性，利己与利他都是人之本性。恰如梯利所说：“事实上，每个人都既是利己的又是利他的，既是自私的又是无私的。”[②] 利己之性与利他之性共同构成丰富的人性，是人人都具有的人性。那么，在丰富的人性结构中利己和利他究竟是怎样的关系呢？毫无疑问，人性的利己与利他既是相互对立的，也是相互依存和统一的。首先，利己之性和利他之性是不同的人性，二者相互对立、相互排斥。在一定情况下，利己即不能利他，利他即不能利己。其次，利己之性和利他之性相互依赖、相互渗透，利己之性中有利他之性，利他之性中有利己之性，利己和利他需要在一定条件下能够同时得以满足。比如，经济交易活动中的买者和卖者之间、社会交往活动中的朋友之间、文化活动中的作者和读者、教师和学生之间，等等，无一不是利己之性和利他之性的共同实现。

然而，利己之性和利他之性，何者居于主导地位和决定作用呢？从实际的生活经验来判断，是利己之性。这集中体现在当利己和利他相冲突之际，人们普遍会选择利己，就是说，利己之性一般要压制利他之性，利己之性具有优先性。休谟认为，尽管同情心是人性的一个广泛的方面，但是，我们无法否认自利、利己的冲动经常支配人的活动，是人的行动的真正源泉和永恒冲动。爱尔维修明确认为：“自爱”和“利己”是人的本性。人的本性是人的肉体和精神

① ［英］亚当·斯密：《道德情操论》，商务印书馆1997年版，第5页。
② ［美］弗兰克·梯利：《伦理学概论》，中国人民大学出版社，1987年版，第175页。

的感觉。“不管人们的教育多么不同，这种情感在他们身上永远一样，在任何时代，任何国家，人们过去、现在和未来都是爱自己甚于爱别人。”“人永远服从他理解的正确的或不正确的利益。这是一条事实上的真理，无论人们不得把它说出来还是把它说出来，人的行为永远是一样的。”[①] 王海明教授说得更明确：“无论从人的社会本性，还是就人的自然本性来说，每个人的伦理行为都遵循一条规律：每个人的行为目的既可能无私利他，又可能自私利己，既可能纯粹害人，也可能纯粹害己；但产生这些目的的共同的非目的因，亦即一切伦理行为的原动力，却只能是自己的苦乐利害，只能是利己。换言之，行为目的是自由的、可选择的、人人各不相同：既可能无私利他，又可能自私利己，既可能是纯粹害人，也可能纯粹害己；但是，产生这些行为目的的共同的非目的因，亦即行为的原动力，却是必然的、不可选择的、人人完全一样：只能是自爱利己。”[②] 当然，利己之人性与利他之人性的对立与统一，是在一定的社会关系中显现和实现的。在一种社会关系中，利己之性和利他之性可能相互排斥，利己即不能利他，利他即不能利己；而在另一种社会关系下，利己之性和利他之性却可能相互统一、二者兼得。但是，从根本上讲，无论在什么社会关系中，利己之人性的动力更强大、影响更深远。

既然人性是如此，社会是否应当肯定如此之人性、满足如此之人性、实现如此之人性呢？社会能否制订实现自利之性、利他之性的道德呢？在许多的道德理论和道德实践中，道德提倡和鼓励利他，利他是应该的，人应该利他，利他是道德的，利他是有德性的。然而，利己之性却没有如此的地位和殊荣，反而被看作是不道德的，人不应该利己。因此，我们有必要重点讨论利己的应当性、即道德性问题：自爱自利能否具有道德应该呢？就是说，人能不能应该自

① 《十八世纪法国哲学》，商务印书馆，1979 年版，第 501、536 页。
② 王海明：《人性论》，商务印书馆，2005 年版，第 87 页。

爱自利？自爱自利具有道德合理性吗？自爱自利是道德的吗？社会能不能创制适当保障和促进人之利己本性的道德呢？

的确，我们不能简单地认为自爱自利是应该的、是善、是道德的，或者相反。人的实践及其方式有许多种，但并不是所有的实践及其方式都是道德的。道德是人促进生活和谐、幸福的实践方式，因而只有那种构成人的和谐幸福生活的实践及其方式才是道德的。自爱利己作为人之本性是一种客观事实。实际上，客观的人性无所谓道德或不道德，恰如我们不能说人的某一器官是道德或不道德一样。能构成道德的是人性的行为表现，即实现或体现人性的实践及其方式，就是说，一种行为是如何体现人性的，是如何自爱自利的，人是以一种怎样的行为方式满足和实现人的自利自爱需要的。一个人如果是以一种尊重他人或社会利益的方式，或者起码是以不损人的方式来实现自爱自利之人性，那么，这种自爱自利就是应该的，就是善的，就是道德的；反之，如果我们是以损害他人或危害社会的方式实现自爱自利，那么，这种自爱自利行为就是不应该的，就不是善和道德的。简而言之，只要对他人和社会利益不造成损害，或无损害他人和社会之动机，那么，满足自爱自利之人性的需要，追求自身利益的最大化，增进个人利益，促进自我发展，实现自我价值，就是善的、道德的。社会是个人的集合体。试想，如果人人都能如此地实现自爱利己的人性，则意味着每个人都增进了自我利益，都实现了自我价值，那么，社会也就同时增进了利益，就日益发达、和谐。反之，如果人人都压抑着自己的利己之人性，每个人都不能实现自爱利己的欲望和目的，而且还把人的自爱自利的欲望及其实现当作一种恶，那么，人活着的意义和价值究竟是什么呢？如果社会全由无自爱自利之心的人构成，那么，社会必定没有了自身的目的，人之外的“上帝”或他物则成为了社会的目的。如此而来，社会岂不成了“怪物”？因此，从行为的原动力和最终的意义看，既然自爱自利之性比爱他利他之性更为普遍、根本和恒久，利己的动机比利他的动机更恒久、普遍和必然，那么，社会就应当旗帜鲜明地肯定人之自爱自利之性，制定引导、促进、规约利己动机之行为的根本制度，创制既适当限制又有利于自爱自利之人性发挥和实现的道德。

我国传统道德体系长期奉行的是利他的道德，利己之性被排除在道德体系之外，且认为利己是不道德的。这种道德盛行的最终结果是延缓社会的持续发展、进步与繁荣，延缓人们生活水平的改善和提高，阻碍人的自我价值的实现。因此，从整体和长远看，只提倡利他而排除利己的道德体系、否认利己动机和行为之合理性的道德体系不利于促进社会的进步和人的发展，因而不是完全优良的道德体系。改革开放以来，我们承认人的自爱自利的道德合理性，肯定和鼓励人们对自我利益特别是物质利益的追求，建立社会主义市场经济体制，尊重劳动、尊重知识、尊重人才、尊重创造，中国特色社会主义事业取得了举世瞩目的成就，综合国力和人们的生活水平大幅提高。改革开放的成功实践充分证明：肯定人对自我利益、人的个性、自我实现的目标追求的道德合理性，社会就会有无穷活力，就能取得巨大进步，人的生活就会不断改善和提高。因此，肯定人的利己自爱之性，制定促进和引导自爱利己之性的制度规则和道德是有利的、善的、优良的。

有人也许会因此担心，如果肯定人人自爱利己，提倡自爱自利，认为自爱自利的行为是道德的，则可能会激化人与人利益关系的矛盾甚至冲突。应该说，这种担心是可以理解的，但是一种过分的担忧。因为人之自爱自利之本性的存在绝不是我们承认、肯定或否认、否定的结果，而是人性的客观实在。不管我们对自爱自利之人性承认、肯定与否，自爱自利之性是不以人的意志为转移的人性之事实，它必然会对人的道德行为产生作用。的确，人与人的利益矛盾是一种普遍的社会现象，但是，人与人的利益矛盾虽然同自爱自利之人性相关联，但并不是自爱自利之性的必然产物。因为，人与人的社会利益关系取决于社会的根本制度，而不决定于人性的利己或利他；另外，利己之性也是在一定的社会生活中发挥和实现的，并由社会关系所决定。如果人性决定人与人的利益关系，决定人们利益的实现，历史即为人性的产物，人性即是社会发展的决定性力量。这岂不是社会历史的人性决定论么？这岂不荒谬?！因此，社会利益关系的矛盾和冲突虽然与人之利己之性密切相关，但绝不是利己之人性的必然结果，也绝不是肯定利己之性的道德合理性的必然产物。

社会的确是在解决社会矛盾、尤其是利益关系的矛盾中前行和发展进步的。道德是处理解决社会利益矛盾关系并促使利益关系不断和谐的重要实践方式。那么，社会应该制定什么样的道德来引导、规约人性，处理好社会利益关系的矛盾和冲突呢？

在我们传统和惯常的道德思维中，解决人与人之间的利益矛盾和冲突，不是主张一方战胜另一方，就是要求一方牺牲而保全另一方。因此，目的利他便成为道德的标准。凡是利他的则是道德的，凡是利己的便是不道德的。“君子喻于义，小人喻于利”，“毫不利己，专门利人”等道德主张，就是把利己和利他完全对立起来的典型。在这种道德主张中，人一利己，即必定损他；人一损己，则必定利他。如果肯定人人自爱利己的人性，就必然走向绝对利己主义，就必然是私欲的膨胀以及人与人之间尔虞我诈的拼杀，就必然引发人与人的血腥战争。事实上，这种把利己和利他对立而论的道德观只是对社会生活的片面认知。其实，社会生活未必如此简单、泾渭分明，人的理智和情感也未必如此贫瘠。人人利己的矛盾是复杂多样的。你死我活的冲突只是其中的一方面，只是社会生活中的一部分。社会生活的常态和普遍现象是人与人利益的相互依赖，利己与利他之间的相互促进。市场中的买者和卖者都有各自的利己目的，在相互交换中让渡自己的利益同时又实现了各自的利己目的；社会管理活动中的管理者和被管理者都有不同的利益追求，在双方的不断沟通中实现秩序和效率；体育竞技的双方都有赢得比赛的强烈愿望，但双方大都能够在相互竞争中增强运动能力、提高竞技水平，等等。当然，我们也必须承认，在阶级社会由于根本利益的根本对立，在解决根本利益冲突的时候是采取一方取代另一方的方式，统治阶级为保全和扩大本阶级的利益而制定和实施了牺牲被统治阶级利益的道德。但是，我们也不能因此就把整个社会生活都看作是一个你死我活的战场，把人类整个历史都看作是一种“霍布斯状态”。即使在阶级社会，统治者和被统治者利益也是相互联系和依赖的，也不是所有的统治者在任何时期都把被统治者剥削得无法生存。统治者为了自己的利益也采取了有利于发展社会生产、维护社会稳定、提高人们生活水平的政策措施。从逻辑上讲，如果利己必然导致损他、利他必然要损己，那么，社会的利益就几乎没有任何的增加，社会必定也没有什么进步和发展。而这是与社会历史及其发展规律不相符的。相反，利己未必损他，利他未必要损己，利己可以利他，利他也能够利己，己他两利完全可以“互赢”。而只有在己他之间不得不要牺牲一方时，才主张和坚持损己利他、舍己为人、自我牺牲。因为这有利于增进社会和每个人的利益，有利于促进社会的进步和发展。从一定意义上说，社会的进步与发展就是人的利益的不断增进。因此，否定自爱利己之人性的道德合理性而把利己之性与利他之性对立起来的道德观是片面的，是不利于促进社会进步和实现生活幸福的；而肯定人自爱利己之性，主张自爱利己是应该的，且把利己之性与利他之性统一起来的道德观是辩证合理的，是有利于促进社会进步和人的发展的。

历史是人创造的，推动历史发展的是有意识、有目的的人。社会发展是实现个人解放、个人自由发展的过程。为此，如果社会承认个人奋斗、自我实现的正当性，创制有利于个人实现自我的制度和道德，创建有助于每个人自由发展的社会环境，形成让每个人的智慧、才干和活力竞相迸发的社会氛围，那么，社会就必然会是一个充满活力、充分发展的共同体。因为个人发展越全面越充分，由这些个人组成的社会就必定会越来越发达；同样，社会日益发达，个人也会日益发达。人的本性的实现其实是一个社会过程，是人与人、人与社会互动、互利的过程。人的本性的实现和发展是人不断满足社会需要的过程。因为，如果一个人的本性实现得越好，不仅意味着其个人价值和社会价值的实现越顺畅，而且意味着其融入社会越紧密，遵守社会规则越通畅，对社会做的贡献也越大。再说，人的本性的实现从来就不是一个被动过程，而是人主体性自觉发挥的能动过程。如果个人不能积极主动地参与社会活动、接受社会规范，而是像毛泽东描述的无个性的“木头”那样，那么，人实现的不是人性，而是奴性。由此可见，在很大程度上，人的自利自爱本性的发挥是人的社会本性的实现过程，人的社会本性的实现是人自我实现的社会过程。就是说，人的社会价值和自我价值的实现是同一活动、同一过程。因此，社会制定或认可道德就应该肯定人性、赞美人性、实现人性，把每个人的社会行为规范到人与人、人与社会互利互惠共赢的轨道之中，应该既保障利己之追求又适当限制利己之动机，从而实现对利己之性的限制与保障的有机统一；既保障利己又倡导利他，从而促进利己之性和利他之性互相协调、共同发展。

也许有人还会担心，如果社会肯定自爱自利的道德合理性，制定促进自爱自利之人性实现的道德规范，就可能减弱人的爱他利他之人性，会导致利他动机和行为的减少甚至灭绝。这种认识依然是把利己与利他绝对对立起来的观点，同样是不合理的。的确，“个人首先欲望自己的生存，然后才是别人的生存。这也是应该如此的。每个人都必然采取保存自己的行动，对他有直接利害关系的事情他能干得最好。”但是，实现个人利益的行动“并不必然就和实现别人利益的行动相冲突。他可以使自己得利而并不妨碍别人，而且，他通过注意自己和自己的利益，可以在一定程度上推进着他所属的集体的利益，使他处于造福别人的更有利地位。”[①] 梁启超也认为：“人无利己之思想者，则必放弃其权利，弛掷其责任，而终至于无以自立”，“故真能爱己者，不得不推此心以爱家、爱国，不得不推此

---

① [美] 弗兰克·梯利：《伦理学概论》，中国人民大学出版社，1987年版，第176页。

心以爱家人、爱国人，于是乎爱他之义生焉。”[①] 如我们在第二章中所言，道德是利己性和利他性的统一，是利己和利他的平衡，是自我利益和他人、社会利益的和谐一致。道德实践是在寻找爱己利己与爱他利他的平衡点、结合点。良好的道德原则和规范就是这个平衡点、结合点。只要我们达到了这种平衡，就能过上有德性的幸福生活。因为，道德的不偏不倚性，要求每个人在承认和肯定自己追求自我利益的合理性的同时，也承认和肯定他人追求自我利益的合理性。在道德上肯定利己爱己的合理性，或创制利己爱己的道德是以每个个人或全体社会成员为主体的。既然每个人都有利己爱己的本性，那么，每个人都应该有个人利益、自我价值，每个人都有追求幸福生活的权利，都要获得过幸福生活的道德支持。人作为理性的社会动物，都明白幸福的生活是不能脱离社会、离开他人而获得的。不仅他人和社会是每个人获得幸福生活的必要前提和源泉，而且他人的幸福生活与社会的公正和谐是每个人幸福生活的一部分。因为社会和他人是我们每个人幸福生活的源泉和土壤。因此，每个人在追求和实现利己爱己之性的同时会在一定程度上考虑或顾及他人的利益而爱他利他，就是说，人的利己之性和利他之性能够在一定条件下同时发挥作用并同时得以满足。因为，利己之性和利他之性是统一的，而且人们能够清晰地知道：只有利他爱他才能真正实现利己爱己之人性，满足爱己利己之人性需要。可见，在道德上承认和肯定爱己利己之性并不是否定人的爱他利他之性的客观存在，也不是主张不要建立利他主义的道德，而是主张建立利他与利己相统一、相平衡的道德。

有人还担心，如果肯定利己爱己之人性，制定利己爱己之道德，就可能使人在他人、社会和国家遭受危难或灾祸的时候不能挺身而出、舍己为人、杀身成仁。例如，有人可能认为，如果我们肯定人的生命是最为宝贵的，每个人都应该爱惜自己的生命，就有可能出

---

① 梁启超：《饮冰室文集点校》第二集，云南教育出版社，2001年版，第694、695页。

现在危难面前贪生怕死，尤其可能出现在国家利益遭受重大损失的时候无人为国捐躯的可怕局面。我们认为这种认识不仅缺乏足够合理的根据，而且过于道德理想主义，也是不合理的。其一，任何道德都不能否认与人性密切相关的诸如人的生命、爱情、自由的价值，不能把珍爱生命、追求爱情、自由的欲望和行为看作是不道德的。不尊重人性、不保障人性的"道德"，在本质上不是真道德，而是伪道德。试想，有什么比那种只要求人奉献生命而不能保全生命的道德更恶劣、更不道德的呢？其二，我们讨论、分析和研究问题，主要是研究一般和普遍的现象。就人性和人的行为而言，研究的是人性及行为表现的一般现象及其规律。尽管特殊和一般相联系相统一，但我们不能把特殊等同于一般。不能把社会的特殊状态和人的个别行为、个别事件作为人的普遍状态，犯以偏概全的错误。人一时能做到的事情，并不意味着人一辈子能够做到；个别人能够做到的事情，并不意味着每个人都能够做到。人有时尤其是在社会灾难和国家危难时期，能够做到不讲物质利益、不讲自身的实际需求，舍己为人、舍家卫国、无私奉献、自我牺牲。但是，我们不能因此就认为人的这种思想、行为是人之常性、人之本性，也不能因此就得出人不应当追求自我利益的结论，也不能因此认为追求自身利益就是不道德的，更不能因此就制定人不应当言利、不应该追求自身欲望满足和实现自我的道德规范。同时，提出社会应当肯定人的行为利己的合理性，也并不是要否定人的利他之行为的正当性，更不是提倡社会不能制定克己奉公、无私奉献作为高尚的道德，只是希望不要把利他作为衡量道德的唯一标准，只是反对那种"凡是利己就不道德"的"道德"。正如梯利所说："我们决不象费希特那样，因为一个人关心自己的利益就一定称他为不道德的，我们也不把一个利己与利他混合的动机称为不道德的。"[①] 在中国革命的战争年代，环境十分恶劣艰苦，物质生活资料比较贫乏，国家的命运、时代的课

① ［美］弗兰克·梯利：《伦理学概论》，中国人民大学出版社，1987 年版，第 176 页。

题是救亡、革命和独立。强大的敌人、险恶的环境、艰苦的斗争，客观上要求无产阶级的革命者不应当耽于追求自身富足的物质生活的享乐，不应当从各自的利益出发想问题、干事情，更何况当时险恶的社会环境也不具备这样的条件，因而就应当克己奉公、自我牺牲。这种道德要求和规范是应当且必须的。在社会主义建设初期，生产力水平低下，战争的严重破坏，社会财富极度匮乏，为了集中资源搞建设，迅速摆脱贫穷落后的局面，要求人们应当先人后己、先集体后个人、先生存后享受，在物质生活上艰苦朴素。这些道德要求也是应当且必须的。但是，社会发展到了人的温饱无忧的阶段之后，社会的稳定、生产的发展、社会物质财富的不断增长，人的需求回归到了常态，人性也回归到了本然状态，我们就不能把人总是放在特定的特殊时期来要求和规范人的道德行为。如果我们依然坚守战争时期、物质匮乏时代的一些特殊要求和行为规范，就必然违背人的本性，使人性扭曲，使社会出现道德怪象，就会阻碍人性的实现和社会的发展进步。“文化大革命”时期的实践，就充分证明了这一点。反之，改革开放以来，我国肯定自爱利己之人性、尊重人性，肯定自我利益及其追求，社会迅速发展，人们的生活水平就不断提高。因此，一个社会制定道德规范时，是突出自爱自利之人性或利他爱他之人性，还是在二者之间求平衡，必须从实际出发，根据不同时代的主题和任务而确定。这就是道德的时代性特征。但是，从社会发展的整个历程而言，一个国家民族的危难时期总是特殊的、个别的、短期的，而建设、发展的和平时代总是一般的、普遍的、长期的。即使在危难的特殊时期，在突出利他爱他之道德价值、强调大公无私与奉献牺牲等道德要求的同时，也应当承认自爱自利之人性，肯定自我价值，保障个人权利，尊重个人利益。

因此，在道德上肯定人的自爱利己的本性，创制有利于人之利己本性发挥的道德，并不会否定道德的利他性，也不会减少为他利他的道德动机与行为。同样，实现人的自我利益、满足人的利己本性需要的行为并不会和实现别人利益的行动相冲突。恰如梯利所说：

一个追求自我利益的人完全“可以使自己得利而并不妨碍别人，而且，他通过注意自己和自己的利益，可以在一定程度上推进他所属的集体的利益，使他处于造福别人更有利的地位。”①

在发展中国特色社会主义的伟大历史阶段，在构建和谐社会的历史时期，如何调动一切积极因素，使各种建设因素充分涌流，使人的积极性和创造性充分迸发，使整个社会充满活力，是最为重要的。“全社会全民族的积极性创造性，对党和国家事业的发展始终是最具决定性的因素。”因此，“一切妨碍发展的思想观念都要坚决破除，一切束缚发展的做法和规定都要坚决改变，一切影响发展的体制弊端都要坚决割除。”要“营造鼓励人们干事业、支持人们干成事业的社会氛围，放手让一切劳动、知识、技术、管理和资本的活力竞相迸发，让一切创造社会财富的源泉充分涌流，以造福于人民。”②和谐社会是“充满活力”的社会。如果社会无活力，就不可能发展进步。社会要活力，就必然要使人有动力，要每个人都自觉自愿自由地发展自己并充分发挥自己全面的能力，特别是创造才能。人的行为的原动力来自自爱自利的人性，来自自我实现的需要，来自对自我利益、自我价值的追求。道德作为一种调节人的利益关系、促进人的自我发展的社会力量，就应当尊重人的本性、尊重人的需要和利益。就是说，社会就应当制定尊重人性、促进人的自我发展的道德。只有尊重人性的道德，才能成为促进社会进步和人的自由全面发展的力量。当然，利己与利他必须得以平衡，因为利己和利他都是人性。真正的道德是利己与利他的平衡，是利己主义与利他主义的平衡。在充分肯定爱己利己之人性的同时，还必须充分肯定和培育爱他利他之人性，建立一种利己爱己与爱他利他相统一、相协调的道德体系。其实，好的道德就在于把握二者之间的张力，协调二者之间的冲突，使二者和谐发展。人的优良品德也是在和谐处理

① ［美］弗兰克·梯利：《伦理学概论》，中国人民大学出版社，1987年版，第176页。
② 《十六大以来重要文献选编》（上），中央文献出版社，2005年版，第11、12页。

二者关系的道德实践中不断累积和发展起来的。因此，一个社会不能只创建肯定利己的道德，也不能只创建倡导利他的道德，而应当创建既倡导利己又鼓励利他的道德，即创建利己与利他相统一的道德。

三、社会的本质

道德及其建构仅从人的本性出发是不够的，还必须从社会及其本性出发。道德不仅是人的道德，是创造人的幸福生活的需要，而且是社会的产物，是构建美好社会的需要。因此，探讨道德就不能不探讨社会。然而，社会是什么？如何理解社会的本质呢？这不仅是历史观的核心问题，而且是道德哲学的核心问题。

（一）社会

什么是社会？这是一个恼人的问题，然而却又是一个不得不面对、不得不探讨的问题。由于社会与人直接相关，因此，对社会本质的认识同对人的本质的认识一样是纷繁复杂、异彩纷呈的。

在人类思想史上许多思想家从不同的角度对社会及其本质进行了讨论，大致提出了如下几种社会观：一是神学社会观，认为社会本质上是一种“神定的秩序”，社会中的一切都由“神”主宰，人是上帝等诸神的奴仆。这种社会观既否定了社会的客观性，也否定了社会的主体性。二是精神社会观，认为社会本质上是人的意志、意识活动或心理活动的产物，或者说是“绝对理性在实践中的展开”等等。这种社会观看到人的意识在社会中的地位和作用，肯定了社会的主体性，但否定了社会的物质根源和客观性。三是自然主义的社会观，它或把社会的本质归结于自然条件，把社会等同于自然环境；或把社会的本质归结为人的自然属性——生物本能，认为人类社会与群居动物在本质上是同一的。这种社会观看到了社会的物质基础和客观性，但忽视了社会的主体性。四是契约社会观或社会契约论，认为社会起源于“自然状态”中的人们之间的约定。人类最初处于一种“自然状态”[1]，为了更好地生活，人们彼此之间订立了契约，各自交出自己的全部或一部分权利，建立一个独立于任何个人之外的一种力量或存在物——社会。社会契约论在历史哲学，特别是道德哲学中都具有广泛而深刻的影响。五是虚无的社会观。诺齐克在他道德哲学中主要讨论人却很少讨论社会，甚至否定社会的存在。他说，社会什么都不是，既不是实体，也没有生命，社会只是一种“乌托邦”。边沁也认为，真正的实体是个人，而非社会，社会只是“一种虚构的团体”。社会虚无观否定社会的存在，无疑是不合理的、错误的。

社会是单个人的联合。这是许多思想家的观点。我国先秦时期的思想家荀子认为，人之所以为人，主要在于人具有“群”与“分”的特性。荀子说：“水火有气而无生、草木有生而无知，禽兽有知而无义，人有气有生有知，亦且有义，故最为天下贵也。[人]力不若牛、走不若马，而牛马为用，何也？曰：人能群，彼不能群也，人何以能群？曰：分。分何以能行？曰：义。故义以分则和，和则一，一则多力，多力则强，强则胜物。故宫室可得而居也，故序四时，裁万物，兼利天下，无它故焉，得之分义也。故人生不能无群，群而无分则在争，争则乱，乱则离，离则弱，弱则不能胜物。”[2] 由于人具有“分”和“群”的特性，是一种既“分”又“群”（既分工又协作）的动物，更由于人“不能去群”，也不能“无分”，因而，必须寻找一种联结“分”与“群”的纽带——“义”，是“义”把“分”的人相互联结起来，组成“胜物”的

① 霍布斯的“自然状态”是一种贪婪、残酷、丑恶的存在状态，是人与人之间的战争；洛克、卢梭等人的“自然状态”则是一种人人自由平等、道德纯洁的环境。

② 参见《荀子·王制》。

"群"。因此，在荀子看来，社会就是一个由能"分"有"义"的人组成的"群"，目的是为了克服人自我力量的单薄，以应对自然的挑战和战胜强于人之"万物"。哲学大师黑格尔认为，社会"是各个成员作为独立的单个人的联合，因而也就是在形式普遍性中的联合。这种联合是通过成员的需要，通过保障人身和财产的法律制度，和通过维护他们特殊利益和公共利益的外部秩序而建立起来的。"[①] 汉娜·阿伦特认为，社会是超出私人领域的公共领域。"社会是这样一种形式，在这种形式中，人们为了生活而不是为了其他而相互依赖，这个事实便具有了公共含义；在这一形式中，与纯粹的生存相联系的活动被获准出现在公共领域。"[②] 当代道德哲学家罗尔斯认为，社会是作为一个世代相继的人与人公平合作的体系。作为公平的合作体系的社会合作理念是正义观念的基本理念，社会合作理念至少包括三个基本特征：首先，社会合作是由公众所认可的规则和程序来指导的，从事合作的人们用这些公认的规则和程序适当地调节自己的行为。其次，这种合作的理念包含了公平的合作条款的理念，这些公平合作的条款是每一个参与者都可以理性地加以接受的。公平合作的条款表明了互惠性和相互性的理念，即所有人都按照公众承认的规则所要求的那样尽职尽责，并按照公众同意的标准所规定的那样获得利益。再次，这种合作的理念也包含了每一个参与者之合理利益或善的理念。从那些从事合作的人们自己的善的观点看，这种合作的理念规定了他们一直积极寻求的到底是什么。[③] 罗尔斯笔下的社会是设定的一个理论前提，就像他对"无知之幕"的设定一样，为的是理论论证的需要，反映的是社会的应然或理想状态。由于社会自产生阶级以来就一直不是一个人与人公平合作的体系，而是一个不公平的合作体系。实现人人公平的合作成为了社会追求的一个重要目标。因此，罗尔斯不仅强调社会合作的必要性，而且强调社

---

① ［德］黑格尔：《法哲学原理》，商务印书馆，1996年版，第174页。

② ［美］汉娜·阿伦特：《人的条件》，上海人民出版社，1999年版，第35页。

③ ［美］约翰·罗尔斯：《作为公平的正义》，中国社会科学出版社，2011年版，第13页。

会合作的公平性。公平的合作是良序社会的必要条件。虽然罗尔斯的社会具有先在性和较强的伦理意义，但他把社会看作是人们公正的合作体系，从另一个视角看到了社会的合人性与实践性。

马克思主义是从现实的个人和人的实践出发来探讨社会及其本质。马克思、恩格斯认为他们建立的学说的出发点是现实的个人，而现实的个人又是社会性的个人。他们说："我们的出发点是从事实际活动的人"，是"现实的、有生命的个人本身"。[①]"社会结构和国家总是从一定的个人的生活过程中产生的。但是，这里所说的个人不是他们自己或别人想象中的那种个人，而是现实的个人，也就是说，这些个人是从事活动的，进行物质生产的，因而是在一定的物质的、不受他们任意支配的界限、前提和条件下活动着的。"[②] 所以，"全部人类历史的第一个前提无疑是有生命的个人的存在"。[③] 为此，对历史发展的考察，社会历史观"只能从对每个时代的个人的现实生活过程和活动的研究中产生。"[④] 马克思、恩格斯通过对实践和社会生活的全面考察，科学揭示了人类社会的实践本质："全部社会生活在本质上是实践的。"[⑤]

"现实的个人"是马克思主义社会历史观的起点。有生命的个人始终是社会的基本单元和细胞，社会历史永远都是人的个体发展的历史。但是，社会不是个人的独立实体，而是由无数个人联合而成的"类"共同体。社会是人与人相互联系、相互作用的产物。正如马克思所说："社会——不管其形式如何……总是个人交互作用的产物。"[⑥] 为此，对社会本性的探讨"首先必须重新避免把'社会'作为抽象的东西同个人对立起来。"因为"个体是社会存在物"；[⑦] 同

① 《马克思恩格斯选集》第1卷，人民出版社，1995年版，第73页。
② 《马克思恩格斯选集》第1卷，人民出版社，1995年版，第71—72页。
③ 《马克思恩格斯选集》第1卷，人民出版社，1995年版，第67页。
④ 《马克思恩格斯选集》第1卷，人民出版社，1995年版，第74页。
⑤ 《马克思恩格斯选集》第1卷，人民出版社，1995年版，第60页。
⑥ 《马克思恩格斯选集》第4卷，人民出版社，1972年版，第320页。
⑦ 《马克思恩格斯全集》第3卷，人民出版社，2002年版，第302页。

时，有生命的个人必是从事生产的个人。“人们在生产中不仅仅影响自然界，而且也互相影响。他们只有以一定的方式共同活动和互换其活动，才能进行生产。为了进行生产，人们相互之间便发生一定的联系和关系；只有在这些社会联系和社会关系的范围内，才会有他们对自然界的影响，才会有生产。”[①] 人在生产实践中不仅创造了满足人需要的物质生活资料，而且创造了人赖以生活其间的社会关系和满足人精神需要的精神产品，并且创造了人的整个社会生活领域——人的物质生活、社会政治生活和精神生活。因此，社会便是现实的个人在生产中相互合作、共同创造的产物。

由此看来，社会在本质上便不是一种同单个人相对立的抽象的一般力量，而是每个人的本质，是每个人自己的活动，每个人自己的生活，每个人自己的享受，每个人自己的财富。社会也不是人与人的简单的累积和叠加，而是劳动中形成的人与人联合的结构，是人与人在生产实践中相互交往联合而成的共同体。人的生产实践内在包含着双重关系——自然关系和社会关系。“生命的生产，无论是通过劳动而达到的自己生命的生产，或是通过生育而达到的他人生命的生产，就立即表现为双重关系：一方面是自然关系，另一方面是社会关系；社会关系的含义在这里是指许多个人的共同活动，至于这种活动在什么条件下，用什么方式和为了什么目的而进行，则是无关紧要的。”[②] 正是由许多个人的共同劳动构成了丰富的社会关系，即构成了社会。因此，社会即是人与人的关系性的存在，社会就是人与人在生产劳动中结成的关系系统。当然，在人与人所有的复杂关系中，生产关系是最基本最主要的社会关系。生产、交换、分配和消费是构成生产关系的基本环节。但是，“我们得到的结论并不是说，生产、交换、分配、消费是同一个东西，而是说，它们构成一个总体的各个环节，一个统一体内部的差别。生产既支配着与

① 《马克思恩格斯选集》第1卷，人民出版社，1995年版，第344页。
② 《马克思恩格斯选集》第1卷，人民出版社，1995年版，第80页。

其他要素相对而言的生产自身，也支配着其他要素……因此，一定的生产决定一个消费、分配、交换和这些不同要素相互间的一定关系。当然，生产就其单方面而言也决定于其他要素。”同时，这些“不同要素存在着相互作用。”[①] 正因如此，“人们在自己生活的社会生产中发生一定的、必然的、不以他们的意志为转移的关系，即同他们一定的物质生产力的一定发展阶段相适应的生产关系。这些生产关系的总和构成社会的经济结构，即有法律的和政治的上层建筑竖立其上并有一定的社会意识形式与之相适应的现实基础。”[②] 所以，“生产关系总和起来构成为所谓社会关系，构成为所谓社会，并且是构成为一个处于一定历史发展阶段的社会，具有独特的特征的社会。”[③] 可见，社会是在人们生产劳动中形成的各种关系的总和，其中生产关系是一切社会关系的基础，且决定社会的性质。

生产关系在本质上是个经济范畴，揭示的是在生产过程中形成的人与人的利益关系，是人们在生产中的地位及其对利益的占有、享用状况。不同的生产关系规定着人们对生产资料和劳动产品的占有状况有着本质的不同。由于社会生产中的“物”及其关系集中表现为人与人的关系，人与人的关系又在本质上是经济关系、利益关系。既然人们所追求的一切都同人的利益有关，亦即人所追求的都可归结为人的利益，那么，人与人之所以需要和能够联合起来组成群体、社会，最根本的还是为了更好地保存和增进利益。正如哈罗德·D. 拉斯韦尔等人所说：“所有的群体都可能被视作利益群体，这是因为它们都包含需求（如果不是决心，就是偏好）和预期。”[④] 因此，对社会本质的探讨便不能脱离生产关系，即必须依赖于人与

---

① 《马克思恩格斯全集》第30卷，人民出版社，1995年版，第40—41页。

② 《马克思恩格斯选集》第2卷，人民出版社，1995年版，第32页。

③ 《马克思恩格斯选集》第1卷，人民出版社，1995年版，第345页。

④ ［美］哈罗德·D. 拉斯韦尔，亚伯拉罕·马普兰：《权力与社会》，上海人民出版社，2012年版，第51页。

人的利益关系。从这个角度看，社会不仅是“现实的个人”的联合体，而且是“现实的个人”的利益联合体。简言之，社会就是“现实的个人”的利益联合体，亦即社会是“现实的个人”的利益合作体系。

（二）社会的基本特征

建立在生产实践基础之上的“现实的个人”的利益联合体的社会，具有以下基本特征。

1. 社会的实践性

实践创造人，也创造人的社会关系，创造社会。实践以浓缩的形式包含着全部的社会关系，构成了社会关系的发源地，构成社会生活的基本领域，构成了社会发展的动力之源。[①] 因此，社会是实践性的存在，实践性是社会的本质属性。

2. 社会的历史性

现实的个人是一种时间性、历史性的存在。因为实践是一种历史性的活动。人的实践对象、范围、方式和结果都是历史的产物，具有不同的历史特征和形态。“各个人借以进行生产的社会关系，即社会生产关系，是随着物质生产资料、生产力的变化和发展而变化和改变的。……古代社会、封建社会和资产阶级社会都是这样的生产关系的总和，而其中每一个生产关系的总和同时又标志着人类历史发展中的一个特殊阶段。”[②] 可以说，社会是人的实践活动在时间中的展开过程，是社会关系产生、发展和更替的过程，具

① 李秀林等：《辩证唯物主义和历史唯物主义原理》，中国人民大学出版社，1995 年第 4 版，第 102—103 页。

② 《马克思恩格斯选集》第 1 卷，人民出版社，1995 年版，第 345 页。

有历史性。因为社会是一种时间性的存在，所以社会才是一种生命性的存在。

3. 社会的世界性

社会既是一种地域性的存在，也是一种世界性的存在。人类社会的历史是一部不断从地域性的历史走向世界历史的过程。

交往是历史唯物主义的一个重要范畴。在马克思看来，对交往的研究必须同生产力、生产方式、社会历史的进步以及社会形态的更替联系起来进行。在致安年柯夫的信中，马克思说："为了不致丧失已经取得的成果，为了不致失掉文明的果实，人们在他们的交往（commerce）方式不再适合于既得的生产力时，就不得不改变他们继承下来的一切社会形式——我在这里使用'commerce'一词是就它的最广泛的意义而言，就像在德文中使用'Verkehr'一词那样。"[①] 在马克思、恩格斯的英文作品中，在谈到"世界交往"等，曾使用intercourse与Verkehr相对应。可见，马、恩是从很广泛的意义上来研究交往关系的，说明交往是一个世界性的范畴。[②]

交往是人类特有的存在方式，是人与人之间发生社会关系的一种中介，是以物质交往为基础的全部经济、政治、思想文化、人际交往的总和。交往是现实主体之间依据外部世界的规约和主体自身的目的，借助一定的手段而进行的物质的、精神的相互作用的活动。主体间性是人的社会交往最显著的特性。人与人的共同活动与合作其实就是人与人的交往。在生产中人们结成的社会关系就是人的交往关系。交往关系是人类社会特有的、具有重要作用的人与人之间的关系。社会由此可看作是人们相互间的交往及其产物。

交往是人与人之间物质、信息、能量的变换活动，促进人类科

① 《马克思恩格斯选集》第4卷，人民出版社，1995年版，第532—533页。

② 参见韩红：《交往的合理化与现代性的重建》，人民出版社，2005年版，第37页。

学、文化的交流、继承和发展。马克思、恩格斯指出："某一个地方创造的生产力，特别是发明，在往后的发展中是否失传，完全取决于交往扩展的情况。当交往只限于毗邻地区的时候，每一种发明在每一个地域都必须单另进行；一些纯粹偶然的事件，例如蛮族的入侵、甚至是通常的战争，都足以使一个具有发达的生产力和有高度需求的国家处于一切都必须从头开始的境地。"因此，在历史发展的最初阶段，每天都在重新发明，而且每个地域的各种发明都是单独进行的。在狭隘、简单、偶尔的交往活动中，即使是比较发达的生产力，也难免遭到彻底毁灭的命运。"只有交往成为世界交往并且以大工业为基础的时候，只有当一切民族都卷入竞争斗争的时候，保持已创造出来的生产力才有了保障。"[①] 所以，广泛、经常的世界交往是保障生产力发展的重要力量。

交往能够不断扩大和改善人与人之间的社会联系，不断增强人的本质力量及其发挥。"一个人的发展取决于和他直接或间接进行交往的其他人的发展。"[②] 只有在普遍的交往中，"单个人才能摆脱种种民族局限和地域局限同整个世界的生产（也同精神的生产）发生实际联系，才能获得利用全球的这种全面的生产（人们的创造）的能力。"[③] 人的发展、自由全面的发展不是在狭隘的、孤立的、地域的交往中，而是在同整个世界历史、同整个类的交往中才能实现的。马克思、恩格斯在谈到交往与共产主义制度的关系时认为：共产主义制度"是各个人之间迄今为止的交往的产物"，[④] "是以生产力的普遍发展和与此相关的世界交往的普遍发展为前提的"，那种人与人之间"狭隘的地域性的联系为世界历史性的、真正普遍的个人所代替。"[⑤] 人与人地域性的合作转变为世界性的合作，社会也由地域性

① 《马克思恩格斯选集》第1卷，人民出版社，1995年版，第107—108页。
② 《马克思恩格斯选集》第1卷，人民出版社，1995年版，第89页。
③ 《马克思恩格斯全集》第3卷，人民出版社，1961年版，第525页。
④ 《马克思恩格斯选集》第1卷，人民出版社，1995年版，第122页。
⑤ 《马克思恩格斯全集》第3卷，人民出版社，1961年版，第39页。

的存在转变成为世界性的存在。

4. 社会的合人性

由于社会是人的实践的产物，是人与人的联合，因而社会是人的社会，也是为人的社会。然而，社会一旦形成，便是一种既依赖于人又独立于人之外的强大力量。尤其是从社会中分化出国家以来，国家借社会之名，成为一种统治人、压制人的力量。黑格尔认为，国家和（市民）社会是两种不同的力量，国家是社会的基础，并决定社会。马克思不同意黑格尔的这一看法，认为不是国家决定社会，而是社会决定国家。恩格斯和列宁都认为，国家是社会发展到一定阶段的产物，既是社会职能分化、独立化的结果，又是阶级矛盾不可调和的产物。恩格斯指出："社会产生它不能缺少的某些共同职能。被指定执行这种职能的人，形成社会内部分工的一个新部门。这样，他们也获得了同授权给他们的人相对立的特殊利益，他们同这些人相对立而独立起来，于是就出现了国家。"① 列宁认为："国家是阶级矛盾不可调和的产物和表现。在阶级矛盾客观上不可调和的地方、时候和条件下，便产生了国家。"② 由此可见，国家的本质是阶级统治的工具。尽管国家执行着社会的职能，但国家只是为统治阶级谋利益的工具，其目的是维护统治者的根本利益。当人群分化出阶级、社会分化出国家，社会出现统治者和被统治者的时候，社会便成为了一部分统治、压制另一部分人的工具，社会即成为了多数人的对立物，成为了统治人的力量。这样，阶级社会便是不合人性的社会。然而，社会就是被放大了的人，社会是人的社会。因此，社会必须把人的东西归还给人本身。压迫人、压制人的不合人性的社会必定要被新的合人性的社会所代替，即建立合人性的社会共同体。

---

① 《马克思恩格斯选集》第4卷，人民出版社，1995年版，第700—701页。

② 《列宁全集》第31卷，人民出版社，1985年版，第6页。

（三）社会、人性与道德

人不仅是自然存在物，而且在本质上是社会存在物。人和社会共生共存、相辅相成。一般而言，社会作为人的联合体，人是怎样的，社会就是怎样的；同样，社会是怎样的，人就是怎样的。但是，人与社会之间，尤其是在文化、道德等方面，这种同一关系并不是绝对的。恰如社会意识依赖于、决定于社会存在，但社会意识却具有相对独立性，社会意识与社会存在之间具有一定的不同步性和不平衡性。大体说来，由缺少美好德性的个人构成的社会不可能是优良的、美好的。那么，由有美好德性的个人构成的社会是否必定优良、美好呢？从最一般的意义上看，应该如此。恰如新基督教伦理学家马利坦所说：社会“有它自己的善和自己的工作，这种善和工作是不同于它的各个个体的善和工作的。但是，这种善和工作在本质上是而且必须在本质上是人性的，倘若它们不贡献于人类个人的发展和改善，就会最终成为颠倒扭曲的善和工作。”[①] 然而，布尼尔在《道德的人和不道德的社会》一书中却认为，人尽管具有自爱自利的本性，但个人往往是道德的，然而，由人构成的组织、群体、社会却不是道德的。布尼尔的这个观点尽管有些缺陷，但也揭示了社会与个人在道德生活的分隔，以及个人与社会的矛盾对立关系。

人与人之间的联合而组成的社会是一个超越个人而存在的独立实体，这个实体的性质、特征和功能都不是任何个人所能拥有的，更不是任何个人能够左右的。社会作为一种独立的实体同个体一样具有特定的需要和目的，具有独特的运动轨迹和规律。于是，社会从一开始便是一种独立于任何个人的实体和力量，不以任何个人的意志为转移。这样，社会与人（个人）之间便形成了双重关系——内在关系和外在关系。

① 宋希仁：《西方伦理思想史》，湖南教育出版社，2002 年版，第 606 页。

社会不能脱离个人而单独存在，人也不能离开社会而独自生活，社会和个人互为一体，谁都不能离开谁，社会不能离开个人，个人也不能脱离社会，离开一方就等于自取灭亡。这就是社会和个人之间的内在关系。人们都知道离开他人、社会的结局，社会也清楚离开个人的后果。于是，社会和个人不仅存有保护自身的需要，而且有相互依存、相互保护的需要，即个人有依赖、维护社会、他人的内在需要；社会有依赖、保存个人的需要。每个人不仅要保存自己，而且还要保存社会；社会亦是如此。那么，社会、个人如何保存自身和互保呢？也就是说，个人和社会如何巩固和扩大这种紧密的内在关系，促进个人与社会的统一，实现个人和社会的共同发展，使社会成为保障和增进每个人利益的"真实的集体"呢？这是社会历史观和道德哲学的一个基本问题。

由于社会是一种独立的实体而超越于个人之外，并有其自身的运动轨迹和规律，因而个人和社会之间便存在着彼此相互隔离、对立的外在关系。因为社会与个人都有各自的需要和目标，彼此可能相互一致，也可能相互冲突和对立。例如，个人内在地要求独立、自由，而社会却内在地要求完整、稳定、有序。毫无疑问，个人的自由与社会的稳定有序是存在冲突的。"在实践生活中，个性的要求和社会的要求出现了冲突——一方面是个人的权利和个人的优先；另一方面是社会的正义和社会的强制。"[①] 这种彼此冲突的状况应该说是一种普遍的社会现象，也是任何社会必须解答和解决的重大问题。

因此，如何处理个人和社会之间关系便是社会的根本性问题，是社会历史观的根本性问题，也是道德哲学的根本问题。

人一方面需要自由，另一方面又需要他人和社会。自由是人的内在需要，社会性也是人的内在需要。从自由的本性而言，的确是

① ［美］卡罗尔·C. 古尔德：《马克思的社会本体论：马克思社会实在论中的个体与共同体》，王虎学译，北京师范大学出版社，2009 年版，第 2 页。

不需要任何限制的。自由的实现意味着限制的减弱与消除。但是，社会不只是单个人的利益总和，而是众多个人利益的合作体系。在社会中，人与人之间会结成各种各样的社会关系。然而，人与人结成的社会关系会在一定程度上限制人的自由和欲望，因为，任何关系本身就是对个体欲望及自由的限制。于是，人的自由和人的社会关系，个人的自由需要和人的社会性需要，或者说，个人和他人、个人和社会必然会发生矛盾甚至冲突。恰如罗素所言："社会团结和个人自由，也像科学与宗教一样，在一切的时期里始终是处于一种冲突状态或不安的妥协状态。"[①] 哪里有矛盾和冲突，哪里就需要解决矛盾、避免或减少冲突，哪里就有协调矛盾、处理冲突的社会实践。如前所述，道德作为社会处理矛盾与冲突、达成和谐、增进社会福利的一种实践方式，产生于处理和解决人与人、人与社会之间矛盾冲突的需要，是社会矛盾和冲突的产物，亦即道德源自人的自由需要和社会性需要之间的矛盾与冲突。如果人没有自由和社会性的需要，人的自由不需要进入社会就能实现，那么人就不需要道德，即没有道德的需要。恰如万俊人教授所说："社会是人类生活的前提，因之也是人类道德生活的前提。"社会之于人类生活的道德意义，在于给人类生活带来了两个重大的后果，或者预制了两个极为重要的方面：一方面，社会和社会生活的出现，不仅使道德具有主体人格的目的的价值维度，而且产生了普遍道德的规范维度；另一方面，社会导致了公共领域和公共利益，使人与人之间的利益关系更为复杂，而正是由于这种复杂的利益关系，"才使得道德开始获得（抑或被赋予了）一种超出人格价值目的的规范性功能，成为维系人类社会健康生存和发展的重要方式和力量"。[②]

人既有自爱利己的本性，亦有爱他利他的本性。一般而言，每个人都能够在维护自身利益的同时顾及、维护他人和社会的利益，

---

① ［英］罗素：《西方哲学史》，商务印书馆，1963 年版，第 10 页。

② 万俊人："人为什么要有道德"，《现代哲学》2003 年第 1 期。

有些时候甚至能够为了他人、社会的利益而舍弃自身的利益。但是，从更为普遍和根本的意义上看，人终究是利己自爱的；人的自爱利己之本性，由于其在很大程度上是不需要大多的引导和激励就能够发挥和扩大的，因而，一方面需要保护，另一方面也需要一定的规导和限制。因此，良好的道德（规则）既要保护和引导这一本性，同时又要规范这一本性。然而，“恻隐之心”、利他之心却不像利己之心那样容易自我迸发和实现，需要外界（社会和他人）的激发和引领。一个社会，如果人的自爱利己之本性膨胀、甚至泛滥，利他之人性则可能完全窒息或毁灭；反之，如果完全遏制或扼杀人之爱己利己本性，而只倡导人的利他本性，社会则缺乏发展的动力，必将停顿或消失。因此，从人类诞生以来，就在不断地积极探求解决利己与利他、爱己与爱他的平衡之道。个人、社会都在寻找给予利己、利他必要张力的方式方法，制定有利于二者彼此协调、相互实现的社会规则，促进社会的全面进步和人们的生活幸福。应该说，人类社会的一切优良的规章制度、道德、法律、风俗习惯等无一不属此列。

的确，人在本性和总体上是自爱自利的。自爱自利的人组合在一起避免不了会在一定范围产生程度不等的冲突，甚至争斗、战争。霍布斯曾描述人与人的战争的“自然状态”在一定程度上真实地揭示和反映了人类生活的一个侧面。然而，霍布斯的“自然状态”并不是人与人之间联合的一种必然状态，更不是一种永久状态。“自爱自利”的人在一起并不必然就会你争我斗或你死我活，也并不必然就不能互利双赢、共同发展。同时，“自然状态”显而易见是有害于人的生存和发展的，是与人的自爱自利的本性不相符的。所以，霍布斯认为，人的理性不会如此短视，而会从长计议，追求有益于人生存发展的社会合作体系，即建立契约，建立相互合作的制度、规则，以保全和扩大人的自身利益。因此，具有利己爱己之本性的人们完全可以在社会中既限制利己之性又发展利己之性，从而不断实现利己与利他的统一。人们联合起来组成社会，目的在于保障和增进每位合作者的利益。因而，真正讲来，社会、国家、政府等一切组织应该是保护和引导人的利己与利他之本性和谐发展的联合体或组织，是保护和发展每个人正当权益的利益共同体或机构；社会的一切规则，诸如法律、道德、制度等都应该促进利己与利他的平衡，促使利己和利他的协调统一，实现利己与利他的和谐发展，共同增进个人利益和他人利益、个人利益和社会利益。

因此，我们说，社会创制的一切法律、道德等制度性规范既是对自爱利己本性的引导与保护，又是对这一人性的约束和限制；既是对人的利他本性的保护与激励，也是对利他本性的规约。但是，在根本的意义上，道德、法律等规范是为了更好的保障和扩大人的自身利益，增进人自身的福利，使人过更美好的幸福生活。因为，好的道德和法律等是尊重人性的，是促进人的主体性发挥的。而人的主体性的发挥，则意味着人的本质力量的发挥和人的对象化活动能力的增强，意味着人积极主动地作用于客体，为自己和社会创造更多更好的社会财富。但是，由于人的理性、人的实践、人群共同体等方面的历史局限，尤其是阶级的局限性，人类在相当长的时期内并未能科学认识到保护和引导人之利己本性的积极作用，却总是夸大利己本性的消极面，把人的利己本性看作是“洪水猛兽”，看作是社会发展的障碍、人类幸福社会的“灾星”，看作是与道德水火不相融的对立面，从而过于强调和倡导利他主义的道德观。事实上，人类在利他主义大旗的粉饰下创制了大量的只保障少数人的利己本性和需要、维护少数人的利益而扼杀多数人的利己需要、损害多数人的利益的社会制度、法律、道德等规范。

当然，从历史的观点看，人类社会在不断探索利己与利他的平衡、协调利己和利他的冲突，也制定了大量保护人性、促进人性的制度和道德规范。客观而言，人类社会的制度及其道德有的是优良的、积极的、有益的，有的则是恶劣的、有害的。但从社会发展总体趋势看，在整个人类社会，优良的道德、法律等规范是要多于恶劣、有害的行为规范的。因为，无论如何，社会运动的总体趋势毕竟是向前进步、向上发展的。如果在整个人类的规范体系中，不是优良的多于恶劣的、有益的多于有害的，人类社会肯定早就灭亡了，不可能繁衍到今天。即使在存在阶级和阶级对立的奴隶社会、封建社会、资本主义社会，人剥削人、压迫人的现象很多、很严重，但历史依然在前进，社会依然在向有利于人的方向发展。资产阶级的社会破坏了“一切封建的、宗法的和田园诗般的关系”，“使人和人之间除了赤裸裸的利害关系”，“就再也没有任何别的联系了”；“它把宗教虔诚、骑士热忱、小市民伤感这些情感的神圣发作，淹没在利己主义打算的冰水之中”；“它把人的尊严变成了交换价值”；它“抹去了一切向来受人尊崇和令人敬畏的职业的神圣光环”；它消除了“一切固定的僵化的关系以及与之相适应的素被尊崇的观念和见解”。总之，“一切等级和固定的东西都烟消云散了，一切神圣的东西都被亵渎了。”但是，“资产阶级在它的不到一百年的阶级统治中所创造的生产力，比过去一切时代创造的全部生产力还要多，还要大”；[①] 并且“它按照自己的面貌为自己创造出一个世界。”[②] 其中的根本缘由在于：相对以往一切历史时代，资本主义的社会制度、道德等在更大程度上尊重了人性，解放了人性，具有巨大的历史进步性。同时，由于资产阶级的本性决定了资本主义的社会制度和道德等依旧是“建立在压迫阶级和被压迫阶级的对立之上的”，依旧在本质上是人压迫人、人剥削人的，依旧是不道德、不公正、不合人性的。因此，资产阶级的社会“再不能在它统治下生存下去了，就是说，它的生存不再同社会相容了。”[③] 所以，它必须被一种更能尊重人性、解放人性、实现人性的新社会、新道德所代替。这个新社会就是“每个人的自由发展是一切人的自由发展的条

① 《马克思恩格斯选集》第1卷，人民出版社，1995年版，第274—275页，第279页。
② 《马克思恩格斯选集》第1卷，人民出版社，1995年版，第275页、第276页。
③ 《马克思恩格斯选集》第1卷，人民出版社，1995年版，第284页。

件";[①] 这种新道德就是与这种社会相一致的社会主义道德和共产主义道德。

每个人不仅有实现美好人生的计划，而且有构建美好社会的理想。人不仅要规划应该成为一个什么样的人，而且要规划应当建立一个什么样的社会，不仅要思考成为一个什么样的人才是幸福的，而且要探索生活在一个什么样的社会才是幸福的。就个人而言，理想的社会总是尊重人性、尊重人、实现人的自由、幸福的必要条件；就社会而言，理想的社会总是由具有崇高德性和美德的人构成和建造的，德性高尚、生活幸福的人是理想社会最重要、最根本的元素。道德是人的道德，更是社会的道德。如前所述，单个的人是不需要道德的，道德是联合起来的人共同创制的，是社会的产物。道德的建构不仅要尊重人性、符合人性、提升人性，而且要符合社会的本性、实现社会的理想。因为人是社会的人，人性也是社会中的人性。马克思指出："'人'？如果这里指的是'一般的人'这个范畴，那么他根本没有'任何'需要；如果指的是孤立地站在自然面前的人，那么他应该被看作是非群居的动物；如果这是一个生活在无论哪种社会形式中的人……那么出发点是，应该具有社会的人的一定性质，即他所生活的那个社会的一定性质，因为在这里，生产，即他获取生活资料的过程，已经具有这样或那样的社会性质。"[②] "社会性质是整个运动的普遍性质；正像社会本身生产作为人的人一样，社会也是由人生产的。活动和享受，无论就其内容或就其存在方式来说，都是社会的活动和社会的享受。自然界的人的本质只有对社会的人说来才是存在的；因为只有在社会中，自然界对人来说才是人与人联系的纽带，才是他为别人的存在和别人为他的存在，才是人的现实生活的要素。只有在社会中，人的自然的存在对他说来才是自己的人的存在，并且自然界对他说

① 《马克思恩格斯选集》第1卷，人民出版社，1995年版，第294页。
② 《马克思恩格斯全集》第19卷，人民出版社，1963年版，第404—405页。

来才成为人。因此，社会是人同自然界完成了本质的统一，是自然界的真正复活，是人的实现了的自然主义和自然界的实现了的人道主义。”[①] 因此，道德的创制不仅要符合人性，而且要体现社会的特性。优良的道德不仅是实现美好人性的必要条件，而且是美好社会的基本要素。

总之，从历史的大维度看，人的存在和发展根本在于实现人的自我利益和幸福。人们联合起来组成社会根本在于保证人性的实现、满足人的需要、增进人的利益、实现人的自由全面发展，即在于让人更好地生存和发展——过上更加美好的幸福生活。社会即为实现人的利益和幸福的共同体，是人的利益和幸福得以实现的根本条件。所以，尽管人与社会、社会的本性和人的本性是一对矛盾，但在本质上是一致的，且互为前提，相互决定——人的本性决定社会的本性，社会的本性决定人的本性。由于道德的终极目的亦在于增进每个人和社会的利益与幸福，因而人的本性、社会的本性与道德的目的也在本质上具有一致性。正是这种一致性决定了它们互相依赖、互为前提并相互促进：人离不开社会、离不开道德，社会离不开人、离不开道德，道德也离不开人和社会。人需要社会，社会需要人，人和社会都需要道德，人需要过一种有道德的生活，社会需要建立合人性的德性社会。社会之所以能够进步发展，在一定意义上说是由于人的生活需要有道德价值的牵引，从而使人决不止步于历史的某一点或某一阶段，而是在不断超越历史、超越自身。人类社会总是在追求新的社会目标、探索新的生活方式和社会形式、创制更有利于人幸福生活的道德等社会规则的进程中不断发展进步的。

① 《马克思恩格斯全集》第3卷，人民出版社，2002年版，第301页。

第四章　构建和谐社会道德体系的根本要求

和谐社会道德体系不仅要反映社会主义经济基础的本质内容，而且要体现政治上层建筑的发展要求，不仅要继承传统道德的合理因素，而且要反映时代的课题和任务。为此，党的十六大提出“建立与社会主义市场经济相适应、与社会主义法律规范相协调、与中华民族传统美德相承接的社会主义思想道德体系”的重要任务。[①] 党的十七大、十八大继续强调必须加强思想道德建设、建设基本道德规范体系，并提出要大力加强社会主义核心价值体系建设、培育社会主义核心价值观的重大任务。依据党的十六大、十七大和十八大精神，从构建和谐社会与建设社会主义现代化的实际需要出发，我们认为，和谐社会道德体系必须同社会主义核心价值体系相契合、与社会主义市场经济发展相适应、与社会主义民主政治建设相协调、与中华民族传统美德相承接、与世界优秀文明成果相融通。就是说，我们要构建同社会主义核心价值体系相契合、与社会主义市场经济发展相适应、与社会主义民主政治建设相协调、与中华民族传统美德相承接、与世界文明优秀成果相融通的道德体系。

① 《十六大以来重要文献选编》（上），中央文献出版社，2005 年版，第 30 页。

一、同社会主义核心价值体系相契合

《中共中央关于构建社会主义和谐社会的若干重大问题的决定》首次提出构建社会主义核心价值体系的任务，并明确了社会主义核心价值体系的基本内容。党的十七大指出："社会主义核心价值体系是社会主义意识形态的本质体现"，必须用社会主义核心价值体系巩固全党全国各族人民团结奋斗的思想道德基础。[①] 党的十七届六中全会进一步认为："社会主义核心价值体系是兴国之魂，是社会主义先进文化的精髓，决定着中国特色社会主义发展方向。"[②] "社会主义核心价值体系是和谐文化的根本"，"必须把社会主义核心价值体系融入国民教育、精神文明建设和党的建设全过程，贯穿改革开放和社会主义现代化建设各领域，体现到精神文化产品创作生产传播各方面，坚持用社会主义核心价值体系引领社会思潮，在全党全社会形成统一指导思想、共同理想信念、强大精神力量、基本道德规范。"[③] 党的十八大继续强调指出："要加强社会主义核心价值体系建设……用社会主义核心价值体系引领社会思潮、凝聚社会共识"，并明确提出了培育社会主义核心价值观的新任务："倡导富强、民主、文明、和谐，倡导自由、平等、公正、法治，倡导爱国、敬业、诚信、友善，积极培育社会主义核心价值观。"[④] 因此，和谐社会道德体系必须集中体现社会主义核心价值体系与核心价值观的基本内容，与社会主义核心价值体系和核心价值观保持高度统一。

---

① 《十七大以来重要文献选编》（上），中央文献出版社，2009 年版，第 26 页。
② 《人民日报》2011 年 10 月 26 日第 2 版。
③ 《人民日报》2011 年 10 月 26 日第 2 版。
④ 《十八大报告辅导读本》，人民出版社，2012 年版，第 32 页。

（一）价值、核心价值与道德

价值是表示主体和客体之间相互作用的关系范畴。价值是客体对于主体的意义关系，是客体作用于主体的关系，即客体对主体的作用。但是，客体对主体的作用，并不是客体的一切属性而是由主体需要所指向的客体属性——客体事实属性作用于主体的需要。因此，价值是表示客体事实属性对于主体需要的意义的范畴，是客体事实属性与主体需要具体的历史的统一关系。当客体事实属性能够满足主体需要时，客体对于主体就有价值（正价值），否则就没有价值或具有负价值。

从价值的涵义上看，价值指向的是与主体发生关系的客体及其属性，价值表达的是主体对客体的需要，即客体及其属性对主体需要的满足。客体及其属性与主体需要是价值形成的必要前提，缺少任何一方都不可能形成价值。首先，客体必须具有能够满足主体需要的属性。如果客体不具有满足主体需要的属性，就没有价值。其次，主体要有对客体的需要。如果主体没有对客体的需要，主体不可能与客体联系，客体也不可能作用于主体，因而不能形成价值关系。再次，客体属性和主体需要必须联结起来并相互影响，即客体属性满足或不满足主体需要。在价值关系中，主体决定客体，主体需要的强弱决定客体价值的大小。主体的需要越大、且程度越强烈，与主体需要相对应的客体的价值就越大，亦即满足主体需要的程度越高的客体，价值就越大，反之，价值就越小或没有价值。

需要，就其一般的本质来说，是人对外在对象的一种依赖关系。[①] 需要反映人与世界的联系，由人的实际生存状态所决定。需要表示人的缺乏、匮乏状态，体现人对世界的要求。一般说来，匮乏与需求成正比：有匮乏就有需求，匮乏越严重需求便越强烈，反之

① 唐凯麟：《伦理学》，高等教育出版社，2001 年版，第 35 页。

亦然。社会财富越稀少，生活越贫困，人们对财富的需要便越强烈；社会财富越丰裕，生活越殷实，物质需求就越平淡。正是这种外物的匮乏与需要的矛盾关系，使需要成为人类进行社会实践活动、不断改造世界和改造自身的内在动因。因为世界从来就不会自然而然地满足人的需要，人要满足自身生存和发展的需求，便不得不改造世界。所以，人总是根据自身的需要来改造世界，促使世界按照人的意志发生变化，以满足或更好地满足人的需要。满足人的需要既是人改造世界的根本动因，又是人改造世界的根本目的。满足人的需要的过程也是实现人的价值的过程。

客观世界有其不以人的意志为转移的固有属性、运行轨迹和发展规律。这便造成了人与世界的内在矛盾：现有与应有、事实与应当，即"是"与"应该"的对立统一。"是"与"应该"的关系问题——"休谟难题"，既是价值学的基本问题，也是伦理学的基本问题。人与世界的对立，现有与应有、事实与应当的对立是一种经验事实，人们对此的认识基本一致。然而，人们对人与世界的统一、现有与应有、事实与应当的统一的认识却难以一致。有人认为二者能够统一，有人却认为二者不能统一。休谟认为，"是"与"应该"是不能联系起来的。马克思认为："凡是把理论引向神秘主义的神秘东西，都能在人的实践中以及对这个实践的理解中得到合理的解决。"[①] 因而，人与世界、现有与应有、事实与应当能够在实践中实现有机统一，实践是实现二者统一的根本途径。

客体属性和主体需要都是多样的，客体属性与主体需要之间的关系也是多样的。人的世界是一个价值世界，价值世界是由多样的价值构成的体系。在人的需要体系中并不是所有的需要在一定时期都同样重要和强烈，那些与人的生存、发展直接相关的基本需要无疑居于重要地位，那些能够较好满足人的基本需要的客体属性无疑具有更大的价值。可见，在价值体系中必定有某些价值居于重要地

① 《马克思恩格斯选集》第1卷，人民出版社，1995年版，第56页。

位、起着决定作用。我们认为，在价值体系中居于重要地位、起着支配作用的价值即是核心价值；从与人的需要的关系而言，核心价值就是满足主体基本或根本需要的价值。人最基本的需要是生存需要，最重要的需要是自我发展、自我实现的需要。由于社会存在的第一个前提是有生命的个人，因而任何社会、任何时代，人的生存需要的满足便具有绝对的基础性和优先性。因此，人的生存需要，如生理、安全等需要便是人的核心需要，客体满足这类核心需要的价值便是核心价值。在人的生存需要得到满足、安全需要能够基本满足的时代，人的更高级的需要，如尊严的需要、自由发展和自我实现的需要，便是人最重要的需要，能够极大满足这类重要需要的客体属性具有核心价值。由此可见，核心价值具有根本性、决定性和社会历史性等特性。

道德属于价值范畴，是一种社会价值形态。善、应该、正当等伦理学的基本范畴都属于价值范畴。“善”是一切事物对于主体需要的效用，“应该”是行为对于主体需要的效用；“正当”是行为的道德善，是行为对于道德主体的效用。“善是一切事物所具有的能够满足任何主体需要、欲望、目的的属性；正当则是行为及其品德所具有的能够满足社会创造道德的需要、欲望和目的的属性。善恶属于价值范畴，是价值的分类，是正价值和负价值的同义语。正当与不正当则属于道德价值范畴，是正道德价值与负道德价值的同义语。善恶是客体（一切事物）对于主体（一切具有需要、欲望、目的的生物）需要、欲望、目的的效用性：符合目的（或合目的）者即为善，违背目的（或不合目的）者即为恶。正当不正当则是道德客体（行为及其品德）对于道德主体（社会）制定道德的需要、欲望、目的的效用性，说到底，也就是行为及其品德对于道德目的的效用性：符合道德目的者，便是所谓的正当，便是所谓的道德善；违背道德目的者，便是所谓的不正当，便是所谓的道德恶。”① 道德是关

① 王海明：《伦理学原理》，北京大学出版社，2005 年版，第 34—35 页。

乎人的行为善恶的，是人的行为对于道德主体的效用。由于道德主体是社会，社会又是人的集合体，是每个人构成的联合体，道德主体因而也可以说就是社会的缔造者——每个人。因此，一种行为的善或恶不只是相对于某个具体的人的需要，更是相对于整个社会以及每个人的需要。康德认为，普遍性是构成道德原则的根本条件。一种行为是否具有道德价值，判断的根据在于其是否具有普遍性，是否能够被每个人所遵从。不具有普遍性的行为不是道德行为，不具有普遍性的规则不能成为道德规则。在康德看来，经验主义伦理学所强调的感性经验、情感主义伦理学所强调的情感、以及功利主义伦理学所主张的功利，都是用个人的偏好、兴趣、利益相联系的，因而是个别的、主观的、偶然的，不具有普遍性，因而不能成为实践理性的发展即道德法则的基础。[①] 只有对社会和每个人的需要有益的行为，即对社会和每个人都具有价值的行为才是道德的善，而对某一具体的人有益（有价值）的行为并不一定是道德的善。依据经验可知，一事一物对个人有利，未必对他人和社会有利，甚至可能对他人或社会有害；然而，一物一事对每个人有利，则对个人也有利，亦即对整个社会有利。因此，我们可以把对每个人、社会有利的事物称为善物，把对每个人、社会有益的行为称之为善行，把施行善行的人称之为有德之人。一种事物、行为之所以称之为善，根本在于它们满足了社会和每个人的需要——有利于社会和每个人的存在和发展。人类社会制定道德是为了明确社会的价值和价值要求、尤其是核心价值和根本要求，以维持人类社会和每个人的存在和发展。人类之所以需要道德，也在于道德体现了社会和每个人的价值要求、价值目标，同时能够满足社会和每个人的价值需要。因此，价值决定道德，核心价值决定核心道德；道德亦是价值，且是特殊价值，核心（基本）道德即是核心价值；同样，核心价值亦即核心道德，核心价值观亦即核心道德观。

---

① 参见宋希仁：《西方伦理思想史》，中国人民大学出版社，2004 年版，第 331 页。

（二）和谐社会道德体系与社会主义核心价值体系

核心价值体系是一个社会、一个民族的灵魂，体现社会制度的性质和民族特性。核心价值体系是社会意识形态的本质体现，集中反映了社会的性质、本质特征和目标追求。观念形态的道德是社会意识形态一种主要形式，反映、体现社会价值体系，尤其是核心价值体系，并且为社会核心价值体系所决定。就是说，核心价值体系决定道德体系的性质和基本内容，有什么样的核心价值，就应该有与之相符合的道德，有什么样的社会核心价值体系、社会核心价值观就应有什么样的社会道德体系和社会道德观。因此，社会主义和谐社会道德体系必须反映社会主义核心价值体系的内容和要求，体现社会主义核心价值体系的基本原则和精神实质。

马克思主义指导思想，中国特色社会主义共同理想，以爱国主义为核心的民族精神和以改革创新为核心的时代精神，社会主义荣辱观，是中国特色社会主义核心价值体系的基本内容。富强、民主、文明、和谐、自由、平等、公正、法治、爱国、敬业、诚信、友善，是社会主义核心价值观。因此，和谐社会道德体系必须体现社会主义核心价值体系与核心价值观的基本内容和本质要求，与社会主义核心价值体系及核心价值观相一致。

第一，构建和谐社会道德体系必须坚持马克思主义为指导。和谐社会道德体系必须符合马克思主义的根本立场和观点，体现马克思主义的价值原则和价值目标。

由于马克思主义是个庞大而复杂的理论体系，因而直到今天，对于什么是马克思主义，如何对待马克思主义，我们依然需要进一步探索和深入研究。但是，马克思主义的真理性、科学性、革命性和对社会主义革命建设改革实践的指导性，是千真万确、不容置疑的。马克思主义是被实践检验为正确的伟大理论。“马克思主义深刻揭示了人类社会发展规律，坚定维护和发展最广大人民根本利益，是指引人民推动社会进步、创造美好生活的科学理论。”[①] 邓小平明确指出：马克思主义是科学的理论。胡锦涛认为：“马克思主义基本原理是颠扑不破的科学真理”，“马克思主义，理论源泉是实践，发展依据是实践，检验标准也是实践。”[②] 实践性是马克思主义首要的基本观点和马克思主义的本质特征，实事求是是马克思主义的理论品质和科学原则，整体性、发展性、辩证性、人民性是马克思主义的重要特征，以人为本是马克思主义的根本价值原则，建立共产主义社会、实现人的解放与促进人的自由全面发展是马克思主义的社会理想和价值目标。由此我们认为，实事求是和以人为本是马克思主义的两个核心要素：实事求是是马克思主义的精髓，以人为本是马克思主义的核心。因此，构建和谐社会道德体系必须坚持实事求是和以人为本的根本原则。坚持实事求是的根本原则，就是要从实际出发，与时俱进，把握和谐社会建设的客观规律和要求，制定体现规律性、时代性与合乎人之本性的道德体系。坚持以人为本的根本原则，就是要使和谐社会道德体系体现马克思主义的价值原则，突出人民性和人本性，以实现每个人的幸福和促进人的自由全面发展为根本目标。社会主义的本质决定社会主义道德是以人为本的。以人为本是社会主义社会最基本的道德原则。以人为本，根本目标是发展人，促进人的自由全面发展，增进人的幸福。人的发展、幸福离不开优良的道德，优良道德是构成人生幸福的内在要素和动力。和谐社会道德体系作为规范体系，根本目的不是为了限制人、约束人，更不是为了统治人、压制人，而是为了解放人、发展人，为社会和每个人的存在和发展提供价值引领，为增进每个人的幸福提供生活养料和精神动力。就是说，和谐社会道德体系是以人为本的规范体系，是既符合人性又符合社会的本性，既促进社会的稳定和进步又促进人的自由全面发展，既提升人的品德及综合素质又增进人

① 《人民日报》2011 年 10 月 26 日。

② 胡锦涛：《在庆祝中国共产党成立 90 周年大会上的讲话》，人民出版社，2011 年版，第 11 页。

的福利的行为规则体系。

第二，和谐社会道德体系必须体现中国特色社会主义的共同理想。理想是指引人们奋斗方向的航标，是推动人们前进的强大精神动力。一个社会就像一个人一样不能没有追求、没有理想、没有价值目标。共产主义社会是人类最崇高的社会理想。共产主义作为一种追求理想的实际的社会运动，深深植根于无产阶级的革命和建设实践活动之中。当代中国，实现共产主义的伟大理想集中体现为发展中国特色社会主义。

中国特色社会主义是当代中国社会发展进步的旗帜，是当代中国社会发展进步的根本方向，集中体现了最广大人民根本利益和共同愿望。建设中国特色社会主义是当代中国社会最根本的任务，是中国人民团结奋斗的目标，是中国人民的共同理想。中国特色社会主义道路既是实现社会主义现代化和中华民族伟大复兴的必由之路，也是创造人民美好生活的必由之路。建设中国特色社会主义，"就是在中国共产党领导下，立足基本国情，以经济建设为中心，坚持四项基本原则，坚持改革开放，解放和发展社会生产力，建设社会主义市场经济、社会主义民主政治、社会主义先进文化、社会主义和谐社会、社会主义生态文明，促进人的全面发展，逐步实现全体人民共同富裕，建设富强民主文明和谐的社会主义现代化国家。"①

社会和谐是中国特色社会主义的本质属性。构建和谐社会是中国特色社会主义事业的重要部分，实现社会和谐是社会主义现代化建设的重要目标。构建和谐社会需要共同的社会理想和良好的道德规范，需要坚实的思想道德基础。"没有共同的理想信念，没有良好的道德规范，是无法实现社会和谐的。"② 和谐社会道德体系是和谐社会的构成要素，构建和谐社会道德体系是构建和谐社会的内容和应有之义。因此，为了实现富强民主文明和谐的社会主义现代化国

① 《十八大报告辅导读本》，人民出版社，2012 年版，第 12 页。
② 《十六大以来重要文献选编》（中），中央文献出版社，2006 年版，第 710 页。

家的奋斗目标，必须在全社会倡导和谐理念，培育和谐精神，形成全社会共同的理想信念和道德规范。

理想和道德同属价值范畴，都是人们对美好生活的向往和对幸福生活的追求。社会理想和道德理想具有一致性。社会理想牵引和制约道德目标，有什么样的社会理想就会产生什么样的道德追求；道德体现和服务社会理想，道德反映社会理想和价值取向，一旦社会创制了道德，道德就会引导和规约人们朝着社会理想指引的方向迈进。中国特色社会主义的共同理想规定和谐社会道德体系的内容和方向，和谐社会道德体系体现中国特色社会主义的共同理想并为之服务。因此，构建和谐道德体系必须反映中国人追求富裕、强盛、自由、公正、民主、平等、法治、文明、和谐的社会发展目标，体现富强、民主、文明、和谐的精神和理念，体现社会全面进步和人的全面发展的价值目标，为实现中国特色社会主义的共同理想和人的自由全面发展的崇高社会理想提供强大的道德支撑与精神动力。也就是说，和谐社会道德体系应该是促进中国人民实现社会主义理想的道德，是有利于中国社会建设成为富强、民主、文明、和谐的社会主义国家的道德，是促进中国人民过上富裕、安宁、自由、和睦、幸福生活的道德。

第三，和谐社会道德体系必须体现以爱国主义为核心的民族精神和以改革创新为核心的时代精神。民族精神和时代精神是一个民族、社会的核心价值观的集中体现，是一个民族和社会的优良道德的集中凝聚，具有内生性和稳定性。“民族精神是一个民族赖以生存和发展的精神支撑。”① 民族精神是民族文化的核心和灵魂，是一个民族在长期生产和生活中表现出来的富有生命力的优秀思想，是一个民族共同的价值观和精神支撑，是民族凝聚力的思想基础和社会发展的精神动力。② 中华民族在悠久的历史发展进程中形成了博大精

① 《十六大以来重要文献选编》（上），中央文献出版社，2005 年版，第 30 页。
② 宋志明、吴潜涛：《中华民族精神论纲》，中国人民大学出版社，2006 年版，第 4 页。

深而独具特色的传统文化和“以爱国主义为核心的团结统一、爱好和平、勤劳勇敢、自强不息的伟大民族精神”[①]。爱国主义、团结统一、爱好和平、勤劳勇敢和自强不息等是中国重要的传统道德。中华民族能够在几千年的风风雨雨中走过来、且完整地延续下来，以爱国主义为核心的民族精神及其独特的伦理道德发挥了十分重要的支撑作用，这种作用直到现在依然在发挥着，且注入了新的内容，赋予了时代特色。

时代精神是在特定的历史时期形成的体现时代主题和时代风貌最基本的价值追求。当今时代社会变革、科技进步、知识更新、生活方式的变更、价值观念的转换比任何历史时期都来得快、来得猛烈。“生产的不断变革，一切社会状况不停的动荡，永远的不安定和变动，……一切固定的僵化的关系以及与之相适应的素被尊崇的观念和见解都被消除了，一切新形成的关系等不到固定下来就陈旧了。一切等级的和固定的东西都烟消云散了，一切神圣的东西都被亵渎了。人们终于不得不用冷静的眼光来看他们的社会地位、他们的相互关系。”[②] 我们这个时代的变革比马克思所描述的“资产阶级时代”更为迅猛和激烈，社会变革的深度和广度超过了以前的任何时代。全面深入、自主自觉的改革开放使中国社会出现了“千百年来未遇之大变局”。因此，党的十七大指出：当代中国社会最鲜明的特点是改革开放，最突出的标志是与时俱进。[③] 世界的大变革、大变局、大发展，使改革创新成为时代的最强音。“创新是一个民族进步的灵魂，是一个国家兴旺发达的不竭动力。”“创新就是要解放思想、实事求是、与时俱进。实践没有止境，创新没有止境。我们要突破前人，后人也要突破我们。这是社会前进的必然规律。我们一定要适应实践的发展，以实践来检验一切，自觉地把思想认识从那些不合时宜的观念、做法和体制的束缚中解放出来。”“通过理论创新推

① 《十六大以来重要文献选编》（上），中央文献出版社，2005 年版，第 30 页。
② 《马克思恩格斯选集》第 1 卷，人民出版社，1995 年版，第 275 页。
③ 《中国共产党第十七次全国代表大会文件汇编》，人民出版社，2007 年版，第 8、9 页。

动制度创新、科技创新、文化创新以及其他方面的创新，不断在实践中探索前进，永不自满，永不懈怠”。[①] 以改革创新为核心的时代精神在本质上是与自强不息、勤劳勇敢的民族精神相传承的，既体现了中国传统文化的特点，也反映了时代的特色。

文化是在继承中不断创新的，道德也是在继承中不断发展的。和谐社会道德体系的建构，既不能离开其所处的时代，也不能离开时代所提出的根本任务，必须围绕时代课题、历史任务进行，同时必须在既定的历史条件、文化传统和道德环境中展开。因此，构建和谐社会道德体系不仅要承接以爱国、仁爱、仁义、友善、宽容、勤劳、节俭、诚信、和美、廉耻等传统优良道德，而且要以改革创新的精神，反映现代社会发展的新趋势和现代化建设的新潮流，体现现代精神的内核，为社会和每个人带来更多的福祉。

第四，和谐社会道德体系必须体现社会主义荣辱观的精髓。荣辱观作为伦理学的基本范畴，在本质上是一种道德价值判断，是一个社会基本的价值取向和价值标准。荣辱观是道德关系最本质、最一般的反映，是社会核心价值观和社会基本道德规范的集中体现，是人们对社会核心价值与基本道德规范的根本态度。一个社会、一个人赞成什么、反对什么，肯定什么、否定什么，荣辱观是最显著的标尺。因此，从一定意义上说，荣辱观是社会道德规范和个人德性的实质与核心内容。

“八荣八耻”的荣辱观鲜明反映了社会主义道德的本质，是社会主义道德的集中体现。“八荣八耻”反映了我国社会最基本、最重要的道德关系，即个人与国家、社会的关系，个人与他人的关系，个人与自身的关系，是指导人们处理基本道德关系、开展道德实践活动的基本行为准则，是维持社会稳定发展、和谐有序的基本道德规范。

“八荣八耻”的荣辱观是以人为本的社会主义道德核心的集中体

---

① 《十六大以来重要文献选编》（上），中央文献出版社，2005 年版，第 9、10 页。

现。人是社会的主体，是社会的根本和最终目的。道德是人为了有利于自身的发展而创制的规范、准则。人的社会本质决定了人不能离开他人和社会而存活，他人和社会是人之为人的必要前提。道德作为人生存和发展的内在需要，在本质上是为人的，是以满足人的需要、实现人的自我发展、增进人的生活幸福为目的的。但是，任何社会道德都是具体的，都是特定历史时代一定社会关系、尤其是阶级关系的反映。因而阶级社会道德体系的根本目的不是为了维护最广大人民群众的根本利益，而是为维持统治阶级的阶级统治和利益服务的。社会主义社会不同于以往任何社会，社会主义的本质决定了社会主义道德是以人为本，为人民群众服务的。以人为本是“八荣八耻”荣辱观的中心和主线。道德、德性是构成人的幸福生活以及人的素质的重要因素。一个人要成人、要发展自身，应当明确自己应该过一种什么样的生活，明白什么是应该做的，什么是不应该做的。人是一种实践性的存在，人是通过参加社会实践——做事而成其为人的。一个人的德性不在于他（她）表白什么，而根本在于他（她）做什么以及怎么做。社会主义荣辱观体现了我国社会道德的基本规范，是人们应当遵循的基本道德，是人的行为必须遵守的基本道德准则，是和谐社会道德体系的基本道德准则。

社会主义荣辱观体现了社会主义道德的根本要求。“八荣八耻”荣辱观的基本内容是对改革开放以来我国社会主义道德规范建设的主要内容的总结，并有新的概括和发展。1986 年通过的《中共中央关于社会主义精神文明建设指导方针的决议》，1996 年通过的《中共中央关于加强社会主义精神文明建设若干重要问题的决议》，2001 年颁布的《公民道德建设实施纲要》，党的十六大、十七大、十八大报告等党的重要文献，都对加强思想道德建设进行了集中阐述，确定了道德建设的基本精神，规定了加强道德建设、尤其是道德规范建设的内容，如为人民服务的核心、集体主义的基本原则、“五爱”的基本规范、社会公德、职业道德、家庭美德、个人品德的基本内容等。“八荣八耻”的社会主义荣辱观是社会主义道德基本内容的高度凝练，不仅明确了应该肯定什么、坚持什么、应该做什么，即做什么是应该的、道德的、善的、光荣的，而且鲜明提出了应该鞭笞什么、反对什么、不应该做什么，即做什么是不正当、不道德的、恶的、可耻的。知耻、不做不应该做的是社会的底线。孔子讲“知耻且格”，即是说，社会成员知道什么不应该做，不做不应该做的，不做法律所禁止的，是社会保持稳定有序最基本的条件，是社会走向和谐发展的基点。从这个角度讲，和谐社会道德规范建设，最根本的是要构建起维持社会稳定、存续和发展需要“知荣知耻”的基本道德，以达到“知耻且格”之功。正因如此，《中共中央关于构建社会主义和谐社会若干重大问题的决定》明确要求：必须“树立以‘八荣八耻’为主要内容的社会主义荣辱观，倡导爱国、敬业、诚信、友善等道德规范”。[①] 十七届六中全会关于推动社会主义文化大发展大繁荣的决定进一步明确指出：“要深入开展社会主义荣辱观宣传教育，弘扬中华传统美德，推进公民道德建设工程，加强社会公德、职业道德、家庭美德、个人品德教育……引导人民增强道德判断力和道德荣誉感，自觉履行法定义务、社会责任、家庭责任，在全社会形成知荣辱、讲正气、作奉献、促和谐的良好风尚。”[②] 在此基础上，党的十八大进一步凝练了社会主义荣辱观的基本内容，明确把“爱国、敬业、诚信、友善”上升为社会主义核心价值观。

当然，中国特色社会主义社会要向前发展、进入更高级的形态，从构建社会主义和谐社会到建成社会主义和谐社会，且不断向更高级的和谐社会迈进，走向社会高度和谐的发展状态，不仅要求人们“知耻且格”，保持社会稳定有序，而且要求人们“知荣而进”，使社会充满活力，良性互动。因此，社会主义和谐社会道德建设不仅要加强“知耻且格”的基本道德建设，而且要大力加强“知荣而

---

① 《十六大以来重要文献选编》（下），中央文献出版社，2008 年版，第 661 页。

② 《人民日报》2011 年 10 月 26 日第 2 版。

进”的崇高道德建设，不断提升人的道德素养，培育人的崇高品德，使和谐社会真正成为德性社会。

二、与发展社会主义市场经济相适应

解放和发展生产力、以经济建设为中心、促进社会财富的增长，是构建社会主义和谐社会的根本任务。社会发展的历史充分证明，市场经济最有利于社会资源利用效率的提高，最有利于劳动者的积极性和创造力的调动，最有利于社会财富的创造。市场经济之所以有如此重大的作用，不仅在于它符合经济发展的客观规律，而且在于它符合人性，具有深厚的道德意蕴。因此，构建和谐社会必须大力发展社会主义市场经济，不断创造丰富的社会财富，使每个人都过上富足丰裕的幸福生活。

（一）市场经济与社会和谐

市场经济是以市场为基础配置社会资源的经济形式。在市场经济下，人们生产什么、生产多少、采取什么方式方法生产以及如何分配，都是依靠市场的力量解决。市场是人类神奇的创造物。市场是人类的交往需要、人们满足多样化需求的实现冲动和人类生产多样性等因素共同作用的产物。市场把不同的生产者和需求者联合在一起，互通有无，促使社会资源的流动和有效配置，同时满足人不同的生活需要，实现物的价值并使之最大化。从这个角度看，市场、市场经济合乎社会创制道德的目的，是人造的“善物”。

市场经济由市场、市场主体和客体构成。市场主体和客体是构成市场运行的两大系统。作为有效配置社会资源的经济形式，市场经济是竞争性价格、市场供求等一系列市场要素及其相互关系的总和。[①] 构成市场经济的各种要素必须通过一定的市场机制才能进行配置和发挥作用，并协调社会生产和消费，最终达到利益最大化的目的。然而，市场的正常运行必须具备三大基本条件：（1）市场选择和分散化决策。在一定时期内，社会需要什么形式的资源组合归根到底与人们对商品和劳务有支付能力的市场需求有关，也就是说，资源配置的途径是以市场需求为导向的。资源由市场需求或市场价格引导，这就是市场选择。市场选择又是由不同的市场主体根据各自的利益自主决定的。这称为分散化决策。分散化决策是市场的固有特征。（2）自愿交换和自愿合作。市场主体的自由选择和分散化决策是建立在自愿交换和资源合作的基础之上的。（3）自利与互利的兼容。市场经济充分肯定市场主体对自身利益的追求。在市场中，每个市场主体都能够在既定的条件下争取自身最大利益的实现。由于市场主体的市场行为是通过资源合作和交换而实施的，因此市场主体对自身利益的最大化追求——最大化的自利行为，最终有利于互利或社会利益的实现。[②]

亚当·斯密认为，市场经济是受一只“看不见的手”支配的。这只“看不见的手”具有神奇的“魔力”，能够把各种自利行为统一到有利于市场正常运行中来，统一到互利和公共利益的实现上来。斯密认为：市场经济是以承认人的个体利益及其差异为前提的，即以理性的“经济人”为起点。在市场经济中，每个人都在力图运用他的资本来获得最大的价值。一般地说，他并不企图增进公共福利，也不知道他所增进的公共福利是多少。他所追求的仅仅是个人的安乐，仅仅是他个人的利益。正是对个体利益的承认和肯定便形成了利益激励与约束并存的市场经济的动力机制，并以此成为推进市场经济和社会发展的不竭动力。这是市场经济行为的普遍规律。

① 杨干忠：《社会主义市场经济概论》，中国人民大学出版社，2004 年版，第 27—28 页。
② 杨干忠：《社会主义市场经济概论》，中国人民大学出版社，2004 年版，第 28—30 页。

斯密所谓的“看不见的手”其实就是价值规律。价值规律要求市场主体等价交换各自的劳动产品。而劳动产品的交换实质上是市场主体之间的权利（利益）的互换或让渡。在物与物直接交换的市场，买卖双方各自互换手中的物品，获得自己所需要的物品。在货币为中介的市场，买者让渡货币，卖者让渡产品。市场主体之间的这种交换行为是平等互利的，并且是自愿自主的，而不是因为某种外在的强制力作用的结果。可见，在市场交换中，人们通过让渡利益而获得利益，通过满足他人的需要来满足自身的需要，从而建立一种自由平等的权利和义务关系，或者目的和手段的对等关系。对此，马克思进行了深入分析。马克思认为，在商品经济社会，人与人之间存在某种普遍利益。社会分工以及个人及其需要的自然差异使交换成为必需。他说：“每个人为另一个人服务，目的是为自己服务；每一个人都把另一个人当作自己的手段相互利用。这两种情况在两个个人的意识中是这样出现的：（1）每个人只有作为另一个人的手段才能达到自己的目的；（2）每个人只有作为自我目的（自为的存在）才能成为另一个人的手段（为他的存在）；（3）每个人是手段同时又是目的，而且只有成为手段才能达到自己的目的，只有把自己当作自我目的才能成为手段。也就是说，这个人只有为自己而存在才能把自己变成为那个人而存在，而那个人只有为自己而存在才把自己变成为那个人而存在——这种相互关系是一种必然的事实”。进一步说，这种相互关系“表现为全部行为的动因的共同利益，虽然被双方承认为事实，但是这种共同利益本身不是动因，它可以说只有在自身反映的特殊利益背后，在同另一个人的个别利益相对立的个别利益背后得到实现。”“从交换行为本身出发，个人，每一个人，都自身反映为排他的并占支配地位的（具有决定地位的）交换主体。因而，这就确立了人的完全自由：自愿的交易；任何一方都不使用暴力；把自己当作手段，或当作提供服务的人，只不过是当作使自我成为自我目的、使自己成为支配地位和主宰地位的手段；最后是自私利益，没有更高的东西要去实现；另一个人也被承认并被理解为同样是实现其自私利益的人。”因为“双方都知道，共同利益恰恰只存在于双方、多方以及存在于各方的独立之中，共同利益就是自私利益的交换。一般利益就是各种自私利益的一般性。”[①]“因此，如果说经济形式，交换，确立了主体之间的完全平等，那么内容，即促使人们去进行交换的个人材料和物质材料，则确立了自由。可见，平等和自由不仅在以交换价值为基础的交换中受到尊重，而且交换价值的交换是一切平等和自由的生产的、现实的基础。”尽管“交换者之间的关系从交换的动因来看，也就是从经济过程之外的自然动因来看，也要以某种强制为基础，”但是，“这种关系，从另一方面来看，本身只是表示另一个人对我的需要本身，对我的自然个性没有关系，也就是表示他同我平等和他有自由，但是，他的自由同样也是我的自由的前提”。[②] 从马克思的分析论述中可见，在商品经济条件下，人与人之间的经济关系是一种互为目的和手段的关系，是一种互利共赢的关系。尽管这种平等互利的关系在商品经济的某些发展阶段是不自觉的，但是，商品天生是个“平等派”，市场的本性必然决定市场主体的自由平等关系。因为，在市场经济条件下，每个人都是利益主体，他们“必须作为有自己的意志体现在这些物中的人彼此发生关系”，并要求“每个人都是自愿地出让财产”，这“实质上是以契约为媒介，通过互相转让而互相占有。这里边已有人的法律因素以及其中包含的自由因素。”在社会主义市场经济条件下，市场主体的自由平等互利关系更具现实性。经济关系是一切社会关系的基础，并决定其他社会关系。经济关系的平等自由必然要求政治、文化和社会生活的自由平等。经济活动领域中确立的一个人的自由平等是另一个人自由平等的前提，必然会在其他社会活动领域，尤其是在社会政治生活中确立起来，并成为社会主义和谐社会的基本特征。

---

① 《马克思恩格斯全集》第46卷（上），人民出版社，1979年版，第196—197页。
② 《马克思恩格斯全集》第46卷（上），人民出版社，1979年版，第197—198页。

迄今为止的经济发展史证明，市场体制是最有利实现资源最大化的配置方式，市场经济是最有利于发展经济的方式，是最有效率、最有活力的经济发展形式，也是有利于促进社会经济关系和谐、人与人和谐的经济发展形式。和谐社会不仅是物质财富丰裕的社会，而且是人与人经济关系和谐的社会。人的富足生活与人际利益关系的和谐是社会和谐的基本要求和特征。因此，发展社会主义市场经济依然是和谐社会的根本任务。和谐社会依然要不断完善社会主义市场经济体制，大力发展社会主义市场经济，不仅为促进社会和谐创造物质条件，而且为社会和谐建立平等自由的经济关系。

（二）市场经济与道德

长期以来人们对市场经济存在误解，对市场主体的自利动机和自利行为，以及市场经济与社会道德的关系存在误解。有人认为市场中的自由交换、自利行为完全是一种损害他人的为所欲为的追逐个人利益的不道德行为。有人把我国目前出现的不正常的、恶劣的、破坏社会道德的生产、交易行为乃至官员腐败行为等，都归于市场经济所致，认为市场经济是道德败坏之源，是腐败现象滋生蔓延的罪魁祸首，等等。然而，事实远非如此简单。因此，我们有必要对市场经济与道德，尤其是对市场经济的合道德性进行阐述。

建立和完善社会主义市场经济体制、大力发展社会主义市场经济，是一场重大而深刻的社会变革。它必然引发人们对市场经济及其改革的价值合理性以及当前出现的社会问题，特别是伦理道德问题进行重新审视。这种审视是不可避免的，具有历史必然性，且有着重要的现实意义和历史作用。

任何经济体制都蕴含着价值基础和道德意义。我们知道，资源的稀缺性与人类需要的膨胀性之间的矛盾是人类重视有效配置和利用资源以提高生产效率的根本原因。资源稀缺和需求膨胀的矛盾必然迫使人类选择更有效率的资源配置方式，生产更多更好的产品来满足人们日益增长的物质文化生活需要。由于资源的配置方式决定资源的利用效益——生产效率，而生产效率直接决定社会财富的多寡，社会财富的多寡又与人的利益、生活幸福直接相关，因此，选择资源的配置方式不仅是个经济问题和政治问题，而且是个伦理问题。

一般而言，资源配置利用的方式大致有三种——自然经济、计划经济和市场经济。自然经济对资源的配置利用是狭隘和低效的；计划经济尽管其理想形态是美好的，但在复杂的社会条件下，它对资源使用的计划性难以实现，因而并不能保证资源配置利用的高效率；市场经济则因其固有的灵活性可以通过市场对社会资源进行较为高效的选择和利用。实践充分证明，市场经济是社会资源配置和利用最有效率的方式。众所周知，社会资源配置利用并非简单的物与物的协调，而是一项复杂的社会活动；也并非简单的物与物的关系，而是人与人之间的关系。人是社会的主体，物为人所有，物与物的配置关系是人的财产关系、权益关系等社会关系的协调，所以资源的配置关系从根本上体现着社会伦理关系。道德从本性上讲是人对社会资源在实践和精神上的一种选择和把握方式。道德所追求的是人的行为善或至善。因此，在三种社会资源配置方式中，哪一种更具有道德的合理性，是显而易见的。

道德是以利益为中介的，是对人的各种利益关系，特别是矛盾着的利益关系的选择和平衡。道德之所以能成其为道德，能为人所承认、接受和规导人的行为，根本在于它肯定了个体利益的合理性、兼顾了人与人之间利益关系的均衡性。从道德与社会利益的关系看，道德所关注的焦点始终是人的利益及其实现，是人的利益的协调和持续发展。市场经济对个体利益及其差异的承认和肯定，是促进社会繁荣和全体社会成员获取社会福利、提高生活质量的原生动力。市场经济最具魅力之处就在于它是高效率的经济形式，是每个人都能有机会最大化满足自身利益的社会公正体系。从这个意义上说，市场经济合乎道德目的，与道德目标内在契合，具有内在的道德合理性。具体而言，市场经济的道德合理性主要表现为以下方面：

第一，市场经济崇尚主体自由。市场经济的结构和功能内在地使主体具有自由的规定性。市场主体是商品的生产者和交换者。商品作为市场经济的一个基本构成要素，其目的是为了交换。为了交换，商品注定是“无根”的，是没有家园和无国界的。自由流动便成了商品的必备特性。商品流动的自由，从根本上讲，就是商品生产者和交换者及其相互关系的流动自由。这就注定了市场主体必须是自由的商品生产者和自由的交换者。人自由地拥有和支配自身的所有物（包括思想感情）是对人的本质特征的确认和与肯定，这同道德的自觉自律具有内在的一致性。自由是社会最大的道德，不自由则是最大的不道德。尊重人的主体地位、实现人的自由，使人成为自由主体的社会制度和体制机制是道德的，而那种把人当奴隶的社会则是不道德的。不道德的社会必然要被道德的社会所替代。

第二，市场经济规定着人的个性独立和自主。市场经济对人的个性、自主的规定是与它对人的自由的尊崇紧密相联的。市场主体对生产和交换等经济行为全由自己决定，同时市场主体也必须承担这种自由行为的后果。这是现代企业制度的伦理基础，也是现代企业制度能顺利运行和健康发展的道德保证。个性是人的内在规定性，是人之为人的内在根据。个性是与自由连接在一起的。一个有个性的人是自由的人，一个自由的人则是有个性的人。遵从人的个性、有利于发展个性的社会及其制度是最合道德的，那种压制个性、扼杀个性的社会和制度则没有道德合理性。市场经济肯定了人的自由本性和个性自由，因而是道德的。

第三，市场经济使主体的平等成为必然。马克思认为，商品是天生的平等派。市场主体的平等是市场经济运行的基础。在商品交换领域，要求依据价值规律实行等价交换，这就为建立人与人之间平等的社会关系提供了客观的价值尺度，也为市场主体机会均等、公平竞争、享有对等的权利和义务奠定了现实根基。市场主体在市场上交换商品，遵循的是自愿和等价交换原则，即商品交换必须是出于自己自由意志的，必须是自由选择的，因而市场主体之间建立的交换关系是自由平等的经济关系。经济关系的自由平等是人与人一切社会关系自由平等的基础和前提。因此，发展社会主义市场经济，必然要求破除我国长期存在的人与人之间的等级关系和等级制度，破除长期形成的人与人的依附关系，建立独立自主、自由平等的社会关系。

第四，市场经济充分肯定人的主体性和个体价值，并为主体性的发挥和价值实现创造有利的社会环境。市场经济是竞争型和利益激励型的经济形式，追求利益最大化是必然要求。市场主体为了追求利益的最大化就必须了解市场信息，开发高质量、市场潜力大的产品，发明和改进新的科学技术，采用科学的经营管理方法，不断降低成本，减少投入。为此，主体必须有时代的紧迫感，不断提高自身的综合素质。可见，市场主体对利益最大化追求的过程是主体性充分发挥的过程，是个体价值的实现过程，也是社会价值的实现过程。利益是市场运转的轴心，是联系市场主体的纽带。然而，市场主体利益的实现是双向的，是相互依赖的。因此，市场主体在关注自身利益及其实现的同时必须关注他人的利益，必须把个人利益和他人利益、社会利益统一起来，必须把实现个体价值与社会价值统一起来。只有如此，市场主体才能实现个体利益和社会价值。健全、完善的市场经济体制有利于实现主体个体价值和社会价值的有机统一。

第五，市场经济有利于促进人的自由全面发展。发展经济、解放和发展生产力，最根本的是人的解放和发展。社会主义市场经济作为一种价值系统，其内在结构决定了经济运行的目的在总体上不是为了物，而是为了人。市场经济体制对有限资源的效益最大化的配置、利用远比自然经济与计划经济更能促进生产力的发展和创造更多的社会财富，从而为人的生活改善和自身发展提供更丰厚的物质资源。市场经济的发展为人的自由全面发展提供了更为合理和广阔的空间。市场经济的运行体制客观要求社会以法律的形式确立市场主体的自由、平等、独立等权利，保障和鼓励人的主体性的发挥和实现。由于商品的流动性、市场的开放性，客观上要求社会能够为人的交往提供一个自由的大舞台。社会交往和联系的广泛化是实现自由选择和“利益最大化”的必要条件，“利益最大化”的追求又为主体社会交往的扩大注入了不竭的动力。社会性是人的本质特质。交往是人的社会性发展的重要方式和表征。人的社会关系的拓展与扩大必定催生人性的丰富和人的本质的实现。

综上所述，市场经济在本质上是道德的，具有内在的道德合理性，因而，市场经济是道德经济，发展社会主义市场经济有利于社会主义道德建设，有利于构建和谐的德性社会。

（三）建立同发展社会主义市场经济相适应的道德

发展社会主义市场经济是构建社会主义和谐社会的基本任务和重要前提。市场经济是和谐社会经济生活的基本内容。和谐社会的道德必然要以市场经济为前提、为基础，必须反映社会主义市场经济发展的要求，反映人们在市场经济中的社会关系——利益关系，从而建立新型的社会关系，实现道德建设与市场经济健康发展的良性互动。因此，我们要建立的道德体系，应当是既适应和促进市场经济发展的，又是引导和超越市场经济发展的。

提出建立同社会主义市场经济发展相适应的道德这一命题的根本前提在于：原有的社会道德体系在总体上是与发展社会主义市场经济的客观要求不相适应的。“不相适应”在于现行道德规范和道德行为等在整体上没有全面肯定个体合法谋取个人利益的权利及其道德合理性，没有全面反映人与人之间平等竞争、互利合作的利益关系，不能促进人与人利益关系的和谐发展。在发展市场经济之前，我国的道德体系主要是与自然经济相适应的传统道德体系和与计划经济相适应的道德体系。自给自足的自然经济在我国源远流长，直到今天依然还在一定范围内存在，与之相适应的道德则更为久远且根深蒂固。传统社会建立在自然经济或小农经济的基础之上，家庭是传统社会的主体，传统道德主要是以家庭为本位、以爱为中心的道德，“孝悌”是传统道德体系的基础和核心，是一种典型的依附性道德。依附性道德，压制人的主体性，不利于建立平等自由的人际关系。传统道德重义轻利，重农抑商，缺乏与发展商品经济相适应的平等、正义等公共道德规范和要求，不利于商品经济的发展，阻碍着市场经济的发展。因此，总体而言，传统道德体系是与发展社会主义市场经济不相适应的。过去搞的那种计划经济是与高度集权联系在一起的，是畸形、扭曲的计划经济。与此相适应的道德体系把道德看作是超功利的，既不承认道德的功利价值，又不肯定人的自由、平等、主体性、个性所具有的道德价值，还不承认个人利益的正当性与合理性，甚至否定人们对个体利益追求的道德价值。因此，与计划经济相适应的社会道德体系同传统道德体系一样也不是自由、平等和公正的，也是道德主体不平等的依附性道德。只不过传统道德依附于皇权（皇帝），而计划经济下的道德则依附于组织或单位。所以说，计划经济条件下的道德体系也是与发展社会主义市场经济的客观需要不相适应、不相符合的。这种“不相适应、不相符合”，不是个别的、枝节性的，而是整体的、本质性的。这绝不是一种理论的臆造，而是一种客观的普遍事实。“道德滑坡”、“道德沦丧”、“道德失范”等描摹当今道德环境最频繁的词语从另一个角度反映了这种深刻的、本质的“不相符合”与“不相适应”。当然，“道德滑坡”、“道德沦丧”的真实面貌并不是现代新道德的滑坡与沦丧，而是传统道德、计划经济下的道德的滑坡，是与计划经济相适应的道德不适应市场经济发展需要而引起的社会生活的不良反应，是以往道德体系在复杂多变的社会利益关系面前苍白无力的表征，同时在另一方面也反映了现代新道德的缺位或不成熟。因此，道德现实的裂痕是不可能对原有的道德体系进行简单的修补便能够解决的。既然传统社会的道德与计划经济条件下的道德体系在整体和本质上不符合、不适应市场经济发展的需要，那么，建立与市场经济发展相适应的道德便是对现有道德体系的本质性改造与整体性建构。

道德是社会现实生活的反映，道德在现实的经济关系中生长。市场经济在本质上是追求利益最大化的经济形式。利益或功利是市场经济社会的主导原则。任何时候、任何一种经济形式都没有市场经济那样更直接、更明了地表征人是一种利益主体；也没有任何经济形式像市场经济那样明确肯定人对利益的追逐是人最基本、最现实的需要，是与人的基本本性相符的；也没有任何经济形式像市场经济那样直接要求市场主体在起点上应当自由平等，在过程中应该公平竞争，在公平竞争中实现各自利益的最大化。市场经济环境下，人与人的关系直接明了地表现为利益关系，且处于社会关系的主导地位。因此，与市场经济相适应的道德，必须从根本上承认和肯定人是利益主体，必须内在地体现和符合人的基本本性，必须真实反映人与人作为利益主体之间的关系，必须肯定利益原则之于调节社会关系的根本作用。所以，建立与发展市场经济相适应的道德，归根结蒂就是要确立功利主义原则在道德建构中的地位，建立一种以利益、功利原则为主导的道德体系，建立符合人的基本本性的道德，建立反映人们追求个人财富和过富足美好生活的愿望的道德，建立体现人的自由、平等、公正、互利合作、互助协调的利益关系的自主性道德。

市场经济是竞争型经济。价值规律是市场经济正常运行所必须遵循的客观规律。正是由于价值规律的作用，市场确立了一种优胜劣汰的竞争机制，促使市场主体展开角逐，以实现社会资源的有效配置，创造更多更好的产品满足人们多样性的需求。为了提高市场竞争力、取得竞争优势，各个市场主体会自主地发挥各自的潜能，努力提高自身的素质，不断提高社会产品与社会服务的质量，进而促进社会财富的极大丰富和社会整体利益的快速增进。竞争是提高效率的重要前提和必要手段。市场经济也因此成为目前最有效率的资源配置方式。因为市场竞争符合市场经济发展的客观规律。市场竞争不是依靠不平等的规则，而是依赖提高资源的有效配置能力，尤其是科技创新和人力资源优势等核心竞争力。谁拥有高新科技及创新人才，谁就能够实现最有效率的资源配置，谁就能够实现利润的最大化，谁就能够处于市场竞争的制高点。可见，市场经济的竞争不是为竞争而竞争，更不是恶性竞争。市场竞争是为了实现高效率，高效率则可以为社会创造更多更好的财富，为人们创造更丰富的生活资源。因此，市场竞争，不是生物性的，而是社会性的；不是非理性的，而是理性的；不是你死我活的，而是荣辱与共的；不是违反法律和道德的，而是遵守法律和道德的。有规则的、理性的竞争尽管也会有优胜有劣败，有上也有下，有晋升者也有淘汰者，但是，它优化了资源，提高了效率，增进了社会财富和人的福利，同时，还激发了社会活力和创造力，激励着人们积极向上、奋勇当先、争先创优、奋发有为，有益于提升人的整体素质和境界。因而，这种竞争是一种善、一种道德善。因此，与发展市场经济相适应，就必须破除那种“不敢为天下先”、“吃大锅饭”、“平均主义”的道德规范，确立激励人们敢于竞争、敢于争先、敢于创优、勇于改革、勇于创新、敢当“闯将”的体现时代精神的竞争性道德。

市场经济不仅是理性竞争的经济，而且是互利互惠的合作经济。自然经济是自给自足的，生产者和消费者是同一主体。自然经济的主体在孤立和狭隘的地域上进行生产与生活，人世间的一切幸福都来自于“天”，人是“上天”的奴仆、上帝的“婢女”，因此，人们奉行的道德是“尊天”的道德。传统意义上的计划经济在一定程度上也是一种自给自足的经济，只是生产者所面对的不再是自己，而是计划部门的计划，生产不是为满足消费者而生产，而是为计划部门的计划而生产，生产以完成计划任务为根本目的。因此，计划经济下的主体所遵守的道德就是以“服从权力”为本的道德——权力依附性道德。市场经济下的生产者和消费者以及生产者彼此之间是相互联系的不同主体，但是在时间和空间上却是分离的。依据亚当·斯密的观点，生产者的根本目的不是为了消费者，而是为了自己，为了自己获取利润，但是他们清楚的知道，为了达到自己的目的，就必须为消费者进行生产，因为有一只“无形的手”在起作用。这只“无形的手”使得市场主体从自利出发、通过利他的手段最终达到自利的目的，从而在客观上达成互利互惠之功。马克思通过对市场交换主体意识的分析，从目的和手段的关系表述了与斯密相似的思想。他说：“一个人的需要可以用另一个人的产品来满足，反过来也一样；一个人能生产另一个人所需要的物品，每一个人在另一个人面前作为这一个人所需要的客体的所有者而出现，这一切表明：每个人作为人超出了他自己的特殊需要等等，他们是作为人彼此发生关系的：他们都意识到他们共同的种属。”“他们彼此不仅处在平等的关系中，而且也处在社会的关系中。”[①] 在市场中，目的和手段是相互统一的。市场的法则、市场的规律不断告诫市场主体：市场是利益共同体，是联系不同利益主体的纽带，是实现共同利益的场所，只有达到他人的目的，才能实现自己的目标；如果市场主体只是为了个体利益而不顾或者损害他人利益，那么市场就会崩溃、瓦解，最终遭受最大损失的只能是自己。因此，市场经济客观上要求建立以自由平等为基础的团结互助、互利互惠的合作共赢性道德。

市场经济是法治经济、规则经济，也是信用经济。马克斯·韦伯在《新教伦理和资本主义精神》一书中认为，资本主义的经济形式之所以首先在西欧而不是在封建经济相对发达的中国等地区确立和发展起来，新教伦理起着关键作用。厉以宁教授把道德看作是超越市场和政府的第三种调节力量。在市场经济中，市场调节是基础性的调节，政府通过建立相对完备和公正的法律制度的调控对促进市场经济的发展也是十分重要的。但是，社会经济活动是十分复杂

① 《马克思恩格斯全集》第46卷（上），人民出版社，1979年版，第195页。

的，也有其客观的规律，而人的理性在社会经济的复杂性面前总是有限的，人的理性无法把握千变万化的经济信息，也无法完全收集和处理经济活动的全部信息，把握经济活动的运行规律，实现人对经济的调节和计划。亚当·斯密对此有过详细的论述，在此不予赘述。厉以宁教授也认为："交易时时刻刻都在进行，每天都发生许多次交易，而交易者的人数多得数也数不清。"由此，即使十分完备的法律体系和市场规则体系都无法囊括整个经济生活、经济活动全部内容，更无法预见所有市场主体的市场行为。因此，市场调节与政府调控就有可能失灵或者失控。周期性的经济危机在一定程度上就是这样发生的。所以，有序而有效率的市场经济就不单单依靠市场和政府，而且还需要依靠"第三种力量"——道德。如果市场主体越有德性、越能自律，"越能自觉地遵守商业道德，越能用法律来规范自己的交易活动，那么市场调节就越能发挥基础性调节作用，而法律的维护公平竞争和维护交易秩序的作用也就越能体现出来。"①经济活动的核心是效率，是以最小的资源创造最多最好的产品服务于社会、造福于人类。从交易活动来看，最能减少交易成本、提高效率的是交易双方的道德——诚信。市场调节是一种机制，是一种客观的物质力量，因为它是由价值规律、供求关系引起的，与道德无关。但市场主体的道德行为或不道德的行为却会对市场调节产生不同的影响，从而影响市场和生产的效率。政府调控尽管是通过客观的法律制度来进行的，但是，政府调控是通过政府部门的工作人员来具体实施的，政府工作人员的执法水平和道德水准会直接影响政府宏观调控的方向与力度，进而影响社会经济活动的效率和质量。经济活动是人的社会性活动，活动的状况及其结果与人的道德水平直接相关。市场主体的道德状态直接影响市场经济发展的方向和状况。我国目前经济领域出现的诸如"三聚氰胺毒奶粉"、"瘦肉精"、"苏丹红"等一系列恶性事件，不仅严重地扰乱了市场经济的秩序，

---

① 厉以宁：《超越市场与超越政府》，经济科学出版社，2010 年版，第 117 页。

而且极大地破坏了社会生产力，严重危害了人们的生命安全。这也从反面说明："有了习惯与道德调节，市场调节与政府调节的效应就越明显，也越有效"。市场调节和政府调节效益的提高也会带来社会生产效益的提高。由于市场主体数量众多，而且是独立、自由、自主和分散流动的，其经济行为的数量和复杂程度远远超出任何一个市场主体的有限理性。社会分工的细密化、生产的流程化、商品的复杂化、知识的专业化等等，再聪明的市场主体也不可能完全把握与之打交道的主体以及商品的信息，因此，市场经济要求规则公正、主体行为透明和诚实守信、交易结果互利互惠。从道德的角度看，传统道德和计划经济下的道德都无法满足市场经济发展的要求。因为，传统道德是与孤立的自然经济和简单的社会生活——人际关系相联系、相适应的，主要是一种"熟人道德"；计划经济条件下的道德是与满足经济活动的计划性需要相适应的，主要是一种"体制内道德"，依然是一种"熟人道德"。发展市场经济所要求确立的道德应该是诚信为本、诚实守信、和睦共处的公共性的"陌生人道德"。

以市场经济为取向的经济体制改革是一场新的伟大革命，从根本上改变了中国人的社会生活、实践方式、生活方式和利益结构，也从根本上改变了中国人的思想观念、思维方式和价值观。中国社会以前从来没有出现过市场经济所带来的利益增量和利益总量，也从来出现过如此复杂的利益关系和利益格局。这真可谓是"千百年来未遇之大变局"，大变局必然要大调整。市场关系是利益关系，市场经济是自由经济、自主经济、法治经济、竞争经济、合作经济、信用经济。因此，必须确立道德的人本原则和功利原则，建立以人性为基础、以利益为主导、以人的幸福为目的，以自由、自主、自信、自强、创新、争优、敬业、平等、法治、诚信、合作、互信、互利、互惠、互赢、友善等为基本内容的道德体系。

三、与社会主义民主政治建设相协调

发展社会主义民主政治是中国特色社会主义事业的重要组成部分，是构建和谐社会的必然要求。《中共中央关于构建社会主义和谐社会若干重大问题的决定》明确指出："民主法治"是和谐社会的基本特征，是构建和谐社会的总要求之一。构建和谐社会必须发展社会主义民主政治，建设社会主义法治国家。为此，和谐社会道德建设必须与社会主义民主政治建设相适应，建立与社会主义法律体系相一致的道德规范体系。

（一）民主及其本质

对什么是"民主"、民主的本质是什么、民主是不是优良的政治制度、民主是否具有普世价值等诸如此类的问题，人们历来存在不同的认识和主张。历史唯物主义是关于社会及其发展规律的科学理论，是我们正确认识"民主"及其相关问题的科学方法论。

"民主"一词是由"人民"和"权力"两个概念组合而成的，即人民的权力，亦即"多数人的统治"或"多数人的意志"。亚里士多德认为，民主就是"让所有的人尽可能参加并分配政治权利"和"由多数的旨意裁决一切政事"[①] 的制度。科恩说得更明确："民主的实质是社会成员参与社会的管理，它就是自治。""民主是一种人民自治的制度。""民主即人民自己管理自己，人民即统治者。"[②] 马克思指出："在民主制中，国家制度本身只表现为一种规定，即人

① 亚里士多德：《政治学》，商务印书馆，1965 年版，第 194 页。
② ［美］科恩：《论民主》，商务印书馆，1988 年版，第 6、273、7、10、274 页。

民的自我规定。在君主制中是国家制度的人民；在民主制中则是人民的国家制度……在这里，国家制度不仅自在地，不仅就其本质来说，而且就其存在、就其现实性来说，也在不断地被引回到自己的现实的基础、现实的人、现实的人民，并被设定为人民自己的作品。”“民主之独有的特点是：国家制度在这里毕竟只是人民的一个定在环节”。马克思还认为，“在民主制中，不是人为法律而存在，而是法律为人而存在；在这里法律是人的存在，而在其他国家形式中，人是法定的存在。民主制的基本特点就是这样。”[①] “在民主制中，国家制度、法律、国家本身，就国家是政治制度来说，都只是人民的自我规定和人民的特定内容。”[②] 可见，民主表现为一种国家政治制度。“多数人的统治”、“人民的统治”、“民治”是通过国家的政治制度来实现的。因此，民主是一种实行“多数人统治”或“人民统治”的国家制度。

结合人们对民主的认识和民主实践的历程，依据历史唯物主义的方法论，我们可以从以下三个方面来认识“民主”及其本质。

第一，民主是社会发展到一定历史阶段的产物。民主不是从来就有的，而是社会发展到一定阶段、随着阶级社会的产生才出现的，即民主是阶级社会的产物。由于阶级社会存在着阶级、阶级对立和阶级斗争，因此，我们考察民主关键是看作为“多数人统治”中的这个“多数人”——民主的主体究竟是社会中的什么人。民主作为一种国家政治制度，决定其本质的不是它的制度形式，而是它的阶级实质——是属于什么阶级和为什么阶级服务的。这是马克思主义关于民主问题的基本观点。在人类历史上，民主的最初形态出现在古希腊的雅典等城邦奴隶制国家中。在那里，国家的最高权力掌握在公民大会手中，公民直接行使民主权利；各级官员由公民选举产生，而不是由最高统治者至上而下任命。古希

① 《马克思恩格斯全集》第 3 卷，人民出版社，2002 年版，第 39—40、40 页。
② 《马克思恩格斯全集》第 3 卷，人民出版社，2002 年版，第 39—40、40 页。

腊民主制的这些基本特征具有重大的意义：它有利于奴隶主阶级内部各种意见和主张能够充分表达，推动了社会政治经济和文化的发展，并开创了人类民主制度的先河，对人类民主的发展产生了深远的影响。但是，雅典民主制是仅限于奴隶主和自由民等少数人有权管理城邦的政治制度，是奴隶主实现其阶级统治的工具，是为实现奴隶主及其集团的利益服务的。资本主义时代，民主作为一种国家政治制度真正确立起来。它用议会制代替君主制，用选举制代替世袭制，用任期制代替终身制，用权力制衡机制代替权力专制机制等。这些制度安排，一方面使广大社会成员有了参与和管理国家及社会事务的基本权利，另一方面在一定程度上限制了统治者权力的无限扩张和滥用，无疑是一种巨大的历史进步。然而，这种民主就其本质而言，只是资产阶级的民主。因为，资本主义社会固有的生产社会化和生产资料私人占有之间的矛盾，决定了在政治制度上必然产生民主本身所要求的广泛性和普遍性与民主权利事实上被少数人（生产资料占有者）所垄断之间的矛盾，导致了资产阶级民主的片面性。可见，阶级社会由于实行生产资料私有制，决定了其民主的主体并不是“多数人”，而是占有生产资料的少数人，阶级社会的民主并不是“多数人的统治”，而是统治阶级及其同盟——“少数人”的统治。社会主义民主制度是人类崭新的政治制度，生产资料社会主义公有制为主体的经济形式为广大人民群众——“多数人”享受真实的民主权利奠定了牢固的经济基础，为广大人民群众真正执掌国家最高权力——实现“多数人的统治”——人民民主提供了物质保障。

第二，民主是国体和政体的统一。任何社会占统治地位的阶级必须通过一定的政治制度或程序行使管理国家事务的权力。专制是极少数人或个人执掌国家最高权力、管理国家和社会事务的制度。民主是社会全体成员或多数人执掌国家最高权力、管理国家和社会事务的制度。民主作为一种国家政治制度，一方面要有能够行使国家权力的社会主体，即全体社会成员或社会中的“多数人”；另一方面要有一定形式的政治制度，即能够保障全体社会成员或“多数人”的权力得到落实的各种程序和规则。因此，民主其实是国体和政体的关系问题。国体是指民主这种国家形态的阶级实质，即什么阶级掌握政权，对什么人实行民主，反对和镇压什么阶级，对什么人实行专政。政体是体现国家阶级统治的具体政治制度，即通过什么程序和形式来实现阶级统治。国体是国家的内容，政体是国家的形式。国体决定政体，政体反映、体现和反作用于国体。资本主义国家的国体决定了其民主制是维护资产阶级根本利益的工具，是为巩固资产阶级的统治服务的。社会主义国家是人民民主的国家，社会主义的本质决定了人民民主——人民执掌国家最高权力和管理国家事务的真正实现。

第三，民主是不断发展和完善的。民主在一定历史阶段产生，并随社会历史进步而不断发展完善。民主作为一种国家政治制度，作为一种上层建筑，必然受到社会经济基础的制约，并与社会生产力的发展水平、社会文化的进步程度等密切相关。随着生产力的发展以及生产关系的变革，民主的内容和形式也会不断变化发展。民主先后经历了古希腊的奴隶主民主制、资产阶级的民主和社会主义民主等多种形式。社会主义民主也是随着社会主义建设实践的发展完善而不断发展完善的。由于现实的社会主义国家是在经济文化比较落后基础之上建立和发展起来的，旧社会的残余和历史条件的限制还大量存在，因而社会主义民主无论是内容和形式还很不完善，人民民主的实现程度还不高。因此，社会主义社会，一方面要坚持人民民主的发展方向，以保证人民当家作主为根本，不断扩大社会主义民主，建设和完善社会主义法治国家，努力发展社会主义政治文明；另一方面要坚持从实际出发，循序渐进地推进社会主义民主建设。需要指出的是，发展社会主义民主政治，建设社会主义政治文明，既是一项艰巨的历史任务，又是一个渐进的历史发展过程，必须经过长期的艰苦奋斗才能实现。

(二) 人民民主是社会主义的生命

“人民民主是社会主义的生命。”“人民当家作主是社会主义民主政治的本质和核心”。发展社会主义民主政治根本在于“扩大人民民主，保证人民当家作主”。[①]

社会主义社会是自由民主社会。众所周知，无论是理论形态的社会主义，还是实践形态的社会主义，有很多种。科学社会主义理论主张建立自由民主的社会主义社会。科学社会主义的创始人郑重指出：未来新社会是“每个人自由发展”的“联合体”。[②] 为此，“工人革命的第一步就是使无产阶级上升为统治阶级，争得民主。”[③]在这里，国家制度“表现出它的本来面目，即人的自由的产物。”[④]列宁深刻指出：“没有民主，就不可能有社会主义，这包括两个意思：(1) 无产阶级如果不通过争取民主的斗争为社会主义革命做好准备，它就不能实现这个革命；(2) 胜利了的社会主义如果不实行充分的民主，就不能保持它所取得的胜利”。如果认为“民主在社会主义制度下是多余的”，那是“十分荒谬、十分糊涂的”。[⑤] 与历史上曾经出现的任何一种民主形式不同，社会主义民主是人类进入阶级社会以来第一个多数人占统治地位的真实的民主。因为，社会主义国家实行的是生产资料公有制，社会财富由全体劳动人民共同占有，它使占人口大多数的工人、农民和知识分子等最广大的人民大众都能享受最广泛的民主。列宁称赞它是以“穷人的民主”代替了“富人的民主”，以多数人的民主代替了少数人的民主。因而，从民主的本质上看，社会主义民主“比任何资产阶级的民主要民主百万

① 《中国共产党第十七次全国代表大会文件汇编》，人民出版社，2007年版，第28、29页。
② 《马克思恩格斯选集》第1卷，人民出版社，1995年版，第294页。
③ 《马克思恩格斯选集》第1卷，人民出版社，1995年版，第293页。
④ 《马克思恩格斯全集》第3卷，人民出版社，2002年版，第41、40页。
⑤ 《列宁全集》第28卷，人民出版社，1990年版，第168页。

倍”。中国共产党把建立人民民主的社会主义新中国作为根本的奋斗目标，把实现共产主义社会作为自己的最高理想。毛泽东在中共七大所作的政治报告指出：抗战胜利后，我们要建立一个新民主主义的独立、自由、民主、统一、富强的新中国。他说：“自由是人民争来的，不是什么人恩赐的。……中国人民争得的自由越多，有组织的民主力量越大，一个统一的临时的联合政府便越有成立的可能。这种联合政府一经成立，它将转过来给予人民以充分的自由”。“人民的言论、出版、集会、结社、思想、信仰和身体这几项自由，是最重要的自由。”[①] 因此，“不仅社会上的人都有人格、独立性和自由”，而且更要发展“他们的人格、独立性和自由。”[②] 邓小平明确认为：“没有民主就没有社会主义”。[③] 江泽民把社会主义与民主的关系概括为：“发展社会主义民主政治，是我们始终不渝的奋斗目标。……没有民主就没有社会主义，就没有社会主义现代化。社会主义民主政治的本质，就是人民当家作主。”[④] 胡锦涛进一步指出：“人民民主是社会主义的生命”，“人民当家作主是社会主义民主政治的本质和核心。”[⑤] 可见，人民民主、人民当家作主是社会主义及其民主政治的本质内容。社会主义社会不仅要保障人民群众的经济权益，而且更要保障人民群众的政治权益，确保人民的社会主体地位。由此我们完全可以认为，科学社会主义是自由民主的社会主义理论和实践，中国特色社会主义是自由民主的社会主义理论与实践。

社会主义民主的本质和核心是人民民主——人民当家作主。人民民主不仅是由社会主义社会的性质和发展目标决定的，而且是由社会主义的经济基础决定的。社会主义社会作为以“每个人自由全

① 《毛泽东选集》第三卷，人民出版社，1991年版，第1070页。
② 《毛泽东文集》第三卷，人民出版社，1996年版，第416页。
③ 《邓小平文选》第二卷，人民出版社，1994年版，第168页。
④ 《江泽民论有中国特色社会主义（专题摘编）》，中央文献出版社，2002年版，第303页。
⑤ 《中国共产党第十七次全国代表大会文件汇编》，人民出版社，2007年版，第27、28页。

面发展”为目标的社会形态，必须保障和促进“每个人的自由发展”。为此，社会主义社会必须建立社会基本政治制度和经济制度保障每个人自由全面发展的权利。基本政治制度包括根本政治制度等一系列政治制度和体制机制，必须集中体现为民主制度。因为只有民主制度才能保证人民群众当家作主。因此，马克思、恩格斯认为，无产阶级一旦掌握国家政权，首先就要建立社会主义民主政治制度，确立人民当家作主的主体地位，不断扩大人民民主，使人民群众成为社会的主人。基本经济制度就是以生产资料公有制为主体多种经济形式共同发展的制度和以按劳分配原则为主体多种分配形式并存的制度。社会主义社会必须发挥所有制的优势，不断解放和发展生产力，坚持社会公平正义，为人民当家作主奠定坚实的物质基础。因此，社会主义民主不是一般意义上的阶级民主，而是人民民主，即人民当家作主。

社会主义的社会性质决定了我国的政治制度必须是民主政治制度，是保障人民民主的政治制度。为此，中国共产党始终高扬人民民主这一光辉旗帜，努力发展社会主义民主政治。在新中国建立之初制定的《中华人民共和国宪法》便明确规定：中华人民共和国是人民民主专政的社会主义国家，人民代表大会制度是我国的根本政治制度，国家的一切权力属于人民。人民民主专政的国家政权，体现了全体人民的意志，在国体上确立了人民民主、人民当家作主的社会地位。人民代表大会制度是人民行使国家权力的保证。“人民行使国家权力的机关，是全国人民代表大会和地方各级人民代表大会。”人民通过定期选举产生自己的代表，由他们组成各级人民代表大会。全体人民通过人民代表大会制度，直接或间接地执掌国家最高权力，从而在政体上保证人民当家作主的地位。全国人民代表大会及其常设机构是国家最高权力机关，在整个国家机构中居于最高地位。国家行政机关、审判机关、检察机关都由人民代表大会产生，对它负责，受它监督。同时，人民有权监督人民代表大会的工作，要求代表履行职责，并依法罢免不称职的代表和国家机关工作人员，以保证人民代表大会能够集中人民的意志、反映人民的要求、维护和发展人民的利益。

改革开放以来，我们党坚持中国特色社会主义政治发展道路，不断完善中国特色社会主义政治制度，积极推进政治体制改革，在发展社会主义民主政治方面取得了重大进展。强调人民民主是社会主义的生命，坚持国家的一切权力属于人民，废除了实际上存在的领导干部职务终身制，确保了国家政权机关和领导人员有序更替；不断扩大人民有序政治参与，人民实现了内容广泛的当家作主；坚持和完善中国共产党领导的多党合作，深入开展政治协商、民主监督、参政议政，发展最广泛的爱国统一战线；建立健全深入了解民情、充分反映民意、广泛集中民智、切实珍惜民力的决策机制，保证决策符合人民利益和愿望；建立健全广纳群贤、人尽其才、能上能下、充满活力的用人机制，为各方面优秀人才建功立业开辟了广阔渠道；形成了中国特色社会主义法律体系，党自觉在宪法和法律范围内活动，支持人大、政府、政协、司法机关等依照法律和各自章程独立负责、协调一致开展工作；建立健全权力运行制约和监督体系，保证党和国家机关及其工作人员依照法定权限和程序行使权力。“事实充分证明，我国社会主义民主政治具有强大生命力，中国特色社会主义政治发展道路是保证人民当家作主的正确道路。”① 当然，我们同时也要看到，我国社会主义民主法制建设与扩大人民民主的要求还不完全适应，我国的民主制度、政治体制还不健全，人的社会主体地位、人民当家作主的政治地位还没有得到完全保证。因此，随着中国特色社会主义事业的发展，我们必须继续推进社会主义民主政治建设，进一步完善和健全社会主义民主制度，切实保障每个人的社会主体地位，保障人民真正当家作主。

当然，社会主义社会是一个长期发展的过程，社会主义民主的

① 胡锦涛：《在庆祝中国共产党成立 90 周年大会上的讲话》，人民出版社，2011 年版，第 21—22 页。

实现也是一个长期的历史过程。社会主义民主的实现，需要不断创造和积聚经济、政治、文化和社会的各种条件，需要不断探索社会主义民主、自由的具体实现形式，需要不断创新保障人民依法管理国家和社会事务的制度，需要不断创建激发人民群众投身社会主义经济、政治、文化、社会和生态文明建设事业的体制机制，需要每个社会成员积极努力，奋发有为。我们相信，不管路途如何遥远，道路如何曲折，中国大地必定建成一个自由民主和谐富强的社会主义社会。

（三）民主法治是社会和谐的保证

法治与德治是社会治理两种最基本的方式，法律和道德是人类规范有序世界两种最基本的规范，是社会共同体的“两翼”。和谐社会是民主社会，是法治社会和德性社会的统一体。然而，相对而言，法治更具基础性，法治是社会和谐的结构性保障。

和谐社会必定是安定有序的，没有稳定安宁的社会秩序就没有社会的和谐。安定有序是社会和谐最基本的因素，就像温饱是人的生存发展最基本的因素一样，具有优先于其他价值的价值。稳定是一切社会实践和人的幸福生活的基础。只有在稳定有序的环境中，生产才能进行，生活才能继续，社会的一切价值才能实现。因此，社会首先必须保持安定有序。然而，如何从根本上保证社会安定有序呢?

安定有序与人的自由无疑是一对矛盾：首先，自由和有序相互对立。有序限制甚至扼杀自由，自由则意味着总是要打破秩序的限制、解除制度的约束。其次，自由和有序相互统一。一方面，自由规定有序的道德性质和层次，并促进有序。有序有很多种，只有保障和促进自由、充满活力的有序才是真正的有序。另一方面，有序保障自由。自由不是没有边界的，没有边界的活动不是自由的，也不可能有自由。只有在有序社会中才可能实现自由，没有安定的社会环境就没有自由。要自由必定先要有安定的秩序。然而，并不是任何有序都必然以自由为前提，都必然保障自由。比如，强权政治、高压政治、专制政治下的社会虽然是有序的，但却是阻碍自由、扼杀自由的。因此，以阻碍、牺牲自由的安定并不是真正的有序，更不是真正的和谐。真正的有序是保障和促进自由的，就是说，真正的有序是以保障自由为前提和为目的的。只有这样的有序才是好的、善的，才能叫做良序。

现代社会是良序社会，社会主义和谐社会更应当是良序社会。罗尔斯认为，一个秩序良好的和谐社会至少应该包含三层意思："第一，在该社会中，每个人都接受、且知道所有其他的人也接受相同的正义原则；第二，它的基本结构——也就是说它的主要社会制度和政治制度，以及这些制度如何共同适合于组成一个合作系统——被人们公共地理解为、或者人们有充分地理由相信它能满足这些原则；第三，它的公民具有正常有效的正义感，所以他们一般能按照社会的基本制度行事，并把这些社会基本制度看作是公正的。"[①] 就是说，真正的良序社会是具有普遍正义原则的社会，且这种普遍的正义原则不仅体现在基本制度所构成的合作系统中，而且体现在人们的普遍行为上。

那么，社会通过什么来保证这些因素的实现呢？社会如何保证公正原则的普遍落实呢？从历史的经验看，要在社会基本制度层面坚持正义原则，维护社会公正，实现社会良序，只能在民主法治社会、即只能靠民主法治才能真正实现。只有民主法治才是实现社会公平和社会良序的根本保证。

柏拉图提出了"理想国"的良序社会目标。他认为，人有理性，也有欲望，但理性高于欲望。人要追求幸福，只有用理性和智慧去追求。因而，理想社会就是一个理性的社会。哲学是追求理性的事业。"哲学王"是最具理性的人。因此，理想社会必须是"哲学王"

---

① ［美］罗尔斯：《政治自由主义》，译林出版社，2000 年版，第 36 页。

统治的社会。他说："国家与个人，不经哲学王治理，决无希望可言。""哲学王的统治"是"德治"——贤德之人的政治统治。然而，柏拉图清晰地认识到，人的理性其实是有限的，人的欲望却是无限的。现实的人性充满贪婪和自私。因此，"哲学王"的贤人政治是难以在现实中实现的。为了有效克制人的情欲，抑制人的自私和贪婪本性，社会必须建立强有力的法律的统治——法治。在《法律篇》中，柏拉图一再强调，当"哲学王"还没有出现的时候，必须树立法治的权威，只有法治才能使国家走向健康的轨道。他说："如果一个国家的法律处于从属地位，没有任何权威，我敢说，这个国家一定要覆灭。然而，我们认为，一个国家的法律如果在官吏之上，而这些官吏服从法律，这个国家就获得诸神的保佑和赐福。"① 因为，法律是"具有永久性质的东西"，是"理性的命令"。所以，"人类必须有法律并且遵守法律，否则他们的生活将像最野蛮的兽类一样。"由此可见，在柏拉图的理想国中，"哲学王"的德治社会是最理想的，因而是最优选择。但是，现实中似乎不可能有完全理性的"哲学王"，因而，只有法治才是最佳的社会治理，才能建立良序社会，因而是最佳的选择。亚里士多德批判性地继承了柏拉图的法治思想，认为法治是实现社会良序的基本手段和保障。亚里士多德认为：国家政治源自人的政治属性，因为"人是天生的政治动物"。国家政治的目的是为了使人们过上有组织的社会生活。因为个人只有在公共生活中才能最大限度地实现自己的德性，从而实现生活的幸福。国家政治最理想的是一人统治的君主制。但是，英雄时代已经结束，现实政治中没有任何一个人具备高于其他所有人的统治资格。因而，现实中最佳的政治统治是多数人统治的立宪制。立宪制的优越性在于它能够持久地保持社会的稳定和安宁，能够保证个人获得稳定和谐的公共生活，从而增进德性、获得幸福。亚里士多德因此认为，法治要优于人治。因为法律源自人的理性和理智，法治是多

① 《西方法律思想史资料选编》，北京大学出版社，1983 年版，第 25 页。

数人的统治。“凡是不凭感情因素治事的统治者总比感情用事的人们较为优良。法律恰正是全没有感情的；人类的本性（灵魂）便谁都难免有感情。”因此，即使“在这样的一人为治的城邦中，一切政务还得以整部法律为依归”。因为“城邦原为许多人所合组的团体；……在许多事例上，群众比任何一个人有可能作较好的裁断。又，物多者比较不易腐败。”[①] 总之，“法律是最优良的统治者，法律能尽其本旨作出最适当的判决”，[②] “法治应当优于一人之治。”[③] 他还说：“倘使说一人因为他比众人优良而执掌政权，是合乎正义的，那么两个好人合起来执掌政权就更合乎正义了。”[④] 相反，“以一人统治万众的制度一定不适宜，也一定不合乎正义——无论这种统治原先有法律为依据或竟没有法律而以一人的号令为法律，无论这一人为好人而统治好人的城邦或为恶人而统治恶人的城邦，这种制度都不宜并且不合乎正义”。[⑤] 并且“当大家都具有平等而同样的人格时，要使把全邦的权力寄托于任何一个个人，这总是不合乎正义的。”[⑥] 的确，人治可能是贤人政治，也可能是恶人政治；况且真正的贤人政治很难得。因此，无论如何，人治总是不合乎正义的，不是优良的政治。为此，要实现城邦的目的，便必须实行法治。“法治应包含两重意义：已成立的法律获得普遍的服从，而大家服从的法律又应该本身是制定得良好的法律。”[⑦] 法律有良法与恶法之分。判断法律优与劣的标准在于是否合乎正义原则。在亚里士多德看来，一个城邦的目的在于促进善德，因为有善良德性的人是幸福的。人的目的在于实现至善，至善即是幸福。城邦要促进善德，必须以正义为原则。由正义衍生的“礼法”（法律），可凭以判断人间的是非

① 亚里士多德：《政治学》，商务印书馆，1965 年版，第 166、167 页。
② 亚里士多德：《政治学》，商务印书馆，1965 年版，第 174 页。
③ 亚里士多德：《政治学》，商务印书馆，1965 年版，第 171 页。
④ 亚里士多德：《政治学》，商务印书馆，1965 年版，第 173—174 页。
⑤ 亚里士多德：《政治学》，商务印书馆，1965 年版，第 175 页。
⑥ 亚里士多德：《政治学》，商务印书馆，1965 年版，第 171 页。
⑦ 亚里士多德：《政治学》，商务印书馆，1965 年版，第 202 页。

曲直。正义是确立社会秩序的基础。[1] 良法是符合正义原则的法律，是法治的首要内容和前提。因为，人民可以服从良法，也可以服从恶法。人服从良法，则意味着行善；人服从恶法，则是作恶。如果国家没有制定良法，人民服从的是恶法，那么社会就会恶行泛滥，社会秩序混乱。没有良法则无法治。因此，国家首先必须制定良法。但是，有了良法并不一定就有了法治。良法只是法治的一个基本前提。倘若国家制定了良法，但国民却不能全部遵循，这仍然不能实现法治。所以，国家必须培养国民遵守法律的行为习惯，培育国民守法的德性。因为，"法律（和礼俗）就是某种秩序；普遍良好的秩序基于普遍遵守法律（和礼俗）的习惯。"[2] 法律是促成"善德"的。守法的习惯亦在于培养人的德性，守法即为守德。因而，养成守法的习惯，一则可培养人的德性，二则可促进良好的社会秩序。而人之德性的生活是最优良的生活；同时，人的优良生活必定是在优良的社会秩序中才能实现的。因此，法治是构成人的优良生活的基本条件和根本保证。可以说，亚里士多德对于"法治"双重含义的认识是经典的，对人类法律思想史和社会政治实践产生了深远影响。

我国古代众多的思想家大都主张"德政"，反对暴政，主张贤人政治、德治社会，希冀建立一个"老吾老以及人之老，幼吾幼以及人之幼"的人人相亲的大同世界。中国传统社会极力推崇道德治理国家，极力主张有德者、贤者治理社会。从国家最高统治者到一般的管理者，都主张"内圣外王"、"以德为先"。中国传统社会对为政者在道德上的高要求是与高度集中的集权政治相适应的。古代中国，自秦始皇建立封建专制的国家制度开始，专制政治不断加强，国家的最高权力日益集中在最高统治者——皇帝手中，地方各级的权力则集中在地方最高长官——"一把手"身上。从行政效率而言，

---

① 亚里士多德：《政治学》，商务印书馆，1965 年版，第 9—10 页。

② 亚里士多德：《政治学》，商务印书馆，1965 年版，第 359 页。

权力越集中，行政能力越强，效率越高。如果国家最高权力被一位德艺双馨的人执掌，那么，国家就能够为人民办许多好的事情，国家便兴旺发达。正因如此，亚里士多德也认为，最理想的政体是由一个人统治的君主制。国家的人民被一个有德性的、各方面都卓越的人统治，无疑是善德的。然而，亚里士多德却清醒地看到了权力集中在一个人身上的不可靠性和危险性，因而主张法治。但是，中国古代的诸多思想家、政治家尽管也看到了权力集中的危险，但他们却从性善论出发，相信道德的伟力，坚信人人可为“尧舜”、“涂之人可能为禹”。既然每个人都能成为具有崇高道德人格的人，国家的最高统治者一定能够成为道德高洁的“圣人”。因此，只要加强对为政者、尤其最高统治者的道德教育，使其成为“内圣”，则能保证“外王”，保证政治的清明。然而，政治权力运行毕竟有其客观的逻辑，为政者的道德尽管地位重要、力量强大，但终究敌不过权力本身所固有的力量，道德每每在权力的挤压下萎缩、“退场”，甚至成为权力作恶的帮凶。这样，中国传统政治尊崇的就不是单纯的“德治”，而是“儒表法里”的“权治”。由此，尽管道德是传统社会的最高规范体系，但是，道德在政治生态中更多的是装点门面的饰物。中国传统社会历朝历代的专制政治几乎都不是清明的，而是腐败堕落的。这就是为什么历朝历代总是跳不出“兴也勃兮、亡也忽兮”的“周期律”。从中国传统政治实践看，国家仅仅依靠“德治”，尤其是依靠最高统治者的德性，是不可能保证国家政局稳定和社会长治久安的，更不可能建立良序的和谐社会而真正使人民生活安康幸福。由此可见，只有民主法治才是社会安定和谐的根本保证。

历史和现实已经清楚地表明：良序的和谐社会、真正能让人民幸福安宁的社会，首先必定是民主法治的社会。因此，构建社会主义和谐社会的首要任务是发展社会主义民主法治。因为，民主法治是和谐社会的首要的基本特征和根本保证。恰如胡锦涛所说：“发展社会主义民主法治，保证人民依法行使民主权利，使人民群众和各方面的积极性、主动性、创造性更好地发挥出来，促进党和人民群众以及执政党和参政党、中央和地方、各阶层之间、各民族之间等方面的关系的和谐，是构建社会主义和谐社会的重要保证。”“构建社会主义和谐社会，必须健全社会主义法制，建设社会主义法治国家，充分发挥法治在促进、实现、保障社会和谐方面的重要作用。”①

（四）道德体系要与法律体系相协调

法治和德治是现代社会的两种基本治理方式，法治与德治相结合、相协调是实现社会善治与促进社会和谐的根本要求和保证。《中共中央关于全面推进依法治国若干重大问题的决定》指出：“国家和社会治理需要法律和道德共同发挥作用。必须一手抓法治、一手抓德治，……既重视发挥法律的规范作用，又重视发挥道德的教化作用，以法治体现道德理念、强化法律对道德建设的促进作用，以道德滋养法治精神，强化道德对法律法治文化的支撑作用，实现法律和道德相辅相成、法治和德治相得益彰。”②

法治是依法治理国家，德治是依据道德规范和提高人的德性治理国家，因而在很大程度上德治和法治的关系可还原为道德与法律的关系。理论界对法律和道德及其关系的认识不一致，甚至相反。如有人认为法就是法，道德就是道德，法律没有“任何道德含义”，道德也不具有法律的效力，道德规范不能成为法律，否认法律与道德的内在关联性；然而，大多数学者认为，法律与道德作为两种不同的社会规范，虽然具有不同的效力，存在着发展不同步、不一致、甚至相背离的倾向，但二者具有历史的必然联系，相互依赖、相互补充、相互促进。

道德和法律是社会两种基本的行为规范，是规范社会、服务社会的两种基本力量。同质的道德和法律因为依赖和服务于共同的经

① 《十六大以来重要文献选编》（中），中央文献出版社，2006 年版，第 609、710 页。
② 《人民日报》2014 年 10 月 29 日第 2 版。

济基础，具有一致的价值诉求，共同作用于社会生活，维护一定阶级和人群的根本利益。因为，任何阶级和人群为了维护和发展自身的社会利益，都要求建立和维持相应的经济、政治、文化以及社会管理等基本制度。社会基本制度或基本结构是人们利益关系的直接体现和根本保证。社会基本制度要在社会生活中发挥应有的作用，一个重要前提就是各种基本制度必须能够协调一致。就是说，社会经济、政治、文化的基本制度必须在价值取向上是同质且一致的。法律和道德是社会基本制度的集中体现，二者在本质上应当是一致的，否则，就会引起人们思想和行为的混乱，使社会基本制度失去约束力，从而破坏社会的基本结构。因为，归根结底，社会的基本制度、基本结构反映和体现的是社会统治者和被统治者之间最根本的经济关系；同时，法律和道德对社会经济关系的依赖性决定了二者必须具有共同的价值目标和社会本质。

众所周知，新的社会制度和国家政权的建立都意味着旧的经济关系、利益格局的打破和废止，也意味着新的经济关系的确立以及新的利益格局的形成。为此，在社会和国家政治生活领域占主导地位的阶级和人群为了维持、巩固和扩大其根本利益，就必然要通过法律确认其利益的合法性及至上性，为其运用国家强制力保障利益的获得提供法理依据。因为法律、尤其是宪法在国家政治生活中具有最高的权威性。然而，从法律生成及其效力发挥而言，法律内容的合道德性、以及法律施行的合道德性是法律具有权威性的一个重要根源。另外，社会新的利益关系和格局不仅需要法律的保障，而且需要道德——道义的支撑。因为“法律只有与人们的道德认同相一致，特别是法律的实施过程符合社会政治道德的基本要求，它才能获得社会成员普遍的尊重与信仰，也才有理由成为规范世界的一个权威，从而将理论上的法律效力转换为现实生活中实际的普遍效力。”[①] 然而，问题在于：能够为新的利益关系提供道德支撑的是什

① 谢岳、程竹汝：《法治与德治》，江苏人民出版社，2003 年版，第 35 页。

么样的道德呢？社会中原有的旧的道德体系能有此担当吗？能够承载此等社会重任吗？毫无疑义，旧道德不可能为新的经济关系服务。尽管旧的道德体系固然存在一些道德资源或道德价值能够发挥一定的积极作用，但绝对不能支撑新的利益格局。能够担此历史重任的必须是反映新的利益要求、与新的经济关系相适应和相促进的新的道德体系。因此，只有与新的法律体系相一致的道德体系才能为新的经济基础和经济关系提供强大的道德支撑。

法律是以国家意志的形式表达统治阶级的意志，集中反映统治阶级的根本利益和价值追求。由于法律把阶级意志上升为国家意志，因而法律不只是一种行为规范，而且还表现为一种社会价值。从这个意义上说，法律是规范性和价值性的统一。法律的规范性是实现其价值性的手段，法律的目的是要通过国家强制力促使人们遵守各种授权性、义务性和禁止性规范，把人们的行为纳入到法律所追求的价值体系之中，维持和巩固统治阶级对国家和社会的控制与管理，实现法律所规定和追求的根本利益。从另一个角度看，任何法律都是在一定价值体系指导下创制的。道德价值则是法律价值体系最为重要的部分。因为，任何法律都必须对社会各人群的基本权利和义务予以明确规定。权利和义务其实是社会利益的分配。法律正是通过对人的基本权利和义务的规定来实现统治者的利益和价值追求的。因此，马克思指出："立法者应该把自己看作是一个自然科学家，他不是在创造法律，不是在发明法律，而仅仅是在表述法律，他把精神关系的存在规律，表现在有意识的现行法律之中。"① 法律是通过国家强制力在全社会施行的，然而，法律仅仅依靠国家强制力是不可能持续有效地发挥其功能和作用的，是不可能长久地维持和发展统治阶级及其同盟者的利益的。因此，要使法律发挥其应有的效力，确立法律的固有权威，国家还必须通过加强道德建设、建立与法律体系相一致的道德体系等方式为法律的实施提供道德支撑。由于法

① 《马克思恩格斯全集》第1卷，人民出版社，1956年版，第132页。

律所维护的利益追求和价值原则是主导社会生活的重要道德原则，因此，就应当确立这些道德原则在道德体系中的主导地位，建立以这些道德原则为主要内容的道德体系，从而保证法律体系和道德体系相统一。

社会基本制度规定社会的基本结构，规定人们在社会及其利益关系中的地位。社会基本制度不仅要求各种社会意识形态必须保持质的一致性，而且要求意识形态的各种形式必须在内容上具有一致性、在功能上具有可协调性，从而实现意识形态各种形式的功能互补，为维护社会基本制度的稳定和巩固服务，为促进社会的发展和繁荣服务。社会意识对社会存在具有巨大的能动作用。不同的社会意识形态及其形式有其特有的功能。如果社会意识形态及其各种形式的价值目标与社会整体目标是一致的，那么，就会巩固社会基本制度，推动和促进社会目标的实现；如果社会意识形态及其各种形式存在根本的价值分歧与对立，那么，就会削弱或消解维护现行基本制度的意识形态的作用，甚至会起到瓦解社会基本制度的作用。因此，无论何种阶级执掌国家政权，无论建立何种社会形态，都会要求与之相适应的社会意识形态及其各种形式保持协同一致，都会要求政治法律和道德相互配合、相辅相成。

尽管法律和道德相互联系，具有一致性，但是毕竟是两种不同行为规范和社会意识形式，具有一定的矛盾性、不一致性以及发展的不同步性。一个国家只存在统治阶级的法律，而不可能存在被统治阶级的法律，即不可能存在两种不同性质的法律体系。然而，一个社会却可以存在多种性质完全不同的道德体系。因而，从整体看，法律系统和道德系统的矛盾是不可避免的。从局部看，社会中起主导地位的道德和法律之间也可能存在着矛盾，存在着道德与法律的分离。法律和道德各自的特性决定了任何社会都可能出现二者的不一致、不协调。更为主要的是，由于它们与社会生活、尤其是与经济基础联系的紧密程度不同，使得二者的变化发展具有不同步性。法律政治思想是社会经济关系的直接反映，与经济基础、政治制度的联系直接而紧密。法律直接为占主导地位的经济基础和经济关系服务，保护和发展统治阶级及其同盟者的利益。道德与社会经济基础的联系没有法律那么直接紧密，且具有很强的保守性，难以及时随着社会经济生活和人们利益关系的变化而变化。尤其是在新旧社会的交替时期或社会转型阶段，统治阶级为了建立新的经济基础和利益格局，首先必须废除旧法律，创制新法律，新的法律通过国家强制力立即施行并发挥功效，旧的法律因为失去国家机器的支持会很快退出社会生活。但是，道德的变化却不可能像法律那样迅速。从道德与法律的历史继承性来看，道德要强于法律。一个新的社会制度的建立，一种新的经济、政治关系的确立，本身就是一种废除旧的制度、旧的社会关系的过程。新法律确立就是旧法规的废止。然而，我们很难说，社会提倡和确立了新道德就废止了旧道德。道德虽然也可以被明文取消，但却难以在社会生活中立即消除，传统道德作为一种强大的惯性力量依然会以不同的形式发挥作用。因为，道德本身就是人的生活习俗、行为和心理习惯。可见，由于法律和道德之于社会生活、尤其是经济生活的反应快慢不一，之于传统、历史的继承性的强弱不一，二者的变化发展是不同步、不一致的。道德的变化发展普遍滞后于法律的变化发展。当道德与法律变化发展的不同步性、不一致性达到一定的程度，社会生活就会出现混乱或裂痕。因此，社会发展的规律要求道德文化生活要与政治法律生活保持协调一致。更何况，社会和谐、和谐社会内在地包含法律和道德、德治与法治的和谐统一。

改革开放以来，中国特色社会主义民主政治建设和思想道德建设取得了重大进展，一方面，我们积极发展社会主义民主政治，不断推进政治体制改革，确立了依法治国的政治发展目标，建立了比较完善的与社会主义市场经济相适应的法律体系，民主、法治的精神日益深入人心，人民当家作主的权利得到了根本保证，民主政治建设取得了重大进展。当然，民主法治建设还存在许多与社会发展不相适应和不尽人意的地方。另一方面，我们积极加强道德建设，社会整体道德水平有所提升，取得了一定的成绩。但是，从我国目前经济社会发展的实际情况看，政治体制改革滞后于经济体制改革，文化体制改革滞后于政治体制改革，民主政治建设滞后于经济建设，文化道德建设滞后于民主法治建设，滞后于现代社会生活的变化。例如，我国已经基本建立了与社会主义市场经济体制相适应的法律体系，但与之相适应的道德体系却没有建立起来；公民的法律权利意识在增强，道德意识却有所减弱，法律维权行为在不断增多，助人为乐的道德行为却在萎缩等等。这样，社会便出现了德法不能互补、德治和法治不相互助的情况，制度失衡、道德失范的现象大量存在，既延滞了民主政治建设，又阻碍了道德建设，使得整个社会发展不均衡、不协调与不可持续的问题很突出。因此，解决法治和德治、法律与道德的矛盾，建立相互协调、相互统一的法律体系和道德体系是我国社会建设的一项重要任务。

一个社会只有全面发展才能持续发展，而只有协调发展才能全面发展。构建和谐社会，不仅要大力发展社会主义市场经济和社会主义民主政治，而且要大力促进社会主义文化发展，并且要使经济政治文化社会及生态文明等方面全面协调发展。因此，道德建设不仅要适应经济发展的要求，建立与市场经济发展相适应的道德体系，而且要适应民主政治发展的需要，建立与民主政治发展相一致、与民主法治相统一、与社会主义法律体系相协调的道德体系，建立体现自由、平等、公正、法治等价值追求的道德体系。

四、与优良传统道德相传承

党的十六大明确提出了建立“与中华民族传统美德相承接”的思想道德体系的重要任务；党的十七大要求：思想道德体系必须既体现时代性，又“保持民族性”；党的十八大明确指出：要“建设优秀传统文化传承体系，弘扬中华优秀传统文化”。

如何对待传统文化、传统道德是社会主义文化建设、道德建设的一个复杂问题。传统文化、传统道德是什么？传统文化、传统道德能不能继承，亦即继承是否可能？传统的东西有没有必要去继承？如果能继承，也应继承，那么，我们应该继承什么、怎么继承？如果继承的是精华，那么，什么是传统文化、传统道德的精华？

中国是个文明古国，具有灿烂悠久的传统文化。在我国五千多年文明发展历程中，各族人民紧密团结、自强不息，共同创造出源远流长、博大精深的中华文化，为中华民族发展壮大提供了强大精神力量，为人类文明进步作出了不可磨灭的重大贡献。文化的历史继承性决定了任何新文化都必须在以往传统文化的基础上才能建立和发展起来。马克思、恩格斯指出：“历史不外是各个时代的依次交替。每一代都利用以前留下来的材料、资金和生产力；由于这个缘故，每一代一方面在完全改变了的环境下继续从事所继承的活动，另一方面又通过完全改变了的活动来变革旧的环境。”[①] 今天的中国无论与过去的中国有多大的不同，无论今天时代的课题发生了多大的变化，无论社会发展对文化、道德建设的要求与传统文化、传统道德的内容有多么的相异，试图脱离或彻底否定传统的做法肯定是行不通的。更何况中国传统社会是一个文明之邦、一个伦理道德大国。文明的延续，容不得我们斩断历史。因此，构建社会主义和谐道德，问题不是要不要继承传统道德，而是如何继承、怎样继承、应当继承什么样的传统道德等等。

对待传统文化、传统道德，有多种不同的态度和方式。文化保守主义者以弘扬和光大传统文化之名，主张继承一切“国故”，恢复“儒家”的至尊权威，试图重建以儒家道德为主体的传统道德体系。文化虚无主义则彻底否定传统文化与道德，企图另起炉灶，打造新的文化，建立与传统道德毫无关联的纯粹的西方文化与道德。文化

① 《马克思恩格斯选集》第1卷，人民出版社，1995年版，第88页。

保守主义和文化虚无主义违背了社会和文化发展的客观规律，肯定是要不得的，也是行不通的。马克思主义的辩证否定观认为，对传统文化不能肯定一切，也不能否定一切，正确的态度和方式必须是“扬弃”，在发展中继承，在继承中创新。继承，不是机械式地照搬，而是创造性地转换；不是因袭守旧，而是推陈出新。

中华传统文化、传统道德丰富而庞杂，良莠不一。要继承优秀的，存其精华，首先必须要进行判别和选择。究竟什么是优秀的，哪些是应该继承和发展的？

文化的发展、道德的进步都有其独有的发展规律，有着不以人的意志为转移的客观运行轨迹，并不是某个时代的特定历史主体所能完全把握和调控的。人们试图信守的东西，却并不因人的坚守而长存，而可能会烟消云散、随风而去；相反，人们试图舍弃的东西，却会像幽灵一样总在社会实践中或明或暗地发挥作用。同时，由于历史主体的局限性，很难准确把握时代发展的真实需要，也不容易找准“扬弃”旧事物、旧文化的标准。对待传统道德，人们应该以一个什么样的尺度来判定应该舍弃什么，应该继承什么呢？为什么应该传承这些道德资源，而不应该传承那些道德遗产呢？时代发展所需要的道德难道真的只是人们从故纸堆中选择的那些东西吗？难道人们的选择就不会出错吗？人类历史发展的轨迹已经充分说明，任何时代的选择都不可能完全符合社会发展的客观规律。因此，在构建和谐社会道德体系的过程中传承中华优良传统道德，无论是理论上的“创造性地转换”，还是实践上的推陈出新，都不是容易的事情，而恰恰是件十分艰难的事情。因此，我们必须慎重。但是，无论如何，人类历史总是在试探性或试错性的选择中前进的。人类的试探性选择会在历史发展的“自然过程”中不断纠错、净化和升华，从而推动人类社会向更高的历史阶段不断进发与前行。因此，我们又不得不进行选择和取舍，但必须是慎重而细致的选择和取舍。

中国传统文化内容丰富、博大精深，重伦理、尊道德是其主要而鲜明的特征，因而被称之为“伦理型”文化或“崇德”的文化。

中国传统文化主张“天人合一”，提倡“内圣外王”，偏重于对人生自我、人生奥秘的探微和把握，强调对人的内在世界的改造、修炼和提升，注重人的道德情感和道德实践。因此，中华传统文化中的伦理道德相对发达，伦理道德、道德哲学是中国传统文化的主体与核心。“伦理道德与中国是如此有缘，它们的结合对于双方来说似乎找到了最佳的选择，取得了最大的效果：作为一种意识形态，伦理道德可以说是一切国家和民族都有的，但是它在世界上任何地方，都没有能够像在中国这样受到关注和重视，伦理道德作为中国民族文化的核心，几千年来已经深入、渗透到政治、经济和文化教育的一切方面，深入、渗透到民族文化心理之中。从另一方面讲，在中国从来没有任何一种意识形态，包括宗教、艺术等，能够取得像伦理道德这样的显赫地位，如此受人尊重和崇敬，它已经成为凌驾一切思想文化、意识形态之上的‘道’，指导和支配着这里的‘理’和‘器’，成为一切思想言行的出发点和立足点。”[①] 可见，伦理道德在中国的社会生活、尤其在政治生活领域一直占据重要地位。以德为本、以德为先的传统延续至今，依然如故。这种重视伦理道德的价值取向对稳定社会秩序、营造安定和谐的生产和生活环境、提高人的思想道德修养和人生境界、形成共同的价值追求，以及维持社会的存续和发展很有必要，具有重要的促进作用。但是，由于伦理道德深入、渗透在社会生活的各个领域，甚至凌驾于其他社会价值之上，也很容易以伦理道德价值消融、取消或代替其他价值取向，致使社会追求、价值取向单一化，从而忽视科学技术的发展，妨碍人的自由，窒息社会活力，从而阻碍社会变革、延缓社会进步和限制人的自由发展。因此，构建和谐社会道德体系，既要继承重视道德建设的文化传统，发挥伦理道德维护稳定、促进社会和谐的积极作用，同时，又要避免“崇道德而轻其余”的价值取向。

传统社会对伦理道德的尊崇和重视，形成了以伦理道德为核心

① 陈瑛：《中国伦理思想史》，湖南教育出版社，2004 年版，第 1 页。

的传统文化，为我国构建和谐社会、加强和谐文化建设和道德建设提供了丰富的资源。张立文教授认为，中国传统文化的内核是“和合”，“和合是中国文化人文精神的精髓和首要价值”，因此可称之为“和合文化”。“和合”之道兴盛于春秋战国时期。那是一个诸侯纷争、社会动荡、民不聊生的“礼崩乐坏”的时代，为了解决时代的课题，实现社会的安定、和谐与和平发展，当时的儒家、道家、墨家等诸子百家都不约而同地提出了“和”或“和合”的主张，以此作为“化解天与人、国与国、家与家、人与人、人自身心灵以及东西南北中不同文化、文明间冲突的最佳方式”。[①] 经过历代思想家的继承和改造，“和”成为中华文化一个重要的范畴和价值理想，是传统理论道德中具有普世价值的一个范畴。

“和”，就是对立统一，在对立中统一，使矛盾双方处于一个相对稳定的统一体中。“所谓‘和’，就是既冲突又融合，无冲突无所谓融合，无融合亦无所谓冲突。”[②] 因此，孔子认为：“和而不同”，是君子之举；“同而不和”，则是小人之事。作为君子，处理国与国、家与家、人与人、乃至天与人之间的矛盾，应该尊重“和”的价值标准和道德原则，而不应该像小人那样因不同而结党营私，为一国、一家、一己之利而不顾大局公利，从而损害他国、他家和他人的利益。因此，孔子主张：“礼之用，和为贵。先王之道，斯为美；小大由之，有所不行，知和而和，不以礼节之，亦不可行也。”[③] 就是说，治理国家、管理社会，处理大小事情，都要以“和”作为价值标准，并实现“和而美”的目标。这便是圣王之道。为了实现这个目标，孔子提出了以“仁义”为核心的道德体系，奠定了以儒家道德为中心的中华传统道德的基础。

墨子反对孔子建立在血缘关系“亲亲之爱”基础之上的“仁爱”道德，但也认同孔子“和为贵”的解决社会问题的价值和方

---

① 张立文：《和合学》，中国人民大学出版社，2006 年版，第 10 页。

② 张立文：《和合学》，中国人民大学出版社，2006 年版，第 10 页。

③ 《论语·学而》。

式。墨子主张认为，之所以天下大乱、利益纷争、社会矛盾无法解决，根本原因在于人与人之间不相爱，在于人与人之间缺乏普遍的共同的平等的“爱”。他提出了“兼相爱”、“交相利”的思想，要求天下的每个人都应当同等地、无差别地爱一切人，同时在政治上主张“尚贤”、“尚同”，最终实现天下大治。墨子的“兼相爱”不同于孔子的“仁者爱人”。孔子的“仁爱”是以“亲亲之爱”为前提的，并且是非功利的。墨子的“兼爱”是“泛爱众”，是无差别、无等级、平等的爱，并且是功利的。“兼爱”的实质和出发点、落脚点是“交相利”，即人与人之间相互关爱、互相帮助、共同友好生活，最终实现谋“天下之大利”，圆“国家人民百姓之利”。因为，在墨子看来，人与人之间的相互关爱是以利益为基础的，“爱人者，人必从而爱之，利人者，人必从而利之。”[①]“有力者疾以助人，有财者勉以分人，有道者劝以教人”。[②]由于人与人相爱相利，社会生活中那种相互残杀、争名夺利的现象将自然消失，从而实现天下太平的大治局面。墨子的兼爱交利思想，类似于功利主义的道德观。对于发展社会主义市场经济、构建和谐社会道德体系具有十分重要的借鉴价值。

儒家的道德观和墨家的道德观“都是从积极方面去调整人与社会以及人与人之间的道德关系，以便保障社会的正常秩序，促进社会发展和人类安宁”。道家提倡的“无为”道德观，则“试图从消极方面来调整人与社会以及人与人之间的道德关系，以此维持社会的正常运行和人类的正常生活。”[③]在道家看来，世界统一于“道”，“道”是世界万物生产的根源。由于“道常无为而无不为”，因而人应该依“道”而行，处无为之事。唯有如此，社会才能平安无事，国家才能稳定，人们才能安宁。老子认为，社会的纷争与混乱，根本在于统治者的“有为”。“民之难治，以其上之有为，是以难治。”

① 《墨子·兼爱中》。
② 《墨子·尚贤下》。
③ 陈瑛：《中国伦理思想史》，湖南教育出版社，2004 年版，第 94 页。

"天下多忌讳，而民弥贫；……法令滋章，盗贼多有。"[①]"有为"因为违背了"无为"之道，所以引起了天下大乱。既然如此，只能实行"无为而治"，天下才能太平。那么，为什么要无为而治呢？因为"反者道之动"。老子认为，万事万物都处于运动变化之中，事物运动是有"道"的，其中最根本的"道"就是"物极必反"。事物发展到一定程度，超出了一定的限度，就会走向反面。既然"有为"则乱，那么"无为"则治。"不尚贤，使民不争。不贵难得之货，使民不为盗。不见可欲，使民心不乱。是以圣人之治，虚其心，实其腹，弱其志，强其骨，常使民无知无欲。""我无为而民自化。我好静而民自正。我无事而民自富。我无欲而民自朴。"[②] 从社会道德规范的创制而言，道家的这一思路依然有其值得借鉴的地方。西方思想界提出的"最低限度的国家、政府"，"消极自由"、"避免侵害"等，其思路与道家具有某种一致性。因为，这些思想家都深刻把握了一个共同的东西：规范，无论是道德规范还是法律规范，在一定意义上都是对人的愿望和自由的限制。一个社会如果规范太多太细太严，势必会压制人的自由和个性、阻碍社会进步发展。因此，国家和社会不能制定过多规则，更不要制定脱离人性的严酷规则，不要对个人实施不必要的干预和限制，而应该尽可能地让个体自己做主，自己做自己的事情。这其实是社会充满活力、实现和谐的一个重要条件。从个体的修养而言，"无为"的个体，遵守了社会的道德底线和基本道德，处在道德上的"平常"状态之中，身心平衡、心情平和，既不会造成个体身与心的分离，也不会对他人和社会造成伤害和危害，是有利于个体发展和社会稳定的。当然，由于"无为"之道，会使人过于"明哲保身"而难以肩负社会责任和义务，形成一种普遍的清淡、坐而论道、崇尚清净的社会风尚，在一定意义上会限制人的全面发展和社会的全面进步。对此，我们必须予以

① 《老子》，第五十七章、第五十三章。
② 《老子》，第三章、第五十七章。

必要的重视。

中国传统社会虽然等级林立，社会分化明显，但由于中国历朝历代提倡的贤人政治、唯才是举的政治主张，特别是科举制为社会下层群体升至上层提供了一个公开的渠道，因此阶级、阶层的分离并不像西欧、印度那样严格和不可流动。中国的专制政体使传统社会公开地分为两大等级阶层：官和民。[①] 与专制政体相适应的是官本位的政治体制。官本位体制决定了官员在国家政治领域、社会生活领域和文化领域中具有主导地位和决定作用。因此，在很大程度上，中国传统文化又是一种吏治文化，传统道德又是“内圣外王”的吏治道德。“四书五经”等传统文化典籍几乎都是关于政治、官德的著作。由此，中国传统道德所提倡和坚持的基本上是一种“完善论”，目的是处于社会上层的“士大夫”——官僚和知识分子成为“君子”、成为“圣贤”。这种“君子”、“圣贤”主要是一种道德上的考量，其德性和卓越主要是指道德上的优秀和卓越。[②] 所以，“对官员的要求理论上是应当负有更高的道德要求，这还不仅仅是那种任何社会都会赋予的政治职责的要求，而是和文化有关，即中国的官员是来自‘学而优则仕’的科举制度，是官员和学者结为一体的‘士大夫’阶层，并接受儒家思想的支配，而儒家认为这样一个‘士大夫’的上层应该‘希圣希贤’成为社会的道德榜样，从而也影响到社会的广大民众，使其民风淳朴。所以，对一个多数的下层和对一个少数的上层的道德要求理论上是不同的，前者较低，后者较高”。[③] 中国传统社会的道德确实是两分的，“有君子的道德，也有庶人的道德”。[④] 尽管“君子”和“庶人”的道德分类和鉴别人的基本取向是中国传统道德的重要内容，但是，从总体上看，中国传统道德主要是“君子之德”、“圣贤之德”。中国传统社会道德的分层，虽然体

① 何怀宏：《伦理学是什么》，北京大学出版社，2008 年版，第 100 页。

② 何怀宏：《伦理学是什么》，北京大学出版社，2008 年版，第 90 页。

③ 何怀宏：《伦理学是什么》，北京大学出版社，2008 年版，第 100—101 页。

④ 何怀宏：《伦理学是什么》，北京大学出版社，2008 年版，第 101 页。

现了等级制度的政治特性，体现了人与人的不平等，但是，从道德建设，尤其是道德规范的创制上讲，也反映了社会不同群体的道德需求和不同人性的要求，体现了社会对不同人群不一样的德性要求。从社会的角度看，不同的人因为其社会角色不一样，在不同的社会领域有其不一样的道德规范和德性要求，不同的人或同一个人在不同的社会生活领域中能够遵守不同或不同层次的道德规范和行为准则，有利于社会秩序的稳定和社会关系的和谐。另外，君子之德、圣贤之德作为一种完善论，提倡把“道德君子或者说一种有德性的生活”作为人们“追求的主要的乃至唯一的目的”[①] 而且“常常和一种追求人类优秀和卓越的价值观念联系在一起，”“它的诉求虽然也以普遍的形式出现，实际上却有一种精英的性质，它更重视质，重视人生精神和超越的一面。”[②] 因此，在这种意义上，君子之德、圣贤之德有利于人的德性的完善和精神追求的完满。而人对于精神和德性的追求则有利于一个德性社会的形成，也有助于人与社会的和谐发展。

由于中国古代社会发展的特殊历程，尤其是在从原始氏族组织到奴隶社会过渡的历史进程中，因原始社会后期私有制没有得到充分的发展，社会组织和社会关系没有像古代希腊社会那样彻底挣脱血缘关系、家族关系、家庭关系的“脐带”，使得奴隶社会最基本的社会关系——阶级关系，依然与血缘关系、家族关系具有千丝万缕的联系，且依附在血缘关系之上。这样，政治关系、人与人的社会关系基本上是家族关系的推演和扩展，社会是一个大家族，国是家的放大。社会的道德规范（特别是儒家道德）基本保持和沿袭着原始社会维持血缘关系的家族成员之间的道德规范和伦理精神，并根据维护阶级利益和阶级统治的需要进行了新的改造。因此，有人认为，传统道德是“家族本位型”的。例如，“在待人上特别重视维

① 何怀宏：《伦理学是什么》，北京大学出版社，2008 年版，第 90 页。
② 何怀宏：《伦理学是什么》，北京大学出版社，2008 年版，第 90—91 页。

护血缘关系、尤其是父系家庭、家族关系的道德规范，诸如父慈子孝，兄友弟悌等等。在政治道德中特别重视对上敬、忠，对下惠、正；在处己上，讲求勤、俭、智、勇、信、实、诚。"[①] 孔子提出的儒家道德规范充分地吸取了原始道德的基本内容，并赋予了"君君、臣臣、父父、子子"的尊卑等级秩序，进而发展为董仲舒之后的"三纲五常"的森严的道德等级秩序。人与人之间的社会关系都是父子血缘关系的类推，因而在本质上是一种以上下、长幼、主从为基本秩序的人身依附的不平等的道德关系。这样，人与人之间的道德关系几乎都成为了依附关系——"人的依赖关系"，且主要是下对上、小对大、少对老、女对男等的绝对依从关系。由于中国传统社会是一个道德主导型社会，道德政治化、道德法律化，道德替代政治和法律，致使整个社会处于惟"德"是尊的境地。同时，道德的威权总是与政治权力纠缠在一起，成为了维持和实现统治者利益的一种强大的统治工具。于是，对道德的尊崇则变为对政治权力的绝对服从。人们在政治上、道德上都是不平等、不自由的。可见，传统道德在本质上是与当前我国社会市场经济、民主政治、先进文化建设所要求人与人之间的独立、平等、自由等价值是相冲突的。因此，那种对传统道德全盘继承的观点和做法，不管是对传统文化抱有何等的敬畏之心、崇敬之情，都是不可取的，也是有害的。

尽管这种以血缘关系为基础、以亲情为天然纽带建立起来的传统道德，"在每个时代都有其特有的时代和阶级烙印"，有其阶级和时代的局限性，但是，中华文化为中华民族发展壮大提供了强大的精神力量，为人类文明进步做出了重大贡献。中华民族在自己漫长的发展历程中形成的传统美德和以爱国主义为核心的民族精神，是应该批判地继承、并发扬光大的。诸如传统道德中的"忠、孝、诚、信、礼、义、廉、耻"等道德规范和行为准则，在规范人们的言行、调整人际关系，保持社会稳定、促进社会和谐和发展起了重要作用，

---

① 陈瑛：《中国伦理思想史》，湖南教育出版社，2004 年版，第 11 页。

"具有普遍的意义和价值"，应当成为每个时代的人们倍加珍视和遵守的规则和美德。[①] 中华传统美德作为中华文化的重要部分和精华，是滋养民族品格的精神食粮，是中华民族的血脉，是中国人民的精神家园。因此，和谐社会道德体系的建构必须创造性地继承中华传统文化，继承那些既有民族特性又有现代特性、既有民族风格[②]又有普遍价值的道德规范和准则，并随着时代的发展和变化，赋予新的内容，使之既具有深厚的历史底蕴，又具有新社会的时代精神。

五、与世界优秀文明成果相融通

中国特色社会主义文化是"面向现代化、面向世界、面向未来的"[③]，和谐社会道德体系也必须是面向现代化、面向世界、面向未来的。因此，构建和谐社会道德体系，不仅要坚持马克思主义的指导地位，大力弘扬民族优秀文化传统，而且要积极吸收"借鉴人类有益文明成果"，"学习借鉴一切有利于加强我国社会主义文化建设的有益经验、一切有利于丰富我国人民文化生活的积极成果"，[④] 使道德体系"与当代社会相适应、与现代文明相协调"。

（一）现代化进程中的和谐社会

构建社会主义和谐社会是在现代化建设的历史背景下展开的，是一场现代性的谋划。既然我们要建设的现代化是和谐的现代化，那么，我们构建的和谐社会则是现代化的和谐社会。和谐不能离开

① 陈瑛：《中国伦理思想史》，湖南教育出版社，2004 年版，第 11 页。
② 《十六大以来重要文献选编》（下），中央文献出版社，2008 年版，第 660 页。
③ 《十八大报告辅导读本》，人民出版社，2012 年版，第 31 页。
④ 《人民日报》2012 年 10 月 26 日。

现代化，现代化也离不开和谐，现代化与和谐统一于中国特色社会主义的伟大实践。

现代化是一个世界性的概念，也是一种世界性的社会运动。由于现代化首先发端并成熟于西方，然后才在世界其他国家和民族展开，因而，现代化对大多数国家和民族而言绝不是一个内生性的概念，而是一个外源性的概念。为此，我们必须首先弄清楚什么是“现代化”、怎样“现代化”等问题。

我国著名历史学家罗荣渠先生认为，现代化有四种不同的概念：一是指近代资本主义兴起后的特定国际关系格局下，经济落后国家通过技术革命，在科技、经济等方面赶上世界先进国家的历史过程；二是工业化，即经济落后国家实现工业化的过程；三是自然科学革命以来人类急剧变动过程的统称，即人类社会现阶段史无前例的深刻变动，不仅包括经济或工业领域，而且包括政治、经济、文化、心理等各个方面；四是一种心理态度、价值观念、生活方式、行为方式的改变过程。[①] 高放教授认为：“现代化的核心是工业化，但它不仅仅是工业化，它至少包括十个方面的内容：即劳动社会化、国家工业化、生产机械化、经济商品化、政治民主化、社会法治化、文化多元化、乡村城市化、大众知识化和思想自由化。也就是说，现代化是科技、经济、政治、文化、人际关系、国际关系等方面全方位的巨变。”[②] 美国学者英格尔斯认为，现代化是以人为中心的社会现代化，人的现代化是现代化的核心。从历史的观点看，现代化是一个历史过程，是指从18世纪发端于工业革命开始到西方国家实现高度工业化社会的历史进程。整体而言，现代化是指人类社会从工业革命以来所经历的一场急剧的社会变革。这一变革以工业化为推动力，是传统农业社会向现代工业社会的全球性的大转变过程，它使工业主义渗透到社会经济、政治、文化、思想等各个领域，从

① 参见罗荣渠：《现代化新论》，北京大学出版社，1993年版，第9—15页。

② 高放：《科学社会主义的的理论与实践》，中国人民大学出版社，2008年第5版，第230页。

而引起整个社会生活发生了深刻变化。[①]

现代化是与现代性紧密相连的。如果说“传统”是前现代社会的本质特征，那么，“现代性”则是现代社会的本质特征。“现代性”作为概念，所标示的是与传统的区别，即现代性是与传统相区别的概念。现代性是现代化的产物和结果，现代化是现代性的社会运动过程。因此有学者认为，现代性是现代化一种基本结果和状态；对正在开展现代化建设的国家和民族来说，现代性则是一个目标体系。[②] 还有学者认为，现代性是在社会高度工业化过程中形成的一种特性，是各个发达国家在技术、政治、经济、社会发展等方面所具有的共同特性。

然而，这种共同特性是什么呢？众所周知，近代以来，否定神和上帝的威权，否定“神性”，肯定人性，确立理性和主体性的权威，是现代社会精神发展的重要特征。在一定意义上现代化就是社会生活的理性化、主体化和世俗化。文艺复兴和启蒙运动所提出的自由、民主、平等、博爱、法治、功利化、世俗化等概念，既是现代社会的价值诉求和社会表征，又是人们的行为要求和特征。正如尹保云教授所说：启蒙思想家们所阐述的“‘自然状态’、‘理性’、‘科学’、‘个人自由’、‘民主’、‘平等’、‘人权’等概念，深刻而系统地描绘了现代社会的特征，是每个社会必须经历的而且每一代人都必须重复的启蒙教育的内容。”[③] 所以，现代性的问题归结于人的问题，社会的现代化归结为人的现代化。王锐生教授认为：“现代性问题（诸如理性、主体性、主客二分等）说到底是人的问题，即近现代社会的人的思维方式问题。”[④] 英格尔斯认为：“一个国家，只有当它的人民是现代人，它的国民从心理和行为上都转变为现代的人格，它的现代政治、经济和文化管理中的工作人员都获得了某

---

① 罗荣渠：《现代化新论》，北京大学出版社，1993 年版，第 16—17 页。

② 吴忠民：《渐进模式与有效发展》，东方出版社，1999 年版，第 62 页。

③ 尹保云：《什么是现代化?》，人民出版社，2001 年版，第 6—7 页。

④ 王锐生：“现代性、马克思的人的理论和科学发展观”，《学术研究》2005 年第 10 期。

种与现代化相适应的现代性，这样的国家才可真正称之为现代化的国家。……如果一个国家的人们缺乏一种能赋予这些制度以真实生命力的广泛的现代心理基础，如果执行和运用着这些现代制度的人，自身还没有从心理、思想、态度和行为方式上都经历一个现代化的转变，失败和畸形发展的悲剧是不可避免的。”[①] 由此可见，人的现代化或人的现代性关键是人的思想观念、行为方式和生活方式的现代化，或者说是人的思想观念、行为方式和生活方式的现代性。这是现代化的本质与核心。所以说，现代化不仅是经济、政治、社会生活的现代化，而且更是思想文化、行为方式的现代化。

现代化也是与全球化密切相关的概念。现代化和全球化是一致的，二者相互依存、相互交融、相互作用。现代化推动全球化，全球化拓展现代化。成中英先生认为“现代化就是世界化”。[②] 现代化和全球化是当今人类社会最基本的特征。全球化作为一种客观的事实和当今世界发展的必然趋势，深刻影响着人类和各民族发展的进程。全球化最基本的历史作用在于冲破地域的限制，促使民族的地域历史转变为世界历史。在唯物史观的视野中，人类社会现代化、全球化的过程其实就是人类历史不断由地域性存在向世界历史性存在转变的过程。人类历史的发展表现为一种自然过程。在这一过程中，整个人类历史经历了两种不同的发展状况：一是地域性的民族历史，另一是全球性的世界历史。地域性的历史是在工业革命之前，各民族之间处于相对孤立、封闭的发展状态。世界历史是自工业革命开始，各民族相互联系、相互依赖、相互作用而形成的有机整体的发展状态。从地域性的民族历史走向全球性的世界历史是工业和科学技术革命发展的必然结果。大工业“使每个文明国家以及这些国家中的每一个人的需要的满足都依赖于整个世界，因为它消灭了各国以往自然形成的闭关自守的状态。”“一般说来，大工业到处造

---

① ［美］英格尔斯：《人的现代化》，四川人民出版社，1984 年版，第 273—274 页。

② 成中英：《从中西互释中挺立》，中国人民大学出版社，2005 年版，第 58 页。

成了社会各阶级间相同的关系，从而消灭了各民族的特殊性。”同时，由于世界市场的开拓，“使一切国家的生产和消费都成为世界性的了。”这样，人们“相互影响的活动范围在这个发展进程中越是扩大，各民族的原始封闭状态由于日益完善的生产方式、交往以及因交往而自在形成的不同民族之间的分工消灭得越是彻底，历史也就越是成为世界历史。”① 在科技和经济的推动下，当代全球化来势凶猛、发展迅速，以不可阻挡之势打破各种地域界限，冲破各种经济的、政治的和文化的壁垒，不断促进各国经济、政治和文化的往来，使各民族不断融入世界，民族史逐渐向世界史转变。现代化、全球化为各民族筑起了一个广泛交往的世界性平台，把具有不同文化特征的民族和人们联系在一起，世界日渐成为一个真正的人类共同体。

中国的现代化在曲折中发展。新中国成立以后，我们重新开启了因外族入侵和国内阶级斗争而中断的现代化进程，确立了国家发展的现代化目标。党的十一届三中全会以来，中国社会已经从封闭走向全方位的开放。改革开放成为了当代中国最鲜明的特点。在改革开放的大潮中，中国的社会面貌和人们的生产方式、生活方式、精神价值等等都发生了根本性的变化。世界元素日益融入中国，中国元素也日益汇入世界。中华民族的历史日渐转化为全球性的世界历史。

（二）道德的民族性和世界性

在人类历史的长河中，任何国家和民族都会根据自身的客观条件、社会发展的客观需要以及对美好生活的理解，探索和形成有利于增进个人与社会利益总量、促进人们生活幸福的生产方式及生活方式，创制符合国家和民族实际的优良道德体系。可以说，任何国家、民族的道德都有自身的特点，具有国别性和民族性。但是，正

① 《马克思恩格斯选集》第1卷，人民出版社，1995年版，第114、276、88页。

如我们在第二章已经讨论的，真正的道德，不论源自哪个国家、何种民族，不仅具有特殊性、民族性，而且具有普遍性、世界性。任何国家、民族的优良道德不仅适用于本国家和民族进步的需要，而且也有利于其他国家和民族的发展。因为，道德不仅是合人性的，而且是为人性的。所以，任何真正的道德都是特殊性和普遍性、民族性和世界性的统一。

关于道德的民族性问题，理论界的认识不尽一致。民族性是道德的一个客观属性，这是共识。然而，对于什么是道德的民族性，认识却不相同。唐贤秋教授在“道德的民族性和超民族性”一文中介绍了我国理论界的主要观点：道德的民族性是指道德的民族差异性，即不同的民族在道德意识、道德心理、道德规范等方面存在许多不同（杨丙安 1984）；道德的民族性是指在道德意识和行为等方面，各民族具有的不同特色的思想体系、行为方式、情感表达方式以及心理素质特征的各种准则和规范的总和（汤宝华 1986）；道德民族性是指道德的民族特点，即道德因民族不同而表现出的明显的个性差异（熊坤新 1997）；道德的民族性有广义和狭义之分，广义的道德民族性是从道德的社会属性来理解道德主体属性的一个方面，狭义的道德民族性是相对于各个民族的道德，一个民族的道德所具有的本民族独特的特点，以及相对于一般社会道德而言的个性特点（高力 1998）；道德的民族性是指道德因民族身份的不同而显示的明显的个性差异（余文武 2008）。[①] 唐贤秋教授认为：“道德民族性是指基于民族标示的道德主体（包括民族国家和同一国家的不同民族族别）在其道德认识、道德规范和道德行为等方面所表现出来的具有民族差别的特点。”[②] 根据我们对于道德的本质及其特性的理解，我们认为，道德的民族性是指作为民族的道德主体在特定的环境和历史条件形成的特有的处理人与世界关系的实践方式，且是有益于

① 唐贤秋：“论道德的民族性与超民族性”，《伦理学研究》2012 年第 1 期。
② 唐贤秋：“论道德的民族性与超民族性”，《伦理学研究》2012 年第 1 期。

民族整体和个体发展进步的持久不断的实践方式。

不同国家、民族生存的自然环境不同、生产方式不同，决定了人们的生活方式、行为方式、价值观念、道德意识、道德行为等会具有一些不同的特点。国家主体的多元化、民族的多样性、文化的多样性决定了道德的特殊性。这是人类文明的一种普遍现象——文明的多样性。道德的多样性是人类文明多样性的一个重要表征。

道德不仅具有民族性，而且具有世界性。承认道德的民族性并不是否认道德具有超越民族特性的依据，相反，道德的民族性是肯定道德具有超越民族特性的一个重要前提。一种道德之所以具有民族性，是因为它是有助于民族兴旺发达的，正因如此，这种道德才被这个民族保留和传承。从特殊性和普遍性的关系而言，道德具有了民族性，则意味着道德具有了一定的普遍意义。如果一种道德是有利于民族进步的，那么，它也是有益于世界发展的；反之，如果一种道德是不利于民族的，那么，它也是无益于世界的。正因如此，只有民族性的东西才能成为世界性的财富，不能成为民族性的财富便不能成为世界性的共同财富。比如，中华民族形成的注重人伦、强调忠孝、讲究诚信、礼尚往来、道义至上、重义轻利、重视修身、崇尚礼仪、勤劳俭朴等传统美德，便具有超越时空的特点，既具有鲜明的中华民族的特点，又具有世界性的意义。如孔子所提出的“己欲立而立人，己欲达而达人”；“己所不欲，勿施于人”等道德主张，不仅具有中华民族的特有语境，而且具有世界性的伦理价值。再如，西方各国在现代化进程中所形成并日趋成熟的现代性道德——自由、平等、公正、博爱、民主、法治等，不仅是西方文明的成就，而且是人类文明的共有财富。这既是已经完成现代化任务的国家、民族所具备的文明成果，也是那些正在进行现代化的国家、民族所必须拥有的精神财富。

道德的民族性和世界性是辩证统一的。一方面，道德的民族性是道德的世界性的源泉。所有的道德都发源于特定的民族和人群，离开民族生活的土壤，道德便成为无源之水。离开道德的民族性，道德的世界性也是不存在的，没有道德的民族性也就没有道德的世界性。另一方面，道德的世界性是道德的民族性的动力，决定道德民族性发展的方向。民族道德要发展、延续，必须要走向世界，具有人类文明的普遍性。如果一种民族道德不能反映人类的本质特性，不能体现人类共同的价值追求，不能增进人类的共同利益，那么，这样的道德便没有生命力，必将为历史所淘汰。真正的道德，不仅具有民族性、特殊性，而且具有世界性、普遍性。越是具有民族性和世界性的道德便越具有强大的生命力，便越有益于人类文明的发展和人自身生活的幸福。

在现代化不断加速拓展深化、全球化日益加剧的时代，“过去那种地方的和民族的自给自足的闭关自守状态，被各民族的各方面的互相往来和各方面的互相依赖所代替了。物质生产是如此，精神生产也是如此。”[①]“一个凝固的、基于共同的民族特征的、亲缘关系的观念显然正在消亡。世界上的边界也许不会消失，但是许许多多异国的因素正在穿越世界。”[②] 这些观点深刻揭示了现代化、全球化进程中世界各国、各民族文化及其人类文明发展的趋势及其特征。

因此，正确把握道德民族性和世界性及其关系，“有利于我们正确处理中华民族道德与世界民族道德之间的关系。中华民族的道德传统与世界其他民族的道德，各有自己的长处和不足，我们反对任何一个民族国家标榜道德优越感而贬低其他民族道德的做法，而应该在彼此尊重各民族道德特色的前提下，相互学习与借鉴各民族道德的长处，在求同存异中寻求各民族道德的共通之处，化解冲突，促进和谐，这是世界上各民族道德发展的共同使命。”[③]

---

① 《马克思恩格斯选集》第1卷，人民出版社，1995年版，第276页。

② ［美］帕斯卡尔·扎卡里：《我是“全球人”》，新华出版社，2002年版，第7页。

③ 唐贤秋：“论道德的民族性与超民族性”，《伦理学研究》2012年第1期。

（三）构建走向世界性的道德

和谐社会及其道德的建构是在社会主义现代化建设这一历史进程中展开的，和谐社会道德建设必须与现代化建设统一起来，和谐社会道德体系必须反映现代化建设的时代需要、体现现代化的本质要求。正如万俊人教授所说：现代伦理道德应该是与社会生活的现代化要求相符合的，具有现代文明品位的伦理价值精神，“这就要求它必须能够真实而深刻地反映人类现代道德的要求，具有开放性的世界语境，并在社会主义现代化行进中合理地确立自身的理论方位。只有这样，才能与现代化经济建设（以现代市场经济建设为核心）、现代民主政治和现代文化相适应，保持其应有的理论的生命力。”①

现代化起源和成熟于西方，现代性道德发源和兴起于西方。许多学者认为，现代性、现代化是中性的、普遍性的概念。英格尔斯认为：“现代性的特质，并不是任何一种文化传统下的独有的产物；反之这些特质却展现出一个普遍的模型，所表示的是人类潜能的一种形式，一种在特定社会情况下特定历史时间里，逐渐突出的形式。”② 尹保云教授也认为：“现代性本身是普遍主义的，它潜藏在人的共同本性之中，没有民族与文化的界限。”③ 尽管如此，却无法否认现代化运动、现代化理论和现代性问题等不可避免地具有西方文化的特征。正如 A. 波特斯（Alejandro Portes）所言：现代性并不是人的普遍的潜能，而是西方文化的特点，“现代性的普遍性，乃西方价值观及其模型普遍扩散的显明结果。”④ 我们认为，现代性是一个特殊性和普遍性相统一的概念，既具有西方文明的特质，又具有普遍主义的特性。现代化、现代性之所以具有西方特性，首先在于

① 万俊人：“走向现代伦理”，《哲学动态》1994 年第 5 期。

② 尹保云：《什么是现代化》，人民出版社，2001 年版，第 119 页。

③ 尹保云：《什么是现代化》，人民出版社，2001 年版，第 8 页。

④ 尹保云：《什么是现代化》，人民出版社，2001 年版，第 120 页。

它生长、成熟于西方社会，因此不可能不具有西方文化的传统。试想，如果现代性和现代化不具有西方文化特质，那么，那些非现代化国家也会同样具有现代性。然而，事实上，非现代化国家在没有实现现代化之前是不具备现代性的。现代性、现代化之所以具有普遍性，根本在于它反映和凸显了人类共同的基本特性。如果现代化、现代性不具有普遍性、世界性，那么，就不会出现当今世界的现代化图像，就无法理解不论社会性质、社会制度、发展道路根本不同的国家和民族都选择现代化这一世界性运动的事实。现代化、现代性本身并不是单一的色调，而是纷繁复杂的图景。“现代性种种因素合为一体，以征服一切的力量证明了它自己才是真正的‘中心’，谁最多地占有了它，谁就会获得一种现实的客观力量。”[①] 因此，正在进行现代化的国家就必须占有在西方世界发育起来的有益成果。而要占有这种现代性就不能固步自封、闭关自守，关起门来搞现代化，必须对外开放，主动走向世界。真正讲来，走向世界，最主要的是走向西方的发达国家，走向现代化、现代性的成熟地带。当然，走向西方，在内容上当然不是要获取西方的一切，而是吸取优秀的文明成果；在方式上不是照搬照抄，而是辩证否定。依据我国的国情和现代化发展的需要，既充分利用前现代社会所形成的现代性资源，又吸取西方世界有益的现代性因素，并使之“中国化”，形成中国特色的现代性。

现代性离不开传统，现代性道德也离不开传统的道德资源。现代文明、现代精神发端于希腊文明。黑格尔把希腊文明看作是西方人的精神家园，认为西方现世的科学、艺术以及一切“使精神生活有价值、有光辉的东西”，都是从古希腊世界中直接或间接传承而来的。[②] 希腊文明以其自由的个性和卓越的成就著称于世。希腊人热爱自由，不肯屈服于暴君，其民主体制年轻而充满活力；他们热爱生

① 尹保云：《什么是现代化》，人民出版社，2001 年版，第 8 页。
② 黑格尔：《哲学史讲演录》第一卷，商务印书馆，1959 年版，第 157 页。

活，天性乐观；他们崇尚理性和智慧，热爱真理，对求知有一种异乎寻常的热忱。吴国盛教授认为，希腊人对世界的贡献不是在伟大的工程、杰出的技术发明上，而是在精神文明方面。他们创造了一种全新的精神，这种精神“恰恰是真正的现代精神”。[①] 发源于古希腊的“逻各斯”精神和“努斯”精神是西方文化的两大传统。“逻各斯”精神使西方文化偏重于对外在世界，尤其是世界的最终本原和根据的认识和探索。“人是理性的存在物”这一命题是西方文化一贯强调和坚持的。西方文化主张主客二分，强调人的理智思维能力的培养和提高，重视科学研究和技术革新，注重对外在世界的征服和改造。“努斯”精神为人的自由、终极关怀、宗教信仰、彼岸世界的追求等提供了无穷的精神动力。这为现代化开启之时便高扬“理性”、“法治”、“个人自由”、“平等”、“民主”、“博爱”、“人权”等思想观念奠定了基础，这些观念构成了现代性及其道德的基本内容。

尽管西方世界的道德发展从古希腊到现代经历了一个波澜曲折的过程，但是，从总体上看，明显呈现前后相继的递进性和一贯性。古希腊罗马时期的道德伦理是西方道德体系的源头。古希腊罗马时期的道德观念、道德规范、道德思想、理想人格、生活方式、伦理道德问题等都不同程度地得以承袭和借鉴，并使之具有时代特色。

西方社会对伦理道德的深刻思考源自苏格拉底。苏格拉底认为，人应该省察生活和道德的关系，并认为“不经过省察的生活是不值得过的”；他还提出了“认识你自己”、“德性就是知识”等具有永恒性质的经典命题。苏格拉底不仅使古希腊对道德的思考独立化，而且在思想和行动上实现了西方精神世界的第一次伦理学表达。正如包利民教授所言，苏格拉底的意义在于他代表着“道德”第一次

① 参见吴国盛：《科学的历程》（第二版），北京大学出版社，2002 年版，第 55—56 页。

出现于世界文明史。[①] 柏拉图从苏格拉底的“道德悲剧”看到了生活世界的不可靠，从而把道德从对生活世界的思考转向“理念”世界。柏拉图认为，德性必须建立在客观的“理念”之上，具有一种普遍的理性理由，体现社会的健全秩序性。可见，在柏拉图的视野中，德性包含着深厚的理性精神。亚里士多德从目的论出发，认为所有技术性、规划性、选择性的实践都追求某种“善”的目的。善是多样的，善的事物也是多样的，按照善的特点，善事物可分为两类：一是自身即善的事物——内在善，另一是“作为它们的手段而是善的事物”——外在善。内在善是最高的善——至善。至善是幸福。“幸福是一种无待而有、自足的生活。”[②] 幸福是合乎德性的实践活动。德性可分为伦理德性和理智德性。最高的德性是理智德性，最值得追求的生活是沉思的、静观的思辨生活。亚里士多德认为，人是社会性的，人的德性也是社会性的，只能在社会中才能培养优良德性。因此，亚里士多德不仅关注个人的善，而且致力于社会共同体的善。至此，“苏格拉底—柏拉图—亚里士多德构成了古希腊主流伦理学的重要知识镜像，同时也开创了西方文明伦理道德传统，说其主流，不仅仅是说明了其理论本身的生命力，同时也说明了西方社会对其生活本身的基本道德信念。”[③]

轰轰烈烈的文艺复兴运动发现了自然，发现了人。人道主义是文艺复兴运动的主导思想。人道主义被当作一种新的社会理想和道德原则。在“发现人”、“重视人”的口号下，“人性”代替了“神学”、“人权”代替了“神权”、理性主义代替了信仰主义，现实生活的幸福取代了“天国幸福”的幻想、世俗的生理的享受代替了禁欲主义的信条，个性解放和思想自由成为了道德的本质要求。总之，文艺复兴运动提出的“独立、自由、个性解放、尊重人的价值和能

---

① 包利民：《生命与罗格斯》，东方出版社，1996 年版，第 157 页。

② 宋希仁：《西方伦理学思想史》，湖南教育出版社，2004 年版，第 88 页。

③ 庞俊来：“从幸福到自由：西方道德哲学的知识生成”，《中共四川省委省级机关党校学报》2012 年第 3 期。

力”，“要求现实生活的幸福”、“强烈的个人主义思潮”，“要求决定个人自己生活道路的权利”、“表现出积极的生活愿望”等等，构成了“那个时代精神的特征”。[①]

伴随自由资本主义的发展，西方世界进入了启蒙时代。如果说文艺复兴运动拨开了笼罩在现代化进程中的迷雾，那么，启蒙运动则树起了现代化的大旗，开启了现代化的历史征程，并同现代化一并高歌猛进，开创了一个崭新的时代。“理性”是启蒙运动的口号。康德在1784年《回答这个问题：什么是启蒙》的著名短文中指出："启蒙就是使从自身所遭受的幼稚状态中解放出来。所谓幼稚，就是说一个人倘若没有其他人的指导，就没有能力使用自己的理解力。这种幼稚是自虐的，因为它的原因不在于缺乏理解力，而是在于如果没有别人的引导，就没有决心和勇气使用自己的理解力。要敢于成为一个智者，要有勇气使用你自己的理智，这就是启蒙的箴言！”[②]即“启蒙就是人类脱离自我招致的不成熟”。[③]可见，启蒙就是要求人类摆脱蒙昧，实现人性，其实质就是从中世纪宗教神学的统治和宗教信仰中解放出来，使人类回到人的自然本性和社会的“自然状态”。启蒙思想家认为，人是现实的人，幸福不在天国而在现世，追求现世的幸福是人的自然本性；人不是为了某种遥远的所谓“神”的目的而活着，而是为了现世的幸福而生活。卢梭极力呼吁：“人是生而自由的”[④]，认为人应该获得社会契约下的自由、法律保护下的自由以及服从法律的道德自由。因此，社会必须保障人的自由、平等和人的自然权利。与发展资本主义市场经济相适应，功利主义的伦理观成为启蒙理性的重要内容。这种伦理观建立在自然人性的基础之上，认为自爱、利己或利己心是人之本性，道德伦理原则应当从人性出发，社会应该根据人的本性来制定道德规范，社会制度应

① 宋希仁：《西方伦理学思想史》，湖南教育出版社，2004年版，第215页。
② 转引自江怡：“当代哲学与新的启蒙”，《苏州大学学报》2011年第3期。
③ 尹保云：《什么是现代化》，人民出版社，2001年版，第18页。
④ ［法］卢梭：《社会契约论》，商务印书馆，2003年修订第三版，第4页。

该建立在合理的利己主义基础之上，同时保障人们在不侵犯他人利益的前提下追求个人的利益和幸福。为了调节个人利益和公共利益的关系，实现个人利益和公共利益的统一，边沁提出了功利主义的功利原理。“功利原理是指这样的原理：它按照看来势必增大或减少利益有关者之幸福的倾向，以及促进或妨碍此种幸福的倾向，来赞成或非难任何一项行动。”[①] 边沁后来把这一功利原理表述为最大幸福原则——最大多数人的最大幸福，并把它看作是评判个人行为和社会立法的唯一可接受的标准。功利原则是“一切道德领域、特别是政治领域中评判是非的标准”[②]。功利主义伦理观强调社会以现实性的人性为基础创建制度、制定道德和法律，为的是要把“道德大厦和社会和谐建立在自然状态的土壤上”，从而促使社会“朝着契约化、法治化、透明化的方向进步”[③]。同时，为了实现功利的道德目标，满足新的道德需要，实现幸福生活的最大化，一些思想家认为，必须建立理性国家，确立“三权分立”的政治结构。在理性国家，社会成员服从自然法的通则。因此，理性国家首先要保证人的自由、平等权利；其次，理性国家必须建立在私有财权的基础之上，保护私有财产神圣不可侵犯；再次，理性国家必须建立一整套制度体系，保证国家权力在民众的监督下运行，保证人们的自由不受侵犯。只有在理性的国家，人才不会失去自由。[④] 至此，“作为西方现代思想精髓的个人主义、自然权利、平等博爱、自由民主等”都得以阐明和伸张。“启蒙的主张和理想反映了现代化的性质，反过来，现代化也就是实现启蒙理想的历史进程。”启蒙时代的“启蒙”对我们理解现代化的概念、把握社会主义核心价值体系建设和现代道德建设的规律“十分重要”。[⑤] 建设富强民主文明和谐的现代化国家需要实

① ［英］边沁：《道德和立法原理导论》，商务印书馆，2011 年版，第 12 页。
② ［英］边沁：《道德和立法原理导论》（导言），商务印书馆，2011 年版，第 11 页。
③ 尹保云：《什么是现代化》，人民出版社，2001 年版，第 23 页。
④ 参见尹保云：《什么是现代化》，人民出版社，2001 年版，第 22—23 页。
⑤ 尹保云：《什么是现代化》，人民出版社，2001 年版，第 18 页。

实在在的“启蒙”，需要具有“启蒙”的现代精神。

“现代化就是用知识和方法来扩充智慧与精神。亦即用普遍的知识与理性的方法，来表达适应现代人当前和未来生活之价值”。[①] 构建与社会主义现代化相适应的现代性道德体系，就是用人类普遍的知识和理性方法来表达当代中国人对富强民主文明和谐的社会与美好生活的向往。这是一个重大的时代课题。要真正解答这一时代课题，“不仅需要足够的‘中国道德智慧’，而且需要足够的人类道德智慧，更需要足够的中国现代化行动。”[②]

① 成中英：《在中西互释中挺立》，中国人民大学出版社，2005 年版，第 61 页。

② 万俊人：“现代性的伦理话语”，《中国社会科学战线》2002 年第 1 期。

第五章　和谐社会道德体系的结构

任何社会的道德都是由多种规则构成的体系。恰如彼彻姆所言：“道德是一个规则的体系。”① 任何体系都是由一定要素构成的结构性的存在，道德体系也不例外。

一、道德结构

道德作为一种客观的社会存在，有其自身的结构。由于人们对道德的不同理解，对道德结构的认识也不一致。理论界对道德结构的理解大体可以分为两类：一类是对作为社会行为规范的道德的自身结构，即一种规范之所以称之为道德所具有的结构，如王海明教授在《伦理学原理》、《新伦理学》等著作中所论及的“道德结构”；另一类是作为一种规范体系的道德的构成，即社会道德体系的结构，如唐凯麟教授在《伦理学》中探讨的“社会的道德结构”、陈泽怀教授在《道德结构与伦理学》中所讲的“道德结构”。这里，我们主要讨论社会道德体系的结构。

---

① ［美］汤姆·L. 彼彻姆：《哲学的伦理学》，中国社会科学出版社，1990 年版，第 11 页。

（一）道德结构的含义

讨论作为规范体系的道德的结构，首先应讨论道德之为道德的结构。理论界对道德之为道德的结构的认识可谓是众说纷纭。“有的人认为，道德结构包括道德意识、道德关系、道德行为；有的人认为，道德结构包括道德意识活动、道德选择活动和道德实践活动；有的人认为道德结构包括道德意识形态（道德规则意识形态和道德思想意识形态）和道德活动形态（道德教学活动形态和道德实践活动形态）。”何文治先生在《道德建设》一书中认为：道德结构可以理解为“道德有机体由哪些要素构成。”“道德结构包括道德意识、道德规范体系、道德活动形式这三个相互联系、相互区别的部分。它们的统一，构成了道德本身的体系结构。”[①] 我国多数学者认为，道德结构包括道德意识、道德关系和道德实践等因素。比如章海山教授认为：“道德的结构一般由三个部分组成：道德实践、道德关系和道德意识。”[②] 道德的内部结构是由“道德意识、道德关系和道德活动等三个基本要素构成的系统。”道德意识是道德的主观方面，道德关系和道德活动则是道德的客观方面。因而，“就整体而言，道德既包括道德的主观方面，也包括道德的客观方面，它是这两个方面及其诸因素在一定的社会经济关系基础上，在人们社会实践活动中的有机统一体。”这个有机统一体生动地体现了道德的本质，即道德是人类从“实践——精神”上把握世界的特殊方式。[③]

然而，王海明教授则认为，道德意识、道德关系、道德实践不是道德结构，而是品德结构。由于道德属于规范范畴，因而道德结构就是道德规范的结构，也就是道德规范是由什么样的要素构成的。王教授认为，道德结构包括道德的内容和道德的形式，道德内容为

① 何文治：《道德建设》，天津人民出版社，1991 年版，第 619 页。
② 章海山：《伦理学引论》，高等教育出版社，1999 年版，第 70 页。
③ 唐凯麟：《伦理学》，高等教育出版社，2001 年版，第 46—47 页。

道德价值，道德形式为道德规范，因此，道德的基本结构由道德价值和道德规范构成。道德价值是行为事实之于道德目的的效用，即一个行为是利于还是碍于道德目的的实现。道德是依据道德价值而制定或认可的。道德或道德规范是道德价值的表现形式，道德价值则是道德或道德规范所表现的内容。因此，“道德或道德规范，就其自身来说，只是一种形式；它包容和表现着道德价值。换言之，道德具有形式与内容的结构，它是道德规范形式和道德价值内容的结合体。”[①] 由于道德价值是一种客观的实存，仅有道德价值还不能制定或认可道德，还必须依赖于人们对道德价值的认识——道德价值判断，且只有对道德价值正确的判断才能制定出良好的道德。于是，道德结构由二要素变成了三要素：道德价值、道德价值判断和道德规范。“道德规范与道德价值判断都是形式；而唯有道德价值才是内容。这就是道德的完整结构。”[②] 然而，由于道德价值由道德目的与行为事实构成，道德规范依据道德价值制定或认可而成，因此，讨论道德结构不得不进一步探讨道德目的和行为事实。行为事实是客观存在，只要发生就会对社会产生一定的作用——或促进或阻碍社会的发展进步。道德目的是社会创制道德或道德存在所要达到的终极目标。由于道德目的不同，行为事实与道德目的的关系就不同，道德价值也就不同。因此，确立道德目的是社会创制道德的核心问题。由于道德价值是行为事实对于道德目的的效用，因而道德价值由行为事实与道德目的方面构成：“前者是道德价值构成的源泉和实体；后者是道德构成的条件和标准。这就是道德价值的结构，是道德内容的结构，因而也就是道德的深层结构。”可见，道德结构十分复杂，“它的内容和形式都是双重的，因而由四因素——道德价值规范、道德价值判断、道德目的、行为事实——构成”。道德规范、道德价值、道德目的、行为事实具有由外及内、

① 王海明：“论道德结构”，《湖南师范大学学报》（社会科学版）2004 年第 5 期。

② 王海明：“论道德结构”，《湖南师范大学学报》（社会科学版）2004 年第 5 期。

层层深入的形式与内容的关系："道德规范是道德价值判断的形式；道德价值判断是道德价值的形式，说到底，是道德目的与行为事实之形式。"① 揭示道德的复杂结构的意义在于：寻求社会创制道德的科学依据，掌握创制道德的科学方法，从而建构科学、优良的道德体系。

道德结构由道德的内容和形式构成，这是我国理论界比较一致的看法。但是作为行为规范的道德结构的内容和形式究竟是什么，理论界的认识却并不一致。以上两种认识具有代表性。然而，尽管双方的认识不一致，但仔细分析，还是能够发现双方有一些重叠或一致的地方，比如道德认识和道德价值判断就具有一致性，道德关系和道德价值所表达的内容具有相通性。因为作为行为规范的道德是社会制定或认可的，是一种人造物，是人们对客观存在的社会道德关系的反映，表达的是人们对于美好生活的一种期许，以及为了实现这种愿望而对人的行为的要求，亦即是对于人的行为之于社会的效用的认识和要求，其实是对道德价值的认识。道德关系是一种社会关系，是一种客观的社会存在；社会关系集中表现为人的利益关系，道德关系是人的一种利益关系。社会创制道德的根本目的在于处理和协调人们之间的利益关系。这就是道德的内容，也是道德结构的内容。因而，道德根本的问题在于如何处理和协调这种利益关系。由于人的利益关系不可能由一个人独自解决，而必须由利益关系双方或多方一起解决，这同样出现一个双方或多方采用何种方式解决利益关系的问题。道德之所以必需，根本在于社会及其成员需要道德这种解决利益关系的实践方式。因而，道德就是一种协调人的利益关系、体现道德价值的实践方式。这就是道德的形式，也就是"行为事实"和"道德目的"之间的联结方式。所以说，道德结构的内容是道德关系或道德价值，是道德目的和行为事实，形式则是实践（行为）体现和反映道德目的的方式。

---

① 王海明："论道德结构"，《湖南师范大学学报》（社会科学版）2004 年第 5 期。

事物因结构而成为整体，因整体而成为体系。任何事物都是一个整体，也是一个体系。任何一个具体的道德都可看作是一个有结构的体系。作为规范体系的道德必有其结构和基本的构成要素。那么，社会道德体系的结构是什么呢？构成道德体系的基本因素有哪些呢？理论界对此的认识也不一致。例如，著名法学家博登海默认为，道德价值的等级体系可以区分出两类要求和原则。一类是作为社会有序化的基本要求的道德，即维护社会最基本的生活秩序的道德。另一类道德则是那些有助于提高生活质量和增进人与人之间的紧密联系的原则，但这些原则对人们提出的要求远远超过了那种被认为是维持社会生活的必要条件所必需的社会要求。如慷慨、仁慈、博爱，无私等价值则属于第二类道德规范。[①] 法学家富勒认为，道德可以分为"义务的道德"和"愿望的道德"两种类型。"义务的道德"指的是一个有秩序的社会所必不可少的一些基本原则。"愿望的道德"是一种高层次的道德要求，是人类对美好、至善的追求，是人类能力的完美实现，是人类生活的最高目的。[②] 唐凯麟教授认为，道德可区分为两个层次——基本层次和超越层次：基本层次是社会有序化的道德，是维护社会存在的基本道德义务；超越层次是提高生命质量的道德，包括对生命权的保护、对家庭利益关系的保护、对所有权的保护、对某些精神领域的权利的保护。[③] 谭培文教授把道德体系区分为三个基本层次：美德伦理、规范伦理和信仰伦理。"道德体系是一个具有高低层次性结构的综合体系，……这一系统大致可分为三个基本层次：'基于个人心性和人格层面的美德伦理，基于社会实践和交往层面的规范伦理和基于人类终极关怀的理想或信仰伦理'。"[④] 何怀宏教授认为，道德结构可由"底线伦理"（"道德底

---

① ［美］博登海默：《法理学：法律哲学与法律方法》，中国政法大学出版社，1999 年版，第 373—374 页。

② 参见［美］富勒：《法律的道德性》，商务印书馆，2005 年版，第 6—12 页。

③ 唐凯麟、曹刚："论道德的法律支持及其限度"，《哲学研究》2000 年第 4 期。

④ 谭培文：《从底线伦理到终极关怀》，广西师范大学出版社，2009 年版，第 7 页。

线”）和“终极关怀”构成。社会道德具有底线伦理和终极关怀相互贯通、相辅相成的结构。[1] 这些观点主要是从道德的层次性来论述道德结构的，认为道德结构由不同层次的道德构成，社会道德体系就是由不同层次的道德相互叠加而成的。

另有一些学者不同意这种对道德结构的层次性分析，认为这是一种“同质性道德层次观念”。所谓同质性的道德层次概念是指在思考道德建设问题时，认为只有先解决了基本的和底线层次的道德问题，才谈得上建筑高层次的价值和文化理想。这种认识的缺陷在于：忽视了“社会道德生活的复杂化、多元化和自主化的基本特点，有一种仍然在简单性、权威性、单一性的社会框架内考虑伦理问题的倾向”，因此，应该放弃或至少限制其使用范围，而采用“异质性的道德结构概念”来思考和解答道德建设问题。[2] 所谓“异质性的道德结构概念”，是指基于社会道德生活复杂化、多元化和自主化的现实，承认社会生活的各个领域都有其特殊的核心价值，社会制度和个人行为都有其主导价值，社会全体成员也难以共享一种广泛的世界观、价值观和人生观。这种异质性的道德结构包括三个基本要素：底线伦理、共同信念和终极关怀。“底线伦理”是指社会制度的基本规范和基本的个人义务体系，它不是一个相对于“道德理想”的低层次概念，而是“一个完整道德结构中的独立要素”；“共同信念”是指公民在“基本价值”上的一致，是对生活于其中的社会秩序的同意和对重大道德问题的共识；“终极关怀”一般指“对于伦理的最终论证”，是关于世界观、人生观和价值观的理论体系，以及各种宗教信仰以至各种政治意识形态等等，也指个人的人生信念。[3]“底线伦理”具有基础性和优先性，“共同信念”处于主导和中心地位，是沟通“底线伦理”和“终极关怀”之间中介或桥梁，并由此确立一种由“底线伦理”、“共同信念”和“终极关怀”组合的“三维异

① 参见何怀宏：《良心论》，上海三联书店，1996 年版，第 53 页。
② 陈泽怀：《道德结构与伦理学》，上海人民出版社，2009 年版，第 21 页。
③ 陈泽怀：《道德结构与伦理学》，上海人民出版社，2009 年版，第 22 页。

质的道德结构”。[①]

另外，也有学者认为，道德结构是支撑道德这一社会存在的基本框架。“从宏观而言，道德可以在结构上区分为价值形态、规范形态和秩序形态这样三个既互相关联又层层推进的方面。任何道德，不管其性质如何，都可以划分为这三个方面。在这三个方面中，道德的价值形态是道德规范的核心和灵魂，道德规范是道德价值的物质载体，道德秩序则是道德规范的具体实现。”因此，道德建设就是“道德的价值形态转换为规范形态并进一步转化为秩序形态的过程”。[②]

道德体系如同理论体系，其内部不能相互矛盾、相互冲突，而必须是自洽的，就是说，各种道德原则、道德规范之间不能相互打架，而必须相互贯通、协调一致。按照库恩等人的观点，科学理论是一种范式。理论体系为了保证各种观点的自洽，有其理论核心和保护带。理论核心是贯穿整个理论体系的一根红线，其他思想、观点可以说是这一核心思想的展开和丰富。任何理论体系都有一些基本的观点或原理，是理论体系的保护带。理论体系的完整性、自洽性根本在于核心思想和基本原理的一致性和互补性。

依据库恩的范式理论，我们认为，道德体系恰如理论体系，是由核心道德原则、基本道德原则和具体道德规范等构成的复杂系统。道德结构是一个由居于核心地带的道德原则、围绕核心道德原则的基本道德原则和处于外围的众多的具体道德规范构成的相互联系、相互贯通的同心圆结构。核心道德原则起决定性作用，决定社会道德体系的性质，基本道德原则、具体道德规范是核心道德原则的体现；基本道德原则是核心道德原则的集中体现和反映，是联结核心道德原则和具体道德规范的纽带；具体道德规范是核心道德原则和基本道德原则的体现，直接作用于人的行为和社会生活。同时，由

① 陈泽怀：《道德结构与伦理学》，上海人民出版社，2009 年版，第 38 页。
② 刘云林：“道德的结构、层次与当代中国道德建设”，《探索》2005 年第 6 期。

于社会生活的复杂性、多元性和人的需要、行为的多样性，以及社会道德的复杂多样性，我们还可以把具体的道德规范划分为基本道德和非基本道德。由于核心道德原则和基本道德原则是社会制定具体道德的依据，因而也可称之为基本道德。这样，我们便可把道德结构简化为由基本道德和非基本道德构成的结构，道德体系则包括基本道德和非基本道德两大部分。

（二）道德结构的核心

由于核心道德原则在道德结构中的地位以及对道德体系的重要作用，因此我们主要讨论核心道德原则。什么是核心道德原则呢？王海明教授认为：这个核心道德原则就是“道德目的”。“‘道德目的’是行为应该如何从行为事实如何产生和推导出来的条件，是衡量行为事实应该不应该、道德不道德的标准，所以叫做‘道德价值标准’或‘道德标准’。”道德目的是“道德构成的条件和标准”。[①]道德目的是社会创制道德的最终依据和最终标准。因为道德作为一种规范是规约或指导人们应该如何行为的准则，是告知人们应该怎样行为或不应该怎样行为，即应该采取什么样的行为方式或不应该采取什么样的行为方式。然而，社会为什么要求人们应该这样行为而不应该那样行为，应该采取这样的行为方式而不应该采取那样的行为方式呢？这里必然存在一个根本的标准或依据。否则，道德体系就不可能是一个内部自洽的体系，也不可能是一个科学的体系，更不可能是一个优良的行为规则体系。总之，道德目的是道德结构的核心要素，不仅决定道德结构的性质，而且决定道德体系的优良。

众所周知，一个人的世界是不需要道德之类的行为规则的，人的自由本性也不需要有什么规则约束。从这个角度看，制定或认可

① 王海明：《新伦理学》，商务印书馆，2001年版，第113页。

道德的主体不可能是单独的个人，而必须是个人之外的社会或人与人的联合体。道德因处理和协调人的利益关系（道德关系）而生，如果人与人之间没有任何的利益矛盾和冲突，就没有制定处理和协调利益关系的规则的必要。由于单个人是无法在这个世界生存下去的，人必然要与人联结起来组成集团和社会。人与人的联结一方面能够使每个人获得仅仅依靠个人无法取得的利益，能够增进每个人的利益；另一方面，由于自然资源和社会财富的有限性及其与人的需要的不断膨胀性之间的矛盾，使得人与人在利益联结和增进的同时也必然带来利益的矛盾和冲突。正是因为大量存在人与人之间利益的联结和矛盾冲突，道德等社会规范才有产生的可能和必要。为了增进共同利益而减少冲突带来的利益损耗，尤其是必须避免因人与人的联合而转变为人与人的战争的“自然状态”，社会需要一种外在的力量来约束和指导人们的行为，规定人们应该干什么或不干什么，规定人们应该怎样作为或不作为，从而促使人们采取有利于增进彼此利益的方式行动和生活。

由此可见，社会创制道德的目的根本在于人的利益——保障和增加人的根本利益，或者保障人的生活以及让人更好地生活。社会即是从保障和增进人的利益——过一种更好的生活的目的出发来创制道德等规则的，也就是说社会创制道德是以保障和增进人的福利、使人更好地生活为最根本目的的。判断一种社会行为及其方式是不是应该的、道德的，取决于这种行为及其方式是否符合道德目的。社会之所以把这种行为的方式作为道德规则，是因为它符合道德目的。社会便要求每个人都按照这种道德规则行事，采取道德的方式而行动。可见，道德目的——使人过更好的生活，是确定人的行为应该如何或人应该如何行为的最终根据和标准。

道德目的是道德体系最根本和最高的道德原则，是制定社会道德的最终依据。我们暂且可以不管社会道德结构由哪些基本要素构成，不管道德结构是不是应该包括“底线伦理”、“共同信念”、“终极关怀”或其他别的什么。但由于几乎任何道德理论和道德实践都肯定“底线伦理”是社会道德结构的一个要素，因而我们就不能不思考这样一个问题：为什么社会道德结构中必须要有一个底线伦理或最基本的道德，其最终的依据是什么？同时，在底线伦理中有一些普遍的、具体的基本道德规范，例如不偷盗、不伤害他人的身体和尊严等等，那么，这些普遍的基本道德规范构成底线伦理的依据又是什么呢？要真正解答这些问题，就不能不考虑道德目的。一个社会之所以需要底线伦理、需要终极关怀，根本在于其反映、体现道德目的，符合道德目的，且能实现道德目的。不偷盗、不伤害是千百年来几乎所有社会、所有民族都秉持的道德规范。为什么会如此呢？我们认为，之所以如此，根本在于这些基本道德规范符合人的生命特征和本性，与人的生命、财产安全密切相关，是保护人的生命财产、维持人的生存和社会存续最基本的行为要求：人们遵守这些基本的行为要求，人就能生存、社会就能延续。因此，便能成为人们应该自觉遵守的行为规范。反之，偷盗、伤害等则不符合人的生命需要和本性，如果人们按照这种实践方式对待人的身体和财产，则会使人的生命财产受到损害，会使社会有机体解散和毁灭，因而是不应该的，便不能成为道德规范。

同时，道德目的也是衡量社会道德原则好坏优劣的根本标准，是决定其他道德原则、道德规范能否成为社会道德体系的构成要素的根本尺度。罗尔斯认为：思想体系的首要价值是真理，制度（道德）体系的首要价值是正义。“一种理论，无论它多么精致和简洁，只要它不真实，就必须加以拒绝或修正；同样，某些法律和制度，不管它们如何有效率和有条理，只要它们不正义，就必须加以改造或废除。”① 一个优良的道德体系不仅其道德目的是优良的，是为增进每个人的福利服务的，而且其基本道德必须体现和符合优良的道德目的。如果社会制定的行为规则、尤其是基本行为准则违背道德

① ［美］罗尔斯：《正义论》，中国社会科学出版社，1988 年版，第 3 页。

目的，那么，它就不能成为道德规则，就不能将其归于社会道德体系之中。只有符合道德目的、反映和体现道德目的的行为规范、道德原则，才能成为社会的道德，才能成为社会道德体系的组成部分。

一个社会制定出怎样的道德，全在于社会的性质及其所设定和秉持的道德目的。道德目的是社会制定道德的出发点和落脚点。道德目的不仅决定道德的性质，而且决定道德的作用。道德目的不同，创制的道德体系就不同。

不同的社会有不同的道德目的，即有不同的制定道德的标准，从而形成不同的道德体系。其实，道德目的也是人组成社会的目的，是一个社会的追求。社会由人构成，社会的目的亦即每个人的目的。这是理想社会的状态。由于不同历史时代的人所组成的社会不一样，社会所追求的目标也不一样，道德目的也不同，因而社会对人的道德要求也不同。如此而来，人类便历史地出现了不同的社会形态、不同的人群（阶级），也出现了不同形态和优劣不等的道德体系。在人的根本利益对立的阶级社会，少数统治者是社会利益的代表者，决定着社会利益的分配关系，其中一个阶级压迫、剥削其他阶级。统治阶级为了维护和扩大自身的利益并使之合法化，不仅通过社会基本政治、经济制度确立起来，而且通过社会道德等予以规范，即把有利于满足和实现统治者利益需要的规定为合法的、道德的。剥削阶级的阶级本性及其社会经济地位，决定了阶级社会创制的道德不可能反映劳动人民的道德要求，不可能是维护劳动者的道德。可见，阶级社会所秉持的以维护少数统治者根本利益为目标的道德目的决定了它根本不可能创制优良的道德体系。

社会主义社会是代替那些存在着阶级和阶级对立的旧社会的新社会，“在那里，每个人的自由发展是一切人的自由发展的条件。”①

---

① 《马克思恩格斯选集》第1卷，人民出版社，1995年版，第294页。

新社会是“以每个人的自由全面发展为根本原则”的社会形式。因此，社会主义社会保障和实现的是每个人的根本利益，增进每个人的福利、提高人民群众的生活水平、促进每个人的自由全面发展是社会主义社会的根本目的。社会主义社会把增进每个人的最大福利、促进每个人的自由全面发展确立为最高的道德目的和道德原则，并以此建立新的经济、政治和文化制度，创制新的道德规范体系。

中国共产党领导和带领中国人民在近一个世纪的奋斗、探索、创造和积累中，选择了马克思主义，选择了社会主义，选择了中国特色社会主义。中国特色社会主义是由“道路”、“理论体系”和“制度”构成的整体，其中“道路”是实现途径，“理论体系”是行动指南，“制度”是根本保障，“三者统一于中国特色社会主义伟大实践”①。建设中国特色社会主义，就是要在中国共产党领导下，立足基本国情，以经济建设为中心，坚持四项基本原则，坚持改革开放，解放和发展社会生产力，建设社会主义市场经济、社会主义民主政治、社会主义先进文化、社会主义和谐社会、社会主义生态文明，促进人的全面发展，逐步实现全体人民共同富裕，建设富强民主文明和谐的社会主义现代化国家。

中国特色社会主义既坚持了科学社会主义的基本原理，又根据时代条件赋予其鲜明的中国特色，从理论和实践上系统回答了在中国这个人口多底子薄的东方大国建设什么样的社会主义、怎样建设社会主义这个根本问题，使我们国家迅速发展强大起来，使人民的生活水平不断提高。“实践充分证明，中国特色社会主义是当代中国发展进步的根本方向，只有中国特色社会主义才能发展中国。”②

社会和谐是中国特色社会主义的本质属性，构建和谐社会是中

① 《十八大报告辅导读本》，人民出版社，2012 年版，第 13 页。

② 《十八大报告辅导读本》，人民出版社，2012 年版，第 13—14 页。

国特色社会主义建设的本质内容和重要任务。我们构建的和谐社会是“民主法治、公平正义、诚信友爱、充满活力、安定有序、人与自然和谐相处”的社会。“民主法治、公平正义、诚信友爱、充满活力、安定有序、人与自然和谐相处”，既是和谐社会的基本特征，又是构建和谐社会的总要求。提高人民的物质文化生活水平，促进人的全面发展是构建和谐社会的根本目的。以人为本是构建和谐社会必须坚持的首要根本原则。

马克思主义的本质、社会主义的本质以及和谐社会的根本目标与基本特征，决定了和谐社会的道德目的与社会主义的价值目标是高度一致的，即不断提高人民群众的物质文化生活水平，增进社会和每个人的福利，促进人的自由全面发展。这与以人为本在本质上是一致的。由于道德目的就是道德结构的核心，因此，和谐社会道德结构的核心原则便是以人为本。

“民主法治、公平正义、诚信友爱、充满活力、安定有序、人与自然和谐相处”这些基本特征和总要求，决定了和谐社会的道德、尤其是基本道德（原则）必须反映、体现这些特质和要求。因此，和谐社会道德体系应当包括自由原则、公正原则、人道原则、集体主义原则和生态环境保护原则等基本道德原则，必须包括“富强、民主、文明、和谐”，“自由、平等、公正、法治”，“爱国、敬业、诚信、友善”等基本（核心）价值。社会生活领域和利益关系的复杂多样性，人的需要和追求的复杂多样性，以及人的生活方式、实践方式的复杂多样性等等，决定了道德的复杂多样性，一个社会不仅要有基本道德，而且还要有非基本道德。

因此，和谐社会的道德结构应当是一个以“以人为本”为核心的，由公正原则、自由原则、集体主义原则等基本原则和“爱国、敬业、诚信、友善”等基本道德组成的，包括众多非基本道德在内的相互交织、相互贯通的同心圆结构。

二、基本道德和非基本道德

社会道德是一个由众多道德规则构成的体系。不同的道德在社会道德体系中的地位和对社会生活的作用是不一样的，其中一些道德居于决定地位、起着主导作用，而另一些道德则处于非决定地位、起着非主导作用。我们把处于决定地位和起主导作用的道德称之为基本道德，而把那些居于次要地位、起辅助作用的道德看作是非基本道德。

（一）基本道德和非基本道德的划分

区分事物有许多种标准，标准不同，对事物的区分就不一样，对社会生活的影响也会不同。采用什么样的标准区分事物更为合理，一要看事物本身的性质，二要看人类实践的需要。对事物的区分是人类认识事物的需要，更是人类实践的需要。任何事物都是一个整体，整体由部分构成。人类不仅需要认识事物的整体，而且还需要认识事物的部分。对事物整体性的把握有助于对局部的认识，对部分的认识也有助于对整体的把握。从认识的一般过程和规律看，人的认识是从感性到理性、从具体到抽象再到具体的不断反复、不断升华的过程。认识源于实践的需要，并以满足人的需要为最终目的。人的需要决定人们对事物及其部分的选择，决定对事物认识的方向、深度和广度。因而，人们对事物的认识不仅是对真理的追求，而且是对价值的追寻，且最终目的是为了实现价值。

矛盾分析法是认识事物的根本方法。矛盾分析法是两点论和重点论相结合的方法。两点论要求在分析事物的任何矛盾的时候，都要从矛盾双方的对立统一的关系来探讨问题。事物及其发展总包含着多种矛盾，各种矛盾的地位和作用是不平衡的。矛盾分析不仅要求把握事物的对立统一性，而且要求研究矛盾及其发展的不平衡性。既然任何事物的发展都是不平衡的，矛盾及其方面可以划分为基本和非基本或主要和非主要的，那么，我们是否也可以把道德划分为基本道德和非基本道德呢？

道德总是与人的需要和利益直接相关。“我们把那些确实应称为善的事物称之为善，因为它们和我们的特定目的密切相关，这个特定目的就是我们有时称为的‘人类的基本需要’。”[①] 道德既是人们利益关系的反映，又是对人的利益关系的调节、导引和规约。利益关系决定道德关系，道德关系决定道德规范的形成及其作用。因此，道德是否可分为基本和非基本两大类取决于人的需要和利益能否存在基本或非基本之分。如果人的需要和利益可以分为基本（根本）利益和非基本（根本）利益，那么道德就可以分为基本道德和非基本道德。

著名心理学家马斯洛认为，人的需要是在一定的生活环境中形成和发展起来的，是社会生活的产物，随着个人需要的满足而变化。人的需要是一个具有复杂关系的大系统，是一个综合的整体。马斯洛对人的需要进行了全面的划分，认为人的基本需要可分为以下几类或几个层次：第一，生理需要。人最基本、最强烈、最明显的需要，就是对生存的需要。第二，安全需要。安全需要和生理需要一样，是客观存在的，并影响人目前的世界观，也影响人未来的人生观。第三，归属和爱的需要。第四，尊重的需要。尊重的需要可分为自尊和来自他人的尊重两大类。第五，自我实现的需要。这就是成长、发展、利用潜能的心理需要，是“一种想要变得越来越像人本来的样子”的欲望。马斯洛的需求理论虽然没有明确提出基本需要和非基本需要的区分，但他是对基本需要进行分类和分层的，同时他也认为人的需要是多样的，因而，在他的需要理论中隐含有非

---

① ［美］彼彻姆：《哲学的伦理学》，中国社会科学出版社，1990 年版，第 553 页。

基本需要这一内容。因为既然人的需要是多样的，有生理、安全、爱、尊重等基本需要，就必然有其他众多的非基本需要。如果人没有非基本的需要，那么人的所有的需要便都是基本需要，然而，事实上，这是不可能的。同时，马斯洛论及的需求是一个由低到高的层级系统，一般而言，低层次的需要被满足后便出现更高层级的需要，当低层次的需求难以满足之际，高层级的需求就会退居其次。因而，人的基本需要根据其所能满足的情况也可以进一步的区分。另外，马斯洛对人的基本需要的列举只能是相对的，而不是绝对的，同时人的需要是一个开放的体系，不断随人的实践和社会的发展而产生新的需要。

马克思也提出了关于人的需要理论。马克思认为，人作为生命有机体的最高级形式，具有一切生命有机体的共性——需要，这是人的需要的客观物质根源。同时，人又具有特殊的需要，从而与其他生命有机体区分开来。人的需要和人的本性是联系在一起的。满足人的本性的需要是人的基本权利，是正当的。人的需要是一个多样性的复合体，是个“需要体系”。人的“需要体系”可划分为生存需要、享受需要和发展需要。（1）生存需要，也叫自然需要，是一切社会形态中的人的共同需要，是人的最直接的需要。（2）享受需要是人旨在提高生活质量、改善生存条件的需要。人的享受需要及其满足具有历史性与合理性。（3）发展需要是人为了自身的完善和文明程度的提高，为实现人的自由个性而产生的需求。发展需要既表现为满足人的精神生活需要，又表现自由和个性。作为最高价值的人本身，主要是指人本身的发展、完善、自我选择和自我实现。

在马克思的“需要体系”中，虽然只提出人的基本需要、“必要需要”，而没有明确提出人的非基本需要或非必要需要。但从对生存需要、享受需要和发展需要关系的论述看，同样隐含着基本需要和非基本需要的划分。生存需要最为基本，具有满足的优先性。在一定的历史阶段，如在生存需要不能完全保障的时期，享受需要的满足则变得次要，享受需要则成为非基本的需要。一种物品在一定时期是作为奢侈品满足少数人的享受需要，还不是人的基本需要；随着生产水平的发展和人们生活水平的提高，作为奢侈品的物品则会成为社会生活的必需品，则成为了人的基本需要。在生存需要还难以满足的历史阶段或社会，人的发展需要，尤其是人的自由全面发展的需要，就不可能成为所有人的基本需要，因而只能是非基本的需要。只有到了未来的新社会，人的自由全面发展的需要才能称为人的基本需要。

既然人的需要可以分为基本和非基本的需要，那么，人的利益也可以分为根本或非根本的利益。因为人的需要决定人的利益，人有多少种需要就有多少种利益。利益是需要的满足，是需要的现实化。

利益是一个涵盖面很广的总体性概念，是政治、经济、文化、社会等方面各种利益的复合体。在利益结构中，利益可以分为根本利益和非根本利益。什么是根本利益？从利益的大小讲，根本利益是最大利益，反之，就是非根本利益。从利益对利益主体的重要性讲：人赖以生存和发展的不可缺少、不可替代、不可剥夺的需要物，叫根本利益；对人的生存和发展没有实质性的影响，或可有可无，或可以替代的需要物，叫非根本利益。从利益在利益体系中所处的地位讲：根本利益是在利益结构中处于基础地位，支配、决定和影响着其他利益实现的利益；非根本利益则是在人的利益体系中处于次要地位、不支配和决定其他利益实现的利益。一个人、一个群体、一个国家、整个人类，既有根本利益，也有非根本利益。生命、安全、自由、平等、自我实现等是人的根本利益；地域、语言、宗教、文化、历史是一个民族的基本元素，是民族的根本利益；国家主权、领土完整、社会制度的选择、宪法所规定的社会基本制度等是国家的根本利益、最大利益。

人的权利与人的需要、利益密切相关。根据权利的利益说，权利其实就是利益。享受权利就是获取利益。财产权是经济利益，选举权和被选举权是政治利益，教育权利是文化和社会利益。既然需要、利益可以划分为基本的和非基本的，那么，人的权利也可分为基本权利和非基本权利。基本权利源自自然权利。在康德看来，自然权利是“以先验的纯粹理性的原则为根据”的。因此，只要是人，不问出身、性别、肤色、财产等，都必定享有自然权利。基本权利源自人权。人权是人之为人不可或缺的权利，是人之为人应当具有的权利。人权概念从性质上看是一种自然法概念，也是一种道德概念，而基本权利则是人权的具体形态。[①]“基本权利是公民不可缺少的、不可替代的、不可转让的、稳定的具有母体性的权利，它在权利体系中具有核心的地位和作用。”在民主社会和现代法学中，基本权利则是通过基本法明确规定的每个人都必须享有且社会必须予以保障的权利。[②]人的基本权利法律不能不予以明确规定，国家不能不予以保护，社会不能不予以尊重和保障。人的利益无数，人的权利众多。人作为丰富的存在物，除了享受基本权利之外，必定还有其他权利。但是，有些权利和利益，并不是人之为人、公民之为公民在一定社会历史条件下必须享有，且社会必须予以保障的。比如许多人都有坐飞船翱翔太空的需要，公正地享受太空资源也是人的一种权利，但我们就不能说这是当代人的基本权利。

人的基本需要、根本利益和基本权利是与人的生存和发展紧密联系在一起的，是人之为人不可或缺的。基本需要的满足、基本权利的享有和根本利益的实现是人生存和发展的基本要求，是人之为人最起码的社会保障。从道德观点看，人之为人不仅必须维持生命体的生存，而且必须过一种有尊严的生活。过一种有尊严的、体面的生活是人之为人最基本的条件。每个人都应当免于贫困、饥馑、伤害、不平等、不自由或非法强制等，都有不因个人天资或偶然事件等因素而失去过一种体面生活或丧失基本生活条件的道德要求和权利。满足人的基本需要、保障公民基本权利的享有和行使、维护

① 潘爱国：“论非基本权利的宪法保护”，《法律科学》2011年第4期。

② 徐显明：《公民权利与义务通论》，群众出版社，1991年版，第132页。

和实现好人的根本利益是一个好社会最基本的目标与标志。因此，一个好的社会必须确立保障人的基本需要和利益得以实现的基本制度或基本结构。如果一个社会根本不能保障每个人最基本的需要和利益，那么它在道德上、尤其是在基本制度或基本结构等方面是有重大缺陷的，便不能称之为好社会。一个基本制度或结构存在普遍或严重缺陷的社会则必须予以改变或废除，即建立一个能够普遍保障社会成员基本权益的新社会。

任何社会的基本制度或基本结构是依据一定的道德原则建构起来的，同时也需要一定的道德维持社会基本制度并促使其发挥应有的作用。因为，道德是维持社会存续、发展的重要力量和构成好社会、好生活的一个基本要素。然而，并不是所有的道德都对社会基本制度和人的好生活发挥积极作用。与社会基本制度、基本结构和人的好生活直接相连并能起有效作用的，是那种具有普遍意义的道德原则，是那种构成人的社会生活主体内容的重要道德和德性。

人的社会生活领域复杂多样，实践活动丰富多样。应该说，复杂多样的生活和实践源自人的多样的需要，人的多样性的需要是推动社会实践活动、社会生活领域多元化的源泉和动力，多元的实践活动与生活领域有利于满足人多样的需要，有利于人过一种丰富多彩的人生。因而，人不仅要满足生存需要，而且要满足享受、发展的需要，不仅要满足基本的需要，而且要满足非基本的需要。为此，人不仅要过一种维持基本需要的生活，而且要过一种非基本需要能够得以满足的生活。与此相连，人不仅要从事满足基本需要的社会实践活动，而且要开展满足非基本需要的实践活动。

人只要在社会中生活，过社会性的生活，就必定要有道德，也必定要遵守道德，道德与生活同在、与社会同在。矛盾之于世界无处不在、无时不在，道德之于人的社会生活也无处不有、无时不有。道德是构成人的社会生活的基本内容，是构成社会性行为（社会实践）的基本元素，更是构成人的幸福生活的基本要素与重要内容。可以说，好的、幸福的生活就是道德的生活，没有道德的生活不能成为人的幸福生活；一个好人必须有德性、有美德，而一个没有德性、美德的人不但不能成为好人，而且在一定意义上不能成其为人。因而，有社会生活和社会实践的地方就必须有规矩、有道德。但是，社会生活领域十分复杂，社会实践活动也纷繁多样，因此，社会必须明确什么是基本的社会领域和基本的实践活动，同时还必须把握其所面临的任务，分清和确定哪些是基本的、重要的，哪些是非基本的、次要的。问题是，哪些社会领域、哪些社会任务是基本的、重要的呢？我们认为，基本道德与非基本道德的划分，总是与社会生活实践需要和要求紧密相连的。一些社会活动之所以是基本的社会实践，根本在于它们是构成社会和人的生活的基本要素，是人的生存和发展所必需的，也是实现社会进步和人的幸福生活的基本条件。因此，既然人的实践活动与人的社会生活可以区分为基本的和非基本的，那么，道德也可以分为基本道德和非基本道德。从道德之于生活和实践的作用而言，一般说来，与基本社会领域和人的主要社会生活直接关联的道德可以看作是基本道德，而非基本社会领域和非基本的实践活动中的道德则可看作是非基本道德。也就是说，那些与人的基本需要、基本权利和根本利益直接相关联的道德，就是基本道德；而与人的基本需要、基本权利和根本利益不直接关联的道德，则是非基本道德。当然，这种区分是相对的、复杂的，它与不同的社会历史阶段、不同的实践需要、不同的人的特性等相关。因为有些需要在这个历史阶段是基本的，到了另一个阶段则会变成为非基本的；反之亦然。同时，即使在社会的基本领域和基本的实践活动中，由于它们构成的众多要素还可以再分为基本的和非基本的；同样，在非基本的社会领域和实践活动中也有基本和非基本的构成要素。因而在基本的社会生活领域和社会实践活动中，有基本道德，也有非基本道德；而在非基本的社会生活领域，既有基本道德，也有非基本道德。因此，基本道德和非基本道德的划分既与它们之于人的生活的重要性密切相连，也与它们之于人的实践需要的重要性密切相关。

总之，人的需要、权利和利益都是多样的，是一个由基本需要和非基本需要构成的需要体系，是一个由基本权利和非基本权利构成权利体系，是一个由根本利益和非根本利益构成的利益体系。既然社会制度、法律和道德都与人的需要、权利密切相关，而需要、权利是一个由基本和非基本需要、权利构成的体系，那么，社会制度是由基本制度和非基本制度构成的体系，法律是由基本法律规范和非基本的法规构成的体系，道德也是由基本道德和非基本道德构成的体系。

（二）基本道德

1. 基本道德的涵义

基本道德是社会生活的根本行为准则，是保证整个社会生活正常运行和持续发展的基础性规范，是人们创造幸福生活、实现美好人生的重要实践方式。基本道德是社会生活不可或缺的、必不可少的行为规范，是社会对所有成员普遍的行为要求，具有普遍的约束力。基本道德在道德体系中起着基础和决定作用，决定道德体系的性质和优劣。

社会要存续和发展，就必须制定道德等规范。基本道德是社会存在和延续的制度基础，是维持整个社会存在、发展的必要条件，是促使社会实践正常开展的基本前提。罗尔斯认为，一个善的正义社会必须有一些基本的善的理念。这些基本的善的理念应当成为一种“可接受的哲学和道德基础”，同时，社会的公民也必须对这些理念有一种明确的理解。在这些理念中，“有一些是更为基本的”。“那些我们用来组织和构造以使作为公平的正义成为一个整体的理念”，被视为“基本理念”。而“最基本的理念”是“社会作为一个世代相继的公平的社会合作体系的理念”。基本理念之所以是一个公平的正义社会所必需的，是因为它们不仅为公民的公平合作提供共享的基础，而且为公民的平等合作提供“背景正义”。[①] 因为“从作为合理性的善理念（连同关于人的政治观念、人类社会的一般事实以及合理生活计划的正常结构）开始，我们得到了基本善。一旦我们用这些基本善去规定当事人在原初状态中的目标，从原初状态进行的论证就使我们得出了两个正义原则。”[②] 实际上，这些理念的存在是民主、正义社会的一个事实。[③] 由于正义观念是一种道德观念，公平正义是一种社会基本道德，构成公平正义的基本理念也是基本的道德观念，构成社会正义的基本原则也是基本的道德原则。可见，基本道德是构成善的社会和善的生活的必要前提与根本性条件。

美好社会和幸福生活一直是人类追求的目标。美好社会与幸福生活必须由一些基本的要素构成，且这些基本要素是不可或缺的，诸如健康、智慧、食物的充足和安全、社会的安定、人与人之间的平等合作、自由，等等。这些基本的要素可以看作是罗尔斯所说的社会生活的“基本善”。罗尔斯的“基本善”是指社会必须保障人的基本权利和自由。“在正义的第一原则中，平等的基本自由可以具体化为下列表项：思想自由和良心自由；政治自由和结社自由；由个人的自由与完整所具体规定的那些自由；最后是法律规则所包括的各种权利。”[④] “基本善”是构成好社会、好生活的必要条件。可以说，如果一个人拥有了这些基本的生活要素，那么人就是幸福的；如果一个社会具备了这些基本的善的要素，那么社会就是善的、美好的。

社会是人的活动的结果，是人的联合体。“基本善”是通过人的实践活动而实现的。实践是社会性的对象性活动，必须在一定的社

① 参见［美］罗尔斯：《作为公平的正义》，中国社会科学出版社，2011 年版，第 13—50 页。

② ［美］罗尔斯：《作为公平的正义》，中国社会科学出版社，2011 年版，第 172 页。

③ ［美］罗尔斯：《作为公平的正义》，中国社会科学出版社，2011 年版，第 172 页。

④ ［美］罗尔斯：《政治自由主义》，译林出版社，2000 年版，第 309 页。

会关系中通过一定的社会合作才能进行。然而，社会难以保证所有的实践活动都有益于人与人的互利合作、有利于“基本善”的实现、有助于人的幸福生活。但社会必须保证那些有利于社会存在发展和满足人的基本生活需要的基本的实践活动能够持续进行下去。生产实践、处理社会关系的实践是最基本的社会活动。生产实践是人和社会发展的基础。为此，人类一刻也离不开物资生活资料的生产。然而，人的生产活动并不是孤立的，而是社会性的活动。同时，在生产中生成的人与人的社会关系对生产的发展具有巨大的能动作用，在一定的时期和范围内甚至具有决定性的作用。因此，为了生活、为了生产就必须处理好人与人之间的社会关系。和平的生活环境、安定的社会秩序是生产发展和生活幸福最基本的前提。道德作为处理人与人之间社会关系的活动方式，具有和发挥着独特的社会作用。道德规范作为处理人与人之间社会关系的基本行为准则，是维系社会关系的基本纽带。但是，由于人与人之间社会关系不仅十分繁杂，而且随社会生活的不断变化而产生新的关系和问题，因而社会在一定历史阶段不可能制定出可以规范所有社会关系的道德准则，道德实践也不可能解决好社会关系领域的所有问题，而只能从特定的历史前提出发制定规导人与人之间主要社会关系的基本行为准则，包括法律和基本道德等，从而维持正常的社会生产和生活秩序，保持社会生活稳定有序和持续进步。

社会是由许多活动领域和环节、以及行为个体构成的。不仅整个社会生活要有基本道德，而且社会生活的各个领域、各个环节和各种社会实践活动都要有基本道德。经济活动领域的基本道德是自由和公平。任何经济活动都应当是自由的，只有自由才能有效率。但是经济活动对效率的追求绝不能以牺牲社会公正或以破坏生态平衡和环境保护原则为代价。追求经济效益最大化不能允许剥削的存在。经济剥削是不公正的，剥削制度是不道德的。因为“正义否认为了一些人分享更大利益而剥夺另一些人的自由是正当的，不承认许多人享受的较大利益能绰绰有余地补偿强加于少数人的牺牲。”①政治生活领域的基本价值是公正，公正原则是社会政治实践首要的基本规则。一个国家对每个社会成员的权利和义务的分配必须体现公正原则。如果一个社会的政治法律制度对人的权利和义务的分配是公正的，那么，它就是合道德的制度；如果人的权利和义务是不对等的，那么，这种制度就是不道德的。任何不道德的经济、政治制度都会被推翻和废止，任何不道德的社会生活终归会被人们舍弃，任何不道德的社会迟早会退出历史的舞台。一个合乎人性的、自由、公正的社会以及德性的生活终将实现。

道德目的是社会制定或认可道德的最终依据。增进社会和每个人的利益总量、使人过上好的、幸福的生活是道德终极目的，是制定优良道德的终极标准。优良的道德体系必须集中反映和体现这一目的，不然，就不能称之为优良的道德体系。我国封建社会“三纲五常”的道德体系维护的是封建地主阶级的根本利益，资本主义社会的道德体系维护的是有产者的根本利益，因而都是以增进社会部分人的利益与幸福生活为目的的道德。“以人为本”的社会主义道德体系是增进每个人的根本利益这一目的的集中反映，维护的是社会绝大多数人和每个人的根本利益与幸福生活，因而具有明显的优越性。

道德目的只是社会创制道德的首要条件和最终依据，仅有一个好的道德目的还不足以保障社会确立的规范体系就是良好的、优越的。一个优良的道德体系还必须由基本道德来支撑和保证。因为基本道德直接反映和体现社会的道德目的，总是与社会基本结构、社会基本制度和人类基本实践活动相关，也与人的基本需要直接相连。罗尔斯认为，社会是自由、平等的公民进行有效合作的体系，为了保证全体社会成员的合作，社会的基本结构必须符合民主社会、良序社会的根本要求。“社会的基本结构是社会的主要政治制度和社会

① ［美］罗尔斯：《正义论》，中国社会科学出版社，1988年版，第3—4页。

制度融合成为一种社会合作体系的方式，以及它们分派基本权利和义务、调节划分利益的方式，而这些利益是由持续的社会合作产生出来的。具有独立司法系统的政治体制，为法律所承认的财产形式，经济结构，以及某种形式的家庭，所有这些都属于基本结构。”基本结构之所以重要，是因为“基本结构是社会的背景框架，在这种背景框架内，团体和个人从事各种活动。”正义的基本结构是“政治正义的首要主题”。[①] 从历史上看，自由原则、公平正义原则、人道原则、集体主义原则集中体现了增进社会和每个人的福利的道德目的，一个好的道德体系就不能没有这些基本道德原则。因为这些基本道德“提供了一种在社会的基本制度中分配权利和义务的办法，确定了社会合作的利益和负担的适当分配。”[②] 封建道德体系没有自由、公平正义等原则，人们在道德生活中是不自由、不平等的。资本主义道德体系确立了自由、公正的道德原则，具有很大的历史进步性。但是由于其阶级和历史的局限，在相当长的历史阶段和众多的社会生活领域并没有真正贯彻自由、公正的道德原则，自由和公正的道德并没有真正实现。正如马克思所揭示的：“在现在的社会条件下，到底什么是自由贸易呢？这就是资本的自由。排除一些仍然阻碍着资本前进的民族障碍，只不过是让资本能充分地自由活动罢了。”因此，“不要受自由这个抽象字眼的蒙蔽！这是谁的自由呢？这不是一个普通个人在对待另一个人的关系上的自由。这是资本压榨劳动者的自由。”[③] 社会主义社会是优于人类历史其他社会形态的新型社会。社会主义社会的本质决定了它不仅要创造出比资本主义社会更丰富的物质财富，而且要创造更丰富、更精致的精神财富；不仅要确立更科学、更先进的基本制度和法律体系，而且要制定更人性、更优良的道德体系。因此，社会主义的道德体系不仅要确立以人为本这一根本道德目的或核心原则，而且要制定体现这一根本道德目的的

---

① 罗尔斯：《作为公平的正义》，中国社会科学出版社，2011 年版，第 17—18 页。

② 罗尔斯：《正义论》，中国社会科学出版社，1988 年版，第 4 页。

③ 《马克思恩格斯选集》第 1 卷，人民出版社，1995 年版，第 227 页。

自由、公平正义、人道、集体主义等基本道德。

2. 基本道德与底线伦理

何怀宏教授认为，底线是一种基准线和水平线；底线伦理或底线道德，是一种基础性的道德，“这种基础应当可以为有各种合理生活计划的人普遍共享的”，且“具有一种逻辑上的优先性”。底线道德是道德中“最基本、最优先的一些方面”，是“最基本的道德义务”,[①] 是“一个人所必须承担的义务”。“道德义务主要表现为一些基本的禁令”,[②] 谭培文教授在《底线伦理和终极关怀》一书中认为：“底线”就是“最低限度的”、“不能逾越的”界线；“底线伦理主要是针对伦理规范的层次性而言的，指的是人们行为方式所应遵循的最基本的、最低限度的伦理要求和规范。”底线伦理是“对人的最基本的伦理要求”，是“低得不能再低的一种伦理标准，是人即使在任何环境中抵制诱惑和克服欲望也要坚持的最后价值标准，是最严格的、最基本的道德命令，如勿杀人、勿奸淫、勿偷盗等。”[③] 因此，底线道德“与其说告诉我们要去做什么，不如说更多的是告诉我们不去做什么。”[④] 可见，底线道德主要是要人们不做什么，以免互害，以免遭受痛苦的困扰，以免社会有机体的瓦解，以免人们失去生存的空间。所以，面对人们生活方式日益多样化、价值观念多元化这一基本的社会事实，社会“就不是以一种价值观念战胜其他的价值观念，以一种生活方式统一其他的生活方式，而是首先使人们不打架，使我们大家都能活着，彼此相安无事，甚至还达到某种客观上的互补和主观上的沟通。”[⑤]

---

① 何怀宏:《底线伦理》，辽宁人民出版社，1998 年版，第 4—6 页。

② 何怀宏:《底线伦理》，辽宁人民出版社，1998 年版，第 6 页。

③ 谭培文、肖祥:《底线伦理与终极关怀》，广西师范大学出版社，2009 年版，第 16、28—29 页。

④ 何怀宏:《底线伦理》，辽宁人民出版社，1998 年版，第 5 页。

⑤ 何怀宏:《伦理学是什么》，北京大学出版社，2002 年版，第 85 页。

的确，如果社会中的每个人都能坚守道德底线，那么，社会生活是平安宁静的，人们能够和平共处，能够相安无事地活着。这相对于那种纷争四起的混乱社会环境而言，确实是一种好的社会状态。然而，无纷争、无动荡、无血腥、安定、和平的状态只是好社会、好生活的一个最为基本的内容，但毕竟是最低限度的，仅此远远不能构成真正意义上的好社会、好生活。因此，在陈泽环教授看来，“认为当代平等多元社会的道德共识只能趋向于‘最小’[①] 则显得消极了点。”因为“对于现代复杂、全球、民主和风险社会的正常运行而言，仅有‘几乎接近于法律’的‘底线伦理’，只能满足其必要条件。”为此，必须在“底线伦理”的基础上，“形成一种作为规范社会公共生活的‘次终极价值’的趋向最大化的‘共同信念’才能满足其充分条件。”[②]

道德不仅要求人们应该且必须不做什么，而且更要求人们应该做什么。底线道德要求人们不做互害、害人、害己、利己害人或损人利己之事。虽然在唯物辩证法看来，否定的理解也是肯定的理解，但是，在道德领域，要求不做什么或人们知道应当不做什么，并不等于要求应当做什么或知道应当做什么；同时，没有做什么也不等于就做了什么。一个人不作恶，固然是一种善，一个不损人的人，固然是有德性的。但是，不做不公正的事情，并不等于就做了公正的事情；不做不人道的事情，也并不等于就做了人道的事情；不伤害，并不等于保护；不损害他人福利，并不等于增加了他人的利益；……因此，社会仅仅限于底线伦理是不够的，人们只满足于底线伦理的层次是不够的，而应当有超越底线伦理更高一点的道德要求和伦理追求。

① 何怀宏教授认为：“与历史上的道德相比，现代社会的道德接近于是一个最小的同心圆。这一‘道德底线’也可以说是社会的基准线、水平线。普遍主义的道德要行之有效是需要建立在人们的共识基础上的。现代平等多元化的社会则使人们趋向形成一个最小的共识圈。”——《良心论》，上海三联书店，1996 年版，第 420 页。

② 陈泽环：《道德结构与伦理学》，上海人民出版社，2009 年版，第 31 页。

从基本道德而言，虽然不能强求我们做到自我牺牲、大公无私或损己利人，但可以既要求人做到不互害、不害己害人，也可以要求做到公正的互利、平等的互惠。底线道德要求人不做不公正、不人道的事情，基本道德则不限于此，它不仅要求人不做不公正、不人道之事，而且要求做公正、人道的事情；……如果说底线道德的重点在避免社会以及人与人之间的严重冲突，避免人与人的战争的“自然状态”，即避免大恶，那么，基本道德不仅要避免大恶，而且要实现基本善、增进基本善；如果说底线伦理强调的是“勿耻”，基本道德则要求人们不仅“勿耻”，而且更要“为荣”；如果说底线道德主要在于避免彼此伤害，那么，基本道德则不仅要避免互害，而且要实现互利，不仅要避免利益的递减，而且更要增进每个人的利益总量。因此，基本道德不仅包括底线道德，而且还包括超越和高于底线道德的一部分道德，即与人的基本权利和义务、人的根本利益紧密联系的那部分道德及德性，诸如自由、公正、人道、关爱、自重、自励、诚信、互助、勤俭、勇敢、智慧、宽容等等。基本道德不仅包含“己所不欲，勿施于人”的道德义务或禁令，而且包括“己欲立而立人，己欲达而达人”的道德要求。也可以说，基本道德包括陈泽环教授提出的“底线伦理”和“共同信念”两大部分内容①，即包括最起码、最基本、最低限度的道德要求和对“次终极价值”的道德共识。例如，我国建设富裕、民主、文明、和谐的社会主义现代化国家的目标，对于现阶段的我国公民而言，既是基本价

① 陈泽环教授认为，“底线伦理（社会制度伦理）的核心原则是‘正义’，其功能主要是要确定基本权利和义务的分配关系，以保障社会合理的生活秩序”；“共同信念的核心原则是权利”，其“功能主要在于解决事关公共生活的重大问题和复杂难题，以保障公民的权利，当然也要求公民养成相应的德性”。（《道德结构与伦理学》，第24页。）陈教授这里的“底线伦理”显然高于何怀宏教授所言的“底线伦理”，并且是从“理想的社会道德生活”的道德要求而言的。罗尔斯认为“正义”是良序社会的基本道德理念和道德原则。如果把“正义”作为底线伦理的核心原则，那么似乎可以认为一个社会仅仅有了底线道德就可以获得一种理想的道德生活。因为，一个“公平正义”的社会无疑是理想的社会状态。然而，陈教授自己也认为何怀宏教授底线伦理的“同心圆”太小了，因此道德结构中除底线伦理和终极关怀之外，还应该增加一个“共同信念”。“共同信念”是构成一个正常社会的基本条件，也是对社会成员的基本道德要求。如果“正义”是底线伦理的核心原则，那么，“共同信念”就似乎显得有些多余。

值，又是共同理想。再如，我国社会主义基本道德的“五爱”——“爱祖国、爱人民、爱社会主义、爱劳动、爱科学”，就是对全体中国人的基本的道德要求。胡锦涛提出的“八荣八耻”的社会主义荣辱观，从规范及其要求而言，是构成基本道德的主体内容。基本道德要求每个人不仅应该做到行己有耻、不欲勿施，而且应该做到爱己及人、互利互爱；不仅要做“雪中送炭”的事，而且更应做“锦上添花”的事。基本道德不仅期望建立一个无战争、无残暴、无伤害的和平社会，而且要建立一个自由公正、团结友爱、充满活力的和谐社会；基本道德不仅要让人们生活无困苦，而且要让人们生活得幸福。

3. 基本道德与法律

道德和法律是相互区别又相互联系的两个范畴。道德和法律都是社会规范，是人们应当或必须遵守的行为规则。一般而言，从规范的角度看，道德要宽泛于法律：所有的法律都是道德，但道德并不一定是法律。法律是道德的一部分：“道德是法的上位部分”，法是“那些最低的、具体的道德要求”，是“最低的、具体的道德。”[①] 最低限度的道德就是“底线伦理”或“底线道德”。“底线道德……的主要内容就几乎等于法律的要求。”[②] 概而言之，“最低的、底线的道德就是法；反过来，法就是最低的、底线的道德。”[③] “如果抛开规范所依靠的力量而仅就规范本身来讲，法就是最低的、具体的道德，法是以道德原则为原则的，因而实际上法乃是道德原则的一种具体化，是道德原则的一种实现：法是道德的实现。”[④] 因此，最低的、底线的道德与法律乃是“同一规范”。[⑤]

法律是具体的、特殊的道德，法律自身没有原则。法律是以道

① 王海明：《新伦理学》（上册），商务印书馆，2008 年版，第 68 页。
② 何怀宏：《底线伦理》，辽宁人民出版社，1998 年版，第 8 页。
③ 王海明：《新伦理学》（上册），商务印书馆，2008 年版，第 68 页。
④ 王海明：《新伦理学》（上册），商务印书馆，2008 年版，第 69 页。
⑤ 王海明：《新伦理学》（上册），商务印书馆，2008 年版，第 68 页。

德原则为原则的：法律的原则就是道德原则。然而，并不是所有的道德原则都能成为法律的原则，只有那些对社会生活有重大影响或者有重大社会效用的道德原则，才能成为法律必须遵循的道德依据。因为"道德所规范的是每个人的全部具有社会效用的行为；而法所规范的则仅仅是其中的一部分，即那些具有重大社会效用的行为。"[①]正如西季威克所言："在一个组织良好的社会中，最重要和不可缺少的社会行为规则将具有法律强制性；而那些重要性较轻者则由有事实依据的道德来维系。法律仿佛构成社会秩序的骨架，道德则布满以肉和血。"[②] 可见，法律只规范那些具有重大社会效用的行为；而道德不仅规范那些具有重大社会效用的行为，而且还规范几乎所有的社会行为。由于基本道德不仅包括底线道德，而且包括高于或超越于底线道德的具有普遍和重要社会价值的道德原则、道德共识，因而基本道德包含并超越法律。因为法律的原则本身不是法律，而是道德或道德原则。无疑，那些法律所遵循的道德原则是具有重大社会效用的，因而在一定意义上说要比法律本身的社会效用更大。而这些道德原则自然不可能是道德中的非基本部分，而只能是基本道德。因此，基本道德也是具有重大社会效用的行为规范，而且要比法律具有更重大、更持久的社会效用。人类社会在漫长的历史中并没有法律，在众多社会领域或人与人之间也没有法律，但却不能没有基本道德。[③] 可见，基本道德既包含又高于法律。

4. 基本道德的主要特征

从基本道德的含义，以及基本道德与底线伦理、法律的比较分析中，我们认为，基本道德具有以下主要特征：

第一，不可或缺性。基本道德是维持社会存在发展和人的正常

---

① 王海明：《新伦理学》（上册），商务印书馆，2008 年版，第 334 页。

② 转引自王海明：《新伦理学》（上册），商务印书馆，2008 年版，第 334 页。

③ 当然，道德在一些场合和历史时期具有法律的效力，起着法律的作用。

社会生活的根本行为准则，是社会对人的行为的基本要求，是社会成员应该且必须遵守的行为规范。如果社会成员不能遵守基本道德，则意味着基本道德失去了对社会生活的引导和干预功能，也意味着其他非基本道德不可能发挥社会作用，那么，社会便将随之变得混乱、甚至解体。恰如何怀宏教授所言："一个人，作为社会的一个成员，不管在自己的一生中怀抱什么样的个人或社会的理想，追求什么样的价值目标，有一些基本的行为准则和规范是无论如何必须共同遵循的。否则，社会就可能崩溃。"[①] 由于基本道德反映人的基本需要和根本利益，集中体现社会的基本价值或核心价值，诸如生命、自由、平等、尊严等，因此，无论对于个人还是社会来说，基本道德都是不可缺少、不可替代、不可剥夺、不可侵犯的。

第二，共同性或一致性。人之为人，人之为自然人和社会人，总存在共同的自然和社会需要。每个人都不愿意受饥饿、寒冷、暴力等威胁和侵扰，都愿意过"肉体无病痛、灵魂无烦忧"的宁静生活，都愿意过富足、温馨、自由、和谐的幸福生活。同时，同一历史时期同一地域的人们的需求和利益追求总存在共同点。共同的需求和共同的社会生活决定人们必定要共同拥有和维护共同的社会秩序和生活环境，因此，就必须共同遵守一些共同的行为规则。社会的基本道德反映的是人的基本需要、根本利益，关涉的是人的基本权利和义务，体现的是社会的基本价值，因而便能够为绝大多数社会成员甚至每个人所理解和遵守。

第三，普遍性。康德认为，成为道德法则的东西必定是普遍化的。由于道德法则是普遍化的，因而它便是客观的，对每个社会个体都是有效的。例如，康德的"人应当遵守诺言"所指示的行为准则就是一个可普遍化的行为准则，因而构成对人的一种绝对的道德命令。因为只有社会中的每个人都遵守诺言，这一道德准则才是有效的，不然则是矛盾的，无效的。基本道德的普遍化，一方面是指

---

① 何怀宏：《底线伦理》，辽宁人民出版社，1998 年版，第 6 页。

全体社会成员或某社会生活领域的人们，不论生活态度、人生计划、价值观念等如何不同，都能够普遍认可；另一方面，是指基本道德对特定范围的每个人的行为要求都是共同的、平等的。基本道德之所以可普遍化，不在于康德所言的先验性，而根本在于人的共同本性、人对基本社会生活的共同需要，以及基本道德对人的根本利益、基本权利的共同保障。人的生活无论如何都离不开一些基本的生活要素，如满足吃喝住等的基本物质生活资料、满足爱、有尊严的社会交往活动和社会关系等。基本道德与人的基本生活需要息息相关，是“基本善”，是幸福生活的重要内容和内在要件，因而，能够被每个人普遍认同和自觉遵守。

第四，广泛的约束性。基本道德是社会的基本价值或核心价值，体现社会共同的目标和生活追求，规定社会基本的生活方式和行为方式，是每个社会成员都应该尊崇和遵守的。因而，基本道德面向的是全社会或社会生活的所有领域，是社会对每一个体的行为要求。由于基本道德在一定程度上是人的基本权利，因而也是社会对人之为人的基本保障。如果社会的基本道德未能对人的基本权利予以公正的关切和明示，未能反映和体现人性，那么，这种道德就不是善的、正当的，就应当废止而被新的道德所取代。基本道德还是人之为人最起码的伦理要求，是人成为人必须遵守的行为规则。遵守基本道德是人之为人的必要条件，是人与动物相区别的重要标志。如果一个人不能以基本道德规导、约束自己及其行为，那么，在道德伦理上，这个人便失去了做人的资格。正如孟子所言：人之为人，在于人有“四端”——“恻隐之心”、“羞恶之心”、“辞让之心”和“是非之心”，如果失去“四端”，则“非人也”。“无恻隐之心，非人也；无羞恶之心，非人也；无辞让之心，非人也；无是非之心，非人也。”[①] 众所周知，权利和义务是辩证统一的。有权利就有相应的义务，反之亦然。既然基本道德是对人的基本权利的保障，那么，

① 《孟子·公孙丑上》。

意味着基本道德也是对人的基本义务的规定和要求。一个善的社会不仅要保障每个人的基本权利的享有，而且要规定和强制每个具有道德能力的社会成员必须承担基本的社会责任、履行基本的社会义务、遵守基本的道德规则，并且还要保障享受权利和履行义务的对等。基本权利的享受是人成为人的前提，基本义务的履行是人成为人的必要条件。一个只享有权利而不履行基本义务的人在道德上是不配为人的。因此，一个人只要生活在社会中就必须履行基本义务。[①]

第五，主导性或决定性。基本道德是维持人的生存需要、保障人权等基本权利最为重要的社会准则，是整个社会道德体系的基石和支柱。基本道德的主导性或决定性表现为：一方面，基本道德主导或决定社会的基本秩序，保证社会有机体的联结和稳定，使社会生活保持在有利于满足人的生存和发展的基本需要的限度之内。一个社会只要基本道德在发挥作用，社会生产就能正常开展，社会有机体就不会分崩离析，人的基本生活就能够维持下去。另一方面，基本道德在社会道德体系中居于决定地位、发挥主导作用。基本道德直接反映道德目的，集中体现道德体系的性质。基本道德还是社会制定和认可非基本道德的次级道德依据，是衡量社会道德性质的次级标准。自由、公正原则直接反映增进社会和每个人福利的道德目的。如果一个社会的道德体系确立了自由、公正原则，那么这种道德体系就是优良的，有益于社会发展和人的幸福生活。如果社会政治、经济等社会活动领域的具体规范体现了自由、公正的道德原则，那么，这些具体规范就是合理的、正当的；反之，则是不符合道德目的的，甚至是反道德或不道德的。

（二）非基本道德

非基本道德是与基本道德相对应的，是社会生活中的非主

① 参见何怀宏：《良心论》，上海三联书店，1994年版，第49页。

要、非主导、非决定性的道德。非基本道德要求社会成员应当遵守，却并不具有普遍的道德约束力。非基本道德在社会道德体系中不占基础地位、不起决定作用，不能决定社会道德体系的性质，但会影响道德体系的功能，对社会发展和人生幸福具有促进作用。

在一个优良道德体系中，非基本道德对社会生活的美好和人的幸福有积极作用，在一定条件下甚至可能起着关键作用。非基本道德虽然没有基本道德那么具有基础性、根本性，但仍然同基本道德一样是实现道德目的和构成好生活的重要内容，是每个人能够实现美好人生计划和过上好生活的重要条件。非基本道德能够使我们的生活更加美好，更加幸福，能够使我们的人生更加完美、更有意义。如果说基本道德是花茎的话，那么非基本道德就是花朵和花叶。尽管一个社会如果没有非基本道德，不会给社会带来多大的灾难和不幸，更不至于使社会破裂；如果一个人不去遵守非基本道德，也不至于使人失去做人的资格；如果人们不具有非基本道德的德性，也不至于失去生活的真意。然而，毕竟每个人都有享受丰富、完美、理想生活的需要，都有对美好社会和幸福生活的向往追求。因此，社会不仅要有基本道德，而且要有非基本道德。

社会生活和实践是复杂多样的，不仅需要基本道德的规导，而且需要非基本道德的规约。因为，社会基本道德尽管能够对人们的基本行为及其方式予以规导，能够维持社会基本结构的稳定和正常的社会秩序，但不可能囊括整个社会生活和实践的各个领域、各个方面和各个环节，不可能规范人们的所有社会行为或道德行为。因此，社会不仅需要制定基本道德，而且还应该制定众多具体的非基本道德。正如国家法律不仅需要宪法这一基本大法规定社会的基本制度、基本政策和公民的基本权利与义务等重大事项，而且还需要许多其他法律法规对整个社会生活的重要方面予以明确。所以，在社会生活的各个领域、各个方面或各个环节既要制定基本道德，又要确立具体的非基本道德来规范人的行为。经济生活领域应有全部经济活动应该遵守的基本道德和非基本道德，政治生活领域应有全部政治活动应该遵循的基本道德和非基本道德，科学实践活动同样应有需要遵守的基本道德和非基本道德，家庭婚姻生活也应有基本道德和非基本道德、社会公共生活同样应有基本道德和非基本道德。总之，整个社会生活都应有需要人遵循的基本的和非基本的行为准则，使所有的社会行为都有章可循，都有道德的守望者。比如，经济生活领域的基本道德是自由（效率）和公平。经济生活领域包括生产、分配、交换、消费等环节或方面。社会生产活动以自由（效率）为基本道德，分配活动以公平为基本道德，交换以自由、平等、诚信为基本道德，消费以节俭为基本道德。除此之外，经济生活领域还应有具体的非基本道德，诸如互敬互爱、团结、勇敢、慷慨、慎重等。再如，政治生活领域的基本道德是公正、平等、自由、廉洁、忠诚、仁义等，非基本道德则为谦恭、礼让、勇敢、亲和等。另如，家庭婚姻生活领域，婚姻应当自由、忠贞，家庭成员彼此应该平等、仁爱、互助、孝悌等。自由、仁爱、忠贞、平等、孝悌、勤俭等是婚姻家庭生活的基本道德；除此之外，还需要有一些非基本道德，诸如应当智慧、果敢、慷慨、优雅等等。

非基本道德并不是对所有社会成员的普遍性的行为要求，并不是对某一社会生活领域或某一实践活动的普遍性的规范。但是，这并不意味着非基本道德不重要，对社会生活和人的幸福没有作用或影响。只是从保全社会和满足人的基本生活需要这一基本的范围而言，非基本道德不具有普遍的约束力。因为人首先是一种自然的、现实的存在。任何社会都不能无视这种存在的先在性，也不能不优先保障这种先在性。但是，人还是一种超越性的存在。在一定的范围和意义上，人的超越性甚至占据生命的重要位置，成为生命意义的重要内容。人是一种以“意义”、“价值”为生存本体的存在物。保罗·蒂里希认为：“人最终关切的，是自己的存在及意义，‘存在还是不存在’这个问题，在这个意义上是个终极的、无条件的、整体的和无限的关切的问题。”[1] 因而，追求超越、终极价值，对社会、团体、个人都有重要意义。也可以说，人的这种超越、终极价值是社会、团体、个人的命脉。如果一个社会、团体、个人没有这种高洁、悠远的东西，社会、团体、个人就会感觉不完整、不深厚、不丰满，没有底蕴，甚至会失去生活的意义。

然而，从社会发展的趋势看，社会必定是价值多元的，尤其在终极价值及其追求方面，无论是社会或是团体、个人，都不能以一种价值压制另一种价值，都不能以一种“一维的、终极的理想”或“价值”取消其他的价值或理想。尽管从社会和个人而言，都应该追求终极价值，都应该获得“终极关怀”，但是，终极性的追求、终极关怀应当是每个人自己的事情，就像人生计划是每个人自己的事情一样，社会、团体和他人可以指导、引导、劝导，但不能强制、压制或取消。我们不能因为宗教之于社会、个人都具有某种终极意义，就强制人们去信教；也不能因为在一定意义上说宗教是“精神鸦片”而禁止人信教；信仰宗教的人们也不能因为深信宗教信仰之于人生的意义，就强制人们去信教，相反，那些不信教的人也不能干涉那些信教的人。中国传统道德中的“圣人”、“君子”之德，成圣成贤的道德要求，无疑具有某种崇高性和终极性，虽然在现代社会仍有较大的影响，但却难以具有普遍性。因为，“对于一个走向平等的大众社会来说，道德原则和规范的普遍化、社会化、平等化和适度化将是一个必然的趋势，然而，一种强调自我成圣的人生哲学是否能给它奠定坚固的基石呢?”[2] 因此，终极追求的这类道德就不能成为基本的、普遍的行为要求，而只能成为非基本的行为准则。

当然，我们必须清楚，基本道德和非基本道德的区分是相对的。一些基本道德几乎在整个社会生活领域具有普遍的道德约束力，是

① Paul Tillich：Systematic Theology，Chicago：The University of Chicago Press，1951，p. 114. 转引自李怡、易明：“论马克思的尊严观”，《马克思主义研究》2011 年第 10 期。

② 何怀宏：《良心论》，上海三联书店，1994 年版，第 48 页。

人们应该普遍遵循的行为准则，诸如自由、公正、平等、人道、善良等。一些道德在某个或某些领域是基本的，而在另一个或另一些社会领域则为非基本的；反之，在一个或一些社会生活领域为非基本道德，在另一个或一些领域则是基本道德。但是，如自我牺牲，无私奉献，无私利他，毫不利己、专门利人，舍生忘死、杀身成仁等道德要求，是任何一个社会都需要的，也是一个好社会、一种好生活所需要的。然而，社会、尤其是一个好社会却不应当把这些道德作为基本道德，作为每个人都应当遵循的基本行为准则，而应当作为非基本道德予以提倡。因为，无论是从人性的角度，还是从社会合作的需要而言，这种牺牲一方而成全另一方的行为准则，在总体上不利于一个自由公正的社会合作体系的建设，不利于每个人的福利和幸福的增长。自我牺牲的道德只有在特定的环境、时期或对特定的人群的人而言才是正当的、基本的。例如在某些特殊的历史阶段，如大敌压境、外族入侵、重大自然灾害、重大安全事故等时期，或对某些特殊人群，如战场上的军人、执行特殊任务的国家工作人员，等等，自我牺牲、无私奉献等的确是基本的道德要求。如在军事活动领域，忠诚、勇敢、不怕牺牲等在军事活动领域是基本道德，是军人的基本道德要求；但是在家庭生活中，勇敢、不怕牺牲则是非基本的道德。另外，每个人都处于不同的社会关系之中，人的社会角色也是多重的，因而对人的行为要求就不一样，不同的角色就要求遵守不同的行为规范。当人处于商品交换的关系之中时，无论是高官还是平民，都是买家或卖家，应该遵守自由、平等、诚信、公正等基本道德规范，做到公平交易；这时，无私、怜悯、恻隐、勇敢等道德则处于次等或缺席的位置。如果怜悯取代了公平，交换就不平等，商品交易就会变成物品赠与。当人处于政治关系之中时，公正、平等、无私是基本道德，当权者应该做到秉公执法、不徇私情，而大方、慷慨等则居其次。当人处于家庭婚姻关系之中时，爱怜、忠贞、奉献等则为基本道德要求，而公正等则为非基本道德。

基本道德和非基本道德的区分具有相对性，因而在社会生活领域和社会实践活动中我们更应该知道自身的社会角色和承担的社会责任，应该分辨自身应当遵守的基本道德和非基本道德。人的生活是丰富的，人的情感也是丰富的，人的社会角色是多样的。尽管每个人在一定的时空点只能过一种生活、从事一种活动、担负一个社会角色，但是，这并不意味着人只能遵守一种道德。我们不能要求一个父亲，只有爱怜、仁慈，而没有严厉、勇敢；也不能要求一位将军，只有忠诚、勇敢、无私、公正、智慧，而没有慈爱、悲悯。一个好的、和谐的社会，一种好的、幸福的生活，一个好的、有德性的人，必定是丰富多彩的，不仅具有一些基本的、共同的内涵，而且具有一些非基本的、个性的格调。

三、重视社会基本道德的建构

合理制定社会生活各领域以及各方面的基本道德准则，做到“有德可循”，帮助人们遵守基本道德，培育基准德性，避免社会严重冲突，保证生活的良好秩序，是人类社会良序发展的基本内容，是社会进步的基本任务。由于基本道德对促进社会和谐和保证生活幸福具有十分重要的意义，因此，构建和谐社会道德体系必须注重基本道德建设。

道德作为行为规则，无论多么优良、多么完善，都会在一定程度上限制、压抑人的自由和欲望。好社会、好生活应当是不断扩大人的自由和不断满足人的欲望的，一个幸福的人应当是自由能够不断扩大、欲望得以较好满足的。如果人的生活是经常而严酷压抑自由和欲望的，那么这种生活不可能是好生活，是不值得过的；同样，如果社会时时处处限制人的自由和欲望，那么这个社会不可能是好社会，应该被推翻；如果人的自由和欲望经常受到压抑，那么这个人不可能是个幸福的人。因此，几乎所有的道德学家都认为好社会、好生活的基本道德不能太多太细，更不能太严厉，而应只有那么为数不多的几种或十几种便足矣。孔子认为，一个人做到“忠恕”则为“仁人”，一个社会做到“名正”——“君君、臣臣、父父、子子”，“君臣有义”，则可谓好社会；孟子认为人只要把人性善之“四端”——“恻隐之心”、“羞恶之心”、“恭敬之心”和“是非之心”——推衍开去，就能成为尧舜那样的“圣人”；墨子认为，一个“兼相爱、交相利”的社会就是好社会；老子和庄子的好社会更为简单，只要统治者遵道而行、道法自然，人们少私寡欲，就能建设好社会。苏格拉底认为，知识就是美德，一个人具有道德的知识就能成为好人。柏拉图认为，一个公正的社会——每个人都各得其所、各司其职，即是好社会；城邦的统治者只要有智慧，就是好的统治者，武士只要勇敢，就是好武士，手工业者只要节制，就是好的劳动者。亚里士多德认为，一种中道、正义的城邦就是善的城邦。罗尔斯也说，一个公平正义的社会就是良序社会。在古希腊，智慧、公正、勇敢、节俭是社会的基本道德；公正、平等、自由、博爱，是近代以来西方社会的基本道德；仁、义、礼、智、信是中国传统社会的基本道德。可见，社会的基本道德的确是不多的。

新中国建立以来，在社会主义基本道德建设方面做了大量的工作。《共同纲领》第42条规定：“提倡爱祖国、爱人民、爱劳动、爱科学、爱护公共财物为中华人民共和国全体国民的公德。”“五爱”是新中国全体国民应该遵循的基本道德。1982年，新宪法总纲第24条把“爱护公共财物”改为“爱社会主义”，使“五爱”的基本道德更能体现我国社会的性质和时代发展的要求。1986年9月，党的十二届六中全会通过了《中共中央关于社会主义精神文明建设的决议》，提出了社会主义道德建设的基本要求——“爱祖国、爱人民、爱劳动、爱科学、爱社会主义”；明确要求在社会生活的各个方面体现“五爱”的内容和精神，建立平等、团结、友爱、互助的社会主义新型关系；并提出了职业道德、社会公共道德、家庭美德建设的基本内容。1996 年党的十四届六中全会进一步研究了新形势下加强社会主义精神文明建设、特别是思想道德建设和文化建设的一系列重大问题，通过了《中共中央关于社会主义精神文明建设指导方针的决议》，明确了社会主义思想道德建设的主要内容：以为人民服务为核心，以集体主义为原则，以爱祖国、爱人民、爱劳动、爱科学、爱社会主义为基本要求，开展社会公德、职业道德、家庭美德教育，在全社会形成团结互助、平等友爱、共同前进的人际关系。《决议》还阐述了社会公德、职业道德、家庭美德的基本内容和具体要求，提出要大力倡导文明礼貌、助人为乐、爱护公物、保护环境、遵纪守法的社会公德，大力倡导爱岗敬业、诚实守信、办事公道、服务群众、奉献社会的职业道德，大力倡导尊老爱幼、男女平等、夫妻和睦、勤俭持家、邻里团结的家庭美德。在人类进入新的千年之际，为适应发展社会主义市场经济和社会主义民主政治的需要，坚持依法治国和以德治国相结合，2001 年 9 月党中央颁布了《公民道德建设实施纲要》。《纲要》认为，要以不断深化和拓展公民道德建设为切入点，大力推进社会主义思想道德建设，逐步建立与社会主义市场经济相适应的社会主义思想道德体系。《纲要》还从我国经济、政治、文化发展的实际情况出发，认真研究了我国思想道德建设出现的新情况、新问题，根据我国社会发展对思想道德建设的客观要求，继承了党的十四届六中全会关于社会主义精神文明建设的主要内容，明确了我国公民道德建设的基本内容：以为人民服务为核心、以集体主义为原则，以爱祖国、爱人民、爱劳动、爱科学、爱社会主义为基本内容，以社会公德、职业道德、家庭美德为着力点。同时，《纲要》首次系统、集中地提出了社会公民应该遵守的基本道德："爱国守法、明礼诚信、团结友善、勤俭自强、敬业奉献"。党的十六大提出了全面建设小康社会的新目标，明确要"切实加强思想道德建设"，提高全民族的思想道德素质。十六大报告认为，加强思想道德建设，一方面"要建立与社会主义市场经济相适应、与社会主义法律规范相协调、与中华民族传统美德相承接的社会主义思想道德体系”，另一方面要“认真贯彻公民道德建设实施纲要，以为人民服务为核心、以集体主义为原则、以诚实守信为重点，加强社会公德、职业道德和家庭美德教育，特别是要加强青少年的思想道德建设，引导人们在遵守基本行为准则的基础上，追求更高的思想道德目标。”[①] 党的十六届六中全会确立了构建社会主义和谐社会的奋斗目标，明确了加强和谐文化和思想道德建设的任务，要求“进一步形成全社会共同的理想信念和道德规范”，“形成符合传统美德和时代精神的道德规范和行为规范”，“树立以‘八荣八耻’为主要内容的社会主义荣辱观，倡导爱国、敬业、诚信、友善等道德规范，开展社会公德、职业道德、家庭美德教育，加强青少年思想道德建设，在全社会形成知荣辱、讲正气、促和谐的良好道德风尚，形成男女平等、尊老爱幼、扶贫济困、礼让宽容的人际关系”，“培育文明道德风尚”，“巩固社会和谐的思想道德基础”。[②] 党的十七大确立了以人为本为核心的科学发展观在党和国家全面建设中的指导地位，确立了我国经济社会实现科学发展、促进社会和谐的目标和要求。提出要“大力弘扬爱国主义、集体主义、社会主义思想，以增强诚信意识为重点，加强社会公德、职业道德、家庭美德、个人品德建设，发挥道德模范榜样作用，引导人民自觉履行法定义务、社会责任、家庭责任”，“形成男女平等、尊老爱幼、互爱互助、见义勇为的社会风尚”。[③] 十七届六中全会提出了“坚持中国特色社会主义文化发展道路，努力建设社会主义文化强国”的发展目标，认为“社会主义荣辱观体现了社会主义道德的根本要求”，必须“树立和践行社会主义荣辱观”，“深入开展社会主义荣辱观宣传教育，弘扬中华传统美德，推进公民道德建设工程，加强社会公德、职业道德、家庭美德、个人品德教育，……在全社会形成知荣辱、讲正气、作奉献、

---

① 《十六大以来重要文献选编》（上），中央文献出版社，2005 年版，第 30 页。
② 《十六大以来重要文献选编》（下），中央文献出版社，2008 年版，第 660—661 页。
③ 《十七大以来重要文献选编》（上），中央文献出版社，2010 年版，第 27 页。

促和谐的良好风尚”；“倡导爱国、敬业、诚信、友善等道德规范，形成男女平等、尊老爱幼、扶贫济困、扶弱助残、礼让宽容的人际关系”；“开展道德领域突出问题专项教育和治理，坚决反对拜金主义、享乐主义、极端个人主义，坚决纠正以权谋私、造假欺诈、见利忘义、损人利己的歪风邪气”；“把诚信建设摆在突出位置……加大对失信行为惩戒力度，在全社会广泛形成守信光荣、失信可耻的氛围”；“加强人文关怀和心理疏导，培育自尊自信、理性平和、积极向上的社会心态。”[①] 党的十八大明确把提高全体公民道德素质作为社会主义道德建设的基本任务；强调“要坚持依法治国和以德治国相结合，加强社会公德、职业道德、家庭美德、个人品德教育，弘扬中华传统美德，弘扬时代新风”；要求“推进公民道德建设工程，弘扬真善美、贬斥假恶丑，引导人们自觉履行法定义务、社会责任、家庭责任，营造劳动光荣、创造伟大的社会氛围，培育知荣辱、讲正气、作奉献、促和谐的良好风尚。”[②] 党的十八大提出要在全社会倡导和培育“富强、民主、文明、和谐”，“自由、平等、公正、法治”，“爱国、敬业、诚信、友善”的社会主义核心价值观。

从我们党历次关于加强道德建设的部署和要求可见，构建社会基本道德、培育公民基本德性是加强社会主义道德建设、构建和谐社会道德体系的重点内容。构建和谐社会道德体系关键是构建社会的基本道德体系。基本道德决定社会道德体系的性质、形态和优劣。如果社会的基本道德是优良的，那么，社会道德体系就是优良的；如果社会的基本道德是一致的、自洽的，那么，社会道德体系则是统一的、完整的。

和谐社会道德体系应该由哪些基本道德构成呢？什么样的道德能够成为和谐社会的基本道德，是由社会主义和谐社会的性质和基

---

① 《人民日报》2011 年 10 月 26 日。

② 《十八大报告辅导读本》，人民出版社，2012 年版，第 32—33 页。

本特征决定的，是由构建社会主义和谐社会的目标和总要求决定的，是由构建和谐社会的主要任务决定的。《中共中央关于构建社会主义和谐社会若干重大问题的决定》指出："民主法治、公平正义、诚信友爱、充满活力、安定有序、人与自然和谐相处"是构建和谐社会的总要求。"构建社会主义和谐社会的目标和主要任务是：社会主义民主法制更加完善，依法治国基本方略得到全面落实，人民的权益得到切实尊重和保障；城乡、区域发展差距扩大的趋势逐步扭转，合理有序的收入分配格局基本形成，家庭财产普遍增加，人民过上更加富足的生活；社会就业比较充分，覆盖城乡居民的社会保障体系基本建立；基本公共服务体系更加完备，政府管理和服务水平有较大提高；全民族的思想道德素质、科学文化素质和健康素质明显提高，良好道德风尚、和谐人际关系进一步形成；全社会创造活力显著增强，创新型国家基本建成；社会管理体系更加完善，社会秩序良好；资源利用效率显著提高，生态环境明显好转；实现全面建设惠及十几亿人口的更高水平的小康社会的目标，努力形成全体人民各尽其能、各得其所而又和谐相处的局面。"① 由于构建和谐社会与建设全面小康社会、社会主义现代化建设是同一实践、同一过程，都统一于中国特色社会主义的伟大实践，因此，和谐社会道德体系的基本道德必须反映、体现全面建成小康生活、现代化建设和民族伟大复兴的中国梦的目标要求。

着眼于构建和谐社会、全面建成小康生活和现代化国家，以及实现民族复兴中国梦的需要，依据我们党关于加强道德建设的精神和我国道德建设所取得的成就、积累的经验，我们认为，基本道德的内容主要包括社会主义核心价值观和社会主义荣辱观，这是构成基本道德的基础性和根本性的内容。因此，构建和谐社会的基本道德，必须同培育"富强、民主、文明、和谐"，"自由、平等、公正、法治"，"爱国、敬业、诚信、友善"的社会主义核心价值观统

---

① 《十六大以来重要文献选编》（中），中央文献出版社，2008 年版，第 651 页。

一起来，同培育“八荣八耻”的社会主义荣辱观统一起来。也就是说，我们应当构建与社会主义核心价值观、社会主义荣辱观相一致的基本道德规范体系。

第六章　和谐社会道德体系的核心

任何社会的道德都是一个多层次、多维度的体系，其中必有一个居于主导地位、起决定作用的核心原则。这一核心原则不仅是社会道德体系的深层内核，决定着道德体系的性质和特征，而且是建构道德体系的最终根据和标准。我们认为，和谐社会道德体系的核心原则是以人为本。

一、我国道德建设的核心需要转换

当代中国，社会主义建设事业不断发展，实践方式不断创新，社会发展不断提出新的要求，人民群众不断涌现新的期待，人的物质和精神需求不断出现新的特点。如何科学制定适应时代发展需要、反映人民愿望和要求的新道德，是构建和谐社会、加强道德建设需要认真解答的重要问题。

党的十一届三中全会开启了改革开放的新道路，中国社会进入快速、全面发展的新时期。党和国家的工作重心从阶级斗争为纲转变为以经济建设为中心，社会经济从计划经济体制向市场经济体制转变，社会政治从权力高度集中向民主法治转变，社会生活从封闭半封闭向全面开放转变。党的十四大之后，我国确立了社会主义市场经济体制，市场经济蓬勃发展。市场经济的发展给中国经济、政治、文化乃至整个社会生活带来了前所未有的新变化。经济、政治和社会生活的改革转型必然要求文化的发展、思想观念的更新，以及生活方式和行为方式的变动。道德观念、道德规范必然随着整个社会生活的变化发展不断创新自身的内容和形式，即实现社会道德体系和道德生活的转型。

大力发展经济和文化、建设物质文明和精神文明，是我国社会发展的基本政策和发展战略。邓小平多次指出，我们必须一手抓物质文明建设，一手抓精神文明建设，要“两手抓，两手都要硬”。江泽民指出，社会主义社会是全面发展的社会。胡锦涛指出，贫穷不是社会主义，精神空虚也不是社会主义，物质文明和精神文明必须协调发展。改革开放以来，我们党一直把精神文明建设、尤其是道德建设作为发展中国特色社会主义的一项重大任务常抓不懈。1986年，党的十二届六中全会通过的《中共中央关于社会主义精神文明建设指导方针的决议》指出：社会主义精神文明是社会主义社会的重要特征，在发展经济、建设物质文明的同时，必须毫不动摇地加强社会主义精神文明建设，并提出了加强社会主义精神文明建设的根本任务和社会主义道德建设的基本要求。[①] 1996 年，党的十四届六中全会通过的《中共中央关于加强社会主义精神文明建设若干重要问题的决议》指出：与改革开放的新形势相适应，必须建立以为人民服务为核心、以集体主义为基本原则、与社会主义市场经济发展相适应的社会主义道德体系。2001 年颁布的《公民道德建设实施纲要》指出：“社会主义道德建设要坚持以为人民服务为核心”；“为人民服务作为公民道德建设的核心，是社会主义道德区别和优越

① 《中共中央关于社会主义精神文明建设指导方针的决议》指出：“社会主义精神文明建设的根本任务，是适应社会主义现代化建设的需要，培育有理想、有道德、有文化、有纪律的社会主义公民，提高整个中华民族的思想道德素质和科学文化素质。”“社会主义道德建设的基本要求，是爱祖国、爱人民、爱劳动、爱科学、爱社会主义。要使‘五爱’在社会生活的各个方面体现出来，在全国各民族之间，工人农民知识分子之间，军民之间，干部群众之间，家庭内部和邻里之间，以至人民内部的一切相互关系上，建立和发展平等、团结、友爱、互助的社会主义新型关系。”

于其他社会形态道德的显著标志。”“在新形势下，必须继续大张旗鼓地倡导为人民服务的道德观，把为人民服务的思想贯穿于各种具体道德规范之中。”党的十六大报告指出，社会主义道德建设要以为人民服务为核心，建立与市场经济相适应与传统美德相传承的思想道德体系。可见，党的十六大以前，我们一直是把“为人民服务”作为社会主义道德建设的核心，要求建立以为人民服务为核心的社会主义道德体系。

2003 年，针对我国经济社会发展出现的新情况、新问题，我们党提出了以人为本的科学发展观。科学发展观是我国经济社会发展的根本指针。2004 年，我们党把构建社会主义和谐社会提到了我国社会主义建设的议事日程。十六届四中全会把提高建设和谐社会的能力作为执政党能力建设的主要内容。2005 年 2 月，胡锦涛在省部级主要领导干部提高构建社会主义和谐社会能力专题研讨班上发表专题讲话，强调构建和谐社会必须大力加强思想道德建设。党的十六届六中全会通过了《中共中央构建社会主义和谐社会若干重大问题的决定》，提出建设社会主义和谐文化、社会主义核心价值体系和树立社会主义荣辱观的新思想，要求把社会主义核心价值体系作为社会主义精神文明建设的主体，并为加强和谐文化建设、加强社会主义和谐道德建设、构建和谐社会道德体系提出了明确要求。社会主义核心价值体系是社会主义意识形态的本质，是社会主义文化的本质特征。和谐文化、和谐社会道德体系必须体现核心价值体系。党的十七大把构建社会主义和谐社会确定为深入贯彻落实科学发展观的基本内容和根本要求。党的十七大进一步为社会主义和谐道德建设提出了新的要求和任务，强调把核心价值体系贯穿于精神文明建设的全过程，大力加强社会主义先进文化、和谐文化和社会主义和谐社会道德建设。党的十八大提出了高举中国特色社会主义伟大旗帜、全面建成小康社会的目标，确立了科学发展观作为党必须长期坚持的指导思想的历史地位，并把以人为本确立为深入贯彻落实科学发展观的核心立场。党的十八大重申“社会和谐是中国特色社会主义的本质属性”的论断，并把“促进社会和谐”作为新的历史条件下夺取中国特色社会主义新胜利必须牢牢把握和坚持的一项基本要求。党的十八大还提出了显著提高公民文明素质和社会文明素质的建设目标，并把“全面提高公民道德素质”确立为社会主义道德建设的基本任务。我们党关于构建和谐社会、发展社会主义文化、加强社会道德建设的一系列论述和精神是对构建和谐社会道德体系的根本遵循。

道德是一定经济基础的反映并为之服务。道德必须随社会发展而不断变化其内容和形式，必须体现时代发展的内容和特征。改革开放、尤其是进入新世纪以来，我国社会发生了根本性的变化，社会发展出现了新的阶段性特点。“进入新世纪新阶段，我国发展呈现一系列新的阶段性特征，主要是：经济实力显著增强，同时生产力水平总体上还不够高，自主创新能力还不强，长期形成的结构性矛盾和粗放型增长方式尚未根本改变；社会主义市场经济体制初步建立，同时影响发展的体制机制障碍依然存在，改革攻坚面临深层次矛盾和问题；人民生活总体上达到小康水平，同时收入分配差距拉大趋势还未根本扭转，城乡贫困人口和低收入人口还有相当数量，统筹兼顾各方面利益难度加大；协调发展取得显著成绩，同时农业基础薄弱、农村发展滞后的局面尚未改变，缩小城乡、区域发展差距和促进经济社会协调发展任务艰巨；社会主义民主政治不断发展、依法治国基本方略扎实贯彻，同时民主法制建设与扩大人民民主和经济社会发展的要求还不完全适应，政治体制改革需要继续深化；社会主义文化更加繁荣，同时人民精神文化需求日趋旺盛，人们思想活动的独立性、选择性、多变性、差异性明显增强，对发展社会主义先进文化提出了更高要求；社会活力显著增强，同时社会结构、社会组织形式、社会利益格局发生深刻变化，社会建设和管理面临诸多新课题”。① 这些阶段性特征、尤其是

① 《十七大报告辅导读本》，人民出版社，2007 年版，第 13 页。

利益格局的深刻变化对我国社会道德建设在内的全面建设提出了新的要求。

随着社会主义市场经济的持续发展和经济社会转型的广泛深入，新型工业化、信息化、城镇化和农业现代化不断发展，社会生产力和社会关系急速变动，原有的利益格局不断分化和调整，经济成分和利益格局多样化、社会生活多样化、社会组织形式多样化、就业岗位和就业形势多样化。“多样化”是我国社会生活变化的突出表现，是我国深化改革、扩大开放的必然结果和发展趋势，也是我国社会进步的重要体现。“多样化”既给我国社会发展注入了无限生机与活力，也给社会发展和社会治理提出了新的更高的要求及挑战。“多样化”在本质上是利益的分化、不一致甚至对立和冲突；“多样化”促使社会分层加剧，致使不同利益共同体之间、利益共同体和利益个体之间以及利益个体与个体之间的关系越来越复杂和微妙。在构建和谐社会、推动经济社会全面协调发展中，如何促进不同社会阶层、不同利益群体以及利益个体相互协调、良性互动，形成平等友爱、公平互助、融洽一致的利益关系和人际关系，建立和健全公正公平的社会分配制度，创新广大人民群众积极参与的社会治理体系等，是需要认真思考和解决的重大问题。为此，我们不仅要在根本制度、体制机制等方面适应“多样化”发展的趋势，而且要在道德建设方面适应“多样化”发展的需要，既建立满足“多样化”需要的公平正义的新的制度体系，又建立协调各种利益关系的新的道德体系。

十八大报告指出：科学发展观是中国特色社会主义理论体系最新成果，是指导党和国家全部工作的强大思想武器，是党必须长期坚持的指导思想。构建社会主义和谐社会，促进社会和谐，必须全面贯彻科学发展观。以人为本是中国特色社会主义必须坚持的核心立场和本质内容，也是构建和谐社会的内在要求和核心原则。既然科学发展观是构建和谐社会的根本指导思想，而科学发展观的核心是以人为本，那么，以人为本就必然要成为构建和谐社会的核心原则，也必然成为和谐社会道德建设的核心原则。

社会主义道德建设必须反映社会发展的趋势和时代精神，体现科学发展观的根本要求。在文化建设领域，无论是关于精神文明建设和道德建设的理论主张，还是精神文明建设和道德建设的实践都必须坚持科学发展观为指导，体现科学发展观的精神实质，凸显以人为本的核心立场。构建和谐社会道德体系是文化建设的重要内容，必须把以人为本作为核心立场和最根本原则。因此，从我国社会发展的基本趋势以及道德建设和社会发展的关系看，社会主义道德建设的核心应该由为人民服务转换为以人为本，以人为本应当成为构建社会主义和谐社会道德体系的核心，使社会道德真正成为以人为本的道德，成为保障人的根本权益、增进人的福利的道德，成为立足人、着眼人、为了人、关心人、爱护人、发展人、促进人自由全面发展、实现人的幸福生活的道德。就是说，构建和谐社会道德体系应当把以人为本作为核心，构建以“以人为本”为核心的社会主义道德体系。

二、以人为本的伦理意蕴

以人为本作为一个哲学命题，具有丰富的内涵，不仅具有本体论、价值论的意义，而且具有深刻的伦理意蕴。要从最普遍的意义上来理解和把握以人为本的伦理意蕴，首先必须在一般意义上把握“人”和“本”的含义及其伦理价值。

探讨“以人为本”，首先必须探讨“人”的内涵。马克思、恩格斯认为：现实的个人是他们创立的世界观、历史观的前提。“我们开始要谈的并不是任意提出的，不是教条，而是一些只有在想象中才能撇开的现实的前提。这是一些现实的个人，是他们的活动和他们的物质生活条件”。[①] 以人为本是马克思主义的根本观点，以人为本的“人”是“现实的个人”。陈志尚教授认为，现实的个人，从社会构成而言有两层含义：一是指社会全体成员；二是指人民群众。[②] 从根本上讲，现实的个人是指社会的每一个人。同时，由于现实的个人是历史的个人，是在不同的社会发展阶段创造不同历史的个人，而人民群众就是创造历史的个人的结合体。因此，现实的个人是每个人与人民群众的统一。以人为本则是以“人民群众”为本和以“每个人”为本的统一。[③]

“本”在哲学上主要有两种理解：一是指“本体”、世界的“本原”，属本体论的范畴；另一是指事物的“根本”，属价值论的范畴。从发生论上看，物在先，人在后，人是物质世界长期发展的产物。在终极的本原意义上，人不是“本原”。因而，以人为本的“本”，不具有世界本原的意义，不能理解为本体论的概念。以人为本的“本”只能理解为根本之“本”，是个价值论的概念。以人为本所要解答的是：在我们这个属人世界，为什么人最重要、最有价值、最值得关怀，以及如何解放人、发展人等问题。价值论是道德理论的基础，价值命题即为伦理命题。以人为本作为价值论命题必定具有丰富而深刻的伦理意蕴。

从最基本的意义讲，以人为本就是把人本身作为最高价值，把每个人都作为人来对待，善待每个人。不论贫富差异、信仰各异、民族特征、群体区分、阶级差别、能力高低、年龄大小，……只要是人，就要有人的权利、尊严和价值。反之，如果不肯定人的最高价值，而认为人之外的他物高于人的价值，小“人”而重“物”，或者不把人当作人来对待等，则不是以人为本。可以想见，承认人的地位和价值，把人当人，给人以体面和尊严，就能够给人带来利

① 《马克思恩格斯选集》第1卷，人民出版社，1995年版，第66—67页。

② 陈志尚：“正确把握以人为本的科学内涵”，《北京大学学报》（社会科学版）2005年第2期。

③ 李青：《科学发展观视域中的“以人为本”》，时事出版社，2009年版，第112页。

益，就能够实现社会安定与和谐。这必定是善，是道德善；反之，不把人当人，则是对人的侵害，必然造成人和社会利益的损害，无疑是恶，是道德恶。

社会仅仅把人当人对待还不够，还必须使人成之为人。人不仅要有尊严地生存，而且要自由全面地发展。以人为本，就是从人自身的发展出发，促使人充分挖掘自身的潜能，发挥自身的创造力，实现自身的人生价值。简言之，以人为本就是促进人的自由全面发展。如果说社会只保障人的吃喝穿住、人身安全等方面的基本需要，而不能在人的选择、人的自由、人的自我价值实现等方面做出应有的努力，那么，它只是一种低级形态的以人为本。如果社会在保障人的基本需要的同时，更多地关注人的素质培养、能力提高，把人的发展作为社会发展的中心，极大地从制度、体制、机制等方面尊重人的选择、尊重人的个性，那么，这个社会实现的就是高级形态的以人为本。以人为本，促进人的自由全面发展，不仅能够满足人的基本需要，而且能够满足人的最高需要；不仅能够促进社会财富的最大增长，而且能够促进社会政治、文化、生态文明的整体进步。如果社会能够坚持以人为本，使每个社会主体都能够极大发挥自己的创造性，实现自我，必定会为社会增加无限活力，创造丰富的财富，促进社会全面协调可持续发展，也必定会使人过上幸福的生活。人人自由全面发展、人与社会、人与自然和谐发展，整个社会充满活力，人人幸福安康，这不正是建立社会和创制道德的根本目的么？人们建立社会，社会创制道德，不正是要极大地增进人和社会的利益、实现人的自我发展么？可见，以人为本，是最大的善，具有最高的价值。

价值是个关系范畴。以人为本的价值关系主要包括和体现在三个方面：人与物的价值关系、人与人的价值关系以及人与自我的价值关系。伦理关系即为价值关系，并为价值关系所决定。以人为本的价值内涵即是以人为本的伦理内涵。

第一，在人与物的价值关系中，以人为本充分肯定了人的价值高于物的价值。以人为本是对人的价值及其主体地位的集中体现和充分肯定。

在最普遍的意义上，构成人类世界的无非是人与物。人与物是一对矛盾。人与物的矛盾主要表现为价值矛盾。关于人与物的价值矛盾，大致有以下几种不同认识：一是人高于物，二是人等同于物，三是人不如物。与此相联系，便形成不同的对待人和物的思想方法和实践原则：人高于物，则人是目的，物服从并服务于人；人等同于物，则把人看作是天地万物之中的一份子，无所谓高贵，也无所谓卑贱；物高于人，则物是目的，人是物的工具和手段，人依附于物。

众所周知，人是社会生活中唯一的能动因素，是历史创造者。自然界是作为人的客体而存在的，是人认识和改造的对象，是满足人的需要、实现人的目标的对象。自然界的客观性和人的能动性、规律的稳定性和人的活动的自由性、环境的制约性和人的自主性、资源的有限性和人的需要的无限性等，构成了人与物的价值矛盾。既然人与物相矛盾、物与人相对立，那么，如何处理这种价值矛盾、解决这种价值对立才是合适的、应该的、道德的？当物的发展与人的发展发生对立冲突时，人们采取何种行动才是合理的、道德的呢？以人为本是解决这些问题根本道德原则。因为，以人为本是一个从根本上解决人与物价值矛盾关系的普遍命题。以人为本，根本确立了人在物质世界中的主体地位，肯定了人相对于物所具有的高贵价值和能动作用，从根本上解决了千百年来形成的人与物之间愈来愈难以弥合的对立关系，有利于促进人与自然的和谐共处，有利于实现人与物的协调发展。

（1）以人为本并不是否认物的价值，更不是否认自然之于人的先在性以及人对自然界和物质生活资料的依赖性。人是个名符其实的自然存在物，需要在自然界中才能生存繁衍，因此，人与物具有价值的一致性和统一性。由于人与物具有统一性，因而建立生态伦理、加强生态文明建设、促进人与自然和谐相处则具有必要性和现实性。为此，人必须尊重物质（自然）世界及其发展的客观规律，加强生态文明建设，保护生态、爱护生态环境，建设人与物（自然）和谐相处的美好家园。同时，以人为本主张人的目的性和社会主体性，坚持人对物的主动性，强调以人的方式合乎人性地占有物、使用物。

（2）以人为本确认人具有最高价值，是世界的最高目的。人与物相比较，人总是更重要、更有价值的，因而必须把人作为根本价值，作为最终目的、最终归宿。当然，人与物的价值对立性是不能避免的，当人的根本利益与物的利益发生冲突且难以两全时，由于人的价值高于物的价值，人类活动的最终目的是为了实现人的根本利益，因而，便应该保护人的利益而在一定程度上牺牲物的利益，把实现人的根本利益放在首位，实现好、维护好和发展好人的根本利益。

（3）以人为本要求人不仅要关心自己的利益，而且也要关心非人类存在物的需要。人与自然、人与环境，从根本上讲是没有根本的利益冲突的，人类和非人类生物，有共同的利益，都是“道德共同体”的成员。人的许多需要和利益是从自然、非人类存在物中得以满足和实现的。因此，人在满足自身的需要的同时，必须保护大自然，保护生态环境，保证人与自然以及一切非人类存在物的和谐共处与和谐发展。

第二，以人为本是处理人与人的价值矛盾的根本道德准则。在人与人的价值关系中，以人为本认为，每个人都具有同等的价值，都是平等的，社会应该保障每个人的利益，实现每个人的价值；当人与人的价值关系一致时，应坚持以个人为本和以群体为本的统一；当人与人的价值关系发生冲突时，应坚持以他人为本、以多数人为本的原则。

人在作用于自然、确立与物的价值关系的同时，也形成了人与人之间的价值关系。由于人与人之间的社会关系十分复杂，其价值关系也很复杂。任何现实的个人和群体，都是社会价值关系网络中的一个纽结。在人与人的价值关系中，人的价值具有二重性，人是价值客体和价值主体的统一。一方面，人作为他人的价值客体而存在，以自身及其实践活动来满足他人的需要，实现他人的利益；另一方面，人总是作为价值主体而存在的，具有满足自身需要的特性，且把他人及其劳动成果作为价值客体以满足自身需要和实现自身利益。这种二重性是人的价值最显著的特点。这一特点是与人具有能动的创造性的劳动——自由自觉的活动的本质联系在一起的，即是由人的特有本质决定的。正是这一本质决定了人不仅是价值的享受者，而且是价值的创造者，并使人具有创造价值的价值。具有创造价值的价值是人最宝贵之处。从这个意义上看，以人为本，不仅在于要确立人作为价值的创造者和享受者的地位，使人具有创造价值的价值，而且在于要促使人成为价值的创造者，保护和实现人作为价值创造者的价值。

人是社会性的存在。在人与人复杂的社会关系之中存在着个人和他人、个人和群体、群体和群体、个人和类、群体和类等诸多关系。人与人的价值关系大体可划分三种：个人与个人之间的价值关系，个人与群体之间的价值关系，群体与群体之间的价值关系。每一个体或群体要在社会中生存和发展，就必定要从事处理社会关系的实践，即要面对和解决人与人之间的价值关系或矛盾。个体如何处理个人与他人之间的价值矛盾呢？如何处理个体与群体的价值冲突呢？如何处理群体与群体、群体与类之间的价值对立呢？从道德的观点看，以人为本，无疑提供了最根本的道德原则。

坚持以人为本处理个体之间价值关系，则要求个体的“我”把“我”之外的他人作为目的和根本——以他人为本，即以他人的根本利益为本。此时，以人为本即为“以他人为本”。具体而言，就是在肯定每一个体的自我存在及其正当利益需求的基础上，尊重每一个体的权利和利益需要，在彼此利益一致的情况下，维护和增进双方的利益，做到“肝胆相照，荣辱与共”；当自我利益与他人利益相冲突，尤其是在难以两全的前提下，以他人的利益为重，自觉减损或放弃自己的利益。这是互利、先人后己或奉献利人的实践方式，因而是应该的、道德的、善的。如果每个社会个体在处理个人与他人的利益关系中都坚持以他人为本，那么，个人与个人之间必定是和谐的，社会无疑也会是和谐的。

同样，在处理个体和群体之间的价值关系实践中，坚持以人为本则主要表现为个体以群体为本，在特定条件下群体也要以个体为本。个体是群体的部分，个体不能离开群体而存在，无群体则无个体；群体由个体所组成，没有个体则无群体。个体和群体互为前提，相辅相成。从社会而言，既要维护个体的利益，又要维护群体利益，共同增进二者的利益。当个体和群体之间发生冲突时，从利益的总量而言，由于群体多于个体，群体利益无疑大于个体利益，因此，个体应该以群体为本，以群体的利益为重，以维护和增进群体利益，必要时牺牲个体利益。这是普遍的道德要求。但是，在处理个体和群体之间的价值关系时还应注意其复杂性。由于利益是复杂的，个体和群体的利益也是多样的。利益之间的冲突可能是同质的，也可能是异质的。同质的利益之间，可以从量上进行比较；而异质的利益，则不可以在量上进行权衡。就是说，当利益之间的冲突是异质的时候，我们就不能一味地要求个体服从群体，而应该区别对待，看谁的利益更为重要、更为根本，即以重要的、根本的利益一方为本。

群体与群体之间的价值关系更为复杂。群体间有平行性的关系，有包含性或构成性的关系，等等。在平行性关系的群体间，如在省与省、乡与乡、城镇与乡村、东部与西部，甚至国家与国家、地区与地区之间，存在各种利益联系，既有利益的一致性，也有利益的冲突性。群体间以人为本，就是尊重各自人群中的生命、尊严和财产，平等合作，互惠互利；在利益相冲突时，彼此以对方的利益为重，互谦互让。在包含性的群体间，一个群体是另一个群体的组成部分，彼此则有大小之别。这种群体关系与个体与群体的关系具有同构性，因而，小群体应该以大群体为本，在一定的情况下，大群体也应当以小群体的根本利益为本。这里，我们还有必要根据所处的社会地位和发展状态把社会成员区分为有利群体和不利群体，尤其要区分最有利群体和最不利群体，这是罗尔斯着重强调的。根据罗尔斯提出的差别原则，社会以及最有利群体应该以最不利群体为本，以保障社会基本善的实现，使最不利群体能够过上体面的有尊严的生活。当然，最不利群体也负有履行良序社会所要求的有利于社会合作的义务。

人与人之间的价值关系是道德的根本问题。道德在本质上就是处理人与人之间的价值关系。以人为本，在人与人之间的价值关系中，就是以他人的利益为本。这是最为道德的方式，最能体现道德本质的方式。在处理人与人之间的关系中，道德就是以人为本，以他人为本，为他人的根本利益而付出、奉献。因此，一个社会，唯有以人为本，才是道德的社会；一个人，唯有以人为本，才是道德的人。

第三，在人与自我的价值关系中，以人为本承认人的自我价值，主张每个人都应该努力实现自我。

以人为本，在此即为以自我为本。在价值或道德领域，人能否以自我为本的问题，是有较大争议的。道家认为，人是可以以自我为本的。“贵己”、“重生”是道家首要的道德规范。在儒家道德体系中，人不能以自我为本，只有为他利他，才是道德的。因为以自我为重即为“私”，“私”是不道德的。西方近代伦理学，尤其是功利主义伦理学，重视人的自我利益和价值。个人主义是近代以来西方社会的一个重要道德思想。我国目前的道德体系中，自我价值、自我利益还没有取得应有的地位，有时甚至作为“极端个人主义”遭到贬斥。那么，在和谐社会道德体系中，以人为本，能不能以自我为本呢？我们认为，在人与自我的价值关系中，以人为本就是以自我为本。因为，人具有主客二重性，即人既是主体，也是客体。当人对自我进行认识、反思的时候，人的主体和客体是集于一身的。

现代心理学家马斯洛提出了著名的人的需要层次论。在马斯洛的需要层次论中，自我实现是人的最高级的需要。马斯洛等现代西方学者普遍重视人的友爱、创造性、尊重和个性发展等方面的需要的满足，提出按照“成为你自己”的要求发展自己的潜力，人就可以成为一个“自我实现的人”。马斯洛明确认为，“自我实现或意味着基本需要再加上最起码的天才、能力或者（人性的）丰富”，是“人性发展能够达到的境界”，“意味着充分、忘我、集中全力，全神贯注地体验生活”。[①] 总之，自我实现的需要是人的高级本质的发展需要。因此，人生应当不断挖掘自己的潜能，发挥自己的潜能，追求更加充实、完善的自我。自我实现的人是自我全面发展的人。马克思认为人的自由全面是社会发展的最高目标。无论是人的自我实现需要还是人的自由全面发展都可以看作是人的本质、个性的实现，而每个人的个性、本质的实现其实就是人以自我实现为根本目标，亦即人以自我为本。

人不仅可以在社会中形成主客体的统一关系，而且能够与自身建立主客体的同一关系。人的这种自我价值关系是以自身的活动去满足、实现自身的需要为特点的。人的自我价值的实现包括两个方面的内容和方式：其一，自我的直接满足，其二，自我的间接满足。自我的直接满足，是自己对自己的肯定，即自我肯定；人作为存在，必须要有人之为人的尊严。人作为人，要自尊、自信、自立、自强、自励等，没有这一切，就无所谓人的存在、人的价值，乃至人的一切。人的自我满足是实现人的一切价值的根本前提。自我的间接满足，是在社会对个人的肯定关系中使人反观自身，进而实现自我肯定。由于人的自我价值关系内在地渗透着人与人的价值关系，自我价值的实现不仅不能脱离社会，而且在很大程度上取决于社会关系

---

① 转引自赵敦华：《西方人学观念史》，北京出版社，2005年版，第438页。

和社会条件。因此，以人为本，一方面要求每个人应该不断发挥主体性，不断发展自己的潜能，实现自我的自由全面发展；另一方面，社会应该提供保障每个人的尊严、满足每个人需要的物质的精神的客观条件和手段。如果人不能以自身、自我为本，那么，人的尊严，人的价值、人的自我实现、人的自由全面发展，就是不真实的，也是根本不可能实现的；如果没有了人的自我实现，没有了每个人的自由、价值和尊严，那么，人的社会“本位”、“以人为本”也无从谈起。在社会中，每个人都应该重视自我的利益和自身的发展，都应该保护和维护自身的利益和权利，都应该不断发挥自身的能动性和创造性，积极实现自我。一个不重视和维护自身存在、发展利益的人，很难保证其能够关心和维护他人的权益，很难保证其能够公正地把握自我和他人之间的社会关系。同时，需要强调的是：关心自我，维护自身利益，发展自我，实现自我，并不一定就会走向“自私自利”，并不必然就会损人利己，恰如我们无法从一个不关心自我、没有自我实现愿望和追求的人推出这个人就是利他主义者一样。所以说，以人为本，不仅不能否认人应该以自我为本，而且要提倡人应当以自我为本。

总而言之，从伦理道德的角度讲，以人为本包含人与物（自然）、人与人（包括社会）人与自我之间关系的全部道德内容，是处理人与物、人与人和人与自我之间关系的根本道德原则：当人与自然、人与人之间没有直接的利益冲突时，应该促使各方和谐共处、促进共同发展；当人与自然、人与人之间发生两难的矛盾冲突时，应当以人为根本、以他人和社会的利益为重；每个人都有尊重自我、实现自我的道德权利，应该在生活条件允许的限度内，努力促进自身的全面发展、实现自由个性。

三、以人为本与为人民服务

以人为本和为人民服务都具有丰富的道德内涵，体现了马克思主义的群众史观和社会主义的本质要求，在本质上具有同质性和一致性；同时，以人为本是对为人民服务的丰富和深化，体现了新的时代内容和社会发展的新要求，具有更为丰富的道德内容。

（一）以人为本中的“人”与为人民服务中的“人民”

人是个复杂的概念，是多学科研究的范畴。在哲学上，人是一个与物相对应的概念，是个从存在或存在者的高度来把握的范畴。以人为本中的“人”是个哲学范畴，包括每一个人。“人民”或“人民群众”是历史唯物主义的重要范畴，是指主要由劳动者构成的推动历史进步的个人，劳动者是人民群众的主体部分。人民群众还是一个历史范畴，在不同的社会、社会发展的不同阶段，其包涵的个人不一样。“为人民服务”的“人民”是个相对性、政治性和历史性的概念。“人民”既是指马克思主义理论所强调的推动历史进步的多数人，也是指相对于政党的绝大多数社会成员，尤其是劳动大众。因此，为人民服务是指为绝大多数人服务，为劳动大众服务。

“每个人”不同于个人，与个人有本质区别；以“每个人”为本和以“个人”为本有着本质的不同。“个人”属于自我范畴，指的是单个的人，独立的个体。诚然，个人是作为类的人和社会的基本单元，但个人却不能等同于“每个人”。个人与他人、自我与社会，既可能一致，也可能不一致。“每个人”包含“个人”，但与“个人”不是同一概念。“每个人”是个集合名词，是个人、群体和类的统一。正如陈志尚教授所说：“‘以人为本’的人字，相当于英文的 human（being），是一个集合名词，是系统概念，是个人、群体和类的统一。只有对人的概念作这样的规定，才是正确反映人的实际，把它贯彻到哲学和社会科学有关人的问题的理论中，才能得到对人的全面的科学的认识。"[①] 每个人是所有的个人，每个人的利益与所有个人的利益是完全一致的。凡有利于每个人的必定有利于某一个体，凡有害于每个人的则必有害于某一个体。以每个人为本即为以所有的个体为本，每个个体都能够享有作为人的社会权利，都是自由平等的，每个个体的正当利益都会得到公正地维护、发展和实现。

"每个人"也不同于"群体"，包括"群体"但不等同于群体。群体是由个人所构成。阶级社会，群体表现为阶级或阶层。群体和群体之间与个人和他人之间一样是有很大差别的，它们既统一又对立。从利害关系看，有利于此群体的不一定有利于彼群体，反之亦然。这样，对群体有利的并不一定有利于社会整体，即有利于部分人并不一定会有利于"每个人"，哪怕这部分人是社会的绝大多数人。如果仅仅只讲以"群体"的人为本，势必会对此"群体"之外的人带来不利，甚至危害。众所周知，人是类存在物。但作为"类"的存在本质，不能"理解为一种内在的、无声的、把许多个人纯粹自然地联系起来的普遍性"，不能把人理解为脱离所有的个人的抽象的类，而只能理解为有生命的个人，在社会中生活的、从事社会活动的现实的个人。而作为"类"的人，不是抽象的人，而是具体的个人。现实的个人是个人、群体和类的统一体。而整个类和每个人，从构成而言都是指全部的人或人的整体。因此，我们认为，以人为本的"人"是指现实的个人，现实的个人是指每个人，既包括个人，又包括人民群众（群体）和整个人类。以人为本的"人"是指"每个人"和"人民群众"的统一，在本质上是指"每个人"。以人为

---

① 陈志尚："正确把握以人为本的科学内涵"，《北京大学学报》（社会科学版）2005 年第 2 期。

本则是以“每个人”为本和以“人民群众”为本的统一，在本质上是以“每个人”为本。可见，以人为本包括为人民服务。

（二）“以人为本”是对“为人民服务”的丰富和发展

“以人为本”不仅坚持和继承了为人民服务的本质内涵，而且是对为人民服务精神和实质的丰富和发展，充分体现了党的理论的时代性和进步性，充分体现了党的理论主张和政策的道德意蕴和伦理价值。

以人为本集中地体现了社会主义的本质特征。马克思主义的创始人多次指出，未来社会是以每个人的自由全面发展为根本原则的社会形式；在那里，每一个人自由发展是一切人自由发展的条件。马克思和恩格斯关于“每个人”诸如此类的论述在他们的著作中可以找出很多，“每个人的自由发展是一切人自由发展的条件”等命题也在他们的著作中反复被强调。这充分说明“每个人”以及“每个人的自由发展”并不是马克思、恩格斯随意使用的一个概念和命题。强调“每个人”和“每个人的自由发展”在未来社会的地位清楚地显示出马克思主义对共产主义社会在本质上的规定，表明共产主义社会是人作为真正的个人而存在和发展的社会。社会应致力于为“每个人”的个性自由发展创造制度条件，而不能是国家机器成为少数人实现本阶级利益的工具。

“以人为本”作为一个丰富、更新的范畴，赋予了党的“为人民服务”的宗旨更加丰富、深刻的时代内涵。在新世纪新阶段，党的根本宗旨依然是全心全意为人民服务，坚持党的群众观点和群众路线，这是不能变的，也是不会变的。但“人民”主要是个政治概念和历史范畴，“人民”的范围是随历史发展而变化的。中国社会正处在由传统的计划经济向社会主义市场经济转变、由传统的农业社会向现代工业社会和信息社会转变转型时期，社会经济形式、就业方式、分配方式、生活方式和思想状况出现了多样化。与此相适应，我国社会中“人民”的内涵进一步发生变化。我国传统的第一产业、第二产业的就业人数逐步减少，新兴产业和服务产业的就业人员大幅提高；伴随着人们就业、生活等方面的不断变动，社会阶层的性质、人们的社会地位等也不断变化；党的阶级基础和群众基础也发生了新的变化。可见“人民群众”的构成是不断变化的，人民群众的实际需要也是不断变化的，为人民服务的内容和形式必须随之发生新的变化。作为以马克思主义先进理论武装起来的执政党，应当自觉认识这种变化，并使自己的理论和实践主动适应和引领这种变化。所以，党和国家在制定路线、方针、政策时，既要考虑人民群众的经济发展的要求，又要考虑他们的政治、文化、社会、自然环境等多方面的需求；既要重点分析全体人民群众的发展需要，更要考虑各个不同地区、各个不同方面的个人、群体的发展要求；既要考虑不断扩大的人的发展需要，同时也要考虑自然的承受力；既要考虑当代人发展的要求，又要考虑后代人发展的需要。“以人为本”的科学发展观就是根据时代发展的客观要求和人民群众变化了的需求而提出来的。“以人为本”明确将人及其全面发展作为社会发展的最高价值取向，突出社会发展中人的地位和作用，强调社会发展要尊重人、理解人、关心人，把不断满足人的有效需求、促进人的全面发展，作为社会经济发展的出发点与归宿。可见，以人为本，不仅对党的根本宗旨的内容和形式做出了相应调整，丰富了“为人民服务”的时代内涵，而且真正把人民群众和“每个人”有机地统一起来作为我国社会发展的目标，实现了人的现实性和历史性的辩证统一、实现了人的个体性和群体性的有机统一。

以人为本是对为人民服务、代表最广大人民群众根本利益的继承和发展。“人民”这一范畴尽管是指社会大多数人、“最广大人民群众”，但毕竟不是所有人、每一个人，因而会有一些人、哪怕是极少数人，是在“人民”范畴之外的。这就意味着社会中有“少数人”没有享有“人民”同样的权利，而可能负有比“人民”更多的社会义务，社会依然是不平等、不公正的。尊重和保护社会中的

"少数人"是现代社会文明的一个重要特征，因为只有尊重和保护社会中的"少数人"才能保证"每个人"的尊严不被侵犯，才能保障"每个人"的正当利益不被剥夺。从某种意义上说，个人作为独立的社会个体，在社会关系中永远属于"少数"。如果一个社会不能尊重"少数"，必然会伤害个体。这就是为什么现代社会要强调保障"少数人"的根本原因。现代社会，社会分工日渐细密、社会分化不断加剧、主体的需求日益多元，这必然要求社会管理者和个人必须平等公正对待每个人的需求、保障每个人的权利。我国的改革和发展使社会生活发生了重大改变，人与人的社会关系也发生了根本性的变化，人的阶级关系、阶级性逐渐淡化，而人的公共关系、公民性不断加强，人与人的分野不再着重突出阶级性，而主要体现为思维、生活和行为方式的不同。如果以人为本只是把社会主体仅仅界定为作为"多数人"的"人民"，或者依然只是突出政治性，仅仅从政治的、阶级的视角看待人，而不是从哲学的、人文的高度来对待人，来解决人的生存和发展问题，那么，在理论上依然是强化"多数人"和"少数人"的分野与对立，就没有体现时代内容，没有反映社会发展的新要求，在实践上则可能会把"少数人"排除在社会之外，歧视"少数人"，造成"多数人"和"少数人"的对立与冲突，甚至可能出现"多数人"压制"少数人"的暴政。少数人压制多数人的社会是不公正、不合理的；多数人压制少数人的社会同样是不合理、不公正的。因此，如果说以人为本的"人"依然是指大多数人，那么，这个命题就没有新的理论价值，也不是理论上的创新；如果说以人为本的"人"，依然只是指"人民群众"，以人为本就与"为人民服务"、"代表最广大人民群众的根本利益"没有实质性的区别，那么，这个命题就没有体现时代性和进步性；如果说以人为本的价值取向依然是突出政治性，或仅仅从政治的角度而不是从哲学、人文的角度思考人的问题、解决人的需求，或者说以人为本的实践方式——主要指我们党的执政方式、国家管理社会事务的方式依然是"为民做主"、而不是确立人的主体地位，保障人民当家作主、不是相信和依靠人民自己解放自己，那么，“以人为本”这个命题无论在理论上还是在实践上都不是一种创新、一种发展。然而，事实上，在“以人为本”的视域中，每个人都是社会的主人、历史的主体，都具有“本位”的地位和价值，每个人的根本利益都应该得到尊重、保护和发展。所以，以人为本应是以“每个人”的根本利益为本。

时代的发展、社会的变化，使每个人的价值日益凸显，使每个人的生命、权利和人生具有更高社会意义和伦理意义。尊重每一个人，维护每一个人作为人的权益，促进每一个人的自由全面发展，充分发挥每一个人的聪明才智、开发每一个人的潜能，是当今世界的潮流。从理论的时代性而言，以人为本这一命题反映了这一时代要求，蕴涵了时代内涵、时代精神，并赋予了鲜明的时代特色。正因如此，它才是对马克思主义的坚持，才是对马克思主义的创新和发展。从党的重要文献对“以人为本”内涵的阐释和坚持“以人为本”的实践要求中可见，“以人为本”不仅坚持了为人民服务的基本内容和根本宗旨，而且赋予了为人民服务新的人文内涵和时代特色，是对为人民服务思想和实践的创新与发展。①

从道德共同体的范围看，作为道德主体和道德关爱对象的“每个人”要多于社会多数人的“人民”，由“每个人”构成的道德共同体要比由社会多数人的“人民”组成的共同体更具道德意义，更具有道德的合理性。功利主义的根本原则是最大多数人的最大幸福。在功利主义的这一原则中，“最大多数人”相对于“最大幸福”更具有优先权。在罗尔斯的良序社会，“作为公平的正义”的自由原则和差别原则，强调的是每个人的社会公正。王海明教授认为：道德的终极目的是增进社会和每个人的利益总量。这是衡量社会道德合理性、优越性的根本标准。在马克思的道德理想中，每个人的自由发展是一切人自由发展的条件。因此，以人为本、以每个人为本的道德共同体要比以社会多数人——“人民”为道德服务对象的共同

① 参见李青：《科学发展观视域中的“以人为本”》，时事出版社，2009年版，第107页。

体更具道德合理性，因而更进步、更先进、更优越。如前所述，以人为本包含人的所有关系内容，是处理人与自然、人与人、个人与多数人、个人与社会的根本道德原则。同时，以人为本强调尊重人的主体地位，强调人是自己的主人、社会的主人，强调人自己解放自己。另外，以人为本既尊重了人的消极人权、消极自由，又突出了人的积极人权、积极自由。最为重要的是，以人为本把促进人的自我实现——全面自由发展作为根本目标，集中体现了社会发展的崇高理想。因此，以人为本具有更丰富、更深刻的道德价值，具有更深远的道德实践意义。

为人民服务的道德原则，是处理个人与集体、个人与社会关系的道德原则，主要是一种政治道德，即主要是对执政党、社会管理者的道德要求和规范。在内容上它不具备处理人与自然、个人与个人之间利益关系的内涵，因而就难以成为处理这些利益关系的道德原则。从道德的观点看，为人民服务强调的是对他人的利益的主动施予和维护，是"施于人"、"立人"、"达人"的道德，因而保障的是人的积极人权、积极自由。众所周知，积极人权、积极自由的行使，既可以给人带来利益，也可能给人带来伤害；同时，积极人权和自由的行使者，还有可能因此而施暴。因此，社会不仅要有保障积极人权、积极自由的法律和道德，而且要有保障消极人权、消极自由的法律和道德；亦即，社会不仅要有"施于人"的"立人"、"达人"道德，而且需要"勿施于人"的道德，且后者比前者更具基础性，因而更具根本性。因为，人不仅要享有积极人权、积极自由，而且还要享有消极人权、消极自由。以人为本，无论是在道德上还是在法律上，更强调和注重人的主体地位、人的主体性，更强调人的自由、自主和独立，更强调对人的尊严的重视和维护。因此，以人为本比为人民服务更具有丰富的道德内涵，更能体现道德的本性和要求，更能集中地体现社会主义的本质与和谐社会的内在要求。因而，以"以人为本"为核心的道德比以"为人民服务"为核心的道德更全面、更深刻、更符合人性、更具包容性、更具道德合理性。

道德作为人达成善的一种社会实践方式，道德规范作为调节人与人的社会关系、利益关系的一种行为准则，必须体现时代发展的变化。既然以人为本是对为人民服务的丰富和发展，那么，以人为本便应该成为社会主义道德建设的核心，道德建设便应坚持以人为本，建构以人为本为核心的道德体系，在全社会形成以人为本的新的道德风尚。

四、以人为本是和谐社会道德体系的核心原则[①]

社会主义和谐社会是坚持“以人为本”为根本原则的社会形式。以人为本不仅是社会主义社会的核心政治原则，是检验党和国家各项事业的最高政治标准，而且是社会主义社会的核心道德原则，是检验一切社会实践活动和人的一切社会行为的最高道德标准。和谐社会的道德是“以人为本”为核心的道德体系，以人为本是和谐社会道德体系的核心原则。

（一）和谐社会是以人为本的道德共同体

社会是“活的机体”，是人的联合共同体，是道德共同体。任何道德都有其特定的对象指向和适用范围，即什么人应该接受或不接受道德的规约，或者说什么人应该讲道德或不讲道德。[②] 这就是道德共同体的问题。所谓道德共同体，就是应该被道德地对待或者应当得到道德关怀的对象的总和。恰如贝尔斯所说：“我用‘道德共同体’所指的，是我们可以恰当地对其表达我们的道德关心的那些实

① 该部分内容发表于《武陵学刊》2010 年第 2 期和《淮阴师范学院学报》2011 年第 3 期。
② 王海明：《伦理学原理》，北京大学出版社，2005 年版，第 111 页。

体范围。”[①] 这样，一个社会把什么样的对象纳入道德共同体的范围，即把什么样的人或物作为道德关怀的对象，就是一个十分重要的问题了。因为只有成为道德共同体的成员，或只有取得道德身份或道德地位，才能成为道德关心的对象。如果一个人没有成为道德共同体的成员，那么，他或她就没有资格被道德地对待，就不能享有道德关怀，就不能获得道德利益。因此，社会道德所指向的对象是少部分人还是多数人或者全体社会成员，即道德共同体是由什么人构成这一问题，不仅是辨别和区分社会道德体系是否合理、是否优良的根本尺度，而且是衡量一个社会是否优良的重要标准。

不同的社会有不同的道德体系，不同的道德体系表征不同道德共同体的性质和范围。阶级社会占统治地位的道德是在经济、政治上占统治地位的阶级的道德，这种道德是为维护统治阶级的根本利益服务的，在本质上是剥削阶级的道德。在这种道德共同体中，被剥削者不是道德关怀的对象，被统治者的根本利益不是道德所极力维护和发展的利益。例如，古希腊的奴隶不是城邦共同体的公民，奴隶就被排除在城邦道德共同体之外，不能享有城邦平民所享有的道德权利。我国封建专制时代形成的“三纲五常”一整套严密的道德规范体系，臣子、儿子、妻子等社会成员完全隶属于君王、父亲和丈夫，社会下层的民众、妇女、儿童等没有起码的道德人格和道德地位。资本主义社会的道德体系虽然强调了自由、平等、公正等具有重大社会价值的内容，但是，由于人与人之间的关系最终表现为“物的依赖关系”，金钱、财富是构建道德共同体的根本条件，最终形成了一种畸形的价值标准和利益关系。可见，阶级社会的道德体系具有很大的阶级和历史局限性：道德关怀的对象只是少数人，少数人享有道德权利而较少履行道德义务，多数人履行更多道德义务却较少享有道德权利，因而是不公正的。根据罗尔斯的看法，不

---

① ［美］约瑟夫·P·德马科：《现代世界伦理学新趋向》，中国青年出版社，1990 年版，第 305 页。

公正的道德不是优良的，也不可能建立优良的社会秩序。所以，不公正的道德共同体必定是不稳固的，是要被推翻的，也必然被公正的道德共同体所代替。

社会主义社会是崭新的道德共同体。社会主义社会是以“每个人的自由全面发展”为根本原则的社会。人的地位、价值得到了前所未有的肯定和保障，社会提供了前所未有的条件保障和促进人的自由全面发展；人民群众是社会真正的主体，不仅是创造社会财富的主体，而且是享有社会财富的主体。因此，社会主义社会不仅具有历史的必然性和优越性，而且具有道德的合理性和优越性。社会主义社会的优越性不仅在于要创造出比其他任何社会更高的生产力水平和更好更多的财富，而且在于要建立消灭剥削、消除两极分化的社会关系，解放劳动者，使劳动者在生产劳动和社会生活中处于平等地位，真正成为社会的主人，成为道德共同体的主体，成为道德关怀的重点对象。因此，社会主义社会是为全体劳动者和每个人服务的道德共同体。

社会和谐的根本是人与人的和谐。人与人的和谐是社会和谐最根本的保证和体现。人与人和谐的根本是利益关系的和谐。社会主义的本质决定人与人之间根本利益的一致性，社会主义基本制度决定人与人之间利益关系的公正性。当然，社会主义社会，人与人的利益关系也存在矛盾甚至冲突，必须对社会利益关系进行调节，但这种利益的矛盾和冲突是次要方面，并且是非对抗的，可以通过法律的、道德的方式协调统一。

和谐社会是法治社会，也是德性社会。法治，使社会具备良好秩序；德性，使社会充满无穷活力。构建和谐社会需要依靠全体社会成员的力量，需要社会的每一分子都能发挥最大效能；同时，和谐社会必须公正惠及所有社会成员，公正分配权益和义务，公正维护每个人的利益。罗尔斯认为，优良社会必定是公正社会。在公正社会里，每个人的社会地位都是平等的，人与人之间没有天生的社会差别，每一个个体都是社会及其道德平等关怀的对象。公正、平等地对待道德共同体的成员，是和谐社会的首要价值和根本保证。和谐社会是良序社会，是公正社会，是优良的道德共同体，每个人都应当成为道德共同体的成员，每个人都是社会道德平等关怀的对象。因此，社会主义和谐社会是以人为本的道德共同体。

（二）和谐社会的道德是以人为本的道德

和谐社会是以人为本的社会，和谐社会的道德是以人为本的道德。道德作为一种社会规范，最根本的在于规范和实现人的利益。因此，社会创制道德的最终目的是增进每个人的利益总量。王海明教授认为，道德的最终目的就是道德的终极标准。只有遵从道德的最终目的，符合道德的终极标准，才能创制优良的道德；只有优良的道德才能真正发挥规导和增进人的利益的作用，才能促使人们自觉遵守道德、培育和提高德性，人们才能过上自由幸福的生活。

任何社会的道德都是由良莠不齐的道德原则、规则和范畴构成的体系。王海明教授认为："任何一种道德体系所确立和奉行的道德都是多种多样、数不胜数的，因而必定既有一些是科学的、优良的和正确的，又有一些是恶劣的、不科学和错误的，而不可能全部优良正确或全部恶劣错误。所以，评价一种道德规范体系之优劣对错，只能是就其处于基础和核心地位的——亦即具有决定意义的——道德来说的：如果处于基础和核心地位的道德是优良的，该道德体系就是优良的；反之，如果处于基础和核心地位的道德是恶劣的，该道德体系就是恶劣的。不言而喻，在任何道德规范体系中，处于基础与核心地位的当然是普遍的道德原则"。[①] 在王海明教授看来，处于基础与核心地位的普遍道德原则可以归于四类：一是最根本的道德原则，亦即道德的终极标准；二是最核心的道德原则，亦即一切伦理行为应该如何的道德总原则，说到底就是所谓的"善"；三是最

① 王海明：《新伦理学》（上册），商务印书馆，2008年版，自序，第8页。

重要的道德原则，亦即善待他人的道德原则；四是善待自我的道德原则。在这四类道德原则中，前三类在道德体系中最根本、最核心和最重要的普遍道德原则，处于基础和核心地位。于是，判断一种道德体系是否优良，说到底，“全在于该体系的道德终极标准和道德总原则以及善待他人或社会治理道德原则是否优良”。[①]

任何道德体系优与劣，根本在于处于基础和核心地位的普遍的道德原则，尤其取决于社会制定道德的终极目的。因为“道德终极目的乃是产生、决定和推导出其他一切道德标准的标准，因而也就是在一切道德规范发生冲突时都应该遵守而不应该违背的道德标准”。[②] 道德的终极目的是增进社会和每个人的利益总量。[③] 一种道德规范或社会行为，如果能够促进社会经济更好更快发展，或能够更好地保障人们的政治权利，或能够有利于丰富人们的文化精神生活，或能够有利于改善人们的生活条件和环境，或有利于提高人的综合素质，就是好道德、好行为；否则，就不是好道德、好行为。

道德体系规定着人们在社会生活中的道德地位和利益，体现社会的根本性质。在不同的道德体系中，人们所处的道德地位和享有的道德权利是不一样的。由于道德体系的规则、规范等是以更为根本的原则或标准制定的，因此，社会以什么样的标准、原则来制定道德规则、规范，比规则、规范本身更重要，更具有根本性。社会是人的社会。社会制定规则应当是为人的，是为人的自由和幸福生活服务的。但是，不同性质的社会制定规则的根本价值目标是有本质区别的。有的社会是为个别人、少数人，有的社会是为多数人或每个人。阶级社会为的是少数人，即为了统治阶级及其依附者的根本利益；社会主义社会则是为了绝大多数人和全体社会成员的根本利益。

在形式上，道德是社会按照一定的原则和标准制定或认可的为

---

① 王海明：《新伦理学》（上册），商务印书馆，2008 年版，自序，第 8 页。

② 王海明：《新伦理学》（上册），商务印书馆，2008 年版，第 464 页。

③ 王海明：《新伦理学》（中册），商务印书馆，2008 年版，第 470 页。

维护社会存在和发展的非权力规范。道德作为一种社会行为规范，是社会道德生活的反映，是调节社会利益关系的基本实践方式。道德的中心或根本问题是人与人之间的利益关系问题。正如唐凯麟教授所言："道德的中心问题是个人与他人、个人同社会集体的利益关系问题"。可见，道德作为人们处理社会利益关系的实践方式，是社会规范人的利益关系的实践形式，其根本作用在于调节人的利益关系，维持社会稳定，保障人的生存，促进人的自由全面发展。

社会和谐的根本是人与人的和谐，人与人的和谐根本在于利益关系的和谐。人与人利益关系的和谐，关键在于社会公正。如果社会基本制度是公正的，社会维持公平正义，维护和发展好每个人的利益、提高每个人的生活水平和质量，即"增进每个人的利益总量"，那么，社会利益关系就会和谐。反之，就会不和谐。道德作为实现社会利益的实践方式和社会调节人与人利益关系的基本方式，要真正发挥促进人与人利益关系和谐的作用，就必须坚持以每个人为本，体现公正、平等等核心价值，把增进每个人的利益总量作为根本目的。"增进每个人的利益总量"不仅是好社会的标志，而且是好道德的标志。

"增进每个人的利益总量"和"以人为本"在本质上是一致的。党的十七大报告明确指出，以人为本就是"始终把实现好、维护好、发展好最广泛人民的根本利益作为党和国家一切工作的出发点和落脚点，尊重人民主体地位，发挥人民首创精神，保障人民各项权益，走共同富裕道路，促进人的全面发展，做到发展为了人民、发展依靠人民、发展成果由人民共享。"[①] 可见，以人为本，就是要尊重人民主体地位，发挥人民首创精神，保障人民各项权益，努力兴办人民群众希望办的实事好事，做到发展为了人民、发展依靠人民、发展成果由人民共享，促进人的自由全面发展。概而言之，以人为本

① 《中国共产党第十七次全国代表大会文件汇编》，人民出版社，2007 年版，第 15 页。

就是以人的根本利益为本，就是“以每个人自由而全面发展为原则”。由此，以人为本可表述为以人为本是以每个人的根本利益为本，以人的自由全面发展为本。以每个人的根本利益为本即为“增进每个人的利益总量”，“增进每个人的利益总量”即为以每个人的根本利益为本。因此，以人为本，不仅是人类组成社会、社会制定道德的最终目的，而且是衡量一切社会制度规范、一切思想和行为的最终价值标准。

道德终极目的是道德终极标准，而道德终极标准是产生和推导一切道德原则、道德规范的道德标准，是衡量一切道德之优劣的道德标准。以人为本作为科学发展观的核心立场，是区分一切社会制度、社会行为的根本标准。因此，坚持以科学发展观为指导，构建和谐社会，促进社会和谐，加强社会主义思想道德建设，就必须坚持以人为本建构社会道德，构建符合以人为本这一终极标准的道德体系。一切坚持以人为本的道德应该创立，一切不符合以人为本的道德都必须废止；一切符合以人为本原则的道德观念应当确立，一切与以人为本原则相违背的思想观念、制度机制都必须破除。

（三）以人为本是和谐社会最高的道德原则

坚持“以人为本”治理社会，建立一个“以人为本”的美好世界，是历代先进思想家和开明政治家的社会理想。

马克思主义坚持从实际的社会运动出发，对未来社会的本质和基本特征提出了符合历史发展趋势的设想。马克思、恩格斯一直认为，工人阶级建立的新社会将是一个自由人的联合体，是每个人自由全面发展的联合体，是“以每个人全面而自由发展为原则的社会形式”。这里，我们不仅要注意“每个人全面而自由发展”这一根本内容，而且更要注意“以每个人全面而自由发展为原则”的“原则”二字。同时，我们还应该注意，尽管马克思主义的创始人对未来社会提出了许多的设想，但很少有这种“以……为原则”的提法，而唯独提出“每个人的全面而自由的发展”为“原则”。可见“每个人的全面而自由的发展”作为“原则”在未来社会中的地位和分量。“原则”（1）是人们行事所依据的法则或标准，（2）是总的方向。由此可以推断，“以每个人全面而自由发展为原则”，就是要根据“每个人的全面而自由的发展”这个方向、标准来治理和建设未来社会，就是要使社会的一切活动符合“每个人的全面而自由的发展”这一标准，就是要坚持凡是有利于促进“每个人的全面而自由的发展”的制度、道德、政策、措施等必须建立和施行，凡是不利于或阻碍“每个人的全面而自由的发展”的则必须废弃。

社会主义社会是马克思等设想的未来社会的低级阶段，也必须是坚持以人为本为原则的社会形式。在道德的意义上，社会主义社会的善，根本在于它是以人为本的，是以每个人的根本利益为本的，是以每个人的自由全面发展为本的。建立和发展社会主义为的就是消灭人对人的剥削和压迫、消除社会不公正、解放人和发展人、最大限度地扩大个人自由，从而创建让每个人都享有自由的社会共同体；为的是创建促使每个人自由全面发展的有利环境，促使每个人过上真正自由幸福的生活。因此，社会主义社会，不仅要实现人们经济、政治、文化、社会生活的富裕和人人公正共享社会财富，而且要不断提高人们的健康素质、思想道德素质和科学文化素质，促进人的自由全面发展。可以说，社会主义既是以人为本的社会运动，又是以人为本的社会形态。社会主义实践充分证明，什么时候坚持以人为本，人民的主体性、能动性就发挥得好，社会主义事业就会取得新的胜利，人民的生活水平和人自身的素质就有很大提高；相反，什么时候没有把最广大人民群众的根本利益作为出发点和落脚点，整个社会发展就缓慢、甚至停滞，人民的生活就得不到改善和提高，社会主义事业就要遭受挫折和倒退。由此可见，以人为本，不仅是社会主义社会一个重大的理论命题，而且是一个根本的实践原则，是一切社会活动必须遵循的核心原则。

构建社会主义和谐社会、促进社会和谐，第一要务必须是“通过发展增加社会物质财富、不断改善人民生活”。为此，必须坚持发展这个第一要务，以经济建设为中心，大力解放和发展生产力，实现经济社会又好又快发展。人类发展的历史已充分证明，只有解放人并同时满足人、发展人的社会制度和经济体制才能促进社会经济的快速发展。因为人是生产力中最活跃的因素，是经济发展的第一资源，是推动经济发展的根本动力。为此，构建和谐社会，大力发展社会经济，首先必须建立解放人、发展人、满足人的需要和实现人的利益的基本经济制度和经济体制，既通过解放人、发展人来促进经济的发展，又通过发展经济来促进人的解放和发展，从而实现经济的又好又快发展与人的解放和发展的统一。可见，构建社会主义和谐社会，发展社会经济、增加社会财富，首要的、根本的是坚持以人为本。只有坚持以人为本，才能推动经济社会又好又快发展，才能为人的幸福生活创造物质条件。

构建社会主义和谐社会，就是“要按照民主法治、公平正义、诚信友爱、充满活力、安定有序、人与自然和谐相处的总要求和共同建设、共同享有的原则，着力解决人民最关心、最直接、最现实的利益问题，努力形成全体人民各尽其能、各得其所而又和谐相处的局面”。“民主法治、公平正义、诚信友爱、充满活力、安定有序、人与自然和谐相处”，归结起来，就是要实现人与人、人与社会以及人与自然的和谐发展。和谐社会建设就是要处理好人与自然、人与人、人与社会之间的关系，解决它们之间的矛盾和冲突，使之有机统一。在这三对矛盾关系中，人与自然的和谐是社会和谐的基础，人与人之间的和谐是社会和谐的根本，人与社会的和谐是社会和谐的重点。因此，处理好人与自然、人与人以及人与社会的关系，促进社会和谐，关键在于处理人与人之间的社会利益关系。人的社会利益关系问题是通过人自身来解决的。所以，解决社会问题，关键是解决人自身的问题。解决人自身的问题，根本在于解决人在社会中的地位问题，解决人的主体性问题。以人为本，把人看作是自己的主人、社会的主人和自然的主人，是对人的地位、价值和主体性的最高肯定，是解决人自身问题的最根本的理论和实践原则，是处理和解决人与自然、人与人、人与社会矛盾关系与促进社会和谐的根本原则。

民主法治是和谐社会的一个基本特征，也是社会和谐的根本保证。和谐社会是民主法治社会。没有民主、没有法治就没有社会主义；同样，没有民主、没有法治就没有和谐社会。民主是人民当家作主；法治，就是依据国家法律法规治理国家和社会。由于人民是社会的主体、国家的主人，人民是国家权力的所有者、执掌者，法律法规是人民意志的集中体现，因此，民主和法治是统一的。民主是法治的前提，法治是民主的保障。民主法治社会，人民自己依法治理国家和社会，人民的主体地位和主体性得到充分的肯定和尊重，人民的根本利益得到充分的保障和促进。这正是以人为本的集中体现。从这种视角看，民主法治，既是以人为本的体现，又是以人为本的制度保障和落实。因为以人为本，就是要确立人的主体地位，保障人民当家作主、依法管理国家和社会事务，实现人民群众的根本利益。由是观之，以人为本与民主法治是统一的。坚持以人为本，必须实现民主法治；发展社会主义民主政治，实现民主法治，就必须坚持以人为本。不坚持以人为本，必定没有民主法治；没有民主法治，必定不会有以人为本。一个以人为本的社会必须是民主法治的社会，同样，一个民主法治的社会必须是以人为本的社会。

公平正义是和谐社会的特征，是和谐社会重要的政治原则和道德原则。和谐社会是公平正义的社会，公平正义是社会和谐的基本条件。因此，构建和谐社会，促进社会和谐，必须“保障社会公平正义”。公平正义具有十分复杂的内涵。众所周知，公正就是给人应得，公正的核心是平等。权利和义务的平等或平等交换，是社会公正的根本问题，是根本公正。[1] 社会公正是社会和谐的保证。社会要公正，就必须坚持人人平等，平等分配人的基本权利和义务。因为“最完善的社会公正的根本原则乃是‘平等’：一方面，人人所有的基本权利应当完全平等；另一方面，人人享有的非基本权利应当比例平等。”[2] 所有的人都是平等的，都应该享有相同的基本权利，同等地享有社会政治的、经济的、道德的关怀。另外，每个人都应该享有发展自身、实现自身的平等机会。同时，根据对社会贡献的大小，享有比例均等的社会利益。由此可见，公正原则同样是以人为本原则的体现。社会公正，从根本上说，就是为了平等地保障每个人的社会权益，保障在社会中人人平等。从以人为本原则和公正原则的关系看，以人为本原则决定公正原则，公正原则体现以人为本原则；同时，以人为本原则和公正原则相互包含。坚持了人人平等，则有公正；没有人人平等，则是不公正。公正是以人为本的应有之义。因此，以人为本，则必公正，不以人为本，就无公正；公正，则是坚持以人为本，不公正，则是违背以人为本。所以说，促进社会和谐，坚持公平正义，就必须坚持以人为本原则。

人道原则、集体主义原则也是和谐社会主要的道德原则。诚信友爱体现的是人道原则。人道原则本身就是以人为本原则的基本内容。集体主义原则体现社会主义的本质和特征。以人为本是社会主义的本质属性和特征，集体主义原则包含在以人为本之中。精确地讲，集体主义原则是以人为本在社会主义时期具体的历史形态，体现以人为本的历史性特征。可见，人道原则、集体主义原则，都是以人为本原则的具体化，或者说，人道原则、集体主义原则都是以“以人为本”为原则的，都是以人为本的具体体现。

人及其发展是社会最首要、最根本、最重要的资源和财富。人

---

① 王海明：《伦理学原理》，北京大学出版社，2005 年第 2 版，第 224 页。

② 王海明：《伦理学原理》，北京大学出版社，2005 年第 2 版，第 239 页。

的生存和发展的需要及其实现的程度是社会发展的重要标尺。和谐社会建设的主体是人，根本力量是人。和谐社会的一切财富是人创造的结果，也是满足人的一切需要的必要前提。人的能力、素质，尤其是思想道德素质越高，发展越全面，就越能为社会创造更多的物质财富和精神产品，社会也就越繁荣、越进步，人的需要就越能得到充分满足，人的根本利益就越能得到充分实现，也就越能促进社会和谐；社会财富越丰富、社会越进步，社会越和谐，促进人的发展的客观条件越好，就越能促进人的自由全面和谐发展。人的发展和社会发展的一致性、以及人在社会的主体地位，决定了和谐社会必须把人放在首位、放在最高位置，把人的价值看作是社会的最大价值。因此，构建和谐社会必须始终坚持"以人为本"这一核心原则。构建和谐社会，不仅要重视人的权利的保障和实现，而且要重视人的培育和提高，把提高人的健康素质、思想道德素质和科学文化素质摆在重要位置，在大力发展经济的基础上，优先发展教育，保证每个人受教育的公平权利，帮助每个人最大限度实现自身的社会价值。

构建社会主义和谐社会是每一个中国人的事业和历史责任，必须激发每个人的创造活力，使一切有利于社会进步的创造愿望得到尊重，创造活动得到支持，创造才能得到发挥，创造成果得到肯定。构建和谐社会，不仅要充分发挥工人、农民、知识分子推动社会进步的根本力量的作用，而且要普遍激发和发挥其他各个方面人员、各种力量的积极性和创造性。因此，必须把以人为本作为建构和谐社会的首要的根本原则确立起来并毫不动摇地坚持。同样，构建和谐社会道德体系必须把以人为本作为核心原则，创建以人为本的道德体系。另外，构建和谐社会，坚持以人为本的核心原则，不仅要求构建以人为本的道德体系，而且要求确立以人为本的制度体系，建立以人为本的体制机制，使一切积极因素得到最广泛充分地调动，各行各业人们的创造活力得到充分发挥，一切有利于社会进步的各种力量得以充分激发，一切劳动、知识、技术、管理、资本的活力竞相迸发，一切促进社会进步的力量源泉充分涌流。简言之，唯有坚持以人为本，并自觉把以人为本作为社会发展的核心立场、核心原则，构建和谐社会的伟大事业才能顺利推进，中国特色社会主义的伟大事业才能不断发展，人的自由全面发展的伟大目标才能实现。

第七章　和谐社会道德体系的基本原则

任何道德体系都包括一系列地位不同、作用各异的道德原则，其中有居于决定地位的核心道德原则，有处于基础地位的基本道德原则。以人为本原则是社会主义和谐社会道德体系的核心原则。自由原则、公正原则、人道原则、集体主义原则和生态环境保护原则是与以人为本这一核心原则相统一的基本道德原则。

一、自由原则

“如果说自由不是人类生活中最重要的价值，那么，它至少是其中最重要的价值之一。”[①] 人生而自由，自由是人的类特性，自由是人的生命的本质。马克思认为：“一个种的整体特性、种的类特性就在于生命活动的性质，而自由的有意识的活动恰恰就是人的类特性。”[②] 正因如此，人应当过自由的生活，应该建立自由的社会，应该建立自由的道德。

① 徐向东：《理解自由意志》，北京大学出版社，2008 年版，第 1 页。

② 《马克思恩格斯全集》第 3 卷，人民出版社，2002 年版，第 273 页。

（一）自由与自由意志

“自由”是个复杂而歧义丛生的概念。阿克顿认为：“自由是个具有两百种定义的概念。”① 自由，从最简单的意义上看，就是“由自己”，而不是由他人或人自身之外的什么力量而进行的行动、选择、作为。胡适认为：“‘自由’在中国古文里的意思是：‘由于自己’就是不由于外力，是‘自己作主’。在欧洲文字里，‘自由’，含有‘解放’之意，是从外力制裁之下解放出来，才能‘自己作主’。”② 阿克顿认为：“自主是一种自我创造的理想。”“一个自主的人，他的福祉存在于成功地追求那些自我选择的各种目标和人际关系。与其他所有人一样，他的意志是一组相互套嵌的目标，越具综合性的目标就越重要，其余的目标的重要性则大抵相当。”“自主反对的是被强制选择的生活。与它相对的生活是无选择的生活，或者终其一生，随波逐流，而不知运用自己选择的能力的生活。很明显，自主的生活需要一定程度上的自我意识。要进行选择，人们必须意识到自己的观点。”③ 王海明教授认为：“自由就是没有外在障碍而能够按照自己的意志进行的行为。”④ 袁贵仁教授在阐释马克思的自由观时认为：“人的自由可以看作是人在活动中通过认识和利用必然表现出来的一种自觉、自为、自主的状态，自由活动就是自觉的、自为的、自主的活动。”⑤ 凡此种种，不一而足。我们认为，袁贵仁教授阐释的马克思的自由观揭示了自由的本质。自由是人的活动自由，是人在活动中所处的自主、自觉、自为的状态。

自由可被看作是人处理、解决“内”与“外”两个世界及其关

① ［英］阿克顿：《自由与权力》，商务印书馆，2001 年版，第 14 页。

② 胡明主编：《胡适精品集》第 14 卷，光明日报出版社，2000 年版，第 68 页。

③ ［英］阿克顿：《自由与权力》，商务印书馆，2001 年版，第 380 页、第 380—381 页、第 381 页。

④ 王海明：《新伦理学》（中册），商务印书馆，2008 年版，第 982 页。

⑤ 袁贵仁：《马克思的人学思想》，北京师范大学出版社，1996 年版，第 215 页。

系的活动方式和状态。“内”即人的自身世界，尤其是精神世界；“外”即人之外的世界，包括自然和社会。人是自由的，意味着人的活动是遵从自己意愿的，亦即人在处理与世界的关系的活动中是依据自我的意志、且自觉调控活动的运动变化，使外物体现人的自我意志。因而，自由必须满足两个基本条件：一是自由必须是出于人自身的意志，即人的活动是由人自己的理性、意志发起的，亦即活动主体不是受外在障碍强迫或控制的。二是自由是主体按照人自身的意志、需要和事物自身的运动规律作用于客体的活动状态，即合目的性与合规律性相统一的活动状态。因为，人不仅“懂得按照任何一个种的尺度”并“懂得处处都把内在的尺度运用于对象”，而且能够“按照任何一个种的尺度”并能够“处处都把内在的尺度运用于对象”。①

自由根本在于人的活动的自由，即人在活动中无限制的状态。人在活动中限制越多则越不自由，限制越少人越自由。无障碍、无限制是人的自由活动的必要条件。除此之外，自由还要求人必须具备自由活动的能力。一个不具有自由从事某种活动能力的人是不可能在那种活动中实现自由的。我们显然不能说一个盲人能够自由地欣赏美景，一个目不识丁的文盲能自由地品赏经典名篇。可见，自由不仅依赖于少障碍或无限制的外部环境，而且依赖于人的内在能力。因此，自由根本是指人的活动自由，是人在活动中无内在和外在限制的自主状态。

自由是自主的，自主与人的自由意志紧密相联。然而，自由意志也和自由一样是很复杂的。徐向东教授认为：“自由意志问题无疑是所有哲学问题中最微妙、最迷人，同时也是最令人困惑的问题之一。而且，这个问题的复杂性并不只是在表面上体现出来，而是以一种错综复杂的方式牵涉到我们，对我们的个性和自我的各个方面

① 《马克思恩格斯全集》第3卷，人民出版社，2002年版，第274页。

的认识和理解”。[①] 因而，自由意志“在某种意义上，就是占据着人类思想和人类生活的永恒问题。” 自人类有了哲学，自由意志就一直成为哲学家们关注的问题，并且占据着众多天才哲学家的思想和精力。如亚里士多德、奥古斯丁、休谟、康德、萨特等都对此进行了深入的研究。但是，直到今天，依然没有形成统一的认识。恰如徐向东教授援引诺齐克的话所说：“多年来我一直费尽心机思考自由意志的问题，大概除了有关伦理学基础的问题外，我花费在这个问题上的时间最多。我时常会产生一些新的思想，但那些思想很快就停滞不前了。……于是我不得不承认，自由意志问题是最令人头痛、最难以把握的问题。”[②]

由于道德与自由密切相关，因此人们在研究道德问题时不得不要探讨自由意志，甚至把自由意志作为道德哲学的根本问题。典型者如康德的伦理学。自由意志是康德伦理学的核心概念。同一切理性主义者一样，康德认为人是理性的存在物。人的自由意志就是理性的实践能力，就是实践理性。康德的伦理学根本在于要揭示自由的规律和实践理性的普遍法则，解决意志应当如何的问题。这样，自由意志便成了其伦理学的出发点。作为出发点的自由意志必须与来自人的道德生活的特殊相一致，同时又必须在经验领域具备普遍性，即具有普遍的道德价值。在康德眼里，具有普遍道德价值的东西，不是来自上帝的意志，也不是来自人的自由本性和世俗权威，只能来自人的理性本身的善良意志。善良意志是因自身善而善的道德善，而不是因快乐而善、因幸福而善、因功利而善的道德善。因此，善良意志是内在善，因而是无条件的善，是一切道德价值的必要条件。人的一切内在品质，只有具备善良意志才能成为善的道德价值；人追逐的诸如“财富、权力、荣誉甚至健康……也就是那名为幸福的东西”，必须具有善良意志才能成为道德善。在康德的伦理

① 徐向东：《理解自由意志》，北京大学出版社，2008 年版，第 2 页。
② 徐向东：《理解自由意志》，北京大学出版社，2008 年版，第 2 页。

学体系中，善良意志之所以是善，就在于它是理性意志的自由。道德必须体现自由的本质，因为只有自由才具有道德价值。由于意志是自由的，它才是唯一的道德价值。[①] 有意识的生命活动是人之为人的根本特征，是人之所以具有自由本性的重要根据。

在马克思看来，自由作为人的本性是毋庸置疑的，因为自由是人所固有的东西。人之所以是自由的，又在于他是有意识的存在物，即有自由意志，从而能够把自己与自然分离开来，将自然界作为一个对象来自觉地加以认识和控制，这才产生了自由或不自由的问题，人的活动才成为不同于动物本能活动的“自由的活动”。马克思说：“动物和它的生命活动是直接同一的。动物不把自己同自己的生命活动区别开来。它就是自己生命活动。人则使自己的生命活动本身变成自己意志和自己意识的对象。他具有有意识的生命活动。正是由于这一点，人才是类存在物。……仅仅由于这一点，他的活动才是自由的活动。”[②] 意识活动虽然是人之区别于动物的显著特征并使人具有了自由的本性，但人的意识及其活动并不是先在的，而是自然界长期发展的产物，同时也是社会发展、即劳动的产物。现实的个人并不是首先为了实现自由的本性而活动，而是为满足物质性的生存需要才进行活动。人的意识、人的自由意志并不是先于人类活动而存在的，而是人类劳动的结果。由此，人的活动成为有意识的活动。人的有意识的活动最终使人的活动成为不同于动物本能活动的自由活动。可见，人的自由并不像康德所理解的那样是主体与主体自身的同一，是每个人“自己决定自己行为”的抽象的意志自由或精神自由，而是实践主体与实践客体的统一，是主观与客观的统一，是人们在改造自然的物质性的生产活动中实现的“实在的自由”。因此，自由是人的劳动自由，只有在劳动实践中才能实现。在劳动实践中，人充分发挥自己的能力，并在对必然获得真理性认识的基础

① 参见宋希仁主编：《西方伦理思想史》，中国人民大学出版社，2004 年版，第 330—335 页。

② 《马克思恩格斯全集》第 3 卷，人民出版社，2002 年版，第 273 页。

上能动地改造自然，使自然界按照人的意志发生转化，亦即使自在自然转化为“人化自然”，这样，人才真正获得自由，从事这种实践的人才是自由的，人的实践活动才是自由的。这就意味着，人的自由虽然最终表现为自我意识、意志自律和审美创造等精神性的活动，但它的根据却是人们改造自然的物质性的实践活动，并在此基础上才产生人们在道德实践、艺术创作和宗教信仰等一系列领域里的自由问题。这样，马克思就跳出了自我意识的窠臼，突破了传统哲学单纯从物质或意识、主体或客体等实体性范畴出发来说明人的自由的局限性，首次将“劳动”这个世俗性和功能性的概念引入哲学，并以劳动概念为中介，把思维与存在、主体与客体有机统一起来，从而破解了康德的“理论之谜”，回答了真理性认识如何可能和如何实现的问题。然而，对于理解人的自由本性及其实现方式来说，最关键的却是人与人的社会关系而不是人与自然的关系。就是说，人的自由只有在社会中才能实现。因为人在本质上是社会性动物，人的本质在现实性上是一切社会关系的总和。因此，归根到底，人的自我意识及其自由本性不是在人与自然的关系中形成的，而是在人们改造自然的生产活动中通过人与人之间的社会交往和普遍联系才产生和发展起来的。[①]

（二）自由是最深刻的人性需要

自由之所以重要，人之所以向往自由，“我们想要自由，想要得到更多的自由”，有一个很简单的答案：“因为我们希望有能力和机会来满足我们更多的欲望。”[②] 这只是一个直观经验的理由。从更深层讲，根本在于：自由是人的基本需要，是人最重要、最根本的利益。[③] 根据科学家们的研究发现：自由是动物生存的根本条件和根本

① 参见张维祥、段勇：“‘自由’与‘人的全面发展’”，《晋阳学刊》2007 年第 2 期。

② 徐向东：《理解自由意志》，北京大学出版社，2008 年版，第 1 页。

③ 王海明：《新伦理学》（中册），商务印书馆，2008 年版，第 1006 页。

需要。巴甫洛夫认为："自由反射当然是动物的一种共同特性，一种普遍的反应，而且也是最重要的先天反射之一。"① 研究表明，低级的物质形态没有自由的需要和能力，自由是物质形态发展到动物阶段才具有的需要和能力，并且自由的需要程度和能力、自由对动物生存和发展的重要性是与动物进化程度成正比例的。动物越低级，对自由的需要越少，自由能力也越低，作用也越小；反之，则越高、越重要。在进化阶梯上，人作为最高级的动物，对自由的需要是最多、最重要、最根本的。著名历史学家汤因比认为："没有最低限度的自由，人就不可能生存，正如没有最低限度的安全、公正和食物便不能生存一样。"② 萨特认为，人的一切活动从根本说来就是满足自由的需要、以实现自由的需要为目的。他说："人是自由的，人就是自由。""我可以宣布一项道德判断。因为我宣称自由，就具体的情况而言，除掉其本身外，是不可能有其他的目的的；而当人一旦看出价值是靠他自己决定的，他在这种无依无靠的情况下就只能决定一件事，即把自由作为一切价值的基础。这并不是说他凭空这样决定，这只是说一个诚实可靠的人的行动，其最终极的意义，就是对自由本身的追求。""我们是为自由而追求自由，是在特殊的情况下和通过特殊的情况追求的。还有在这样追求自由时，我们发现它完全离不开别人的自由，而别人的自由也离不开我们的自由。""人是一个在任何情况下都不能不追求自己自由的自由人"。③ 因为"自由是最深刻的人性需要。"④

自由不仅是人的活动的根本目的，而且也是实现目的的条件。阿马蒂亚·森认为，自由不仅是生活的目的，而且是实现幸福生活的重要手段和必要条件。"自由是发展的首要目的"，同时，"自由

① 转引自王海明：《新伦理学》（中册），商务印书馆，2008 年版，第 1006 页。

② 转引自王海明：《新伦理学》（中册），商务印书馆，2008 年版，第 1006 页。

③ ［法］萨特：《存在主义是一种人道主义》，上海译文出版社，1988 年版，第 12 页，第 27 页。

④ 王海明：《新伦理学》（中册），商务印书馆，2008 年版，第 1006 页。

是促进发展的不可缺少的重要手段"。他强烈要求：让每个人自由成为社会的承诺。哈耶克也认为"自由能够给予个人的只是种种机会。""自由不仅仅是许许多多价值中的一个，而是一切价值的根源。"[①] 因为自由是每个人充分发挥潜能的必要的根本条件。个人潜能的充分发挥，无疑是其个性的充分发挥，而个性的发挥的根本条件就是自由。同时，社会的一切成果都是人创造的。人的才能发挥得越充分，创造的财富就越多，社会也就越进步。而人要充分发挥才能，必须得是自由的。自由是人发挥才能最根本的要素和条件。人的发展和人的自由相互依赖，互为前提和目的。自由是人发展自身、实现自身的基本条件和手段，也是人发展自身、实现自身的目的。一个人只有在成为自己的主人、能够自主支配自我的前提下，才有可能根据自己的兴趣、爱好以及社会需要发展自身的潜能，发展自身。人越自由，人就愈发展，人的素质就越全面、越均衡，个性越健全，人格愈完整。反之，人愈没有自由，人就越不成其为人，人只是社会中某个环节的工具，人就愈没有个性，人格则愈单一、愈扭曲。可见，人愈自由，则人愈发展；人愈发展，则人愈自由：这是人的自由和发展关系的基本定律。同时，人越自由，社会则越繁荣发达；社会越发展，人亦越自由。这是自由和社会发展关系的基本定律。因为：人越自由，便越有创造性，便越能够发挥自身的潜能；人的潜能发挥得越好越多，创造的社会财富也就会越好越多，社会提供的发展的机会也会越多，人获得的自由就会越多。因此，自由是人类追求的根本价值，是社会发展的价值旨归。一个好社会，人是自由的，自由是人的基本权利，是一种人权，人人都能平等地享有自由，在自由面前人人平等。因此，保障人的自由、促进人的自由、实现人的自由，既是社会的重要目标，又是社会的重要任务和责任；同样，实现人的自由全面发展，既是社会的根本和最终目标，也是社会最根本、最重要的责任。

---

① 转引自王海明：《新伦理学》（中册），商务印书馆，2008 年版，第 1008 页。

（三）自由与道德

马克思指出："自由就是从事一切对别人没有害处的活动"。[①]"一切对他人无害处的活动"无疑都是道德的活动，因而，自由的活动是道德的活动。由于道德活动必是出自人的自由意志的，因此，我们完全有理由认为，自由即是道德的，道德即是自由的。约翰·卢克认为："自由和理性产生了道德。"[②] 自由之所以能产生道德，在于自由具有绝对性和相对性，是绝对性和相对性的统一。自由是人的本性，自由是不断发展扩大的。这是自由的绝对性。但是，自由的实现绝不是没有限制的，人世间绝没有无限制的自由。人的自由不是无限的，而是有限的。这是自由的相对性。可见，人是自由的，但人的自由又是受限制的。因此，为了保障和实现人的自由，社会不得不采取措施限制人的自由欲望和行为。可见，人的自由是在社会的限制中才能实现的。这似乎是自由的悖论，但也是人实现自由的真谛。法国的《人权宣言》宣称，一个人的自由必须以他人能够同样行使自由为限。科恩认为，一个民主社会人们可以随心所欲地说和写，但不能随心所欲地做。社会对人的自由的最主要的限制有两种，一种是法律，另一种是道德。从法律和道德的本性而言，法律和道德作为社会规范，都是对人的自由和欲望的限制，是必要的恶。[③] 然而，世界是一个对立的统一体。约束、限制与保障和促进是对立统一、相辅相成的。对人的自由的一定限制是为了保障人的更多的自由。然而，问题在于：什么样的限制或强制对自由及其实现是必要的，或者说，什么样的限度才更有利于人的自由呢？

众所周知，任何单个的人都是无法生存的，人不能离开他人、社会而存在。霍尔巴赫认为："在一切存在物中，人最需要的是人"。

① 《马克思恩格斯全集》第 1 卷，人民出版社，1965 年版，第 438 页。

② ［美］约翰·卢克等编：《人道主义问题》，东方出版社，1997 年版，第 154 页。

③ 王海明：《伦理学原理》，北京大学出版社，2005 年版，第 123 页。

荀子也认为：人“力不若牛，走不若马，而牛马为用，何也？曰：人能群，彼不能群也”。[①] 马克思讲得更明白：“人是最名副其实的社会动物，不仅是合群的动物，而且是只有在社会中才能独立的动物。”[②] 罗尔斯说：“每个人的幸福都依赖于一个合作体系，没有这种合作，所有人都不会有一种满意的生活。”[③] 可见，他人、社会是每个人生存的前提和基本条件，没有了这个条件，就没有了人的生存。现代社会分工日益复杂和细密，社会组织十分繁杂，人与人之间的联系十分紧密。个人与他人、社会之间的依存越来越多、越来越紧密，每个人都是人与人之间、人与社会之间不可或缺的“中介”，以致到了缺少任何一个社会“中介”都有可能影响人的生存的地步。所以，人要获得自由，实现自由，就不得不联系他人，结成或进入社会。他人、社会则成为了人实现自由的条件和前提。人只能在社会中才能生存、发展，同样，人的自由、幸福也只能在社会中才能实现。从这个角度看，人实实在在是只有在社会中才能自由的动物。人的自由根源于人的社会性，只有在社会中才能实现人的自由。

人的自由不是无限的，而是有限的、有边界的。自由的限度就是不侵犯他人的自由，自由的边界就是每个人的自由。个人的自由只有以每个人的自由为边界，个人自由才能实现。如果超越了这个边界，自由必然会成为侵犯自由，自由则会因自由而取消。如果人的自由侵犯了他人的自由，他人必定反过来侵犯此人的自由。因为每个人的自由是一切人满足自由的需要的前提，是实现一切人的自由的根本。因此，为了保障和实现每个人的自由，社会必须为人的自由设定必要的边界。道德、法律等规范就是社会为保障人的自由而创制的边界。

但是，社会是不可以随意为自由设置边界的。社会设置规范对

---

① 《荀子·王制》。

② 《马克思恩格斯全集》，第46卷（上），人民出版社，1979年版，第21页。

③ ［美］罗尔斯：《正义论》，中国社会科学出版社，1988年版，第15页。

人的自由的限制必须有合理的限度，必须是有边界的。这个边界同样是每个人的自由，即社会规范必须以不侵犯每个人的自由为限。保障人的自由、不侵犯人的自由，则是社会创制一切规范的根本标准。只有保障、扩大人的自由的规范，最起码应该是不侵犯人的自由的社会规范才是善的，不然，则是恶的。因而，道德是为了保障人的自由及其实现而创制的，保障每个人的自由是社会创制道德的根本目的。所以，从根本上讲，道德是社会为保障每个人的自由而创制的限制人的自由的合理边界。这样，道德是社会创制的保障个人自由同时又限制个人自由的行为规范。由于道德能够保障人的自由，因而是必需的，社会必然要创制道德；同时，更由于道德是对人的自由的限制，因而社会必须谨慎地创制道德。所谓谨慎，即道德必以人的自由为前提、为目的。唯有如此，社会才能创制优良的合乎人的自由本性的道德。①

从创制道德的最终标准看，道德最终是在于增进人的利益总量，保障和促进人的自由和发展。拉兹说："既然自主具有道德意义，那么每个人都有理由使自己及他人实现自主。但是，自主价值具有一个特殊的性质：一个人不能使他人实现自主。……道德的本质就是一种实现自主生活的能力。……自主具有价值的原因就在于它是一种能力，通过使用这种能力，人们能够获得资助，也就是说，它能使人们实现自主的生活。"② "自主是良善生活的一个构成要素。如果一个人的生活在很大程度上是他自我创造的，那么这个人就是自主的。这个自主的人自然就有能力控制、创造自己的生活。" "毫无疑问，人们需要一定的能力以实现自主的生活。但问题是，具备这些能力是否有价值，因为它们只是实现自主生活的必要条件，自主是价值的根源"。③ 道德对人的自由欲望的限制之所以必要，根本在

---

① 李青、王义："优良道德的创制与美德的形成"，《淮阴师范学院学报》2012 年第 4 期。
② ［英］约瑟夫·拉兹：《自由的道德》，吉林人民出版社，2006 年版，第 418—419 页。
③ 约瑟夫·拉兹：《自由的道德》，吉林人民出版社，2006 年版，第 419、382 页。

于道德为的是防止对人的自由的更大更严重的损害，“防止更大的恶”[①]，可见，道德并不是要限制自由本身。真正讲来，道德是自由的保障。如果社会道德不能保障人的自由，那么，它必定要被新的道德所取代，社会必须建立新的道德，建立能够保证人的自由的道德。为此，王海明教授指出：“一方面，自由社会的强制必须有一个绝对的、确定的最低限度原则；另一方面，自由社会的自由也必须有一个绝对的、确定的最大限度原则。”[②] 洪堡也认为：“国家不要对公民的正面的福利作任何关照，除了保障他们对付自身和对付外敌所需要的安全外，不要再向前迈出一步：国家不得为了其他别的最终目的而限制他们的自由。”[③] 因为自由是人和社会的创造性和全面协调可持续发展进步的最根本的条件和前提，也是人的一种最重要的利益。而约束、强制为的是社会的稳定和存在，自由为的是社会的发展和进步，也只有自由才能促进社会的持续发展与全面进步。因此，“长久说来，只要社会能够存在，社会的强制便应该等于零而完全自由。”“这是衡量一个社会是否自由、是否人道的自由限度的绝对标准。”[④] 所以，社会创制道德，根本在于保障自由的实现。只有自由的道德才是优良的社会规范，才能有利于促进社会和谐，才能有利于实现社会的科学发展以及人的自由全面发展。

罗尔斯认为，公平的正义是良序社会首要的基本价值。正义原则包括两个基本原则——自由原则和差别原则。自由原则是：“每个人对与其他人所拥有的最广泛的基本自由体系相容的类似自由体系都应有一种平等的权利。”差别原则是：“社会的和经济的不平等应这样安排，使它们（1）被合理地期望适合于每一个人的利益；并且（2）依系于地位和职务向所有人开放。”自由原则是“正义的第一

① 王海明：《新伦理学》（中册），商务印书馆，2008 年版，，第 1018 页。

② 王海明：《新伦理学》（中册），商务印书馆，2008 年版，第 1019 页。

③ ［德］洪堡：《论国家的作用》，中国社会科学出版社，1988 年版，第 54 页；转引自王海明：《新伦理学》（中册），商务印书馆，2008 年版，第 1019 页。

④ 王海明：《新伦理学》（中册），商务印书馆，2008 年版，第 1020 页。

个原则”，差别原则是“正义的第二个原则”。“这两个原则是按照先后次序安排的，第一个原则优先于第二个原则”。“这一次序意味着：对于第一个原则所要求的平等自由制度的违反不可能因较大的社会经济的利益而得到辩护或补偿。财富和收入的分配及权力的等级制，必须同时符合平等公民的自由和机会的自由。”① 因为“每个人对最大限度的平等的基本自由之完整体系——或预期一致的类似的自由体系——都应该享有一种平等的权利。”② 在《政治自由主义》等著作中，罗尔斯对自由原则的优先性进行了更为详细的论述，更加明确地提出基本自由的优先性，认为一个民主正义的社会，首先应该保障人的基本自由。他说：“在正义的第一原则中，平等的基本自由可以具体化为下列表项：思想自由和良心自由；政治自由和结社自由；由个人的自由与完整所具体规定的那些自由；最后是法律规则所包括的各种权利。”③ 关于基本自由的优先性，罗尔斯认为：“在实践中，自由的优先性意味着，一项基本自由只能因为一种或多种其他基本自由而被限制或否定，而正如我所讲过的那样，它永远也不能因为公共善或完善论价值的缘故而受到限制或否定。”④ 经济自由、政治自由、思想自由、社会自由等是人的根本利益，是人的基本权利——人权，是社会的“基本善”。因此，和谐社会道德体系必须把尊重和保障人的基本权利和自由作为根本内容，确立自由原则的道德优先地位，保障人的经济自由权、政治自由权、思想自由权和获得发展机会的自由均等权。真正让每个人积极有序获取适合自身能力的社会职位，充分发挥自身潜能，创造更多更好的财富，创造更加美好的幸福生活，更好地实现人生价值。

---

① ［美］罗尔斯：《正义论》，中国社会科学出版社，1988 年版，第 60—62 页。

② 转引自王海明：《新伦理学》（中册），商务印书馆，2008 年版，第 1017 页。

③ ［美］罗尔斯：《政治自由主义》，译林出版社，2000 年版，第 309 页。

④ ［美］罗尔斯：《政治自由主义》，译林出版社，2000 年版，第 313 页。

二、公正原则

《中共中央关于构建社会主义和谐社会若干重大问题的决定》认为："社会公平正义是社会和谐的基本条件"。[①] 党的十八大报告指出："公平正义是中国特色社会主义的内在要求。要在全体人民共同奋斗、经济社会发展的基础上，加紧建设对保障社会公平正义具有重大作用的制度，逐步建立以权利公平、机会公平、规则公平为主要内容的社会保障体系，努力营造公平的社会环境，保证人民平等参与、平等发展权利。""维护社会公平正义"是新的历史条件下发展中国特色社会主义的一项基本要求。[②] 党的十八大还把"公正"确立为社会主义核心价值观。可见，公平正义对发展中国特色社会主义、构建和谐社会具有十分重要的地位和作用。

（一）公正

公平正义、公正，是同一个概念。亚里士多德认为，公正是人的应得。穆勒说："公正就是给每个人得到他应得的东西（利益或损害）；而不公正则是每个人得到他不应得的利益或损害。"麦金太尔也认为："正义是给每个人——包括给予者本人——应得的本分。"[③] 所谓公正，就是给人应得，就是给人应该得到的。[④] 这是关于公正的经典定义。从"给人应得"的经典含义可知，公正是一

---

① 《十六大以来重要文献选编》（下），中央文献出版社，2006 年版，第 657 页。

② 《十八大报告辅导读本》，人民出版社，2012 年版，第 15 页。

③ 转引自王海明：《新伦理学》（中册），商务印书馆，2008 年版，第 770 页。

④ 王海明：《伦理学原理》，北京大学出版社，2005 年版，第 221 页。

个关系范畴，是人处理各种利益关系的范畴。人的一方之“得”，离不开另一方之“予”。因为得与予是互为前提、相互制约的。只有一方的给予，才有另一方的获取；只有一方的奉献，才有另一方的索取。公正的“应得”依赖于他人或社会的“应予”。因此，所得与所予必须是对等的，所得等于所予，索取等于奉献，这才叫公正。

公正是应得。应得是指人得到的某种东西是应该的，是道德的。然而，为什么人的“得”是应该的？人凭什么“应得”其所得呢？判定人的“得”是不是应该的标准又是什么呢？

显而易见，一个人的应得，必定与其所予相关，一个人的所“失”是其应得的源泉。“应得”是社会、他人给予的回报。由于世界任何事物都是质和量的统一体，因此，作为给人回报的“应得”也要从质和量两方面进行考察。

在实际的生活中，从质上讲，社会给予人的回报与被给予者的付出可能一致，也可能不一致；从量上看，二者可能相等，也可能不相等。显然，只有在质方面一致、在量上相等的回报，才是公正，否则就是不公正。从质上看，只有与被给予者行为性质一致的回报才是公正的，否则，就是不公正。从总体上看，予和得，可分为利与害——给利或给害，得利或得害。给人利则人得利，是人的利益的增加；给人害则人得害，是人利益的受损或减少。公正，即是人当得利则得利，即利的回报；当得害则得害，即害的回报。反之，就是不公正。比方说，以德报德、以怨抱怨，则为公正；而恩将仇报、以怨报德、以德报怨，则是不公正。从量的角度看，一个人的所得有可能多于或少于或等于这个人的作为；毫无疑义，回报多于或少于付出都是不公正，而只有等于付出的回报，即对等的回报，才是公正。正如亚里士多德所言：公正是具有均等、平等、相等比例性质的回报。概而言之，公正就是等质等量的回报或交换行为，即等利或等害的相互交换。

（二）社会公正

公正是人处理各种利害关系的范畴。公正，包括个人公正和社会公正。“个人公正，便是个人为行为主体的公正，是个人所进行的等利（害）交换行为”。“社会公正则是社会为行为主体的公正，是社会所进行的等利（害）交换行为”。[①] 但是，社会尽管是所有人的社会，然而，能够代表社会意志对社会事务进行管理的并不是每个人，而是社会的领导者和管理者[②]。因此“社会公正，说到底，乃是社会领导者管理活动的公正，是管理行为的公正。”[③] 由于人与社会的关系最重要，因此，最根本的公正是社会公正。社会公正是最重要的公正，是公正的根本原则[④]。

社会公正“是社会行为主体的公正”，是社会所进行的等利等害交换行为。由于社会是由领导者、管理者在领导、管理和调控的，因此，社会公正则是社会资源、财富、权利、利益等的分配原则。然而，社会资源分配的主体是谁？同时，根据什么原则或标准分配社会资源呢？一般而言，社会资源的分配主体应该是社会自身。那么，什么样的社会对社会资源的分配才能给予每个人的“应得”呢？毫无疑问，只有公正的社会才能给予每个人以应得，才能实现社会公正。因为，一个社会之所以公正，就在于它给予了每个人以应得；反之，一个社会的不公正，就在于它没有给予每个人以应得。

人是社会动物，只有在社会中才能存在和发展，人的一切无不来源于社会，社会的存在和延续是个人存在和发展的基本前提。可

① 王海明：《新伦理学》（中册），商务印书馆，2008 年版，第 779 页。

② 社会领导者和管理者是怎样产生的，他们的领导和管理活动是不是受限制和监督的，这是由国家的根本政治制度直接决定的。世袭、民主都是产生领导者和管理者的方式，专制、宪政是制约领导者和管理者的管理社会事务的方式。历史经验告诉我们，民主、宪政是相对较好的管理社会的方式，因为民主、宪政更能够保障人的权利和自由。

③ 王海明：《伦理学原理》，北京大学出版社，2005 年版，第 224 页。

④ 王海明：《伦理学原理》，北京大学出版社，2005 年版，第 224 页。

是，每个人都有无穷的欲望，都有保存自我、发展自我的本能需要，都希望从社会获得更多资源来满足自身、实现自我。任何历史时期，相对于人的无限欲望以及整个社会成员的总需求而言，社会财富永远是有限、甚至匮乏的。人的欲望的无限性同社会资源的有限性之间的矛盾和冲突永远存在。这就必然要求合理分配社会资源，使每个人都能获得相应的社会资源——生存和发展的资本。因此，社会应为每个人公正分配社会资源，公正分配社会权利。公正分配社会资源是减少和避免人与人之间的冲突、保存社会和个人的重要前提，是社会和个人持续协调发展的根本保证。

人和社会都必须依靠一定的资源才能存续。对人来说，最根本、最重要的社会资源无疑是人的权利。因此，社会资源的分配，最根本、最重要的是人的权利分配。从权利的地位和重要性而言，权利可分为基本权利和非基本权利。基本权利，是人维持生存和繁衍的必要的、必需的、起码的权利，是满足人经济、政治、思想文化、社会生活基本需要的最起码的权利。基本权利是人权。非基本权利是人的生存和发展的比较高级的权利，是满足人的经济、政治、文化和社会生活较高级需要的权利。所以，社会公正主要就是人的基本权利和非基本权利的分配公正。基本权利的公正是最根本的社会公正。①

社会公正就是按照绝对平等原则分配人的基本权利，按照比例平等的原则分配人的非基本权利。人的基本权利按照绝对平等原则进行分配，就是要保证每个人均等地拥有基本权利。每个人所享有的基本权利都一样，即都享有同等的基本权利。这是最重要的社会公正。人的非基本权利按照比例平等的原则进行分配，这也是社会公正的一个重要方面。由于每个人的天资、禀赋、后天努力的程度，家庭出身等各种偶然因素的作用，其对社会贡献的质和量都是不一样的。因此，社会就应该按照人们贡献的不同进行分配，即每个人

① 参见王海明：《伦理学原理》，北京大学出版社，2005 年版，第 239—240 页。

的所得应与其对社会的贡献成正比。然而，任何人的贡献都是利用社会资源的结果。无论一个人的天赋多高、能力多强、本事多大，都无法脱离社会而创造价值、作出贡献。然而，在一定的历史时期，社会所拥有和供人利用的资源是大体固定和有限的。如果一部分人利用的社会资源较多则意味着另一部分人利用的资源就会较少。人的社会贡献的大小与利用社会资源的多寡成正比关系：贡献大者利用的资源则多，贡献小者利用的资源便少。因此，获得社会利益、资源较多者便应该且必须给较少者以相应的补偿，获得利益越少者——最少得利者，社会给其的补偿应该更多。这就是罗尔斯的补偿原则。罗尔斯的补偿原则其实是基本权利绝对平等原则对非基本权利比例平等原则的制衡。在基本权利和非基本权利之间，基本权利的绝对平等原则，不仅在道德和法律上具有绝对优先性，而且在社会政策的制定和实施中具有绝对优先性。如果社会不能保证基本权利的绝对优先性，不能坚持补偿原则和建立补偿机制，必然造成社会资源分配不公和两极分化，进而造成社会动荡与分裂。

建立公平正义的和谐社会，必须保障人的各项权益，切实保障人的基本权利的平等分配和享有，切实保障人的非基本权利按照比例平等原则的分配。公平正义是和谐社会基本特征和本质要求，也是和谐社会必须坚持的道德原则。因此，和谐社会必须坚持公平正义原则，平等分配人的基本权利和非基本权利，切实保障、实现和发展人的根本利益，实现社会公平正义。只有公正地保障每个人的社会权益，才能说真正构建和谐社会。

（三）公平与效率

社会主义和谐社会是彰显自由、充满活力、富有效率的丰裕社会。没有活力、效率低下的贫瘠社会，难以实现社会和谐。社会主义和谐社会是公平正义的平等社会。缺乏公正、两极分化、贫富悬殊的不平等社会，同样难以实现社会和谐。可见，和谐社会既不能没有效率，也不能缺乏公正。公平和效率是一对矛盾。如果这一矛盾处理得不好，社会便难以和谐。因此，构建和谐社会必须科学处理效率和公正的关系。

公平和效率的关系，既是复杂的理论问题，又是重要的实践课题。科学处理公平和效率的关系，首先必须从理论上弄清楚二者的关系。

把握公平和效率的关系，先应明确公正和效率的内涵。公正和公平是同一概念。[①] 如前所述，公正是等质等量的利害交换。根据公正原则，人的基本权利坚持完全平等原则进行分配，非基本权利按照比例平等原则进行分配。效率是衡量活动投入和产出之比的范畴。效率与产出成正比，与投入成反比。这是效率的变化规律。效率，从本质上讲，是人的活动的属性。[②]

社会生产力由劳动者和生产资料两个基本要素构成。劳动结果是人和劳动资料相互作用的产物。由于生产资料是“死劳动”，其利用效率主要取决于生产方式和资源的配置方式。劳动者是生产劳动中最活跃的因素。人的活动状态，诸如能力、态度、积极性等对活动效率起着决定性作用。效率的高低，根本取决于人的劳动能力及其发挥的程度。一般而言，人的能力越强、积极性越高，活动效率便越高；反之，效率便越低。众所周知，劳动者的能力素质在一定时期内是既定的，但能力的发挥却不是固定的。不同的环境，劳动者能动性的发挥会很不一样。劳动者能动性的发挥不一样，劳动效率就不一样。在同等条件下，如果劳动者积极主动、极力施展自己的能力和才华，创造性充分发挥，那么，生产效率必然会高；反之，如果劳动者的能动性非但不能正常发挥，反而受到抑制或压制，劳动效率必定会低。可见，影响效率高低的决定性和关键因素是劳动者，劳动者能动性发挥的程度决定效率的高低。

---

① 王海明：《新伦理学》（中册），商务印书馆，2008 年版，第 921 页。

② 王海明：《新伦理学》（中册），商务印书馆，2008 年版，第 917 页。

那么，什么样的环境能够激发劳动者发挥能动性，提高劳动积极性和创造性呢？毫无疑问，是公正的社会环境。正如王海明教授所说："一方面，社会越是公平，每个人的贡献与所得便越一致，每个人的劳动积极性（即为社会和他人做贡献的努力）就越高，从而效率就越高；社会越不公平，每个人的贡献与所得越背离，每个人的劳动积极性便越低，从而效率也就越低。另一方面，社会越公平，人们损害社会或他人与损害自己便越趋于相等，人们损害社会和他人的倾向便越小，从而社会活动的总体效率便越高；社会越不公平，人们越是害他便越是利己，人们损害社会和他人的倾向便越大，从而社会活动的总体效率便越低。"[①] 可见，公平是效率的基本前提，效率是公正的结果。高效率是社会公平的结果，低效率是社会不公平的必然结果。"一句话，公平是效率的根本保证"。[②]

长期以来，我们对公正与效率关系问题的认识一直存在偏差：认为公正与效率是对立的，二者相互排斥，公正降低效率，效率损害公正，二者只能取其一，要么舍弃公正求高效率，要么求公正而牺牲效率。这种认识在很大程度上混淆了公正与平均、公正与平等的区别，错把公平、公正等同于平均、平等。殊不知，"平等和效率的关系，跟公平与效率的关系根本不同。"[③] 因为，"平等是人们的与利益获得有关的相同性；公正则是人们的相等的、平等的利害相交换的平等。""平等的外延极为广泛"，"公正则仅仅是其中的一种平等：公正是等利交换和等害交换之和。""公正从属于平等，是一种特殊的平等。"[④] 这样，公平和效率的关系则是平等原则和效率的关系。因为，"平等原则是一种特殊的公正原则而从属于公正范畴。"[⑤]

---

① 王海明：《新伦理学》（中册），商务印书馆，2008 年版，第 921 页。
② 王海明：《新伦理学》（中册），商务印书馆，2008 年版，第 921 页。
③ 王海明：《新伦理学》（中册），商务印书馆，2008 年版，第 922 页。
④ 王海明：《新伦理学》（中册），商务印书馆，2008 年版，第 915 页。
⑤ 王海明：《新伦理学》（中册），商务印书馆，2008 年版，第 915 页。

改革开放以来，我国从注重效率到“效率优先，兼顾公平”，再到“维护社会公平正义”，“更加注重公平”。虽然对公正与效率的认识在不断深化，但仍然不够科学合理。例如，党的十七大报告认为，“合理的收入分配制度是社会公平的重要体现。……初次分配和再分配都要处理好效率和公平的关系，再分配更加注重公平。”[①] 党的十八大报告依然坚持了“初次分配和再分配都要处理好效率和公平的关系，再分配更加注重公平”的提法。这一提法相对于“效率优先，兼顾公平”是一个很大的进步，但依然不够准确。因为，细究起来，在社会分配领域只存在公正问题，即只有公正和不公正的分配，而不存在效率问题。除非产品分配仅仅是指“分配”这一社会实践活动本身，即分配作为独立的社会活动才存在效率问题——分配活动的高效或低效。如前所述，效率是衡量人类实践活动的产出与成本的比率，主要在社会生产领域或创造社会财富的领域中被广泛使用。在创造社会财富的领域，效率是根本性的指标，效率是首要价值。但在社会分配领域，尽管分配活动本身有个效率问题，但其首要价值和根本价值是公平正义。分配的道德性、合理性在于分配的公正性，公平的分配是合理的，道德的；不公平的分配则是不合理、不道德的。由于公平与效率一致，因此，分配公平，则效率提高，分配不公，则效率降低。众所周知，生产决定分配，分配影响生产。如果分配不合理、不公正，必定会压抑劳动者的积极性，降低生产的效率；反之，如果分配公正合理，必定会提高劳动者的能动性，提高生产的效率。因为，如果社会分配公正，则意味着社会分配给劳动者的所得与贡献成正比，多劳多得、少劳少得，而不是相反。所以，无论是初次分配还是再分配都应该坚持公正原则，促进社会公正。

具体而言，收入分配坚持公正原则，就是初次分配坚持比例平等原则，再分配体现绝对平等原则。初次分配，无论是按劳分配，

---

① 《中国共产党第十七次全国代表大会文件汇编》，人民出版社，2007 年版，第 37 页。

还是按要素分配，都应完全体现贡献原则，执行“按贡献参与分配的制度”。如果初次分配坚持比例平等原则，多劳者多得，则会激发劳动者的积极性、创造性以及培育勤奋、敬业、精业的品德，从而促使生产效率不断提高、社会财富不断增长、社会持续快速发展。财富的持续增长，则意味着社会分配总量的增加。如果社会坚持分配正义，那么，劳动者的所得则会持续增加，生活也会持续改善和提高。收入的增加、生活的改善又会促使劳动者不断提高素质、发挥潜能，提高生产效率，创造更多社会财富，推动自身发展和社会进步。这是公正和效率的良性互动。相反，如果初次分配不公，则必会致使生产效率下降、社会发展缓慢甚至倒退。这必然造成效率和公正的恶性循环。因此，只有初次分配公正，社会才有高效率；同时，只有高效率，才能日益促进社会公正。这是社会实践已证明了的真理。

初次分配坚持公平正义，即根据贡献原则分配劳动产品，多劳者多得，少劳者少得。但如果社会只有初次分配的比例公正，长此以往，则势必会造成一部人拥有更多的社会财富，而另一部分人甚至是大部分人则拥有较少的社会产品，甚至有些人根本不能分享社会财富的两极分化和绝对贫困的结果。但由于初次分配坚持的是多劳者多得的比例平等原则，因而依然是公正的。然而，初次分配的比例公正所带来的贫富悬殊、两极分化却不是公正的，而且是绝对的不公正。可见，如果社会只有一次性的公正分配而没有公正的再分配，那么势必会使一些人、尤其是多数人因为种种原因不能享有社会基本权利，势必会使这些不利群体起来破坏社会规则和制度。一旦社会规则失去对人的行为的约束，人与人之间的利益冲突便不可能在规则范围内予以消除，而只能通过武力、暴力等激烈手段加以解决，社会必定动荡不安。动荡的社会既失去了公正，也失去了效率。这是似乎是初次分配公正的悖论——公正的初次分配所得到的是不公正的结果。因此，社会便不能只对社会财富、资源进行一次性的分配（哪怕初次分配是绝对坚持比例公正原则的），而必须进行再分配或多次分配。就是说，一个公正社会不仅要有初次分配，而且要有再分配；不仅必须维护初次分配的公平正义，而且必须维护再分配的公平正义。

那么，什么是再分配的公平正义呢？许多理论家对此进行了有益的探讨。其中，最有名的是罗尔斯提出的正义的第二个原则——差别原则。罗尔斯认为："第二个原则主张社会和经济的不平等，如财富和权力的不平等，只要其结果能给每个人——特别是那些最少受益者——带来补偿利益，它们就是正义的。"为此，社会必须对社会财富进行再分配。再分配，就是从获利较多者手中调剂一部分利益重新分配，以补偿获利较少者。再分配，一是补偿较少受益者因利用社会资源较少而在初次分配中失去的部分利益，二是保证较少受益者能够过上有尊严的生活。这是再分配的绝对公正原则。再分配的公正是人的基本权利分配公正的重要保证。

社会之所以要对初次分配进行调节，进行再分配，对获利较少者给予相应的补偿，主要原因在于："获利多者比获利少者较多地利用了双方共同创造的自由：'社会'、'社会合作'。并且，获利越少者对共同资源'社会合作'的利用往往便越少，因而所得的补偿权利便应该越多；获利最少者对'社会合作'的利用往往最少，因而便应该得到最多的补偿权利。"[①] 获利较多者因为较多地利用了社会资源，即不仅利用了属于自己的社会资源，而且利用了他人的社会资源，才创造了较多的社会价值，才获得了较多的社会利益。因而他们有责任让渡自己的一部分所得，以补偿社会资源的较少利用者——较少得利者，即通过社会再分配从获利较多者的所得中分出一部分补偿所得较少者。否则，"获利多者便侵吞了获利少者的权利，是不公平的。"[②] 可见，获利较多者接受社会的再分配，以补偿获利较少者，虽然具有人道、慈爱的性质，但是，更应该理

① 王海明：《新伦理学》（中册），商务印书馆，2008 年版，第 887 页。
② 王海明：《新伦理学》（中册），商务印书馆，2008 年版，第 888 页。

解为是一种社会公正。戴维·米勒在《社会正义原则》中通过对一些机构和学者的问卷调查数据的分析认为："如果大众意见是以利他主义而不是社会正义为基础的，那么人们能够预期的情形恰恰就是对于福利供应的成本的显著的敏感性。……相反，如果福利被当作是正义的要求，那么人们将会支持税收提高到对满足人的需要是必不可少的程度，而只有可行性才能对这一点加以限制。"①

罗尔斯在论述正义两个基本原则之关系时曾说："这两个原则是按照先后次序排列的，第一个原则优先于第二个原则。这一次序意味着，对第一个原则所要求的平等自由制度的违反不可能因较大的社会经济利益而得到辩护和补偿。"② 罗尔斯的第一原则是自由原则，是人的基本权利完全平等原则，第二原则是差别原则，是经济的不平等原则。当第一原则与第二原则发生冲突且不能两全时，第一原则优先，即保证人人完全自由平等。正如罗尔斯所说："财富和收入分配及权力的等级制，必须同时符合平等公民的自由和机会自由。"③ 如前所述，社会产品初次分配的公正，能够调动人的劳动潜能，促进效率的提高。再分配，需要从获利较多者中调剂一部分资源重新分配，以补偿所得较少者。从一定意义上讲，会在一定程度上影响一部分人的创造潜能的发挥，从而降低效率。但是，从整体上看，这种影响是局部的、暂时的，而非整体的、长期的。退一步讲，即使因为公正的再分配减少了在初次分配中获利较多者的利益，从而引起了社会效率的整体降低，即因为社会公正而失去了社会的高效率，这时的社会处于相对稳定但发展较缓慢的状态。至此，社会也不应该牺牲公正而保全效率。因为，社会严重不公正、贫富悬殊，必然会激起一部分人甚至大部分起来反抗，运用暴力破坏社会秩序。社会不稳定、动荡不安，生产不能进行，生产出来的财富被毁灭，

① ［英］戴维·米勒：《社会正义原则》，江苏人民出版社，2005年版，第107页。

② 罗尔斯：《正义论》，中国社会科学出版社，1988年版，第61—62页。

③ 罗尔斯：《正义论》，中国社会科学出版社，1988年版，，第62页。

社会哪里还有效率可言呢？当然，由于公正的初次分配和再分配会出现矛盾，因而如何在初次分配和再分配之间寻找最佳的公正或平衡，是公正社会需要不断探索的。总之，没有社会公正，社会就会没有效率；只有社会公正，社会才会有效率。公正是效率的首要前提和根本保证。因此，无论是初次分配、还是再分配，都应该注重公平、坚持公正。初次分配坚持比例公正，再分配坚持基本权利的绝对公正。唯其如此，才能保证和促进社会的高效率，增进社会活力。

（四）公正与社会和谐

公平正义是和谐社会的基本特征。惟有公正，才会有社会和谐；没有公正，必定没有社会和谐。为什么公正之于社会和谐具有如此重要的作用呢？根本在于“公正是最重要的道德”，“是社会治理的最重要的道德原则，是社会制度的最重要的道德原则”。[①] 亚里士多德也说：“在各种德性中，人们认为公正是最主要的”，“公正是一切德性的总汇”，“是最完全的德性”。[②]

如前所述，公正主要是指社会公正，而非个人公正。社会公正是公正的根本原则。社会公正是社会管理者、统治者的管理活动中的公正，是管理者、统治者应当遵循的重要道德原则。因此，归根到底，社会公正是统治者、管理者统治、管理社会的公正。由于制度具有根本性、全局性、长期性，因此，制度统治、制度管理是最根本的社会治理。由此观之，社会公正根本在于制度公正。“制度是社会公平正义的根本保证。”[③] 而制度是社会制定或认可的行为规范体系，主要包括法律与道德。因此，制度公正即是法律的公正和道

---

① 王海明：《伦理学原理》，北京大学出版社 2005 年版，，第 229、230 页。
② 《亚里士多德全集》第八卷，中国人民大学出版社，1992 年版，第 96 页。
③ 《十六大以来重要文献选编》（下），中央文献出版社，2007 年版，第 657 页。

德的公正。[①] 法律、道德的公正意味着社会分配给人的法律的、道德的权利和义务是对等的。由于社会公正是公正的根本原则，而制度公正又是社会公正的根本，因此，制度公正则是社会最根本的公正，制度的不公正就是社会最根本的不公正。罗尔斯认为，公正的社会基本制度是良序社会的根本保证，原因在于制度公正为社会提供了“背景正义”，决定社会生活各领域的正义。既然制度公正是良序社会的根本保证，那么，制度公正即是和谐社会的根本保证。

社会要和谐，首先必须保证社会安定有序。社会安定有序，则首先必须避免人与人之间的互害。要避免人际的互害、利益的互损，就必须建立使社会成员不敢、不愿侵害他人的制度规则。王海明教授认为：避免人们相互间的伤害的最重要最有效的原则是：“等害交换的公正原则”。[②] 因为等害交换意味着一个人给他人或社会造成了什么性质和多大程度的损害，社会、他人就会反过来给予施害者以同样的损害。从本性而言，求生、贵生、保生，是人性需要。每个人都不愿意受到伤害，更不愿受到来自社会、他人的有意伤害。为了避免他人或社会的伤害，保证自己不受外在伤害，每个人便应尽力不去伤害社会和他人。这是避免损害的基本前提。如果人人不互害，社会就会安定，就会持续发展。社会安定是社会和谐的基础，是好社会、好生活最基本的内容和条件。制度公正是社会安定有序的根本前提和保障。等害交换是制度公正的底线，是最基本的社会公正。社会制度体系尤其是法律和道德体系必须坚持等害交换的公正原则，保证人们避免互害，保障社会安定有序。

和谐社会不仅要安定有序，而且要充满活力。为此，社会和谐不仅要避免人与人之间的互害，避免个人和社会利益的递减，而且

① 王海明：《伦理学原理》，北京大学出版社，2005年版，第224页。

② 王海明：《伦理学原理》，北京大学出版社，2005年版，第229页。

更要促进人与人之间的互利，不断增加社会财富、增进每个人的利益总量。每个人利益总量的增进是以社会利益总量的增进为前提的，只有社会财富的总量不断扩大，每个人的利益总量才能增长。做大蛋糕、增加社会财富，离不开社会全体之力，离不开社会生产的高效与发达。公正是效率的根本前提。社会越公正，效率越高。人的本性决定人不仅希望自己的利益不受损害，而且更希望自身的利益不断增进。一方面，人的利益必定是自己创造的；另一方面，人的利益无一不从社会得来，无一不是社会的给予。在等利交换的公正制度下，一个人为社会增加的利益等于为自己增加的利益，就是说一个人想要为自己增加多大的利益，就必须为社会增加同样多的利益。公正的社会制度，一个人创造的越好越多，社会的给予也越多越好。在这种制度下，人们便会更努力为社会创造更多更好的产品，增进社会财富的总量，也会不断增进个人利益、提高生活质量。社会越公正，社会则会越发展进步，人的生活也会越幸福，人与社会的关系亦越协调一致。可见，公正的制度体系能够激发人的积极性和创造性，提高社会生产效率，增加社会财富与人的福利，促进社会和谐。

公正作为和谐社会的基本道德原则，作为人的德性，在与仁爱、友爱、宽恕等道德和德性比较起来，属于下位的德性。但是，公正却具有其他一切道德所无法比拟的道德价值，“远远大于、重要于其他一切道德”，“是最重要的道德”。公正是维持社会存在和发展最基本、最重要的规范，是社会存在发展的最根本的保证。公正是和谐社会的制度体系的基石，一切规范必须建立在公正的基础之上。只有确立以公正为基础的道德，社会才能持续调节好人们之间的利益关系，不断化解社会利益冲突，保障社会稳定和持续发展，社会才能达到整体而持久的和谐。因此，和谐社会的道德体系必须确立公正的基础地位，保证道德体系的公正性，使之成为保障和增进每个人的利益的道德体系。

三、人道原则

和谐社会既是公平正义的社会，又是诚信友爱的社会，其道德体系不仅是公平正义的，而且是仁爱、友善和人道的。因为道德是人的道德，道德是人为的，更是为人的，是为增进人的利益总量的，是为人过幸福生活的。因此，社会道德必须贯彻和体现人道原则。

（一）人道主义

关于人道主义的涵义至今没有定论。《新大英百科全书》认为：人道主义是"一种把任何人的价值置于首位的概念。"德国《百科全书》认为："人道主义一般指追求人道和合乎人的尊严的生存方式的一种努力。"苏联《百科全书》认为："人道主义的特征是捍卫个人尊严及其自由和全面发展，捍卫人道的社会关系。"彼特罗相认为："人道主义是一种这样的学说，它研究作为最高价值的人，研究全体社会成员因而每个人获得充分的物质福利、自由、社会平等和全面发展的途径。"沙夫认为："所谓人道主义，我们主要指的是以人作为思考对象的体系，这个体系认为人是最可贵的财产，它力图保证人在实践中享有幸福的最美满的条件。"[①] 我国学者李仁武认为："作为基本概念，人道主义是指以'人'为研究的出发点和归宿，强调以人为本位、肯定人的价值、维护人的尊严和权力的思想体系，它的核心内容是研究人性、人的本质、人道、人权、人的价值和人的自由发展等问题。所以，人道主义也可以说是关于人、人性、人

① 以上引文均转引自王海明：《伦理学原理》，北京大学出版社，2005 年版，第 250—251 页。

的本质、人的价值和人的发展的思想体系。”①

尽管对人道主义定义因人而异、因不同的理论而异，但人道主义作为一个思想体系，大体包括两方面的内容：一方面，人本身是最高的价值，人的价值是第一位的。“把人当作人”、“人本身是最高价值”是人道主义的基本特征。正如有学者所说：“用一句话来简单地说，人道主义就是主张把人当作人来看待。人本身就是最高目的，人的价值也在于他本身。”“一般来说，人道主义总是努力恢复人的本质：它所关注的是把人作为人”。② 另一方面，人的最高价值在于自我实现——自由全面发展。萨特认为：“人道主义一词，有两种大不相同的意义。一是用以指把人视为目的或高级价值的学说……人道主义还有另一种意义。它的基本意思是如此：人经常超越自己。”③ 培里认为：“人道主义是那样一些抱负、活动和成就的名称，自然人由于他们而加上了超自然的东西。人道主义的范围既不是自然人，也不是超自然的替代物。精确地说，它是由自然人和他的超越的可能性所构成的一种二重性。自然人的命运就是发展他的种种可能性。”④ 可见，人道主义是把人本身的发展、自我实现作为最高价值的思想体系。

人道主义还是一种社会理论，即用人道原则进行社会治理和构建理想社会的理论。一方面，社会不仅要把人当人，而且要善待每一个人。只要是人，无论出身、性别、肤色、所为如何，都应享有人的基本权益，都应得到最起码的尊重和保障。因此，必须改变那种把人变得片面、扭曲的社会生活条件，“把人从压迫人、使人堕落的社会组织中解放出来，从毁灭和破坏人的天赋的环境中解放出来，使人过上真正的生活”⑤。另一方面，让每个人都有充分实现自己潜

---

① 李仁武：《制度伦理研究》，人民出版社，2009 年版，第 237 页。

② 转引自王海明：《伦理学原理》，北京大学出版社，2005 年版，第 252 页。

③ 转引自王海明：《伦理学原理》，北京大学出版社，2005 年版，第 256 页。

④ 罗国杰主编：《人道主义思想论库》，华夏出版社，1993 年版，第 509 页。

⑤ 王海明：《新伦理学》（中册），商务印书馆，2008 年版，第 975 页。

能的机会，为每个人发展自己提供必要的社会条件，促进每个人自由全面发展。

综上可见，人道主义是一种关于以人的方式对待人、发展人的道德原则理论。就其实质来说，人道主义“乃是一种关于理想社会的理论，是一种关于人道社会的理论，是一种将人道奉为社会治理最高原则的社会的理论，是一种关于社会治理最高原则的理论。”①

（二）人道原则

人道，不仅是一个事实命题，而且是个价值命题；不仅是一个理论命题，而且是一个实践课题，是社会生活实践必须遵循的重要道德原则。在这个命题和实践原则中，包含着两个核心观点：一是把人当人，确立人的社会主体地位；二是使人成其为人，促进人的自由全面发展。人道原则，亦即人道主义的道德原则，就是把人作为最高价值实体、把人作为社会之主体、社会之目的、以促进人的自由全面发展为价值目标的道德原则。

第一，把人当人，确保人的社会主体地位。

人是社会的主人，是属人世界的创造者，社会应该且必须确立人的社会主体地位，保证每个人都享有基本权利。同时，人本身具有最高的价值和尊严，人是目的，是社会的目的。正如康德所说：“人，实则一切有理性者，所以存在，是由于自身是个目的，并不是只供这个或那个意志任意利用的工具；因此，无论人的行为是对自己的或是对其他有理性者的，在他的一切行为上，总是把人认为是目的。”人是社会的目的，是社会的价值尺度，是评价社会一切事务的价值标准，而超越于一切事物的价值之上：在社会中，人是最高的价值或尊严。因为：“一个有价值的东西能被其他东西所代替，这是等价；与此相反，超越于一切价值之上，没有等价物可代替，才

---

① 王海明：《新伦理学》（中册），商务印书馆，2008 年版，第 976 页。

是尊严。”[1] 在这个世界上，每个个体都是唯一者，无任何的替代者，没有任何的等价物，人的目的只能是人自身。因此，社会应当确立人的主体地位，尊重人的人格和尊严。社会应该为人的幸福生活服务，保障人的基本生活所需要的社会资源，保障人的基本社会权利，使人享有基本的社会福利。这就是罗尔斯提出的“基本善”，即社会必须保障人的基本权利和自由。因此，一个好社会应做到：让人有尊严地生活，让人感到安全可靠，让人对未来充满信心。

把人当人，这是社会善待人、人善待他人的基本道德原则。恰如费尔巴哈所说：“如果人的本质就是人所以认为的最高本质，那么，在实践上，最高的和首要的基础，也必须是人对人的爱。”[2] 因此，不管一个人是什么样的人，都应该首先把这一个体当作人来对待。无论什么样的个人，只要在这个世界上存活一天，就应该享有人最起码的尊严。

把人当人的人道原则，其实就是人权原则。“人权”，是一个“伟大的名词”。尽管关于“人权”的内涵有众多的不同界定和诸多的不同认识，但是，不同的声音中却有共识：人权就是人之为人享有或应该享有的权利，就是作为人必然享有的基本社会权利。“人之为人”，意指每个具体的现实的个人，即“每个人”都必须具备抽象的、一般的人的特性，都是拥有人的本性和本质意义上的人。因此，“人之为人”便具有“与生俱来”的意义，就应该享有人的“自然权利”。这样，人权就是每个人都应该且必须享有的“自然权利”。

人权的人道精神可以从以下三个方面理解：第一，人权是一个以人道作为社会进步目标的目的性概念。作为一种社会制度原则，人权通过强调人之为人所应该享有的资格、利益、自由、能力，来维护人的尊严和价值，有利于防止和遏制把人作为单纯的工具或手

---

① ［德］康德：《道德形而上学原理》，上海世纪出版集团，2012 年版，第 41 页。

② ［德］费尔巴哈：《费尔巴哈哲学著作选集》（下卷），商务印书馆，1984 年版，第 315 页。

段的企图。第二，人权是一个以个人作为人道主体的主体性概念。人权表明了个人作为权利主体的地位。人权的主体是人，而且是在特定的权利义务关系中的个人。第三，人权是一个以权力来推行的人道的权威性概念。人权，指的是不仅承认每个人都享有实际的符合人道的利益和需要，而且把享有这些需要和利益宣布为人的基本权利。就是说，人权是指通过给人的生存和发展的基本需要以及满足这些需要和利益的方式，诸如民主、平等、自由等，赋予某种法定的权力或权威，使之成为人不可或缺的、且受法律保障的权利。这样，人权，便从一个哲学观念转换成了法学上的权利概念，从理论目标转换为了具体的社会实践。①

人权之于每个人以及社会存续和发展的极端重要性，决定了人权具有了神圣不可侵犯性。当人权与其他权利发生冲突且不能两全时，必须优先保障人权。确切地说，当人的基本权利与人的非基本权利发生冲突时，人的基本权利具有不可侵犯性，具有优先性。总之，一个人，无论如何卑微、渺小，他（她）的基本权利，必须优先于另一个人的非基本权利。就此而言，人道原则即是人权原则。维护和保障人权是社会存在的基石，更是社会和谐的基石。

第二，使人成其为人，促进人的自由全面发展。

人道原则不仅要把人当人、确保人的主体地位，而且要使人成其为人，即促进人的发展、实现人的自我、并把促进人的自由全面发展作为社会发展的最高目的。由此，人道原则可称之为人的发展原则。

现代心理学认为，自我实现的需要是人的最高需要，自我实现是人的最高目标，具有最大的价值。马斯洛等现代西方学者普遍重视人的友爱、创造性、尊重和个性发展等方面的需要的满足，提出按照“成为你自己”的要求发展自己的潜力，人就可以成为一个“自我实现的人”。马斯洛指出：“我们所有的人都有一种改进自己

① 夏勇：《人权概念的起源》，中国社会科学出版社，2007年版，第145—149页。

的冲动，一种更多地实现我们的潜力、一种朝向自我实现或人性充分发展的冲动”，“自我实现也许可以大致描述为充分利用和开发……能力、潜能等等。这样的人几乎在竭尽所能，使自己趋于完美”。“自我实现或意味着基本需要再加上最起码的天才、能力或者（人性）的丰富”。自我实现是“人性发展能够达到的境界”，“自我实现意味着充分、忘我、集中全力、全神贯注地体验生活”。[①] 总之，在马斯洛等人看来，自我实现的需要是人的高级本质的发展需要，自我实现的人是自由全面发展的人。

在马克思的人类学理论中，社会发展史归根到底不过是个人本质力量发展的历史，人的自由全面发展是人的最根本利益，实现人的自由全面发展是社会的最高目标。人的自由全面发展包括人的能力、人的社会关系和人的个性的自由全面发展。人的自由个性的实现是人的发展的高级形态。“建立在个人全面发展和他们共同的社会生产能力成为他们的社会财富的这一基础上的自由个性”，是扬弃人的依赖、物的依赖阶段的“第三个阶段”。在这个阶段，“有个性的人”最终代替“偶然的人”，每一个人都能得到自由全面的发展，具有“自由个性”。

促进人的自由全面发展是社会发展的内在需要和最终目标。生产力是社会发展的决定性力量。生产力的主体是人。生产力的发展其实就是人的发展。“发展人类的生产力，也就是发展人类天性的财富这种目的本身。”[②] 亦即“不以旧有的尺度来衡量的人类全部力量的全面发展成为目的本身。”[③] 因而，人的才能越高、发展越全面，人的能力就越强大。这就意味着人创造社会财富的能力越强；人的创造力越强，社会财富就会越多，社会就会更文明更富足更繁荣更进步。因此，“人本身的自我实现乃是一切财富的源泉，是最根本、最重要、最伟大的财富，因而也就能够最大限度地满足全社会和每

---

① ［美］马斯洛等：《自我实现的人》，三联书店，1987 年版，第 1、4 页。

② 《马克思恩格斯全集》第 26 卷第 2 册，人民出版社，1972 年版，第 124 页。

③ 《马克思恩格斯全集》第 46 卷上册，人民出版社，1979 年版，第 486 页。

个人的需要，从而具有最高价值。”①

社会主义社会是一个以实现人的自由全面发展为目标的社会。社会主义社会应当把促进人自身的全面发展、人的自我实现作为根本原则。科学发展观是中国特色社会主义建设的根本指南。以人为本是科学发展观的核心。因而，建设中国特色社会主义就是要建设一个以人为本的社会，建设一个促进人自由全面发展的社会。温家宝认为：“以人为本，就是要把人民的利益作为一切工作的出发点和落脚点，不断满足人们的多方面的需求和促进人的全面发展。具体地说，就是在经济发展的基础上，不断提高人民群众物质文化生活水平和健康水平；就是要尊重和保障人权，包括公民的政治、经济、文化权利；就是要不断提高人们的思想道德素质、科学文化素质和健康素质；就是要创造人们平等发展、充分发展聪明才智的社会环境。”② 胡锦涛明确指出：“以人为本，就是要以实现人的全面发展为目标”。③ 以人为本，“根本目的就是要坚持保障人民权益与促进人的全面发展的一致性，……使贯彻落实科学发展观的过程成为不断为民造福的过程，成为不断提高人民生活质量和水平的过程，成为不断提高人民思想道德素质、科学文化素质和健康素质的过程”。可见，发展中国特色社会主义就是坚持以人为本、实现科学发展的过程，就是促进人的自由全面发展的过程。

总之，“就广义的人道来说，人道乃是视人本身为最高价值而善待一切人、爱一切人、把任何人都当人看待的行为，是基于人是最高价值的博爱行为，是把人当人看的行为：这是善待他人的最高原则。”“就狭义的人道来说，人道乃是视人本身的完善为最高价值而使人成为可能成为的完善的人的行为，亦即视人的创造性潜能的实现为最高价值而使人实现自己的创造性潜能的行为，说到底，也就是视人的自我实现为最高价值而使人自我实现的行为：这是善待他

① 王海明：《伦理学原理》，北京大学出版社，2005 年版，第 255 页。

② 《党的十六大以来文献选编》（上），中央文献出版社，2005 年版，第 768 页。

③ 《党的十六大以来文献选编》（上），中央文献出版社，2005 年版，第 850 页。

人的最高原则。”① 把人当人，是社会对人的最起码最基本的要求和行为准则，是促进社会全面协调可持续发展和人的自由全面发展的基石；使人成其为人，促进人的自由全面发展，是社会的最高价值目标，是社会应当坚持的最高行为准则。把人当人、使人成其为人，亦即以人为本，就是人道原则的基本内容。

（三）人道原则与社会和谐

和谐社会不仅是公平正义的，而且是团结互助、平等友爱的；既是法治的公正社会，又是充满仁爱的人道社会。一个好社会，首先必须公正，公正是社会治理的首要原则，是良序社会的基本前提；同时，一个好社会，也必须是人道的，人道原则是社会治理的重要原则，是良序社会的前提条件。公正原则和人道原则相互渗透、相互作用、相辅相成。人道原则建立在公正原则之上，并体现公正原则。因为把每个人当人、促进每个人的自我完善和发展，本身就是公正的，且是重要的社会公正。对等分配人的权利和义务，保障人的基本权利的绝对平等原则和非基本权利的比例平等原则，内在地体现人道原则。从社会治理、社会和谐的角度看，在正义与仁爱、公正和人道之间，正义、公正是更为基本的道德原则；仁爱、人道则是更高、更理想的道德原则。一个社会只有普遍遵循公正原则和人道原则，才能实现社会良序与和谐。因此，和谐社会的道德体系不仅要坚持公正原则，而且应体现人道原则。

为什么要把人道原则作为和谐社会道德体系的基本道德原则呢?主要有以下理由：

首先，人道原则不仅是仁爱原则，而且体现了公正原则。社会的主体是人，每个人都有做人的基本权利，都需要得到作为人的公正对待，都需要有公平的发展机会。而平等公正地对待每个人、让

---

① 王海明：《伦理学原理》，北京大学出版社，2005 年版，第 258、259 页。

每个人自由发展，既是人道原则的内容，也是公正原则的内在要求。因此，人道原则内在地包含和体现了公正原则的精神实质。

其次，人生而平等自由，但是，人的天资、能力和行为结果等方面是不平等的，社会要保证公正，必须坚持人道。无论在什么社会、什么时候，每一社会个体和家庭所拥有的社会资源不可能是相同的，因此他们就不可能享有同样的生活条件和同等地获得生活的幸福。因为：一方面，每个个体都不可能拥有相同的天赋条件。人的天赋是获取社会资源的先在条件，人们不同的天赋则意味着他们获得社会资源会有差异，也意味着他们的生活水平也会有差距。罗尔斯因此把人的天资看作是一种社会公共资源，并提出正义的差异原则。另一方面，每个家庭的成员数量都有差异，每个社会劳动力所要负担和赡养的家庭成员是不一样的。即使每个社会劳动力在社会中获得了平等的劳动收入，其实际的生活水平会因家庭成员的不同而出现较大差异。马克思在《哥达纲领批判》一文中对这种情况进行了阐述，揭示了看似公正的按劳分配原则实际上也会因为家庭成员的不同而存在事实上的不公正、不平等。因此，一个真正公正的社会对生活必需品的分配是实现按需分配原则。按需分配原则，既可以看作是公正原则，因为它尊重了每个人的实际需要；又可以看作是人道原则、仁爱原则，因为每个人的实际需要是不一样的，按需分配则是按照每个人不一样的需要分配生活资源。第三方面，由于理性的局限，人不可能驾驭和控制与每个人相关的一切自然现象与社会事件，一些人可能会因为自然和社会的一些必然的或偶然的事件陷入生活困境，而仅仅依靠个人自身的力量难以或根本不可能摆脱困境、渡过难关。因此，社会必须给予“最少得利者”必要的、无私的帮助。如果社会道德中没有人道原则，或处于较好境地、获利较多者没有同情心、怜悯心，不能对那些身陷困境的人伸出援助之手，那么，“最少得利者”必然会生活得很不好。如果一个社会对那些身处困境的人不闻不问或可以让一部分人生活得不好，那么这个社会就是不公正的病态联合体，必然难以稳定，更不可能和谐，甚至会走向瓦解。可见，由于每个人对社会资源、尤其是生活资源的不平等占有使得每个人的社会境遇和生活状况不一样，从而造成社会事实上的不平等。解决这种社会状况、改善每个人的生活状态仅仅依靠自由、公正的道德原则是不够的，还必须确立人道的道德原则，对需要帮助的人给予人道的援助。就是说，要使每个人生活有尊严，生活得幸福，除了坚持自由、公正的道德原则之外，还必须坚持人道原则。

再次，每一个道德原则都有适用的社会领域，有些道德原则并不适用于整个社会生活领域，即并不对所有的社会行为都具有规范效力。公正原则作为社会治理的重要道德原则，主要适用于社会公共领域，而却并不必然适宜私人领域、亲朋领域、家庭领域以及人与自然的交往领域。集体主义原则主要适用于个人与群体、个人与社会以及群体与群体、群体与类之间的关系领域，而并不适用于个人与个人、人与自然之间的关系领域。然而，人道原则却适用于人类社会的任何领域，可以说，哪里有人存在，哪里就需要有人道原则。比如，家庭的稳定、和睦当然需要人与人之间的平等，但更需要爱，爱是维系家庭的根本纽带。人与自然的和谐相处虽然在一定意义上体现了公平原则，但也主要是依赖于人道原则。人应该像对待自己的同类一样对待自然及其所有物，以真的、善的和美的方式处理人与自然的关系。社会和谐不仅需要人与人在社会公共领域的和谐，而且需要人与人在家庭及私人领域的和谐，不仅需要人与社会关系的和谐，而且需要人与自然关系的和谐。而要实现社会所有领域的和谐一刻也离不开人道原则。可以说，哪里有人道原则，哪里就会有和谐。人道是社会和谐的基本条件，人道原则是实现社会和谐的基本道德原则。

总之，社会生活的复杂性和多元化会使人们处于不同的社会境地和生活状态，就是说，每个人都不一样，都有差异。每个人的差异性既需要社会坚持公正原则，公正地对待每个人，使每个人获得人之为人的权利，同时也需要社会坚持人道原则，仁爱地对待每个不同的人，尊重差异，保护差异，使每个不一样的人能够平静和睦地相处，并创造条件使之成为全面发展且有自由个性的人。

四、集体主义原则

集体主义原则是社会主义道德体系的基本原则，也同样是和谐社会道德体系的基本原则。因为：和谐社会依然存在个人和群体、社会之间，以及群体与群体、群体与整个社会之间的利益矛盾和冲突。因此，构建和谐社会、促进社会和谐，应当坚持和贯彻集体主义原则。

（一）集体

要弄清楚集体主义道德原则，首先必须明确什么是“集体”。然而，长期以来，学界对此的认识可谓百花齐放。恰如罗国杰教授所说：“人们在集体主义问题上的重大分歧，首先就是对集体概念的不同理解开始的。在一定意义上确乎可以说，对集体概念不同的理解，直接关系到集体主义原则本身的性质，关系到集体主义原则在道德实践的生命力。”[①] 为此，我们首先必须弄清楚“集体”的涵义。

罗国杰教授认为：集体是同个人相对立的哲学范畴。“就一般意义上说，集体范畴的抽象相对于整体范畴或社会范畴的抽象，集体包容的范围，应不窄于整体或社会包容的范围；就特殊意义上说，集体范畴又必须具体化为代表（无论是实质上代表还是形式上代表，无论是真正地代表还是虚妄地代表）整体或社会的某一集团、阶级或国家。”“在社会主义集体主义原则中，一般说来，集体在根本上

---

① 罗国杰：《伦理学》，人民出版社，1989 年版，第 141 页。

表现为无产阶级（工人阶级）为核心的利益集团。”[①] 唐凯麟教授则认为，集体主义的“集体”，是一个哲学伦理学的范畴，与一般社会学意义上的“群体”有本质区别，也与“整体”有本质区别。通过同“群体”和“整体”的比较，唐教授认为：“社会主义道德所讲的集体，是‘控制了自己的生存条件和社会全体成员的生存条件的革命无产者的集体’。这种集体是自觉形成的，它有着共同的利益和目标，担负着改造以私有制为基础的旧的社会关系的使命。因此它不同于传统社会的群体和整体，它并不否认组成集体的个体成员之间的差异性和独立性，而是在充分重视和尊重这种差异性和独立性的基础上，根据共同的利益，按照一定的组织原则而自觉组成的人们共同体。”“这种集体的基本结构是：作为集体，乃是由独立性的个人组合而成的；作为个体，则是集体中相互联系、彼此协调一致的具有独立性的个人。所以，集体主义所指称的集体，就其基本的结构关系而言，是对个人的共同体与具有独立性的个人这两个关系的抽象。”[②] 从以上引述可见，罗教授和唐教授作为我国著名的马克思主义伦理学专家，他们对“集体”的理解有很大的区别。罗教授认为，集体是一个整体，是对“整体范畴”的抽象，而唐教授则认为，集体与整体有“本质区别”；罗教授认为，集体是以“无产阶级”为主体的利益集团；唐教授则认为，集体是“人们共同体”。罗教授从利益集团出发，突出“集体”的阶级性及其代表性；唐教授则是从个人与人们共同体之间的关系上进行把握，强调集体的共同性。显而易见，罗教授所理解的本质意义上的“集体”看作是“无产阶级为核心的利益集团”，外延较窄；同时，把一般意义上的“集体”理解为与社会完全相同的范围，却又因未能区分集体的层次性，而显得过于宽泛。应该说，相对而言，唐教授对“集体”范畴的把握在方法论上要更合理一些，但他却认为集体与整体有本质区

① 罗国杰：《伦理学》，人民出版社，1989 年版，第 142 页。

② 唐凯麟：《伦理学》，高等教育出版社，2001 年版，第 315—316 页。

别，显然是把整体和整体主义完全等同起来了，未能揭示集体的整体性。

那么，应如何科学理解和把握集体主义原则的“集体”呢？我们认为，“集体”至少应该包含以下三方面的基本内容：

首先，集体是一种共同体，且是一个利益共同体。集体是个体间的、阶层的、阶级的、国家的、社会的利益共同体。从数量范围而言，两个以上的人的联合体，就能构成集体。一男和一女组合为家庭是集体，由不同的家庭组成的家族是集体，由不同的家族促成的村落是集体，不同的家庭、村落、城镇等组成的国家、社会是集体，由不同的国家组成的国家联盟是集体，全球各国组成的“联合国”也是集体，“地球村”的人类共同体更是集体。由于人与人、人群与人群之间的联系必定存在着一定的利益关系，或者说这种联系最根本的是利益联系，因而，集体是一种利益联合体或利益共同体。

其次，集体是由相对独立性的个体构成的利益共同（联合）体。“在过去的种种冒充的共同体中，如在国家等等中，个人自由只是对那些在统治阶级范围内发展的个人来说是存在的，他们之所以有个人自由，只是因为他们是这个阶级的个人。从前各个人联合而成的虚构的集体，总是相对于各个人而独立的；由于这种共同体是一个阶级反对另一个阶级的联合，因此对于被统治的阶级来说，它不仅是完全虚假的共同体，而且是新的桎梏。”① 在虚假的共同体中，诸如剥削阶级的国家中，只有统治阶级的个人才有自由，才是独立的个体。在存在强制分工和生产资料私有制为主导的社会状态下，社会以及其中的各种组织同样是以“虚假的共同体”的形式而存在的。因为在强制分工条件下，个体的社会活动总是从特殊利益出发，集体的利益是“异已的”和“不依赖”于个体的，因而缺乏共同的基础。正如马克思所说：“只要特殊利益和共同利益之间还存在分裂，

① 《马克思恩格斯选集》第1卷，人民出版社，1995年版，第119页。

也就是说，只要分工还不是出于自愿，而是自然形成的，那么人本身的活动对人来说就成为一种异己的、同他对立的力量，这种力量压迫着人，而不是人驾驭着这种力量。"[①] 由于"共同活动本身不是自愿地而是自然形成的，所以，这种社会力量在这些个人看来就不是他们自身的联合力量，而是某种异己的，在他们之外的强制力量。"[②] "正是由于特殊利益和共同利益之间的这种矛盾，共同利益才采取国家这种与实际的单个利益和全体利益相脱节的独立形式，同时采取虚幻的共同体形式。"[③] 所以，相对于个体而言，这种集体就是虚假的。在真实的共同体中，虽然依然存在社会分工，但这种分工不是强制的，而是自愿的，不是固定不变的，而是流动的。社会分工不再是限制人的力量，而是促进人自由发展的手段。马克思指出："在共产主义社会里，任何人都没有特殊的活动范围，而是都可以在任何部门内发展，社会调节着整个生产，因而使他们可以随自己的兴趣今天干这事，明天干那事，上午打猎，下午捕鱼，傍晚从事畜牧，晚上从事批判，这样就不会使我老是一个猎人、渔夫、牧人或批判者。"[④]

再次，集体是具有共同利益的利益共同体，即由具有共同利益基础的个体构成的利益共同体。集体中的个体必须在利益上具有共同性，尤其是根本利益上具有一致性，同时利益的联合能够增加每一个体的利益总量。这是真实集体形成的根源和基础。不同的独立的个体为什么能够组合而成一个共同体，且能够维持下去呢？根本在于他们之间有共同的利益，且利益联合、合作而获得的利益大于个体单打独斗所得的利益。"正是根本利益的一致，才使集体和组成集体的个体相互联系，相互促进，不可分割"。[⑤] 共同利益把彼此独

① 《马克思恩格斯选集》第1卷，人民出版社，1995年版，第85页。
② 《马克思恩格斯选集》第1卷，人民出版社，1995年版，第85—86页。
③ 《马克思恩格斯选集》第1卷，人民出版社，1995年版，第84页。
④ 《马克思恩格斯选集》第1卷，人民出版社，1995年版，第85页。
⑤ 唐凯麟：《伦理学》，高等教育出版社，2001年版，第318页。

立的个体联结在一起，组成利益共同体。个体在这种利益共同体中获得“社会合作”的资源，从而保障和增进每一个体的利益总量。社会是最大的利益共同体。每个人都必须生活在社会之中。因此，任何时代、任何社会，都必须有一定的社会合作，社会总是应该保持在一定的秩序之中。即使在阶级社会，统治阶级和被统治阶级在一定的范围内也有着共同的利益，也有一定的社会合作，但是，由于他们之间的根本利益是相冲突的，一个阶级剥削另一个阶级的劳动，一个阶级剥夺另一个阶级的自由和根本利益。因此，从根本上讲，阶级社会是没有共同利益的共同体。马克思、恩格斯把这种没有共同利益的个人联合体看作是“冒充的共同体”、“虚构的共同体”、“虚假的共同体”。在真实的集体中，构成真实集体的各个个体不仅有各自的独立性，而且具有共同利益，使共同体具有利益的公共性，形成与所有成员休戚相关的公共利益，这种公共利益就是集体利益或共同体利益。社会主义社会，在本质上是要“消灭剥削、消除两极分化”、达到“共同富裕”、实现社会和谐、促进和实现人的自由全面发展的新社会，是人类历史上崭新的共同体。在这种共同体中，每一个体自由、自主地参与社会合作。这种共同体不是个人自由发展的羁绊和桎梏，而是个人自由全面发展的条件和手段，并且每个人只有在这样的集体（共同体）中才能自由全面发展。因为，“在这个共同体中各个人都是作为个人参加的。它是各个人的这样一种联合（自然是以当时发达的生产力为前提的），这种联合把个人的自由发展和运动的条件置于他们的控制之下。”① 所以，只有在社会主义社会的集体中，“才可能有个人自由”，“个人才能获得全面发展其才能的手段”，个人才能得到全面自由发展。同时，社会主义社会的各类集体中，每个个体的根本利益具有一致性，每个个体的利益是相互联结、相辅相成的，任何个人利益都是依赖于他人、社会的利益而存在的，每个人利益的增进都依赖于他人、社会利益

① 《马克思恩格斯选集》第1卷，人民出版社，1995年版，第121页。

的增长。在真实的集体中，集体利益和个人利益互为前提、相互依存、相互促进：集体利益不能脱离个体利益而存在，集体利益的增长只有以个体利益增长为前提，亦即个体利益是集体利益的条件；反之亦然。任何个体利益的增加或减少必然是集体利益的增加或减少，任何集体利益的增减也必然是个体利益的增减。因此，真实的集体不会出现集体借集体的名义行有损个人利益之事，也不会有个人假借集体的名义谋取个人不当利益之举。每个人总是在不断增进个人利益同时增进他人和集体利益，而不会置他人和集体的利益于不顾，去干损害他人和集体利益的勾当。正是基于集体对于个人的这种相互依赖和促进的关系的认识，马克思、恩格斯指出：代替那存在着阶级和阶级对立的旧社会的新社会，将是“每个人的自由发展是一切人的自由发展的条件”的联合体①。因此，真正的集体是每个人自由发展的条件，每个人的自由发展也是集体发展的条件，二者是有机统一的整体。

综上所述，我们认为，集体就是由具有共同利益（根本利益一致）的独立个体结成的、且因联结而增加各自利益总量的利益共同体。因而，集体是真实的集体，本身就是一种善。

(二) 集体主义

什么是集体主义？王海明教授在《新伦理学》中列举了以下对集体主义的看法：雅玛戈智认为：“集体主义可以定义为这样一种学说，它认为个人与集体发生冲突时，集体的目标重于个人的目标。”斯蒂芬·R. C. 希克斯说：“集体主义是与个人主义相反的理论，它认为社会集体比组成它们的个人更重要，个人有义务为了集体的利益而自我牺牲，不管这些集体是阶级、种族、部落、家庭还是民族。”杰那斯·雷凯科基认为：“集体主义团体所赖以建立的规范原

① 《马克思恩格斯选集》第1卷，人民出版社，1995年版，第294页。

则是：集体利益优越于个人利益。”李寿文说：“集体主义文化强调集体的目标和需要高于个人的目标和需要。”① 王海明教授认为：“所谓集体主义，也就是确证集体主义原则——亦即集体与个人的关系应该如何的道德原则——的理论，也就是关于每个人一切涉及集体的行为之善恶原则的理论，说到底，也就是关于伦理行为应该如何的道德总原则的一个重大问题——每个人关涉集体的行为无疑是最为重要的伦理行为之一——的理论，因而属于善恶道德总原则理论的范畴。”“这种理论的根本特征，不是个人价值至高无上，而是集体价值至高无上：集体价值至高无上，是集体与个人关系应该如何的道德原则，亦即集体主义原则。”“集体主义乃是将‘集体价值至高无上’奉为解决集体与个人关系的道德原则的理论，是一种认为集体价值至高无上的关于集体与个人关系应该如何的道德原则的理论，是一种认为集体价值至高无上的关于道德善恶总原则的理论。”②

那么，什么是真正的集体主义呢？集体主义是一种怎样的关于个人和集体关系应该如何的道德原则的理论呢？王海明教授认为：集体主义的基本内容可以概括为一句话：“集体利益高于个人利益，因而当二者发生冲突时，应该牺牲个人利益，保全集体利益。”③ 罗国杰教授认为：“集体主义，即把集体利益看得高于个人利益。”“集体主义的总的指导思想是：提倡个人利益和集体利益的辩证统一。在社会主义条件下，集体利益表现为集体中的各个人的共同利益的有机统一。集体利益高于个人利益，个人利益应当服从集体利益。为了保障集体利益的实现，在必要的时候要牺牲个人利益，维护集体的利益。我们并不提倡无条件地牺牲个人利益，因为各个个人利益的实现，集体中的每个人的全面和谐的发展，是社会主义集

① 转引自王海明：《新伦理学》（中册），商务印书馆，2008 年版，第 742 页。
② 王海明：《新伦理学》（中册），商务印书馆，2008 年版，第 742—743 页。
③ 王海明：《新伦理学》（中册），商务印书馆，2008 年版，第 743 页。

体的最终目标。”[①] 唐凯麟教授认为：“所谓集体主义道德原则，就是要正确处理集体利益和个人利益的关系，在努力维护集体利益的前提下，把个人利益和集体利益结合起来，当个人利益和集体利益发生冲突的时候，能够顾全大局，作出必要的自我节制和牺牲，以维护集体利益和个人利益的和谐一致的发展。可见，集体主义道德原则是旨在实现个人和社会的和谐一致的，它是以个人自由全面的发展能够成为一切人自由全面发展的条件为最高的价值目标的。”[②]可见，集体主义建立在承认个人利益存在的正当性及其实现的合理性、并充分尊重和促进个人利益的“真实的集体”的基础之上，是处理个人与集体之间关系的道德理论。集体主义既要求每个人为集体作贡献，并为个人利益的增加和自我价值的实现创造条件，从而最大地实现自我价值，同时，强调兼顾个人利益和集体利益，共同促进个人利益和集体利益，仅要求在二者不能两全其美时，一般坚持集体利益“优先原则”。

为了进一步弄清楚集体主义，我们有必要对与集体主义既相联系又有区别的诸如社群主义、整体主义和利他主义等理论作一比较。

社群主义是20世纪80年代在与以罗尔斯为代表的新自由主义的论战中兴起的一种社会思潮。社群主义坚持社群整体至上的价值观，强调公共利益优先于个人权利，提倡国家在道德建设方面的积极作用，鼓励公民积极参与社会管理和政治生活，提倡以政府、民间组织和公民的合作互动为特征的善治之路是未来公共管理的方向。[③] 社群主义内部尽管存在诸多的分歧，但有其共同的基本主张：[④] 第一，社群优先于个人。在社群主义看来，个人依赖于社群整体，整体利益高于个人利益，因而，社群的地位永远高于个人。第二，公益优先于正义。社群主义认为，权利及其权利的正义原则都

① 罗国杰：《罗国杰文集》（下卷），河北人民出版社，2000年版，第134页。
② 唐凯麟：《伦理学》，高等教育出版社，2001年版，第318—319页。
③ 何霜梅：《正义与社群》，人民出版社，2009年版，第9页。
④ 参见何霜梅：《正义与社群》“导论”部分，人民出版社，2009年版，第32—36页。

必须建立在社群的共同善之上，因而，善优先于权利和正义。“这是社群主义从社群优先于自我和个人这一立场出发得出的第一个重要结论”。[①] 在社群主义看来，社群整体的利益永远高于个人利益，个人利益的简单相加不能等同于整体利益。因此，评判社会正义的出发点不应该是个人权利，而应是公共利益。第三，国家应该积极有为。社群主义认为，国家无疑是最重要的政治社群，国家应该承担对公民进行道德教育的责任，国家应该鼓励公民积极参与政治生活。国家有权要求国民服从其政治目的，公民则有义务去实现国家的政治目的，每个公民都应当关心国家的命运，在国家需要的时候，为了维护国家和民族的利益甚至不惜牺牲自己的生命。总体而言，社群主义是与个人至上的个人主义价值观相对立的。[②] 由于“社群”的虚幻性及其非历史性，社群主义在本质上是一种缺乏社会历史根基的理论。同时，社群主义在批判个人至上的价值观时走向了强调社群（整体）利益至上，在一定程度上否认了个人利益的合理性和正当性，从一个极端滑向另一个极端，是一种整体主义的价值观。

那么，整体主义是一种什么道德理论呢？鲍顿说：“整体主义认为社会是一种有机的整体。”这意味着：“一个集体，就是一个既定的行为者，如同个人一样。”[③] “整体主义就是认为集体与个人的关系亦即机体与构成机体的各个部分之间的关系的理论。”[④] 整体主义认为，集体和个人的关系，如同机体与构成它的细胞或机体各个部分一样，是整体与部分的关系。因此，个人不过是为集体、社会服务从而保障其存在发展的手段：集体、社会总是目的，个人则永远只是手段。集体利益绝对、无条件地高于个人利益，个人利益应该绝对、无条件服从和服务于集体或社会利益，因而，无论在什么时候和条件下，个人都应该为了增进集体、社会的利益而毫无保留地

① 何霜梅：《正义与社群》，人民出版社，2009 年版，第 34 页。
② 参见俞可平：《社群主义》，中国社会科学出版社，2005 年版，第 160—163 页。
③ 转引自王海明：《新伦理学》（中册），商务印书馆，2008 年版，第 744 页。
④ 王海明：《新伦理学》（中册），商务印书馆，2008 年版，第 744 页。

压抑、放弃和牺牲个人利益。[①]

整体主义和集体主义在表面上有相似之处，即都强调整体利益的重要性和优先性。其实，二者有本质的不同。整体主义作为一种处理个人和集体、个人利益和集体利益的关系理论，认为个人和集体、个人利益和集体利益是绝对对立的，集体利益的增进建立在以牺牲个人和个人利益的基础之上或以此为代价。显而易见，这是不能成立的。一方面，它割裂了个人与社会、部分与整体的辩证关系，只强调个人和社会、个人利益和集体利益的对立性，而完全否认二者的统一性。另一方面，由此出发，坚持牺牲个人利益的绝对性和无条件性，认为“在任何条件下都要求个人压抑、放弃乃至牺牲自我利益，以便更大地增进、保全集体利益”。[②] 也就是说，整体主义完全“把群体和个体对立起来，将群体利益的优先性绝对化，完全无视个人存在的意义和价值。”[③]

利他主义，“是一种将无私利他奉为评价行为善恶唯一准则的道德总原则的理论，在这种理论看来，只有无私利他才是善的、道德的，而只要目的利己则是恶的、不道德的。”[④] 中国传统道德是典型的利他主义道德。如孔子认为：“仁者爱人”，“君子喻于义，小人喻于利”，提倡“克己复礼”等。在孔子看来，爱他人是为他人之利，是义，是仁，是合道德的，因而是君子之为；爱自己，是为自己个人之利，是自私，“非仁”也，因而是小人之举。可见，仁在孔子那里就是要求人们除却利己之心，养成为他人而献身的牺牲精神。墨家提倡兼爱，提倡“兼相爱，交相利”，认为“爱人者，人必从而爱之，利人者，人必从而利之”，[⑤] 要求每一个人都应该同等地、无差别地爱一切人。表面上看，墨家的兼爱是为了爱己利己，其实，

① 参见王海明：《新伦理学》（中册），商务印书馆，2008 年版，第 744—745 页。

② 王海明：《新伦理学》（中册），商务印书馆，2008 年版，第 746 页。

③ 张维祥等：《中西哲学及其思维方式比较》，国防大学出版社，2006 年版，第 230 页。

④ 王海明：《新伦理学》（中册），商务印书馆，2008 年版，第 699 页。

⑤ 《墨子·兼爱中》。

兼爱在本质上也是无私利他。基督教伦理和康德的伦理学也是利他主义。基督教伦理是以“爱”为道德原则的。基督的爱，不是爱自己，而是爱别人。恰如《新约》所说：“爱的本质，……不求自己的益处，反求别人的益处。”康德伦理学是以“责任”、“义务”为道德总原则的。康德认为：“责任就是由于尊重规律而产生的行为的必要性”，“责任是使利己之心无地自容的价值觉察。”因此，康德的“义务的公式就是为别人谋福利”。① 可见，利他主义是一种否认个人目的、否认追求个人利益之正当性，而只承认他人、集体利益及其追求具有道德价值的理论。以此可以推及，在处理个人和集体、个人利益和他人利益之关系时，利他主义必然是要求个人利益绝对无条件地服从和服务于集体利益，为了集体利益无条件地牺牲个人利益。因此，利他主义与整体主义是“一丘之貉”，都是否认个人利益及其道德合理性的理论，是错误的。利他主义的错误在于：把为己和为他、利己与利他完全对立起来，把为己与自私自利完全等同起来，不仅无视个人、个人利益的存在，而且否认人们追求个人利益的道德正当性。

从以上简要比较可见，集体主义与社群主义、整体主义和利他主义有本质的区别。总之，集体主义是一种关于个人和集体之关系的道德理论，是处理个人利益和集体利益应该如何的道德理论。集体主义的基本内容主要包括：集体利益和个人利益在本质和总体上是一致的，个人利益和集体利益的实现具有同一性；集体和个人互为前提、条件和手段，集体是实现个人利益的手段和必要条件，个人是增加集体利益的力量源泉，集体以增进个人利益为目的，个人为增进共同利益做贡献；因集体利益的总量大于个人利益，当且仅当集体利益和个人利益发生冲突且不能两全时，以集体利益为重，个人利益服从集体利益，必要时应该牺牲个人利益以保全和增进集体利益；同时在适当的时候应对牺牲的个人利益予以必要的补偿。

① 王海明：《新伦理学》（中册），商务印书馆，2008 年版，第 743 页。

（三）集体主义原则

和谐社会道德体系的集体主义原则就是坚持集体主义的理论指导人们的道德生活与实践，正确处理集体与个人、集体利益和个人利益的关系。集体主义原则的基本内涵是：正确处理个人与集体（社会）、个人利益与集体利益的关系，把个人与集体（社会）有机统一起来，共同增进个人利益和集体利益；当且仅当个人利益与集体利益发生冲突且不能两全时，以集体利益为重，必要时牺牲个人利益，保全集体利益；坚持以个人的自由全面发展成为一切人自由全面发展的条件为最高价值目标，实现个人和集体（社会）的自由全面和谐发展。①

第一，个人利益和集体利益相统一的原则。

社会主义社会，个人和集体、个人利益和集体利益在本质上是一致的，增进个人利益和增进集体利益是同一过程，即个人利益的增进意味着集体利益的增进，集体利益的增进意味着个人利益的实现。当然，必须承认，在根本利益一致性的前提下，也存在利益关系的矛盾。因此，构建社会主义和谐社会不仅是一个不断化解社会矛盾、妥善解决各方利益冲突的持续过程，而且是一个不断实现个人利益与社会利益相统一、相协调的过程，是一个不断促进个人利益与社会利益全面协调可持续发展的进程。所以，把个人利益和社会集体利益协调起来、统一起来是集体主义原则的"一个重要的价值规定和价值要求。"②

实现个人利益和集体利益的和谐统一与协调发展，必须做到：其一，个人必须融入社会，使自我行动和自我利益符合社会历史发展的方向和要求，真正成为历史的创造者，在实现个人价值中实现

① 参见唐凯麟：《伦理学》，高等教育出版社，2001 年版，第 318—319 页。
② 唐凯麟：《伦理学》，高等教育出版社，2001 年版，第 325 页。

社会价值，在实现社会价值中实现个人价值。只要每个人的愿望、意志能够反映社会发展基本趋势，符合社会发展的客观规律，则说明这种意志、要求与社会利益就是一致的，个人意志的实现和个人利益的满足则是社会意志和利益的实现。因此，每个人都要努力成为社会的主人，并不断提高自身的素质，成为自由全面发展的社会主体。其二，社会、国家的方针政策、工作措施必须反映和体现每个人的意志要求，以人们答应不答应、高兴不高兴、满意不满意为标准，以是否有利于提高人的生活水平、促进人的自由全面发展为出发点与落脚点。如果社会的主张、政策反映和体现了人民群众的意志，则意味着正确反映了历史发展的趋势，符合社会发展的客观规律，就能够得到人民的支持和拥护，就能够调动最广大人民群众乃至全部社会个体的历史创造性，从而促进社会利益的实现。由于社会利益是个人利益的体现，因而，社会利益的实现也就是个人利益的满足。因此，社会管理者必须坚持以人为本，全心全意为人民服务，“使贯彻落实科学发展观的过程成为不断为民造福的过程，成为不断提高人民生活质量和水平的过程，成为不断提高人民思想道德素质、科学文化素质和健康素质的过程，成为不断保障人民经济、政治、文化、社会权益的过程，让发展成果惠及广大人民群众。”[①]

第二，在整体的意义上，集体利益优先于个人利益的原则。

“各个人的出发点总是他们自己”，而且是“处于既有历史条件和关系范围内的自己”，因而各个人都有自己的个性，都有自身的利益和目的。然而，“在历史发展的进程中，而且正是由于在分工范围内社会关系的必然独立化，在每一个人的个人生活同他屈从于某一劳动部门以及与之相关的各种条件的生活之间出现了差别。”[②] 于是，这样的个人，就不能理解为是“有个性的个人”，“而应当理解为，他们的个性是由非常明确的阶级关系决定和规定的”。[③] 因此，在特

① 胡锦涛：《努力把贯彻落实科学发展观提高到新水平》，《求是》2009年第1期。

② 《马克思恩格斯选集》第1卷，人民出报社，1995年版，第119页。

③ 《马克思恩格斯选集》第1卷，人民出报社，1995年版，第119页。

定的历史阶段和社会关系下，个人的利益和他所处的社会（阶级）关系的利益，必然出现差别和矛盾。社会利益在“每个人”和“多数人”、或者“多数人”和“少数人”之间的分配必然会出现差异和不平等。这在生产力不发达、社会资源不够丰富的阶级社会，更是如此。

我国现阶段，社会分工依然存在且不断细化，所有制形式日渐多样化，各种经济成分大量存在，个人利益和利益共同体日益分化。个人利益与集体利益在总体一致的基础上，在部分领域或方面依然会存在矛盾和冲突；同时，个人和集体在根本利益一致的前提下，具体利益会进一步分化，各种利益不同体之间的矛盾和冲突不是在减少而是不断增加；另外，虽然在一般情况下，利益冲突双方主要或更多地是以和平方式协调和解决利益冲突，但并不能完全排除采取激烈的或暴烈的方式。为此，必须正确处理、解决个人和集体之间的利益矛盾和冲突，既保障集体利益，又保障个人利益，促进社会全面进步、和谐发展。由于集体是由两个以上的个体构成的共同体，集体利益是两个以上的个人的利益的集合。显而易见，在根本利益相一致的前提下，整体要大于局部，多数大于少数，整体大于个体。在利益同质的意义上，集体利益的总量必然要大于、重于个人利益。因此，集体利益应该优先保障，个人利益应该为集体利益让路，必要时牺牲个人利益保全集体利益。正如边沁所说，在实际生活中，最大量的幸福只有采取谋求最大多数人的幸福时才能达到。功利主义提出的“最大多数人的最大幸福”，首先是“最大多数人”、“多数人的利益”、“多数人的幸福”，然后才是“最大幸福”。因为当个人和集体的同质利益发生冲突且不能两全时，如果个人利益服从集体利益，减少甚至牺牲个人利益，保障和增进集体利益，是利益总量的增进，符合“利益冲突时的道德终极标准‘最大利益净余额原则’，因而是应该的、道德的、善的”；反之，如果个人利益优先于集体利益，以牺牲集体利益保全个人利益，则是利益总量的减少，违背“‘最大利益净余额’的道德终极标准，因而是不道德的、不应该的、恶的。”[①] 因此，在集体与个人的利益相冲突且难以或不能两全时，优先选择和实现最大多数人的集体利益是社会治理和促进社会和谐应当遵循的道德原则。

第三，保障和增进每个人根本利益的原则。

社会是个人的共同体，是各个个人构成的一种特殊的群体形式，是相当数量的个人按照一定的规范形式发生相互联系的社会共同体。社会是一个道德共同体，更是一个利益共同体。社会和谐的根本是人与人、人与社会的利益和谐，只有人与人、人与社会之间利益关系的和谐，社会才会和谐。因此，构建和谐社会，说到底就是要构建人与人、人与社会之间和谐的利益关系，实现社会利益关系的和谐。

社会主义社会，集体利益和个人利益相一致，大多数人的利益和少数人的利益相一致。人与人、人与集体的利益相一致且能两全的情况下，应该以保障和促进每个人的利益为根本，“无损一人地增进利益总量”。因此，在人与人、人与集体的根本利益相统一的集体中，只有尊重每一个人、爱护每一个人、增加所有人、每个人的利益，才是道德的、应该的、善的。无论在多大程度上为了满足大多数人的利益而牺牲少数人的利益，都是不应该的，除非这一少部分人的利益在不久的将来能够得到对等或更大的补偿。因此，帕累托认为：“我们看到，要取得一个集体的福利最大化，有两个问题待解决。如某些分配的标准为既定，我们就可以根据这些标准去考察哪些状态将给集体的各个人带来最大可能的福利。让我们来考察任何一种特定状态，并设想作为一个与各种关系不相矛盾抵触的极小变动。假如这样做了，所有各个人的福利均增加了，显然这种新状态对他们每个人是更为有利；相反的，如果各个人的福利均减少了，这就是不利。有些人的福利仍旧不变亦不影响这些结论。但是，另一方面，如这些小变动使一些人的利益增加，并使别人的利益减少，

① 王海明：《新伦理学》（中册），商务印书馆，2008 年版，第 743 页。

这就不能再说此变动对整个社会是有利的。因此，我们把最大效用状态定义为：作出任何微小的变动不可能使一切人的效用，除那些效用仍然不变者外，全都增加或全都减少的状态。”[①] 这就是有名的“帕累托最优状态”。即“当且仅当该状态没有一种改变能使一些人的境况变好而又不使至少一个人的境况变坏。这种状态之所以为最优状态的依据则是‘帕累托标准’：应该使每个人的境况变好或使一些人的境况变好而不使其他人的境况变坏，简言之，应该至少不损害一个人地增加社会的利益总量：无害一人地增进利益总量。”[②]

第四，以促进每个人的自由全面发展为根本目标的原则。

在消灭阶级对立的社会，每个人的自由发展是一切人自由发展的条件。社会主义社会在本质上就是一个促进人的自由全面发展的人群共同体。从主体上看，人的自由全面发展是所有的社会成员，即每一个人的发展。从构成上看，人的自由全面发展包括人的自由发展和人的全面发展。人的自由发展是建立在个体高度自由自觉基础上的发展，发展什么、怎么发展是个人的自由自觉的选择，是“人的自由个性”的发展。人的全面发展不仅体现在人的体力、智能以及各方面的才能和工作能力的发展，而且体现在人的社会联系和社会交往的丰富。从内容上看，人的自由全面发展包括人的能力的自由全面发展、人的社会关系的自由全面发展和人的个性的发展。扬弃了人的依赖性和物的依赖性的社会是“建立在个人全面发展和他们共同的社会生产能力成为他们的社会财富的这一基础上的自由个性”的联合体。

社会是由个人构成的活动体，社会的一切都是个人的活动创造的结果，历史的发展和人的发展是一致的。人的发展既与他们生产什么一致，也与他们怎样生产一致。而人的生产及其成果是与人的生产能力、人的发展状况相一致的。人本身越发展，社会生产力就

---

① 转引自王海明：《伦理学原理》，北京大学出版社，2005 年版，第 142 页。

② 王海明：《伦理学原理》，北京大学出版社，2005 年版，第 142 页。

越发达，社会财富就越丰富，社会就越进步，人的需要就越能够得到更多的满足，人的利益就越能得到充分的实现。可以说，“人本身的自我实现乃是一切财富的源泉，是最根本、最重要、最伟大的财富，……从而具有最高价值。”[①] 因而，实现自由全面的发展，实现自我，发展自由个性，是人的最大的、最高的、最根本的利益，也是社会最大的、最高的、最根本的善！所以，促进人的自由全面发展是社会、集体的最高价值和根本目标。这是集体主义原则最根本的内容。

（四）构建和谐社会要坚持集体主义原则

我国已经是社会主义社会，尽管目前还处于初级阶段，但社会主义的集体较之以往阶级社会的集体已发生了质的根本性变化。因此，今天的集体在本质上应属于“真实的集体”范畴[②]。同时，必须看到，由于我国的社会主义是以不发达的生产力为基础的，经济文化还比较落后，尚未形成全社会范围内统一的自由人联合体。因此，社会主义初级阶段的集体在不同领域、不同程度上还存在非真实的“集体”的情况，离那种马克斯、恩格斯所设想的理想的集体尚存在较大差距。因而，我们不能把社会主义初级阶段的集体等同于马克斯、恩格斯所说的“真实的集体”。[③]“真实的集体”是我国社会追求的理想目标。

按照马克思、恩格斯的设想，共产主义社会是“真实的集体”。社会和谐是共产主义的一个重要特征，共产主义是高度和谐的社会。构建社会主义和谐社会就是要使“人向自身、向社会的即合乎人性的人的复归”，就是要实现人与自然、个体与类、必然与自由等矛盾的真正解决。和谐社会是以个人利益和集体利益的共同发展作为出

① 王海明：《伦理学原理》，北京大学出版社，2005 年版，第 255 页。
② 张博颖：“集体主义：面临困境还是机遇”，《道德与文明》2005 年第 2 期。
③ 罗国杰：《伦理学》，人民出版社，1989 年版，第 146 页。

发点、归宿和根本价值取向的。人不仅是手段，同时更是目的，并在自由联合的共同体基础上实现成员间的平等、团结、互助与合作，形成一种“人人为我，我为人人”的和谐的人际关系。可见，和谐社会内含了人与自然、个体与集体关系的协调，内含了个体利益与集体利益的一致性。因此，和谐社会与“真实的集体”是一致的。从这个角度讲，构建社会主义和谐社会就是要构建“真实的集体”。

任何社会都有矛盾。人与自然、人与人、个人与集体之间必然发生种种矛盾。社会主义社会，人与人之间、个人与集体之间在根本利益一致的前提下，依然存在着各种具体利益的矛盾和冲突。和谐社会是多元的共同体，依然存在大量的矛盾，人与人、个人与集体、少数人与多数人之间利益矛盾和冲突必然存在。在构建和谐社会的进程中，我们所遇到的根本利益之间的矛盾会不断减少，但一般的社会矛盾和利益冲突会越来越多。当前，随着社会主义市场经济的持续发展和经济社会转型的广泛深入，我国原有的利益格局正在不断分化和调整，经济成分和利益格局多样化、社会生活多样化、社会组织形式多样化、就业岗位和就业形势多样化。“多样化”在本质上是利益的分化、不一致。社会分层、不同利益共同体以及利益个体之间的关系越来越复杂和微妙。构建和谐社会的一个重要任务就是要不断调解人与自然、人与人、人与社会之间的矛盾和冲突。正如胡锦涛所说：构建和谐社会就是“在发展的基础上正确处理社会矛盾的历史过程和社会结果”①。因此，必须在推动经济社会协调发展的基础上，促进不同社会阶层、不同利益群体相互协调、良性互动，形成平等友爱、公平互助、融洽和睦的利益关系。为此，集体主义道德原则作为调节个人和集体利益矛盾的行为准则，必然成为和谐社会道德体系的基本原则，必然成为构建和谐社会必须坚持的基本道德原则。

我国处在并将长期处在社会主义初级阶段，构建社会主义和谐

① 《中国共产党第十七次全国代表大会文件汇编》，人民出版社，2007 年版，第 17 页。

社会是一项长期的历史任务，需要几代人、十几代人甚至几十代人坚持不懈地努力奋斗。新世纪新阶段，我国社会主义建设取得了举世瞩目的成就，从生产力到生产关系、从经济基础到上层建筑都发生了重大变化，但是，“我国仍处于并将长期处于社会主义初级阶段的基本国情没有变，人民日益增长的物质文化需要同落后的社会生产之间的矛盾这一社会主要矛盾没有变”[①]。当前我国社会主义社会发展出现了一系列新的阶段性特征。“我国生产力水平总体上还不高，自主创新能力还不强，长期形成的结构性矛盾和粗放型增长方式尚未根本改变，影响发展的体制机制障碍依然存在，城乡贫困人口和低收入人口还有相当数量，农业基础薄弱、农村发展滞后的局面尚未改变，缩小城乡、区域发展差距和促进经济社会协调发展任务艰巨，社会建设和管理面临诸多新课题，党和国家工作中还存在缺点和不足，人民群众还有不少不满意的地方。在前进道路上，我们还会遇到这样那样的困难和风险。”[②] 另外，社会主义初级阶段多种所有制形式和分配方式的并存局面、市场经济体制的运作及由此带来的人性的物化倾向，以及体制转轨造成的种种不公正现象等，使得现阶段人们的利益追求和价值取向具有多元化、复杂化的特点。因此，我们必须立足社会主义初级阶段这个最大的实际，在建设中国特色社会主义与构建和谐社会的伟大实践中，既要毫不动摇地坚持集体主义原则，又要从实际出发，区分不同性质和形式的矛盾，灵活运用集体主义原则，有效处理集体和个人之间的各种利益矛盾。

坚持集体主义道德原则处理和协调个人和集体的现实利益矛盾，要区分不同的情况。从矛盾运动的方式看，可分为对抗性和非对抗性的矛盾。一般而言，对抗性的矛盾双方此消彼长、难以协调和两全；非对抗性的矛盾相互制约、相辅相成，则能够协调且“共赢”。

---

① 《中国共产党第十七次全国代表大会文件汇编》，人民出版社，2007年版，第14页。

② 胡锦涛：“在纪念十一届三中全会召开三十周年大会上的讲话”，《人民日报》，2008年12月19日。

由于个人和集体的矛盾不是对抗性的，因而就不能简单地采取一方克服另一方，或为了一方的利益而牺牲另一方的利益。正确的做法应该是：利益双方相互协商、妥协，实现共同利益，增进双方的利益。在一些特殊时期，如外族入侵等，个人和集体利益会出现难以两全的情况，无疑应该首先保障集体利益，维护社会和最广大人民群众的根本利益，个体应服从集体，以保全和增进集体利益为重，甚至牺牲个体利益。当然，如有可能，事后应对利益减损者给予必要的补偿。

从利益的性质看，可分为根本利益和非根本利益。因此，利益矛盾可分为：根本利益之间、根本利益和非根本利益之间以及非根本利益之间的矛盾。由此推之，个人和集体之间的利益矛盾，大体可分为以下四种情形：一是个人与集体之间的根本利益相冲突；二是个人的非根本利益与集体的根本利益相冲突；三是个人的根本利益与集体的非根本利益相冲突；四是个人的非根本利益与集体的非根本利益相冲突。在社会主义社会，个人和集体根本利益的矛盾不具有普遍性，但是，由于我国还处于社会主义初级阶段，个人和集体的矛盾冲突在一定范围和一定程度上还是存在的。因此，在第一种情况下，个人利益应当服从集体利益，以集体的根本利益为重，必要时，牺牲个人利益。第二种情形也是个人利益小于集体利益，因此，也应以集体利益为重，必要时，牺牲个人利益。第三种冲突，如果从量上看，可能集体利益要大于个人利益，但是在质上，个人的根本利益要重于集体的非根本利益，因此，要以个人利益为重，必要时，牺牲集体的非根本利益。第四种情况，从利益总量上考虑，个人利益小于集体利益，因此应该以集体利益为重。

由于社会主义社会，个人利益和集体利益的统一性是主要方面，而二者的冲突性是非主要方面，因此，坚持集体主义原则，重点在于坚持以人为本，促进个人利益和集体利益的全面协调可持续发展，不断促进人的自由全面发展和社会的全面协调发展。与此同时，坚持统筹兼顾，正确处理个人和集体之间矛盾和冲突，不断促进社会和谐，为人和社会的全面发展进步创造条件。

总之，构建和谐社会必须坚持集体主义道德原则协调各种利益关系，尤其是个人和集体的利益矛盾关系。坚持集体主义原则为的是激发每个人的创造活力，尊重一切有利于社会进步的创造愿望，支持每个人的创造活动，发挥每个人的创造才能，肯定每个人的创造成果，增加个人和社会的利益总量，人尽其能，各得其所，最终实现促进每个人自由全面发展的和谐的"真实的集体"。

五、生态环境保护原则

人与自然的和谐是社会和谐的根本前提。人与自然和谐相处不仅是和谐社会的基本特征，而且是构建和谐社会的应有之义。和谐社会道德体系不仅要规范人与人、人与社会之间的关系，而且要规范人与自然的关系，不仅要为实现人与人、人与社会的和谐提供道德支撑，而且要为实现人与自然的和谐提供道义支持。

（一）马克思主义的人与自然和谐观

马克思认为，共产主义是"人和自然之间、人与人之间矛盾的真正解决"。"这种共产主义，作为完成了的自然主义 = 人道主义，而作为完成了的人道主义 = 自然主义"；[①] 是"人同自然界完成了的本质的统一，是自然界的真正复活，是人的实现了的自然主义和自然界实现了的人道主义"。[②]

"人靠自然界生活。""自然界是人为了不致死亡而必须与之处

① 《马克思恩格斯全集》第3卷，人民出版社，2002年版，第297页。
② 《马克思恩格斯全集》第3卷，人民出版社，2002年版，第301页。

于持续不断地交互作用过程的人的身体。”“无论是在人那里还是在动物那里，类生活从肉体方面来说就在于（和动物一样）靠无机界生活，而人和动物相比越有普遍性，人赖以生活的无机界的范围就越广阔。”植物、动物、石头、空气、光等等是“人的生活和人的活动的一部分。”“人在肉体上只有靠这些自然产品才能生活，不管这些产品是以食物、燃料、衣着的形式还是以住房的形式表现出来。在实践上，人的普遍性正表现为这样的普遍性——首先作为人的直接的生活资料，其次作为人的生命活动的对象（材料）和工具——变成人的无机的身体。自然界，就它自身不是人的身体而言，是人的无机的身体。”[①] 在《1857—1858 年政治经济学批判》中，马克思说：“正像劳动的主体是自然的个人，是自然存在一样，他的劳动的第一个客观条件表现为自然、土地，表现为他的无机体；他本身不仅是有机体，而且还是这种作为主体的无机自然。这种条件不是他的产物，而是预先存在的；作为他身外的自然存在，是他的前提。”[②] 人的生命特征决定了人首先是自然存在物，决定了人永远是自然界的一部分，决定了人对自然的依赖性。生命的存在是人的一切历史活动的前提，也是人类文明及其发展的前提。因此，离开自然，则意味着人的生命的终结、人类历史和文明的终结。

然而，人对自然的依存并不是人与自然关系的全部内容。在人与自然的关系中还有人对自然的作用和改造，即人通过自身的活动使自在自然变成“人化自然”。尽管人和其他动物都是自然存在物，但是人同其他动物与自然的关系有着本质的不同。其他动物与自然是完全同一的。因为“动物不对什么东西发生‘关系’，而且根本没有‘关系’；对于动物来说，它对他物的关系不是作为关系而存在的。”[③] 因而，自然对于其他动物来说，不是作为对象性的存在。正如马克思所说：一个存在物“如果没有任何存在物作为自

① 《马克思恩格斯选集》第 1 卷，人民出版社，1995 年版，第 45 页。
② 《马克思恩格斯全集》第 30 卷，人民出版社，1995 年版，第 480 页。
③ 《马克思恩格斯选集》第 1 卷，人民出版社，1995 年版，第 81 页。

己的对象，就是说，它没有对象性的关系，它的存在就不是对象性的存在”。[①] 然而，人与自然的关系却不是完全同一的。人不仅需要依赖自然、适应自然、尊重自然，而且能够认识自然、并通过实践活动把自己的目的渗入到自然之中，使自然界对象化、人化，以满足人的需要、实现人的目的，并以此确证人的主体性和本质力量。于是，人与自然的关系便成为了主体和客体的关系，是一种相互规定、相互作用的对象性关系。人依赖于自然，自然也依存于人；脱离自然的人无法生存，离开人的自然也毫无意义。正如马克思所说，“被抽象地理解的、自为的，被确定为与人分隔开来的自然界，对人来说也是无”。[②] 因此，作为人的感性的自然界，“决不是某种开天辟地以来就直接存在的、始终如一的东西，而是工业和社会状况的产物，是历史的产物，是世世代代活动的结果”[③]。“在人类历史中即在人类社会的产生过程中生成的自然界，是人的现实的自然界；因此，通过工业——尽管以异化的形式——形成的自然界，是真正的、人本学的自然界”[④]。“人的现实的自然界”、“人本学的自然界”，是人的实践活动的结果，是一种历史性、实践性的客观存在。

在人与自然的关系中，人是主体、是能动的一方，自然是客体、是受动的一方。人的实践活动会改变大自然的面貌、结构，也可以在一定范围内和在一定程度上改变自然界运行的轨迹。只要人作用和改造自然，就必定会有这样的结果。所以，问题不在于人类要不要改造世界，而在于人类应当如何改造自然、改变世界。最理想的状态是人类依据自然本身运动的轨迹或规律改造自然、改变世界。但是，自然系统的复杂性等客观条件与人的实践和认识能力的历史局限性等主观因素，决定了人类绝不可能完全认识自然、把握自然

① 《马克思恩格斯全集》第 3 卷，人民出版社，2002 年版，第 325 页。
② 《马克思恩格斯全集》第 3 卷，人民出版社，2002 年版，第 335 页。
③ 《马克思恩格斯选集》第 1 卷，人民出版社，1995 年版，第 76 页。
④ 《马克思恩格斯全集》第 3 卷，人民出版社，2002 年版，第 307 页。

运动变化的全部规律。因此，人类只能根据自身的能力和以自身的方式改造自然。由于人的认识和实践能力的历史性，人对自然的改造有的是尊重自然发展规律、有利于人的生存和发展的，有的则是违背自然规律、不利于人的生存和发展的。

大自然经过亿万年的进化，形成了一个有利于人类生存、发展的相对平衡的生态系统。这种相对平衡的生态系统是自然界各种要素相互联结、相互作用的结果。由于自然各要素的联结和作用都有其固有的方式和限度，人类的活动便应该尊重自然固有的运行方式及其限度。如果人类的活动打破这种固有的方式和限度，那么，就会改变自然各要素的联系和作用的方式，改变自然运行的轨迹，打破生态系统的平衡，进而威胁人类的生存和发展，甚至摧毁人类生存的根基和条件。因此，真正讲来，在人——自然这一复杂的系统中，并不是人的实践决定自然的走向，而是自然的变化决定人类的命运。人类尽管是自然界的精灵，但毕竟只是这个大系统无数要素中的一个，即为沧海中的一粟，人类并不能变更整个自然运行的轨迹，更不能改变自然运动的客观规律。通俗地讲，地球上没有人类，地球照常转动，太阳照常东升西落。但没有太阳，没有地球及其生态系统，人类既不能诞生，也不能繁衍生息。大自然的一些重要元素，诸如气候、水资源、森林等因素的变动，既可以形成一个有利于人类生存发展的环境，也可以形成一个摧毁人类赖以生存发展的生态系统。人作为自然的一个要素，与自然千千万万的各种要素相互联系、互相作用，不断改变自然物之间的联系，进而改变生态系统运行的秩序。自然秩序的变化、改变在局部或短期对人类生存繁衍的影响并不会太明显或显著，当这种变化或改变达到一定程度和范围，就会出现生态失衡和生态危机。

近代以来，人类过于相信理性、知识、科技的力量，不断放纵自己的欲望，以征服者的身份对待自然，大肆掠夺、消耗自然资源，破坏自然环境。对此，恩格斯曾郑重告诫道：“我们不要过分陶醉于我们人类对自然界的胜利。对于每一次这样的胜利，自然界都对我们进行报复。”“美索不达米亚、希腊、小亚细亚以及其他各地的居民，为了得到耕地，毁灭了森林，但是做梦也想不到，这些地方今天竟因此而成为不毛之地，因为他们使这些地方失去了森林，也就失去了水分的积聚中心和贮藏库。”① 这种由于对自然的征服而导致的自然对人类的报复状况于今更甚。可见，生态危机是人自身造成的危机。

可见，在人与自然的关系问题上，存在一个巨大的悖论：一方面，人类社会的自身文明在进步、在提高，生产力水平不断提高，社会财富逐步丰富，人的寿命逐渐延长……；另一方面，人类生存其中的自然环境总体上却在恶化，且在威胁人的生存和繁衍。这是当今人类社会发展的巨大鸿沟。如果我们人类不能很好地处理人与自然的关系，弥合人与自然愈拉愈宽的裂痕，人类整个文明就会像历史上那些曾经消失的文明一样最终消失于这个孕育人类文明的星球。

正是因为人与自然的现实关系存在矛盾和冲突，且越来越不协调、不和谐，人类便要更加自觉、更加广泛和深刻地思考人自身在自然中的地位、人应该如何对待自然、在经济等社会活动中应怎样处理自然物才是道德的、如何改造或改变自然才有利于整个人类生存和持续发展以及实现人的幸福生活等问题。

人与自然的关系是人类最基本的关系，人类的其他关系都植根于此，处理人与自然关系的生产实践是整个社会发展的基石。因此，构建和谐社会，必须构建人与自然的和谐；构建和谐道德，必须构建人与自然和谐的道德。由于人与自然的关系直接关涉人类的生存与繁衍，人与自然的和谐符合道德的终极目的，因而，是否有利于人与自然的和谐必定成为创制社会道德规范、衡量人们生活实践的道德合理性的一个根本尺度。

---

① 《马克思恩格斯选集》第4卷，人民出版社，1995年版，第383页。

（二）两种对立的人与自然关系的伦理观

在如何处理人与自然之间矛盾和冲突这一问题上一直存在着人类中心主义和非人类中心主义之争。人类中心主义和非人类中心主义都是一种关于人类应该如何对待人类和非人类存在物的理论。人类中心主义认为，只有人类才是目的，才拥有内在价值和目的价值，才有自己的利益；但人以外的一切自然存在物都不过是手段——实现人类利益的手段，仅具有工具价值。因此，人类的一切活动都只是为了人类自身的利益，而不应该关心其他存在物的利益，人自身是唯一的目的。杨通进研究员在《超越人类中心论：走向一种开放的环境伦理学》一文中把人类中心主义理解为价值意义上的人类中心主义。他把人类中心论的核心观念抽象为：（1）人的利益是道德原则的唯一相关因素，因而在设计和选择道德原则时，只要看它能否满足人的需要、实现人的利益。（2）人是唯一的道德代理人，也是唯一的道德顾客，只有人才有资格获得道德关怀。（3）人是唯一具有内在价值的存在物，其他存在物都只具有工具价值；大自然的价值只是人的情感投射的产物。[①] 可见，人类中心主义是一种以人类利益为目的、为标准的理论。这样一来，人只关心人自身的利益，而不应该关心和照顾非人类存在物的利益；为了人自身的利益，侵害、剥夺人之外的生命体的利益是应该的、道德的。

与人类中心主义相反，非人类中心主义则认为，在这个世界上，不只是人是目的，一切动物、甚至植物、乃至一切生命体都有目的性，都具有目的价值。人类不仅要追求自身的利益，而且要维护非人类存在物的一切利益。维护人类和其他一切存在物的利益是衡量人类一切活动的根本价值尺度。可见，非人类中心主义则是一种以

① 转引自孙道进：《环境伦理学的哲学困境：一种反拨》，中国社会科学出版社，2007年版，第44—45页。

所有生命体的利益为目的、为标准的理论。[①] 如果人为了获取自身的利益，妨碍或损害非人类存在物的利益，则是不应该、不道德的。

从非终极的目的和标准而言，非人类中心主义是正确的。当人类的利益和非人类存在物的利益没有根本冲突时，人类必须处理好二者的关系，维护二者共同的利益，增进双方的利益。但由于非人类中心主义的伦理观是具有终极意义的，因而是谬误。[②] 同样，从非终极的意义上看，人类中心主义则是谬误。因为人类与非人类存在物有许多共同的利益，二者相互依存、相互促进。如果只把人当作目的，不保护其他存在物的利益，人类的生存和发展便难以为继。当代人类的发展困境、生态危机，与人类中心主义在近代以来的兴起有直接的关联。由于人类和非人类存在物的利益是在总体上一致的，因而人类应该自觉尊重自然物的权益，处理好二者的关系，维护双方的利益，实现人与自然的和谐发展。但由于人类与非人类生命体毕竟有着本质的不同，人类的利益和非人类的利益必然会发生冲突，有时可能会发生激烈的冲突，当二者的利益不能两全时，维护人类的利益和价值则是应该的、道德的。因此，从终极意义、最高价值的视角而言，高扬人的价值、维护和增进人的利益是正当的、道德的。所以，我们既要高扬人的价值、增进人的利益，又要促进人与自然的和谐相处，统筹人与自然的协调发展，促进人类持续、永续发展。

（三）生态文明建设与社会和谐

生态文明建设，关乎人民福祉，关乎人类未来。生态文明是工业文明发展到一定阶段的产物，是超越工业文明的新型文明，是在对工业文明带来的生态安全进行深刻反思基础上逐步形成和正在积

---

① 参见王海明：《新伦理学》（上册），商务印书馆，2008 年版，第 435—446 页。
② 参见王海明：《新伦理学》（上册），商务印书馆，2008 年版，第 435—446 页。

极推进的一种文明形态，是人与自然和谐的社会文明形态。[①]

在纯粹的意义上，自然界永远以其固有的方式运动变化着，完全是一个“自然而然”的过程。自然界作为一个庞大而复杂的系统有其自身的目的和内在的运动规律，自然界的各要素都在维持物种多样性和生态系统平衡上发挥着不同的作用。人类社会的发展同自然界的一切生命体或非生命体一样是一个“自然过程”。人来源于、依赖于自然，自然是人生存和发展之母。人与自然、社会的发展与自然运动的协调是人生存发展的基本前提。因此，人类应该且必须处理好人自身与自然的关系，促进二者和谐发展。人与自然和谐发展的最根本、最终的力量来自于人自身。在人类发展的历史进程中，人始终是社会历史发展的根本动力，人的发展是整个社会发展的决定性因素。为此，加强生态文明建设、实现人与自然的和谐发展，关键在于人和人的发展。只有依靠人和人的全面发展，实现人的本质力量，才能真正实现人与自然的和解，才能为人的生存发展提供永不枯竭的源泉和动力，人的生存与自然的运行才能协调统一，社会才能和谐发展。

前工业社会，由于社会生产力的落后，人类基本上是依赖于自然，过着一种靠山吃山、靠水吃水的“靠天吃饭”的生活，尽管人类的实践活动对自然造成了不同程度的破坏，但在整体上未能超出自然自我修复、自我再生的能力和范围，因此，人类只表现为地方性发展和对自然的崇拜，对自然改造的范围和深度很有限，人与自然的关系大体上处于原始的“天人合一”的状态。这不仅体现了那个历史时期的人与人之间狭隘的社会关系，而且受那种狭隘的社会关系所决定。马克思认为，“自然界起初是作为一种完全异己的、有无限威力的和不可制服的力量与人们对立的，人们同自然界的关系完全像动物同自然界的关系一样，人们就像牲畜一样慑服于自然界，因而，这是对自然界的一种纯粹动物式的意识（自然宗教）”。“这

---

① 《十八大报告辅导读本》，人民出版社，2012 年版，第 317—318 页。

种自然宗教或对自然界的这种特定关系，是受社会形态制约的，反过来也是一样。这里和任何其他地方一样，自然界和人的同一性也表现在：人们对自然界的狭隘的关系决定着他们之间的狭隘关系，而他们之间的狭隘关系又决定着他们对自然界的狭隘的关系，这正是因为自然界几乎还没有被历史的进程所改变”。①

近代以来，工业革命完全打破大自然的沉寂，人类创造了巨大的生产力，从自然中获取了巨大的财富。“自然力的征服，机器的采用，化学在工业和农业中的应用，轮船的行驶，铁路的通行，电报的使用，整个大陆的开垦，河川的通航，仿佛用法术从地下呼唤出来的大量的人口”。人类“按照自己的面貌为自己创造出一个世界。”② 于是，自然界“不过是人的对象，不过是有用物”，人们对物的占用表现为对人的占用，“人与人之间除了赤裸裸的利害关系，除了冷酷无情的‘现金交易’，就再也没有任何别的联系了。”③ 因此，在资产阶级的眼里，自然绝不是诗意的、艺术的、美学的荒野，而只是剥削劳动者的物质条件，是金钱或利润的载体。“在各个资本家都是为了直接的利润而从事生产和交换的地方，他们首先考虑的只能是最近的最直接的结果。……人们看待这些行为的自然影响也是这样。西班牙的种植场主曾在古巴焚烧山坡上的森林，以为木炭作为肥料足够最能盈利的咖啡树施用一个世纪之久，至于后来热带的倾盆大雨竟冲毁毫无掩护的沃土而只留下赤裸裸的岩石，这同他们又有什么相干呢？在今天的生产方式中，面对自然界以及社会，人们注意的主要只是最初的最明显的结果，可是后来人们又感到惊讶的是：人们为取得上述结果而作出的行为所产生的较远的影响，竟完全是另外一回事，在大多数情况下甚至是完全相反的；需求和供给之间的和谐，竟变成二者的两极对立”。④ 历史发展到了今天，

---

① 《马克思恩格斯选集》第1卷，人民出版社，1995年版，第81—82页。

② 《马克思恩格斯选集》第1卷，人民出版社，1995年版，第277、276页。

③ 《马克思恩格斯选集》第1卷，人民出版社，1995年版，第275页。

④ 《马克思恩格斯选集》第4卷，人民出版社，1995年版，第386页。

世界性的能源短缺、资源枯竭、环境污染、生态危机，严重威胁人的生存和发展，人类遇到了前所未有的生存挑战。

人的实践、尤其是生产实践是联结人与自然的桥梁。人的历史性和实践的历史性不仅决定与人相联结的自然不再是一种无历史性的存在，而是一种历史的产物。“一切生产都是个人在一定社会形式中并借这种社会形式而进行的对自然的占有。”① 只有在社会中，自然界才表现为它自己的属人的存在的基础，自然界的属人的本质只有对社会的人来说才是存在着的。马克思主义的自然观与历史观是辩证统一的。马克思认为，通过实践的桥梁作用，自然与社会的关系是双向互动、同步进行的。自然影响社会的存在发展，社会改变自然、改造环境。自然状况变坏或变好，归根到底都是人类实践所引起的变化。19 世纪以来自然环境的急剧恶化是人不合理、不科学、不文明的实践活动引起的；当今自然环境的改善必然依赖于人类实践方式、特别是生产方式的转向——生态学转向。

马克思从人们之间的社会关系决定和影响着人们对自然的观念出发，郑重地提醒人类：“单向度地渴求人与自然关系的和谐是绝对不够的，因此需要对我们直到目前为止的生产方式，以依靠这种生产方式而生存的整个社会制度实行完全的变革。”② 因为，“人与人之间不同的关系所组成的社会，对人同自然的关系就不能不起着强有力的制约作用。这种制约作用主要表现在：由人与人之间不同的关系所决定的生产目的、由生产目的所决定的生产模式、由生产模式所决定的技术发展模式等等，对人和自然的关系起决定性影响，以至于如果我们不改变一定的人和人之间的关系，就不可能改变一定的人和自然之间的关系”。③ 在马克思看来，只有到了“代替那存

---

① 《马克思恩格斯全集》第 46 卷（上），人民出版社，1979 年版，第 24 页。

② 孙道进：《环境伦理学的哲学困境：一种反拨》，中国社会科学出版社，2007 年版，第 102 页。

③ 冯敏：《关于马克思主义生态哲学的思考》，《北方论丛》1998 年第 6 期；转引自孙道进：《环境伦理学的哲学困境：一种反拨》，中国社会科学出版社，2007 年版，第 99 页。

在着阶级和阶级对立的资产阶级旧社会”的新社会，人与自然的和谐才能得到真正的确立，自然的人道主义与人道的自然主义才能真正实现统一。只有在那样的联合体，“人和自然之间、人和人之间矛盾”才能真正解决，“存在和本质、对象化和自我确证、自由和必然、个体和类之间斗争”才能真正解决。[①]

人与自然的和谐相处是实现社会和谐的基础，社会和谐是实现人与自然和谐相处的保证。党的十八大报告指出：“良好的生态环境是人和社会持续发展的根本基础。”[②] 保护环境，促进人与自然的和谐统一，既关系到人类的生存发展，又关系非人类生命的繁衍，既关乎当代人类的切身利益和幸福生活，又关涉未来人类的福祉。人类宜居的自然环境是社会的宝贵财富，是人的衣食之源，是经济发展的前提条件。因此，“建设生态文明，是关系人民福祉、关乎民族未来的长远大计。面对资源约束趋紧、环境污染严重、生态系统退化的严峻形势，必须树立尊重自然、顺应自然、保护自然的生态文明理念，把生态文明建设放在突出地位，融入经济建设、政治建设、文化建设、社会建设各方面和全过程”。[③]

天然自然和人化自然的和谐，对于人类的幸福和对于每个人享有基本人权，都是不可或缺的。优美、清洁、整齐、舒适的自然环境，对人类的生产、生活具有重要价值。[④] 清新的空气，洁净的水源，富饶的矿物资源，鸟语花香的自然环境……这些实实在在是构成人类美好幸福生活的内在因素。因此，自然环境必须得到保护。保护环境，尊重自然，协调人与自然的关系，就是保护人类自身，就是维持人类的生存、繁衍和社会的进步发展。所以，必须在处理人与自然的关系上提出法律的、伦理的要求，确立相应的法律和道德，规范生产实践、社会活动和物质文化生活。人的实践活动与生

---

① 《马克思恩格斯全集》第3卷，人民出版社，2002年版，第297页。

② 《十八大报告辅导读本》，人民出版社，2012年版，第39页。

③ 《十八大报告辅导读本》，人民出版社，2012年版，第39页。

④ 余谋昌、王耀先：《环境伦理学》，高等教育出版社，2004年版，第251页。

活应当以不破坏自然的整体特性及其要素之间的相互依存关系为根本原则。与此同时，人类应该维护环境正义，既维护国内各地区、人群之间对自然资源享用的平等权利，又维护各个国家、地区享有自然资源的权利平等，既维护代内公正，也维护代际公正，不仅要为当代人负起保护环境的道德义务，而且要为子孙后代承担保护自然环境的道德责任。另外，要不断培育和“树立尊重自然、顺应自然、保护自然的生态文明理念”，“增强全民节约意识、环保意识、生态意识，形成合理消费的社会风尚，营造爱护生态环境的良好风气”。①

① 《十八大报告辅导读本》，人民出版社，2012年版，第39、41—42页。

第八章　和谐社会的基本道德规范

社会是个多领域的复杂系统。人从事的社会实践活动多种多样，人的社会角色也多种多样。人在不同的活动领域从事不同的实践活动，遵守不同的道德规范，形成不同的道德品质。一般而言，一个好的社会总希望它的成员能够形成完整统一的人格，一个人的幸福生活和美好人生总离不开完整统一的人格。完整的统一的人格是构成好生活、好人生和好社会的重要元素。人要形成完整的道德品格、具备完整统一的人格，社会便必须创制完整统一的行为规范。人在社会中生活，总是要过作为独立的个人、作为家庭的成员、作为社会的公民和作为某一工作领域的职员的生活；如果要使每一种生活过得像模像样、和谐顺畅、幸福美满，那么就应当遵守社会生活的基本道德，培育人的基本德性。

一、人之为人应信守的基本道德

人是在社会中生成的。人生在世，不管要成为什么样的人，过一种怎样的生活，最基本的是要成为一个人、过属于人的生活。成为一个人，固然要从多方面下功夫，但从道德的观点看，则需遵循基本的道德规范，具有基本的德性。一个不遵守基本的道德规范，不具备基本德性的人，是难以称其为人的。那么，人之为人应该遵守什么样的基本道德呢？

第一，贵生。人首先是自然存在物，须具有自己的生命活动，并且具有“有意识的生命活动”，因而，人的生活是一种有生命的生活。[①] 人最宝贵的是生命，生命属于每个人只有一次。社会、历史和人的一切的第一个前提是有生命的个人存在。人没有了生命，便没有了人的存在，没有了人的一切。没有了具有生命的个人，就没有了社会和历史。因此，无论从何种意义上看，每个人都应当珍惜自己的生命。社会首要的、最基本的道德就是保障、尊重人的生命。生命是道德的基础和动力。居友认为：“我们自然本性的主要和基本的事实是，我们是活生生的、富有情感并能进行思维的生命”[②]。生命的存在是人最根本的事实，生命现象是一切现象的基础，因而也是道德的基础。道德不是来自外在的神灵天启或社会压力，也不是来自人的内心，而只能基于人的生命自身的存在，因此，我们只能“从自然出发去提炼道德哲学”，“从生命中获取道德的原则”。[③]

人来到了这个世界，首要的、最基本的道德要求就是珍爱生命、尊重生命——贵生。贵生，基本的含义在于：视生命为最宝贵的东西，把珍爱生命作为最基本的道德义务，过一种有利于生命健康存在的生活方式；珍爱自己的生命，同时也珍爱他人的生命以及一切生命体的生命；维护有利于所有生命健康发展的自然和社会环境。另外，贵生，不仅要关注人的生命的存在与延续，而且要关注人的生命的终结与超越。生命的存在本身包含着生命的消亡，死亡是生命的一个重要部分。孔子讲“未知生，焉知死”。孔子强调对生命的珍重，对生的意义的重视，是有其道理的。然而，从一定意义上看，不能理解生命的死亡便不能完全理解生命，即“未知死，焉知生”。

① 《马克思恩格斯全集》第3卷，人民出版社，2002年版，第273页。

② ［法］居友：《无义务无制裁的道德概论》，中国社会科学出版社，1994年版，第201页。

③ 唐凯麟：《西方伦理学经典命题》，江西人民出版社，2009年版，第205—207页。

一个人如果理解了人的生命的终结，那么，就能更深刻地把握生命存在的价值和意义，就会更加懂得生命之生的可贵。如果社会能够以人道、合人性的方式对待人的死亡，那么，便能够以更文明的方式对待人的生存，因而人的生命就会极大限度地受到保护和尊重。就每个个体而言，生命的过程就是走向死亡的旅途，一个人对待死亡的态度、方式其实就是对待生命、生存和生活的态度。因此，贵生，最应当成为人首要的、最基本的道德要求。每个人不仅应珍爱生命的存在与发展，而且要给生命的终结以尊严，从而实现生命的超越。

第二，自尊。“贵生”，不是贪生；“知死”，不是怕死。人的生命不是一种纯粹自然性的存在，在本质上，是一种社会性的存在。人的生命在这个世界上，注定要成为一种有无限尊严的存在。可以说，在这个世界上，只有人的生命是“惟一者”，没有替代品。康德认为，因为每个作为个体的人都无法替代，所以才具有无可比拟的尊严。马斯洛等人认为，尊重的需要是人的基本需要。尊严可分为两类——自尊和来自社会和他人的尊重。自尊包括获得信心、能力、本领、成就、独立和自由等。来自他人的尊重包括威望、承认、接受、关心、地位、名誉、赏识等等。[①] 马斯洛说：“社会上所有的人（病态者除外）都希望自己有稳定、牢固的地位，希望别人的高度评价，需要自尊、自重，或为他人所尊重。牢固的自尊心意味着建立在实际能力之上的成就和他人的尊重。”[②]

人要活得有尊严，过一种有尊严的生活，人便应当正确认识自己。苏格拉底的“认识你自己”具有永恒的生命力。人只有具备自我认识、自我评估的能力，才能自我肯定，才能选择和确定合适的人生目标，才能实现真正完整的自我。正如奥托所说：每当我完成一项工作，只要我自己认识到它是出类拔萃的，并且也真正喜爱它，

① 赵敦华：《西方人学观念史》，北京出版社，2005年版，第430页。
② ［美］马斯洛等：《人的潜能和价值》，华夏出版社，1987年版，第167页。

那么，我就对自己承认它。由于人的尊严还来自社会和他人，因此，除了每个人的自我认识、自我承认与肯定之外，社会应该根绝一切歧视性、压迫性的制度和规章，建立一种自由平等的社会制度；同时，每个人也应该承认、肯定他人的价值，尊重他人的人生选择、人生目标。

第三，理智。人作为自然性、社会性的存在，同时又是理性的存在。柏拉图认为理性是灵魂的最高属性，人的意识根源于灵魂。柏拉图首次对灵魂作出理性、激情和欲望的三重区分，称它们为灵魂的三个部分。理性控制着思想活动，激情控制着合乎理性的情感，欲望支配着肉体趋乐避苦的倾向。理性把人与动物区别开来，是人的灵魂的最高原则，它是不朽的，与神圣的理念相通。灵魂的三个部分统一于人的理性。灵魂的本性是理性，激情和欲望都应服从于理性。按照亚里士多德的观点，灵魂只存在于有生命的事物之中，无生命的事物没有灵魂。灵魂根据事物的分类相应地分成植物灵魂、动物灵魂和人类灵魂，不同的灵魂执行不同的功能，人类灵魂除了具有植物灵魂和动物灵魂的功能外，还有理性思维的特殊功能，因此又被称作理性灵魂。因此，人是具有理性灵魂的生命。康德认为，“人具有一种自己创造自己的特性，因为他有能力根据自己所采取的目的来使自己完善化；他因此可以作为天赋有理性能力的动物而自己把自己造成为一个理性动物。”[①]“所以可以说，人类的首要特性是作为理性生物的能力，即既为他自己、也为他的本性将他置于其中的社会，创造出某种一般的特性。”[②]马克思认为，人之所以区别于动物，在于“他的生命活动是有意识的”；“有意识的生命活动把人同动物的生命活动区别开来”；人作为社会存在物，“是有意识的存在物。”人作为有意识的存在物，在社会中通过他的意识活动展开

① ［德］康德：《实用人类学》第232—233页；转引自夏甄陶：《人是什么》，商务印书馆，2002年版，第127页。

② ［德］康德：《实用人类学》第236页；转引自夏甄陶：《人是什么》，商务印书馆，2002年版，第127页。

和渗透，使人的活动呈现出有意识、有目的、有计划等特点，并且在物质生产实践基础上，从事各种各样的精神生产和文化活动，形成和发展自身丰富多彩的精神世界。

既然人是理性的存在物，人就应该是理性的、理智的。成为理性的存在，做一个理智的人，既是社会对人的最基本的道德要求，也应当成为人的自觉追求和基本德性。社会在总体上是一种理性的存在，人的理性是社会基本结构得以确立和维持的必然前提。如果人没有了理性，则意味着社会没有了理性，没有理性的社会是不可能存续的。同样，如果一个人在整体上不是理性的或失去了理性，则意味着这个人已失去人的资格，不是一个完全意义上的人。因为一个无理性、失去理智的人，便意味着没有了自主生活和参加社会活动的能力，更没有了履行道德义务、承担道德责任的能力。康德认为，理性是人的天赋的能力和本质，而人可以通过自我创造来实现这个理性能力和本质，从而把人创造成为现实的理性的存在物。人是一种特殊的理性存在者。理性的人生活在本体世界，不受经验因素的制约，服从道德律令。道德律令是自己为自己立法。在实践领域，理性不受其他任何东西所决定和左右，是自由的。人是理性存在者，不受经验的因素所决定，因而是自由的。就是说，人是理性的，因而是自由的。自由是人进行道德活动的先决条件。惟有人是自由的，才有人的道德自觉；惟有人的自觉的道德实践，才有道德价值。因此，一个理性的社会在道德上要求人应当是理性的，应该具有理智的品质。

第四，节制。节制是行为受理智指导，而不是受欲望支配。孔子认为，“克己复礼为仁。”亚里士多德认为：“自制的人则受理性支配，而拒斥明知不当之欲望。”蔡元培也说：“自制者，节制情欲之谓也。”[①] 人的生命是一个不断与世界接触、打交道的过程。人只有不间断地从外界获取物质、能量、信息才能存活。从根本上讲，

① 王海明：《新伦理学》下册，商务印书馆，2008 年版，第 1414 页。

人有追求欲望的满足和快乐的无限冲动。按照弗洛伊德的理论，人的机体是一个复杂的能量系统，其心理能量是力比多。生命的本能有两种力量：爱欲和死欲。爱欲是个体生存和繁衍的动力，是创造的力量。爱欲是人的一切求生、求爱、求乐的欲望。爱欲遵循“快乐原则”。与之相对，死欲则是仇恨、毁灭的力量，它用强制的力量追求失去的原初状态，在毁灭中获得新生，服从“强迫重复原则”。死欲指向外部时，表现为攻击、破坏和斗争；指向自身时，表现为自责、自惩。这两种本能针锋相对，在一定条件下相互转化。人的生命表现为这两种欲望和本能力量的冲突和妥协。弗洛伊德认为，人的精神活动是本我、自我和超我的相互冲突与统一。本我是人的原始动物性，是盲目的欲望冲动。但它却是人的活动的基础。为了使人能够健康生活，尤其是保持健全的精神活动，本我必须给予必要的限制，因此，应发挥自我的中间调节作用，既满足本我的现实合理的要求，又使人的活动符合社会道德伦理，把个人的现实活动与远大的社会理想有机统一起来。现实的人既是本能的人、又是理智的人和社会的人。现实的人在本质上是社会存在物，人不能仅仅依赖本能而生活，而应该以理性节制本能，不断接受社会规范的规导，真正过一种属人的生活。人的生活是有秩序、有规则的生活。因此，现实的人应是有节制的人，节制应成为人之为人的基本道德。

第五，勤俭。人是自然存在物，必须依赖于自然界才能存活。人要生活，要创造历史，就必须满足基本的生活需要，因此，人一刻也不能停止生产。外在的世界从来就不会满足人，人只有通过劳动才能满足人生存和繁衍需要。劳动是人和社会存在的基础，劳动是人的社会本质，劳动是幸福生活的源泉。劳动创造人，劳动实现人，劳动发展人。人只有在劳动中才能施展和发挥自身的潜能，展现人自身的本质力量，实现自身存在的价值。劳动是个体人格、智慧、道德完善和实现人生幸福的唯一的根本途径。劳动是理解人和社会的一把钥匙；劳动是人的第一需要。所以，人应该爱劳动，积极劳动，尊重劳动，努力实践，发挥人的聪明才智，为人类创造更多更好的财富，同时，在劳动中实现自我、完善自我。社会也应该尊重劳动，尊重创造。

众所周知，自然界给予人的资源永远是有限的，在一定历史阶段，人所创造的财富也是有限的。人的欲望的无限性与财富的有限性是一对矛盾。这一矛盾深深地烙印在人的身上，既是人不断奋斗的不竭动力，也是人深感不幸的渊薮。无论人如何勤奋努力，财富相对于人的欲望总是有限的。因此，人不仅应该勤奋劳动，而且还应该节俭，节省自然资源的消耗和社会财富的消费。从资源的极端有限性和当今世界生态危机的严重性而言，人们更应该节制自己的欲望，过节俭的生活，建设资源节约型和环境友好型社会。只有一方面不断创造财富，另一方面节制欲望，健康消费，人才能过富足的生活。富足的生活无疑是构成幸福人生的一个必不可少的要件。勤俭是人过幸福生活的必需品，奢靡则是幸福生活的腐蚀剂。因此，勤俭之人才能成为幸福之人。

第六，友善。社会性是人之为人的本质属性。人的价值、人的尊贵，只有在社会中才能得以确立。法国的启蒙思想家们认为，人是社会环境的产物，人是社会的人，人的社会性是在社会中获得的。不仅如此，人的幸福及其所需的一切都必须在社会中才能获得。正如霍尔巴赫所说："社会对于人的幸福是有益和必需的；人不能独自使自己幸福；一个软弱而又充满各种需要的生物，在任何时候都需要他自己所不能提供的援助。只有依靠他的同类的帮助，……依靠别人的鼓励和支持，人的技巧才能得以发挥，人的理性才能得以发扬。"因此"人乃是自然中对人最需要的东西。"[①] 费希特认为，人要使自己成为善的、完整的人，就必须过社会生活。他说："人注定是过社会生活的；他应该过社会生活"。费尔巴哈认为，人是自然的一部分，是有血有肉的感性的对象。他说，"孤立的、个别的人，不

① 《西方哲学原著选读》（下册），商务印书馆，1981 年版，第 230 页。

管是作为道德实体或作为思维实体，都未具备人的本质。人的本质只是包含在团体之中，包含在人与人的统一之中”。[①] 马克思认为，人只有作为社会性的存在，人的自然存在才是现实个人的存在。“只有在社会中，人的自然的存在对他来说才是自己的人的存在，并且自然界对他来说才成为人。”“个体是社会存在物。因此，他的生命表现，即使不采取共同的、同他人一起完成的生命表现这种直接形式，也是社会生活的表现和确证。人的个体生活和类生活并不是各不相同的，尽管个人生活的存在方式是——必然是——类生活的较为特殊的或者较为普遍的方式，而类生活是较为特殊的或者较为普遍的个体生活。”“因此，人是一个特殊的个体，并且正是他的特殊性使他成为一个个体，成为一个现实的、单个的社会存在物，同样地他也是主体、观念的主体，被思考和被感知的社会的自为的主体，正如他在现实中既作为社会存在的直观和现实享受而存在，又作为人的生命表现的总体而存在一样。”[②] 所以，人是最名副其实的社会动物，是只有在社会中才能独立的存在物。“人的本质不是单个人所固有的抽象物，在其现实性上，它是一切社会关系的总和。”[③] 既然人只有在社会中、依赖他人而存在，那么，我们每个人都不应该与“我”之外的人相互敌视、敌对、损害、残暴，而应该彼此相互关爱、亲善、帮携。在家庭、社会以及社会生活的各个领域，人应该善良，以慈善的心看待万物，以慈悲的情怀怜惜万物，做对自己、他人、万物有益的事情。一个善良的人，应当是给他人、万物带来益处的人，应该是增进社会福利、增进人的幸福和社会美好的人，至少应该是不伤害他人、万物的人。如果我们每个人都是善良的，都做善事、行善举，那么，家庭、社会、生活就会和谐、发达，人生就会幸福，生活就会美好。

---

① 《费尔巴哈哲学著作选集》（上卷），三联书店，1959 年版，第 247，185 页。
② 《马克思恩格斯全集》第 3 卷，人民出版社，2002 年版，第 301、302 页。
③ 《马克思恩格斯选集》第 1 卷，人民出版社，1995 年版，第 60 页。

二、人之为家庭成员应遵守的基本道德

家庭是社会的细胞。自古以来，家庭在中国社会一直居于重要地位。中国传统社会，国就是家的放大，“家国同构”、“家国一体”，决定了家庭在社会生活中的特殊地位和独特作用。家庭和睦是社会和谐、国家安宁的基础和重要内容。因此，我国历来就十分重视家庭伦理道德建设。在传统儒家道德体系中，家庭伦理关系就占有了“三纲”中的“两纲”，而“君臣关系”其实是“父子关系”向外推衍的结果；“五常”也基本是家庭道德伦理。孔子道德体系的核心——“仁”，即“仁者爱人”，主要强调的是亲亲之爱；孟子运用“推己及人”的方法扩大了孔子“仁爱”的范围，由亲亲之爱扩充为一般的人伦之爱，即“老吾老以及人之老，幼吾幼以及人之幼”。社会主义道德体系建设同样特别重视家庭美德建设。进行家庭美德教育一直是加强社会主义思想道德建设、先进文化建设的一项重要内容。《公民道德建设实施纲要》对家庭美德提出了明确的要求。《纲要》指出：“家庭美德是每个公民在家庭生活中应该遵循的行为准则，涵盖了夫妻、长幼、邻里之间的关系。家庭生活与社会生活有着密切的联系，正确对待和处理家庭问题，共同培养和发展夫妻爱情、长幼亲情、邻里友情，不仅关系到每个家庭的美满幸福，也有利于社会的安定和谐。要大力倡导以尊老爱幼、男女平等、夫妻和睦、勤俭持家、邻里团结为主要内容的家庭美德，鼓励人们在家庭里做一个好成员。”①

改革开放的新时代，不仅改变了中国的社会结构，而且也改变了家庭结构。和谐社会建设、现代化建设对家庭建设提出了新的要

① 《〈公民道德建设实施纲要〉学习读本》，中央党校出版社，2001年版，第6页。

求。作为家庭成员的个体在道德的要求上也应当随之变化，不断形成新的家庭道德观念，确立新的家庭道德。那么，人作为家庭中的一员应遵守哪些基本道德呢？

现代社会的家庭主要成员包括夫妻（父母）、子女、祖父母等，但夫妻或父母是家庭的核心。不同的家庭成员应遵循的道德规范是不同的。由于人在家庭中的身份是变动的，人所遵循的家庭道德规范也应随之而变动。一般而言，家庭成员应该遵守以下基本道德规范。

第一，仁爱。家庭不仅是利益的集合体，而且更是仁爱的集合体。家庭的维系不仅需要利益，而且更需要爱。在本质上，家庭是爱的道德共同体，是建立在爱、亲情基础之上的集合体。家庭是爱的港湾，是爱的摇篮，是爱的天堂。可以说，家的本质就是爱。如果家中没有爱的温暖，没有亲情的温馨，家便失去了实质性的意义。尽管家庭成员之间需要建立自由、平等的道德关系，每个家庭成员应该遵守自由、公正等道德原则，但更重要的是建立一种基于爱的道德关系，遵循仁爱的道德原则。在某种意义上，一个人在家庭中，可以是不爱自由、不愿公正的，但绝不可以是没有爱心的，就是说，一个家庭成员可以不遵循自由、平等的道德原则，但不可以不遵循仁爱原则。在家庭中，仁爱原则具有绝对性，恰如在社会中自由原则具有绝对性一样。一个人是家庭中成员，那么，他（她）就应当爱自己、爱家人、爱家庭的正当所得、爱护家庭财产、维护家庭的正当权益。

由于夫妻——父母是家庭的主体与核心。仁爱，在家庭中首要和集中表现为夫妻之间的爱。一对符合结婚法定条件的男女组合新的家庭，首要的、根本的因素是双方的爱情。没有爱情的婚姻是不道德的。由于爱情是人类极为复杂的感情，要在理论上探讨清楚什么是爱情，的确是件很难的事情。但有一点应该是清楚的：爱情是建立在性爱基础之上的，且是以满足性爱需要为动力的。当然，我们说爱情以性爱为基础、以满足性爱需求为动力，但并不以满足性爱需求为根本目的。这是爱情与人类其他美好感情相区别的根本之处。因此，成年男女组合家庭首要的根本的前提是因为爱——情爱，而不应当是爱情之外的其他，如财富、地位等。当然，我们并不排除财富、地位、身份等也是构成爱情婚姻家庭的必要因素，恰如财富、闲逸等是构成幸福生活的要件一样。组合婚姻家庭首要的根本的因素是爱情，维持婚姻家庭的根本因素依然是爱情。恩格斯指出："如果只有以爱情为基础的婚姻才是合乎道德的，那么也只有继续保持爱情的婚姻才合乎道德。"① 因此，婚姻家庭道德的核心是爱——男女之间的爱情。只有建立在爱情牢固基础之上的婚姻才是稳定可靠的，只有充满爱的夫妻，家庭生活才会是温馨、和谐、幸福的。所以，我们应该坚持婚姻道德中爱情原则。只有因爱情而结合并维持的婚姻和家庭，才是道德的，美好的；不是因爱情而建立婚姻和家庭，其道德理由则是不充足的，也不可能是美好的。同样，我们也主张应该结束那种没有爱情的婚姻。因为正如恩格斯所说："如果感情确实已经消失或者已经被新的热烈的爱情所排挤，那就会使离婚无论对于双方或对于社会都成为幸事。"② 当然，由于爱情的复杂性和变动性，无论是结婚还是离婚，男女双方都应该谨慎，而不能轻率，更不能假借爱情之名而视婚姻如游戏，更不能借爱情之名推脱对家庭义务的践履。另外，婚姻家庭的维持、美好的婚姻家庭生活不仅需要纯真而牢固的爱情，而且需要依赖于众多的因素，诸如健康的身体、充裕的生活资料、乐观豁达的生活情趣、和睦的亲邻关系等等。因此，幸福的婚姻、美满的家庭生活不仅需要爱情之爱，而且需要亲情之爱，也需要履行家庭法律道德义务的坚定意志和坚强毅力。

第二，平等。男女之间的爱情是以自由平等为前提的，且只能建立在自由平等的基础之上。在爱情中，男女双方都是自由、平等

① 《马克思恩格斯选集》第 4 卷，人民出版社，1995 年版，第 81 页。
② 《马克思恩格斯选集》第 4 卷，人民出版社，1995 年版，第 81 页。

的，没有尊卑高下之别。任何强迫、限制，都不可能有爱情。由于婚姻家庭是以爱情为基础的，因此，在婚姻家庭中，男女之间依然是自由平等的关系。尽管男女因爱结成夫妻、组建家庭，必然要接受家庭共同体约定和限制，但并不能因此限制人的自由，包括人身自由、信仰自由、思想自由等等。由于我国经历了长期的封建专制时代，等级制度从政治生活延伸至家庭生活，“父为子纲、夫为妻纲”的传统道德影响至深，男尊女卑的不平等观念至今没有彻底消除，重男轻女的生育观、教育观等依然有一定市场，家庭中的父权、夫权观念、大男子主义依然存在。因此，在婚姻家庭道德规范中很有必要强调和坚持男女平等自由的道德与法律关系。男女平等自由不仅适用于夫妻之间，而且适用于其他所有家庭成员，不论老幼、不论贡献大小及其他。当然，家庭成员间的平等自由，不是要抹平家庭成员各自的特殊性，更不是不要尊老爱幼，而是为了彻底破除传统家庭道德中的尊卑等级，建构平等的家庭关系，为了更好地尊重各自的特殊性，实现各自的特殊利益，让长辈得到尊敬、未成年人得到照顾和爱护，构筑“各美其美”的温馨和谐的家庭生活。

第三、忠实。忠实就是真实、真诚、诚恳、忠诚、老实、公开、信任。家庭中的人，应该是最真实的生命体。在家庭中，每个人都不应该过一种需要虚饰的生活，而应该过一种朴实真挚的生活。家庭应该是人可以自由真实地表达和倾诉思想、情感、心声的地方，是人与人之间最不需要或最少隔离的地方。因而，家庭应该成为世界上最真实、最朴素的地方。因为家庭是爱的共同体。家庭是以爱的纽带为基础的。爱必须是真实的、朴实的，而绝不能是虚空、虚伪的。建立在不真实的爱的基础之上的婚姻家庭，恰如建立在以沙丘为地基的高楼大厦一样必定会倒塌。因爱情而有了婚姻，因婚姻而有了子女和家庭，在婚姻和家庭中，爱情是基石。然而，爱情其实是一种既牢固而又脆弱的感情，忠实是爱情的基本要求。从一定意义上讲，一个人的爱情只有自己才能心知肚明，对一个人的爱情是不是真实纯粹也只有自己才能确切地明了。因此，爱、尤其是爱情之爱，需要彼此的忠实。

社会是个大家庭，家庭是个小社会。由于家庭中每个人都不一样，存在着智力、情感、兴趣、爱好、性格、生活能力等方面的差异，同时，每个人都有自己独特的世界和目标追求，因此，每个人除了应该具有怜悯、宽容的仁爱之心外，还应该做到忠实。忠实就是对自己的家人忠诚老实，真实诚恳地对待家人；彼此相信、信任，坚信家庭中的每一个人都能够走好自己的路，实现自己人生的理想；同时，互相帮助，支持家庭成员实现自己的人生规划和梦想。

第四，奉献。家庭的维系和发展是每个家庭成员共同的事业，需要每个人的努力和奉献。家庭生活，每个人都有各自的责任，都应当主动承担家庭义务，贡献自己的力量。尽管家庭生活中应该遵循公正原则，坚持人人平等，但是，由于家庭主要是个爱的共同体，同时每个家庭成员的能力是不一样的，再者，每个家庭或每个人都可能经受偶然甚至遭遇不幸，因此，家庭的每个人更应该学会担当，要有强烈的家庭责任感，具有奉献、牺牲精神。为什么说家庭成员更应该具有奉献牺牲精神呢？根本在于这是由家庭的脆弱性决定的。现代社会，家庭越来越小型化，家庭人员少，抗风险能力弱。抗拒自然和社会的各种风险，一方面需要健全社会保障体系，提高社会的抗风险能力，另一方面需要每个家庭成员主动担当责任，牺牲奉献。如果家庭成员没有奉献牺牲精神，一旦遇到什么不测，哪怕是生老病痛等必然之事，家庭就会变得不牢固，甚至解体。因此，家庭中的每个人都应当奉献牺牲。从某种意义上说，抚养子女、赡养父母老人，既是一种责任，也是一种奉献。奉献牺牲是仁爱的必然要求和集中体现，是一种至上的仁爱。其实，爱，在本质上就是奉献牺牲。

一个人在婚姻家庭生活中如果能够做到仁爱、平等、忠实和奉献，那么他（她）就是合格或优秀的家庭成员；如果家庭成员能够在总体上遵守这些基本道德，那么，婚姻家庭生活应该是和谐幸福美满的。

三、人之为公民应坚守的基本道德

人类社会进入近代以来便在不断从简单向复杂、从身份向契约、从人治向法治转变，即从传统社会向现代社会转变。与此相适应，个人也从一般意义上的“无独立性”的人转变为社会、国家意义上的具有独立人格的公民。人与人的社会关系从简单的命令与服从式的等级关系转变为平权式的交往关系。“平权式交往关系，就是在主体平等、自愿的前提下，实现人与人之间的公共交往。”[①] 社会道德也随之从义务性道德向权利性道德转变。

第一，遵纪守法。法治是和谐社会的生命线，是社会和谐的根本保障。社会生活的各个领域、各个方面，所有人的社会活动，都必须接受法律的保障和规导，都必须在法律规定的范围内施行，而不能超越法律之上或之外。因此，社会活动都应该依法而行，绝不允许有超越法律之上或之外的公民权利和社会行为。亚里士多德认为，法治有两方面的含义，一是制定良法，二是公民具有高度的法律意识，自觉遵守法律。守法是遵守社会规则的底线，违法则是冲破社会规则的底线。如果社会的底线被突破，就意味着社会生活的正常秩序被破坏，社会则会陷入混乱和动荡。为了使社会保持在一定的秩序之中，使每个人都过上安全、稳定的生活，公民最基本的道德就是遵纪守法。遵纪守法是公民实现个人人生计划和社会理想的最基本的条件，是从容地过好生活的最基本的保障。社会和谐、人生幸福都蕴藏在遵纪守法之中。

第二，诚实守信。信者，人之言也；诚者，言之成也。在中国传统道德体系中，“信”是同“仁义礼智”并列的基本道德。“诚从

① 谢晖：《法治讲演录》，广西师范大学出版社，2007 年版，第 225—226 页。

内，言从外”；“信者，行之基也”，“诚者，天之道也”；“唯天下之至诚，为能尽其性；能尽其性，则能尽人之性；能尽人之性，则能尽物之性；能尽物之性，则可赞天地之化育；可以赞天地之化育，则可以为天地参矣。”[①] 语言是人与人交流的工具，是人与人相互联结的纽带，人与人交往活动大都通过语言进行。尽管语言反映、包含着客观的内容，但是语言与其所表达的内容之间具有外在性、不一致性，甚至不真实性。这就要求人们在交往活动中应该尽可能地真实表达客观事实，真实传送自己的思想情感。如果人们以不情愿、不真实的方式传播信息，即以不诚实的方式传播信息，不仅意味着人们不能获得真实的社会信息，不能了解社会真实的情况，而且意味着人们可能生活在不真实的、甚至是欺骗、欺诈盛行的不安全的社会环境之中，那么，人们便不可能建立稳定的社会关系，生活必然不得安宁，社会必然混乱，甚至可能解体。从这个意义上讲，作为公民，每个人都应该在社会交往活动中做到诚实守信。诚实守信是一种最基本的公共道德。

当今社会不再是一个简单的熟人世界，而是一个复杂的陌生人世界。社会生活的多样化、复杂化决定人与人之间关系的多样化和复杂化。复杂多样的世界和人际关系使得情感的纽带在人与人之间日渐变得疏松和淡薄。同时，在这张复杂的社会关系之网中，每个人作为一个纽结与他人时时刻刻都发生着千丝万缕的联系。每个人都是一只亚马逊河流域上空的蝴蝶，翅膀的每一次细微扇动，便可能掀起一场社会飓风。单一性的社会性事件引起群体性事件、民族性事件、甚至整个人类性的事件，在历史上经常发生。当今时代发生这种事件的概率在不断提高。我们每个人的每一次行动都有可能影响自己或他人的一生一世。陌生人的世界，人与人不可能在黑白分明、知彼知己的条件下交往，而是在若明若暗的情景中往来，就是说，我们每个人的面前都横亘着一幅巨大的“无知之幕”。毫无疑

① 《中庸》。

问，人们从事社会活动的不确定性增多，担负的社会风险增大。不确定性、风险无疑是影响社会安宁和生活幸福的不利因素。为了把不利因素的影响降低到最低限度，便要求我们每个人在所有的社会公共领域、社会活动，尤其是在社会交往活动中应该真诚老实，应该信守承诺。因为诚实守信既能降低社会风险，增强社会凝聚力，又能降低生活成本，提高生活幸福指数。

第三，公正互助。和谐社会是平等的社会。公正、平等是和谐社会最基本、最重要的价值之一。罗尔斯甚至认为，公正是现代社会的首要价值。王海明教授也认为，公正是社会治理的首要道德原则。中国传统社会是人的权利和义务不对称、不对等的社会。少数人（统治者）拥有众多的权利，却履行极少的义务；相反，绝大多数人（劳动群众）拥有极少的权利，却履行极多的义务。社会主义制度废除了人与人之间的不平等关系，确立了人人平等的社会关系。但由于受传统社会“官本位”等不良因素的影响，以及制度不完善、市场经济体制发育不健全、发展不平衡等原因的制约，不平等、不公正的制度和现象还大量存在，特权思想、特权制度、特权现象、特权之风依然有较大市场，人与人之间平等互助的社会关系还没有完全建立。在一定程度上，这是影响社会和谐的一个根本性问题。因为社会和谐的根本在于人与人的和谐。没有平等互助的社会（利益）关系就不可能有社会和谐。

社会公正的根本问题是基本权利和义务的平等。每个人享有平等的基本权利，履行同等的基本义务。社会没有超越法律和道德之上或之外的特权阶层和特权人士。只有实现社会公正，即公民拥有平等的基本权利和义务，人与人之间才能建立平等互助的社会关系，社会才可以确立平等互助的基本道德。因为权利和义务是对等的，一个人享有的权利是他人履行义务的结果；反之，一个人履行了义务，则意味着他人享有了权利。权利和义务的关系在本质上是一种平等关系。因此，实现社会公正关键在于确立人的权利和义务的平等关系。只要公民的社会权利和义务是平等的，就能够建立互助的社会关系。

如果社会在法律上解决了社会公正的根本问题，确立了公民权利和义务的平等关系，那么，每个公民则必须尊重和享有自身的权利，同时自觉履行法定义务。只要每个公民能够在享有权利的同时自觉履行好自身的义务，人与人之间就建立了平等互助的关系，社会就会是公正互助的共同体。和谐的共同体必是公正的、互助的共同体。

第四，谦恭礼让。人与人之间的关系在本质上表现为利益关系。人们的社会利益关系是纷繁复杂的，有的具有一致性，有的则是对立冲突的。社会主义社会，人们之间的利益关系在本质上是一致的，但也存在着矛盾、对立和冲突。处理一致性的利益关系，人们应该公正平等互助，实现互惠互利的双赢结果。但是，并不是所有一致性的利益关系都是对等、相同的，在许多情况下，根本利益一致的不同的利益主体之间存在获利的多与少以及获利的先与后等方面的不同。就是说，社会不可能同时满足所有人的需要，有的人或人群可能优先获利，而有的人或人群则后获利；同时，社会也不可能完全均等地满足人的需要，有的人或人群获利较多，有的人或人群则获利较少。可以说，任何社会、任何时候，总是会存在人与人之间的利益矛盾甚至冲突。因此，当人与人之间的利益发生矛盾或冲突的时候，应该在保证社会公正的前提下，倡导谦恭礼让。如果在利益矛盾或冲突面前不是相互谦让，而是激烈竞争、互相争斗，矛盾的社会利益关系就会不断恶化，最终导致社会动荡不安。反之，如果每个人在利益矛盾面前都能够谦让，利益间的矛盾便容易化解，便能够建立和谐的社会利益关系。

人与人利益关系不一致、相冲突的情况比较复杂，必须具体分析、分别对待。人的利益，从其重要性而言，可分为根本利益和非根本利益，因此，社会必须区分不同利益之间相互冲突的不同情况，确定谦让的具体规则。其一，当人们的根本利益发生冲突时，则应区分利益的大小、多少，小的、少的一方礼让大的、多的一方；在必要的时候，小的、少的一方应该牺牲自身的利益。这是集体主义原则的基本内容之一。根据王海明教授提出的利益净余额原则，牺牲小的利益获取大的利益，社会的利益总量是增值，因而是道德的。当然，在适当的时候，获大利的一方也应该给予礼让的一方适当补偿，给予礼让者以公正的回报，亦即遵照罗尔斯的差别原则，社会获利较多者或社会最有利群体应该给予社会获利较少者或社会最不利群体以必要的补偿。其二，当一方的根本利益和另一方的非根本利益相冲突时，不管非根本利益的大小，非根本利益的一方应该礼让根本利益的一方，即放弃自己的非根本利益而保证根本利益的获取。假如一个人的生命和另一方的财产相冲突且不能两全时，应该牺牲财产而保全人的生命，除非此时的财产关乎更多人的生命安全。根本利益无论如何要大于、重于非根本利益，人的生命的价值远远要高于金银的价值，提倡非根本利益礼让根本利益，必要时甚至牺牲非根本利益，符合道德的终极目的，因而是道德的。

总之，无论人与人之间的利益关系是一致的或是不一致的，都应该谦恭礼让。当社会中所有的人都能够谦恭地对待人与人之间的利益关系，能够在利益关系中做到礼让，人际关系无疑会是温暖的、有情义的，社会也必定会是温馨、和谐的。

第五，爱国为民。公民之所以应该爱国，根本在于：国家是公民身份存在的前提条件，国家“是公民身份的存在基础和活动平台。脱离了这一平台，公民身份也就无从谈起。”[①] 尽管人类社会是一个不断从封闭走向开放、由地域性的历史走向世界历史的过程，但是，自人类社会发展到出现国家以来，人的社会性是作为地域性、阶级性而存在的。国家是存在于每个人之中、又独立于人之外的实体和力量，既是人的一种内在力量，也是人的一种外在力量，既是保护人的实体，也是压制人的力量。现代国家的出现和发展，废除了人

① 郭中华：“变动社会中的公民身份”，《武汉大学学报》（哲学社会科学版）2012 年第 1 期。

与人之间森严的等级关系，把不平等的身份关系转变为平等的契约关系，人成为了国家的公民，在法律面前人人平等。国家通过法律规定每个公民的权利和义务，并以一定的方式、手段保障公民平等享有和正当行使社会权利。但由于资产阶级国家的本质依然是人压迫人、人统治人的暴力工具，人们在国家生活中的地位依然是不平等的，作为公民的劳动大众依然受压迫、受剥削、受奴役，劳动异化，劳动者异化。社会主义的本质决定了社会主义国家是人民的国家，国家的本质不再是人压迫人的机关，而是以人为本、为人民服务的工具，社会主义国家的性质决定了公民是人人自由平等的。由于社会主义国家是人民的国家，国家的一切权力属于人民，人民是国家的主人，因而，每个人都有为国家的发展、繁荣、进步做贡献的责任，每个人都应该行使主人的权利，履行主人的义务，积极参与管理国家和社会的事务，为国家的进步繁荣、富强文明、民主和谐出谋划策、勤奋工作。由于国家利益、人民利益和个人利益的根本一致性，爱国家、爱人民就是爱自己，为国家、人民干事业等于是为自己做事情。同样，珍惜每个公民的权利、维护个人的合法利益，切实履行公民义务，也是珍惜国家的权利、维护国家的利益。在我们以往的道德语境中，往往容易把二者对立起来：爱国就不能爱己，为人民便不能为自己，维护国家、人民的利益必然不能维护个体利益，维护个体利益必然损害国家、人民的利益。这种认识是大谬大错的。试想，国家不是每个公民的国家么？如果公民都不知道维护自己的利益，他们怎么知道去维护国家、人民的利益呢？如果每个公民都不能依法行使权利，不能依法维护自身的权益，那么，国家的法治不就形同虚设了么？国家的民主政治不就瘫痪了么？实际上，国家的事情、社会的事务都是靠每个公民自觉的积极的行动才能实施和完成的；国家和社会的利益都是靠每个公民的努力劳作才能维护和发展的。因此，我们必须把爱国家、为人民与爱自己、为自己有机结合起来，把维护国家、人民利益与维护公民自身合法权益有机统一起来，把实现个人价值和实现社会价值统一起来。所以，爱国家、爱人民的道德，根本在于每个人（公民）在国家法律的范围内依法行使权利和履行义务。一个公民只要自觉行使了权利、履行了义务，他（她）就是爱国者，就是合格或优良的公民。从这个意义上看，爱国不仅是公民的基本道德责任，而且是公民的基本法律责任。

四、人之为职业劳动者应遵循的基本道德

劳动是人的存在方式，劳动是人的本质。劳动创造人自身，创造世界，创造人的一切。人只有劳动，才能生存、才能发展。劳动是人们建设美好家园、过上幸福生活的源泉。

现代社会不同于以往的历史时期，社会分工越来越细密化，社会生产实践越来越产业化，管理实践越来越专业化，因此，劳动不再是一般意义上的活动，而是专业化或专门化的实践。同样，从事劳动的人也不再是一般意义上的劳动者，而是专业化的劳动者——职业劳动者。由于社会职业千差万别，不同职业有不同的道德规范和要求。这里我们主要探讨人作为职业劳动者应该遵守的普遍的基准道德。

我国颁布的《公民道德建设实施纲要》把职业道德的基本内容明确为“爱岗敬业、诚实守信、办事公道、服务群众、奉献社会”。我们认为，这五条虽然体现了社会对各行各业的从业者的道德要求，但没有突出和反映现代社会的职业特点，而且在内容上有些笼统和空泛。比如，“办事公道”，主要是社会管理等部门的职员应该遵守的道德规范，而对于生产等部门的职员，如工人、农民和专业技术人员等，却并不存在多少“办事公道”的道德要求。再如，“诚实守信”，并非只是对职业劳动者的道德要求，而是对社会所有参与社会活动的人的道德要求。任何人，不管他（她）从事什么职业，有

无工作，只要他（她）与人打交道、与人交往和建立社会关系，就应该诚实守信。同样，“奉献社会”不只是对职业劳动者的道德要求，而是对社会所有人的道德要求。只要是在社会中生活的人，都应该对社会有所贡献，有所奉献。真正说来，一个人只要在社会上好好活着，好好生活，不违法、不乱纪，就是对社会的贡献、奉献。一个没有从事任何职业劳动的妇女，如果她一辈子在家好好相夫教子，不也是奉献社会了么？因此，把“办事公道”、“诚实守信”、“奉献社会”等作为职业道德规范并不十分准确和到位。

我们认为，人作为职业劳动者应该遵守的基本道德主要包括以下内容：

第一，专业。专业是职业劳动者对所从事的工作应具有的专门知识、理论、技能等的熟练掌握。人作为职业劳动者，首要的职业道德是做事应该专业，即专业地做事——能够按照工作的性质和技能要求准确无误地完成所从事的工作。现代社会，生产、管理、服务等各个领域，专业化、标准化程度越来越高，科技含量越来越高，生产工具的智能化程度越来越高，操作的规程越来越严格，对从业人员的专业知识、技能等方面的要求也越来越高，由此便要求“门内汉”来做“门内事”。一般而言，未能接受任何专门教育训练的人员是难以胜任专业化工作的，即便是简单工种、简单劳动，例如保洁、环卫等工作，也是如此。从严格的意义上讲，如果一个人未能掌握某项工作所要求的专业知识、专业技能，即不能成为一个内行，是不可能上岗的，是不可能成为一个合格职业劳动者的。而一个人要成为职业劳动者，首要的就是应该专业。职业政治家要懂政治、懂政策，一个企业管理者应该懂管理，一位律师应该懂法律，一位教师应该掌握所教课程的专业知识、理论和基本的教学技能，一位医师应该掌握所在科室的医学知识、医学原理和医务技能……每个职业工作者首先应该做到专业，应该掌握某一工作所内涵的专门知识、基本理论、基本原理、基本技能、基本方法等，即应成为专业人士。专业，是胜任工作、干好工作、干成事业的基础和前提。

如果劳动者不懂专业、不能专业地做事，不仅难以把事情做好，而且会把事情做坏。因此，我们认为，专业是现代社会职业的第一要求，也是职业道德的首要内容。

第二，敬业。敬业是从业者对自己从事的职业、工作的尊重、敬畏，是对自己职业的社会地位、社会价值的认同和欣赏，是对自身工作的自信心和自豪感。李德顺教授认为："人们如何看待自己所从事的职业和岗位，是否认同职业所联系的'责、权、利'，是否认同和追求岗位的社会价值，是全部职业道德观念的核心。"[①] 如果从业者不能认同其从事的工作、岗位，看不到工作的创造性和积极意义，或不能肯定职业、工作的社会价值，那么就不可能产生尊重和忠实于职业的敬业精神。马克思在揭露资本主义制度下的异化劳动即是如此。工人的劳动与人的类本质相异化，工人在劳动中不是肯定自己，而是否定自己，工人创造了美，却给自己创造了畸形。一旦劳动的强制性被解除，劳动者即会像逃避瘟疫一样逃避劳动。异化劳动下的劳动关系决定了劳动者无法产生、形成敬业精神，无法具备敬业的品德。社会主义制度的确立铲除了异化劳动产生的经济基础和社会根源，社会主义社会劳动者不仅是国家、社会的主人，而且是各行各业的主人。因此，各行各业应该确立人人平等的"责、权、利"相统一的新型劳动关系，真正确立劳动者的主体地位。这是劳动者培育敬业精神、形成敬业品德的制度前提。我们应清醒看到，在当代中国社会，虽然在法律上、根本制度上确立了劳动者的主体地位，肯定了劳动者是社会的主人，但在具体的社会生产和劳动领域，劳动者的主体地位并没有落到实处，劳动者的"责、权、利"的关系并没有统一。国家、社会以及各部门、各行业、各单位在这方面要做的工作还很多，任务也很繁重艰巨。为此，必须深化改革，真正确立劳动者的主人地位。同时，作为劳动者也应该认清我国的国情，从实际出发，加强对自身社会地位、职业社会价值的

---

① 李德顺、孙伟平：《道德价值论》，云南人民出版社，2005 年版，第 164 页。

认同，把个人价值和社会价值、个人发展和社会发展、职业发展与事业发展有机统一起来，形成对职业、工作、岗位的价值认同，立足岗位实现人生价值，在积极工作中实现自我。

第三，乐业。乐业是从业者对职业、岗位的热爱，是劳动者与职业、岗位的合一。在劳动中，劳动者不是感到痛苦，而是感到快乐；不是感到压抑，而是感到舒畅；不是感到厌倦，而是感到满足；不是觉得不幸，而是体验幸福。孔子说，知之者不如乐之者，乐之者不如好之者。乐业，就是孔子讲的乐之者和好之者。马克思认为，劳动是人的第一需要，劳动是人的本质力量的展示和实现。只有当人把劳动真正看作是人的第一需要，看作是人的本质力量的实现的时候，人才能真正把劳动看作是一种享受、一种幸福。任何形式的劳动都是人的体力和脑力的付出。任何社会、部门以及任何劳动、尤其是职业劳动都有各式各样的责任和任务，都有各种各样的要求和约束，同时还有各种自然因素、不确定的偶然因素的影响等等，都是对劳动者体力、智力、知识技能、心理、情感、意志的考验和挑战。如何面对和应对诸多的挑战和考验，社会或劳动部门必然要对劳动者在知识、技能、体力、智力、思想意识、品德等方面提出要求；劳动者自身也要对社会的要求加以熟悉、理解、知会、内化。职业对于每个人而言，既是谋生的手段，又是生活的目的；既是实现人生价值的手段，又是自我实现的场所。如果每个劳动者的职业就是人生追求的事业，人生理想等同于职业理想，那么，职业就是实现人生理想、人生价值的舞台。这时，个人利益和社会利益，个人价值和社会价值就实现了有机统一。只有在职业中感受到了劳动的乐趣、劳动的收获、劳动的意义，劳动便不再是异化的劳动，不再是异化人的手段，而是实现人的对象化的中介，是愉悦身心的活动。惟有如此，人们便会劳在其中、乐在其中；也惟有乐在其中，才能在劳动中确证自己的本质，实现自身的价值。劳动才是对象化的活动，劳动才能成为人的本质力量的确证。如果劳动者在劳动中不是得到肯定，而是被否定，不是得到锻炼，而是被折磨、摧残，或者劳动者仅仅把职业作为一种谋食获禄的手段、赚钱的工具，那么，劳动者就是异化了的人。这样的劳动本身就是不人性、不道德的。也正因如此，乐业应当成为职业道德的基本内容。

第四，精业。苏格拉底说，优秀的人是能够胜任自己工作的人。精于农耕便是一个好农夫；精通医术的便是一个良医；精通政治的便是一个优秀的政治家。精业就是劳动者不仅要掌握职业要求的基本知识、基本技能等，而且要精通职业活动的知识、技能等，做到业务娴熟、精益求精。社会的发展，技术的进步，激发和助长了人们对产品、服务的高要求、严标准。对社会产品、服务要求和标准的提高必然对从业者的素质、道德提出更高要求。由于这种要求和标准具有的时代性和相对性，在一定历史阶段看来是高要求、高标准的，当社会发展到了一个新的历史阶段时，便是基本的、一般的要求和标准了。社会越发展，知识、科学技术、产品等更新的速度越来越快，新技术、新工艺应用的周期越来越短。因此，从业者便不能不思进取、固步自封、骄傲自满，而应该与时俱进，自觉学习掌握新知识、新理论、新技能，不断提高从业本领和业务素质，不断增强业务能力，提高为人民服务、为社会服务的能力。

第五，创业。创业，一是指劳动者自己主动创造就业机会、开创就业渠道、寻求属于自己的就业方式和就业途径；二是指创造性的开展工作，不断研发新的产品或提供新的服务。创业——创造新的劳动形式和创造性地劳动，在本质上就是真正体现劳动的创造性，实现人的本质力量。

实践的本质在于创造，因而生活的本质、人的本质也在于创造。创造性是人作为主体的本质特征。社会进步是社会实践不断向前发展的结果。社会基本的实践活动都成为了专业化、职业化的活动，劳动者也都成为职业化、专业化的劳动者。劳动创造世界，劳动创造人自身。因此，从一定意义上说，职业、职业活动的发展程度意味着社会的发展程度，反之亦然。如果每个劳动者既能创造性的劳动，又能创造新的劳动形式，那么，人的存在形态和生活样式就会不断更新，社会就会不断发展进步，人的生活水平和质量就会不断改善提高，人的生活就会变得越来越美好。反之，如果劳动者既不能创造性地工作，又不能创造新的职业，那么，人的存在方式永远不会改变，社会就会停滞不前，没有任何的进步发展，人的生活便永远在低劣的水平上徘徊，没有任何的改善和提高。因此，无论从社会和人的发展，还是从人的生活改善提高而言，劳动者应该创业，最起码的是，劳动者应该在劳动中发挥主观能动性，创造性地工作，实现自身的主体力量。所以，创业应该成为劳动者的基本道德。

从人之为人、人之为家庭成员、人之为公民、人之为职业劳动者四个方面来建构社会的基本道德，在内容上具有渐进性，在一定程度上反映了道德发展的要求。但是，这种划分毕竟是相对的，这四类道德既相区别又相联系，既相包含又相促进。一个好人，是人成为一个好公民、好的家庭成员和好职员的基本前提，人遵守了人之为人的基本道德、具备了人之为人的基本品德，就为人成为好的家庭成员、好的社会公民、好的职员奠定了良好基础。一个好的家庭成员有助于人成为一个好人、好公民和好职员。孔子说，在家事父母，在外事国君；在家孝悌，而好犯上作乱者，未之有也。中国传统道德把“孝”作为首要道德，作为为官一任的前提，作为“忠”的基础，尽管存在绝对化的倾向，但还是很有道理的。一个好公民，能为促使人成为一个好人、好的家庭成员、好职员创造有利条件。一个好职员，同样能够为人成为好人、好的家庭成员和好的公民发挥积极效应。当然，这四类道德彼此也可能会发生冲突、甚至分离。一个理智之人，未必能够时时处处做到孝悌、互助或敬业；一个贵生、谦恭之人也许难以始终做到自觉为社会、为家庭奉献，也未必能够做到乐业和创业。不过，严格说来，一个人要在道德上成为一个完整的人，或者说要成为一个道德完人是十分困难的，有时候可以说是一种苛求。人总可能在道德品格上出现缺陷，就像人在生理和理性等方面有缺陷、不完美一样。任何社会，在理论上可以对人提出德性的高要求，但在道德实践中我们不能苛求于人。任何理想的、和谐的社会都不可能是完美无缺的，一个不完美的社会又怎么能够造就道德的完人呢？所以，从总体看，一个人只要在处理人与人、人与社会、人与物之间关系的社会实践中，能够遵循社会的基本道德要求，具有基本的德性，那么这个人就是一个好人、好公民、好家庭成员和好职员；只要每个人或者绝大多数人都能够遵循社会基本道德，成为一个好人、好公民、好的家庭成员和好职员，那么，由这些好人组成的社会便应该是一个和谐的好社会了。好人应该能够创建一种好的生活，好人应当过上好的生活；好的家庭成员应该建立好的家庭，好的家庭成员应该过上好的家庭生活；好的公民应该建设一个好的社会，好公民应该过上好的社会生活；好的职业劳动者应该创造好的社会财富，好的职业劳动者应该过上富裕的好生活。

第九章　和谐社会道德建设的路径依赖

任何社会问题都不是单一的社会事件，必须放在整个社会、整个历史中予以说明和解答。道德问题从来就不只是道德生活领域自身的问题，而是复杂的社会性问题；道德建设从来不是一种纯粹的道德实践，而是全部社会实践活动共同作用的结果。从这个意义上看，和谐社会道德建设其实就是和谐社会整体建设的问题，必须放到构建和谐社会全部实践中去理解和解决。因此，加强和谐社会思想道德建设，加强社会公德建设、家庭美德建设、职业道德建设和个人品德建设，不仅要构建优良的道德规范体系，而且要创立有利于道德发展、美德形成的社会环境；不仅要培育健全的道德主体，而且要不断推进社会经济健康协调发展、建立丰裕社会，积极推进社会主义民主政治建设、建立自由公正的民主法治社会，大力发展社会主义和谐文化、建立文化繁荣的文明社会，努力提高人的素质，促进人的自由全面发展。

一、推动经济健康协调发展

胡锦涛指出："保持经济持续快速协调健康发展，创造更丰富的社会物质财富，使国家的整体实力不断增强，使人民群众的生活水平不断提高，是构建社会主义和谐社会的物质基础。”[①] 党的十八大强调：“只有推动经济持续健康发展，才能筑牢国家繁荣富强、人民幸福安康、社会和谐稳定的物质基础。”[②] 推动经济持续健康发展是促进社会和谐、构建和谐社会的物质基础，也是和谐道德建设的物质基础。

建立在较发达生产力水平基础之上的和谐经济是和谐社会道德的经济基础。社会和谐根本在于社会利益关系的和谐，在于人与人、人与社会之间利益关系的和谐。促进人与人、人与社会之间利益关系的和谐是和谐社会道德建设的基础工程。因此，加强和谐社会道德建设首先就必须发展和谐经济，确立人与人、人与社会和谐的经济关系。发展和谐经济、建构和谐的利益关系，根本在于促进社会经济健康协调发展。

构建和谐社会，第一要义是发展。发展对于构建社会主义和谐社会具有决定性意义。《中共中央关于构建社会主义和谐社会若干重大问题的决定》明确指出：“社会要和谐，首先要发展。社会和谐在很大程度上取决于社会生产力的发展水平，取决于发展的协调性。”因为“如果发展长期不协调，不仅发展本身难以持续，而且会引起社会不和谐。”所以，构建和谐社会必须坚持用发展的办法解决前进中的问题，牢牢抓住经济建设这个中心，坚持聚精会神搞建设、一心一意谋发展，不断解放和发展社会生产力，为构建和谐社会奠定雄厚的物质基础。同时，要更加注重解决发展不平衡的问题，更加注重发展社会事业，推动经济社会协调发展，努力实现以人为本、全面协调可持续的科学发展。[③]

马克思指出：“物质生活的生产方式制约着整个社会生活、政治生活和精神生活的过程。”[④] “‘精神’从一开始就很倒霉，受到‘物

---

① 《十六大以来重要文献选编》（中），中央文献出版社，2006 年版，第 708 页。

② 《十八大报告辅导读本》，人民出版社，2012 年版，第 20 页。

③ 《中国共产党第十七次全国代表大会文件汇编》，人民出版社，2007 年版，第 14—15 页。

④ 《马克思恩格斯选集》第 2 卷，人民出版社，1995 年版，第 32 页。

质’的纠缠。”[①] 恩格斯认为：“人们自觉地或不自觉地，归根到底总是从他们阶级地位所依据的实际关系中——从他们进行生产和交换的经济关系中，获得自己的伦理观念。”因此，道德“归根到底都是当时社会经济状况的产物。”[②] 毛泽东认为：“一定的文化是一定社会的政治和经济观念形态的反映。”“新文化，则是在观念形态上反映新政治和新经济的东西，是替新政治新经济服务的。”[③] 道德作为人的一种实践方式，是由社会物质资料的生产方式决定的，是建立在物质生产活动和物质生活条件的基础之上、并以人的物质生活需要的相对满足为前提的。

道德生活的需要是人的高层次需要。马斯洛的人的需求层次理论认为，高层次的需要是以低层次需要、特别是生理需要的满足为前提的。人的一切需要和欲望最终都是在生理需要基础上产生的，都是生理需要得以相对满足的产物。只有当人的物质生活需要得到相对充分满足之后，人的更高需要、诸如社会性需要，尤其是自我实现的需要，才会在人的需要体系中占据主导地位。反之，人的生存需要、物质欲求就会越强烈，人的其他更为高级的需要、如自我发展的需要就会被淹没。马斯洛因此认为：“人类动机活动的系统的主要原理是基本需要按优势或力量而形成的强弱等级。给这个系统以生命的主要动力原理是，健康人的更为强烈的需要一经满足，比较淡泊的需要便会出现。生理需要在其未能得到满足时会支配肌体，迫使所有能力为其服务，并组织这些能力而使服务达到最高效率。……这样，刚摆脱饥饿，现在又为安全所困扰。这个原理同样适用等级系列中的其他需要，即爱、自尊和自我实现。”[④] 尽管人的需要的满足不会像马斯洛所揭示的那么层次分明、那样按部就班，但是，低层次需求的满足是高层次需求产生和满足的前提。只有当

① 《马克思恩格斯选集》第1卷，人民出版社，1995年版，第81页。
② 《马克思恩格斯选集》第3卷，人民出版社，1995年版，第434、435页。
③ 《毛泽东选集》第2卷，人民出版社，1993年版，第694—695页。
④ 转引自王海明：《新伦理学》（下册），商务印书馆，2008年版，第1603—1604页。

基本的生活需要得到相对满足之后，其他层次的需要才能出现，人才能把满足更高层次的需要作为人生的目标，才能过一种超越物质生活欲求的，诸如道德的、审美的精神生活。这是由人的自然性、生物性这一基本的前提决定的。人首先是一种物质性的自然存在，缺乏必要的物质生活资料，人的其他一切便无所附丽。人的精神生活总是从物质世界、生活世界产生，并由物质世界、社会实践所决定。人的基本生活需要的相对满足，人的更高级需要的实现，都是以社会拥有一定数量的物质和精神财富为前提的。

社会财富不是自然的恩赐，而是人类的创造。生产实践是人与社会存在发展的基础。物质资料的生产方式是社会发展的决定性力量。马克思多次把自己的历史观、社会观表述为“人的生活的直接生产过程”、“直接生活的生产和再生产”、“满足人的生活需要的生产”、“社会生活的生产”、“生命的再生产”、“生产生活”等等。马克思把生产方式表述为满足人们物质生活的生产方式，或为人们“保证自己生活的方式”，或人们“生活的生产”。因为，物质生活资料的生产方式“在更大程度上是这些个人的一定的活动方式，是他们表现自己生活的一定方式、他们的一定的生活方式。个人怎样表现自己的生活，他们自己就是怎样。因此，他们是什么样的，这同他们的生产是一致的——既和他们生产什么一致，又和他们怎样生产一致。因而，个人是什么样的，这取决于他们进行生产的物质条件。”① “现实的个人，是他们的活动和他们的物质生活条件，包括他们已有的和由他们自己的活动创造出来的物质生活条件。”② 因此，人要生活，就必须从事物资资料的生产。因而“我们首先应当确定一切人类生存的第一个前提，也就是一切历史的第一个前提，这个前提是：人们为了能够‘创造历史’，必须能够生活。但是为了生活，首先就需要吃喝穿住以及其他一些东西。因此第一个历史活

---

① 《马克思恩格斯选集》第1卷，人民出版社，1995年版，第67—68页。

② 《马克思恩格斯选集》第1卷，人民出版社，1995年版，第67页。

动就是生产满足这些需要的资料，即生产物质生活本身”。[①] 人的“生活的生产”，既是社会存在的前提，又是社会发展的归宿。所以，在马克思主义的理论视野中，人的生活的改善和提升、人的幸福生活是一切社会活动的出发点和落脚点。马克思、恩格斯正是从这一理论前提出发来确定无产阶级及其政党的历史任务和设想未来社会的发展状况和特征的。在《共产党宣言》中，他们明确认为，无产阶级夺取政权，建立新社会后必须尽快增加社会生产的总量。恩格斯在《社会主义从空想到科学的发展》中认为：社会生产不仅可能保证一切社会成员有富足的和一天比一天充裕的物质生活，而且还可能保证他们的体力和智力获得充分自由的发展和运用。因此，社会主义社会发展的目的必须要落脚在人们生活条件的改善和人自身能力的发展上。

人类社会的发展历程表明，一个社会的经济发展越好、发展速度越快，物质财富的积累越多，社会财富的分配越公平，社会成员的物质需要及其与之相关的需要的相对满足程度就会越充分；人的物质需要的相对满足越充分，人就会追求更高的人生目标，就会追求实现更大的人生价值，社会也就会变得日益美好，社会的道德水平就会越来越高，人的生活就会越来越幸福。

总体而言，物质财富是人的需要得以相对满足的基本前提，而且人的需要的满足是与物质财富的多少成正比的，财富越多，人的欲望的满足也越多、越充分，财富越少，人的欲望则越少满足。只有人的基本生活需要得到满足，人们才能把主要精力转移到更高的需要上去，才能从事更高级的社会活动。如果社会有足够多的社会财富保证人的基本生活需要，使每个人不再为生计所累所苦，那么，人的生理需要就会让位于更高级的社会性需要，人们就会更容易产生做一个好人的需要，也会更强烈地形成做有益于他人和社会的事情的愿望。虽然就个人而言，并不是富人必定有德、穷人必定无德，

① 《马克思恩格斯选集》，第1卷，人民出版社，1995年版，第78—79页。

恰如高薪未必能够养廉，低薪未必不廉。但是，从整个社会及其历史而言，经济发展的水平和道德建设的水准是统一的，财富与道德的水平是成正比的：社会越发达，财富越丰富，人们的生活越富足，社会的道德水准就高；社会越落后，资源贫乏，人们生活越贫穷，道德水平就低。因而，社会保障每个人基本生活需要的满足，是加强道德建设、建立德性社会的首要前提。因此，和谐社会必须大力发展经济，促进经济又好又快发展。和谐社会道德建设必须奠基于发达、协调发展的社会经济和人们殷实的生活之上。

每个人不仅有过正常的一般生活的需要，而且有过好生活的需求。物质生活的需要是人最基本、最直接的需要，满足人的物质生活的需要具有先在性和基础性。如果社会成员在尽力尽职地努力工作、服务社会中却难以或不能满足基本的、正常的物质生活需要，即人的生存需要都得不到保障，那么，就难以保证优良的社会道德规范能够被人们自愿接受和遵循，更难以保证人们能够自觉且持久地遵守道德，养成优良德性。因此，社会必须大力发展生产力，保持经济以适当的速度持续发展，创造丰腴的社会财富，不断满足人们的日益增长的物质精神生活需要，日益提高人们的生活水平和质量。

社会生活和人的需要不是静止不动的，而是变动不居的。人的物质文化生活需要是随社会生活的变化不断增长的。“实现群众的愿望，满足群众的需要，维护群众的利益，是一个动态的不断发展的过程。”因此，满足人们日益增长的物质文化生活需要依然是社会主义和谐社会的根本任务。满足人们日益增长的物质文化生活需要根本在于加速社会经济发展，保持社会经济持续发展，使社会财富（物质财富和精神财富）的增长速度与人的需要的增长速度基本保持一致。这样，人的日益增长的需要才能得到相对满足。如果经济发展、社会财富增长的速度慢，或停滞不前甚至出现负增长，便不能适应人们日益增长的物质文化生活需要，人们物质文化生活需要便不能得到动态地满足；如果经济发展速度较快，社会财富的增长就快，便能够适应人们不断增长的物质文化生活需要，人们增长的物质文化生活需要就能够得以满足。因此，满足人们的物质文化生活需要，不仅必须大力发展生产力、发展经济，而且还必须保持经济以相对较快的速度持续发展。①

社会主义社会不仅要坚持以经济建设为中心，大力发展社会经济，并保持经济持续较快发展，而且要保证协调健康发展。经济的协调健康发展，就是要牢固确立和认真落实以人为本、全面协调可持续的科学发展观，统筹兼顾，统筹城乡发展、区域发展、经济社会发展、人与自然和谐发展，以及国内发展和对外开放，解决经济社会发展中诸多矛盾和问题。保证经济协调健康发展，“是人民群众不断提高生活水平的重要保证，也是人民群众对发展前景充满信心的重要保证。”②

当然，大力促进社会经济以较快的速度协调发展，促进社会财富不断增加，只是改善、提高人们生活水平和质量的必要条件和前提。物资生活资料、社会财富的多寡与人的基本生活需要的满足、人们生活水平的提高并不必然具有正相关性。因为人的生活基本需要的满足并不必然取决于所拥有的物质财富的多少，而直接取决于人的生活需要的大小或多寡。③ 需求越大，越难以满足；需求越小，则越容易满足。另外，人生活需要的满足不仅取决于社会财富的多寡和人的需要的大小，而且还取决于社会财富分配的公正与否。如果社会对财富的分配相对公正，即使财富较少，人们也会有公平感，因公平感而会感到相对满足；相反，如果社会财富分配不公，收入差距悬殊，即使所得的物质财富较多，也会产生不公平感，也会因为倍感不公而觉得自身需要没有得到满足。所以说，“社会的经济发展越快、物质财富增加的速度越快，对于这些物质财富的分配越公平，人们的生理需要、物质需要的相对满足的程度便越充分；社会

① 王海明：《新伦理学》（下册），商务印书馆，2008 年版，第 1606—1607 页。
② 《十六大以来重要文献选编》（中），中央文献出版社，2006 年版，第 708 页。
③ 王海明：《伦理学原理》，北京大学出版社，2005 年第 2 版，第 391 页。

的经济发展越慢、物质财富增加的速度越慢，对于这些物质财富的分配越不公平，人们生理需要、物质财富的相对满足便越不充分。”[①]可见，经济发展的速度、社会财富积累的水平以及社会财富分配的公正与人的社会性需要的满足成正比。因此，和谐社会不仅要发展市场经济，创造大量的物质财富，而且要建立公正的分配制度，保证人的所得与付出大致平等，索取相对等于贡献。为此，加强和谐社会道德建设不仅要保持经济以适当的速度全面持续发展，而且还要保持经济社会协调发展；不仅要保障人们生活质量和水平匀速提高，而且要保障人们的经济自由和公平；不仅要大力发展社会主义市场经济，建设财富丰裕的社会，而且要确立相对自由公正的基本经济制度和经济体制，确立有利于提高人的生活水平和道德水准的社会经济结构。只有如此，才能满足人民群众日益增长的物质文化生活的多方面的需求，才能为和谐社会道德建设奠定坚实的物质基础，提供良好的经济环境和有利的物质条件。

二、建立自由公正的民主法治社会

发展社会主义民主政治，保证人民依法行使民主权利，是构建社会主义和谐社会的重要保证。健全社会主义法制，建设社会主义法治国家，对促进社会和谐、构建和谐社会具有重要作用。[②]同样，民主政治建设、法治国家建设是和谐社会道德建设的保证。

从规则同人的自由、欲望的关系而言，道德是一种对人的自由、欲望施行一定限制而更大地实现人的自由和满足人的欲望的社会规范，人的道德实践是既约束人的自由和欲望又实现人的自由和欲望

① 王海明：《新伦理学》（下册），商务印书馆，2008年版，第1607页。

② 《十六大以来重要文献选编》（中），中央文献出版社，2006年版，第709、710页。

的活动，人的道德生活则是一种在限制中满足和在满足中限制的理性生活。但是，并不是社会中的每个人都有道德的需要、都能自觉遵守道德规则，都愿意做一个有美德、有益于他人和社会的人。道德建设不仅需要一定的物质基础，保证人的基本生活需要得到相对满足，而且需要一个自由公正的社会政治环境，即只有在一个物质文明和政治文明相对发达的社会，包括道德建设在内的精神文明建设才能取得成功。相对发达的物质文明是道德建设的基本前提和基础，自由公正的政治制度和政治文明是道德建设的保证。

道德建设的实质性进展和成效直接依赖于社会主体的自觉性、能动性，即人们能够自觉积极地从事社会道德实践，做符合道德规范的事情，过有德性的生活，做品德优良的人。然而，人们道德实践能动性的发挥既取决于人的道德修养，又取决于社会道德环境，且道德环境似乎更为根本和关键。因为，每个人作为个体毕竟是在社会中生成的，人的活动毕竟是社会性的。那么，什么样的道德环境更有助于人提高道德实践的自觉性、做有德性的人呢？毫无疑问是德福一致的社会环境。“德者得也”。有德即要有得，德与得要统一。从一定意义上说，“德”是付出、奉献，福则是索取、享用。德与福相一致就是劳与获、奉献与索取、付出和享用的一致。如果一个社会德与福不相一致，有德者未必有福，有福者未必有德，那么，人们便不可能自愿遵循道德规则、积极从事道德实践、心甘情愿过有德性的生活。反之，在一个德福一致、有德者必有福的社会，人便会自觉遵守道德规则、努力从事道德实践、不断提高自身品德，做一个有德性的人。一个人愿意过有德性的生活和自觉提高自己的道德修养，根本在于道德能够实现人的幸福，道德生活是一种幸福生活。

德与得的统一、德与福的一致，是一种社会公正。既然德与得、德与福的一致是公正，那么，实现德和得相统一、德与福相一致的社会必须确立公正的基本制度。德与得相统一、德与福相一致的社会必定是政治清明的公正社会，政治清明的公正社会必定促进德与福相统一；反之，德福相悖、德得相斥的社会必定是政治腐败的不公正社会，政治腐败必然进一步加剧德福相悖、德得相斥。简言之，政治清明、社会公平正义，德与福则会一致；政治腐败、社会不公，德与福则会相悖。

社会和谐的一个基本前提就是德与福相一致、德与得相统一。和谐社会即是一个德福一致的公正社会。因此，构建和谐社会，建设和谐道德，必须促进德和得统一、德与福一致。促进德和得的统一、德与福的一致，即是促进社会公平正义。从这个意义上说，构建和谐社会就是要构建德与福相一致、德和得相统一的公正社会。

德与得相统一、德和福相一致的公正社会是民主法治社会。因为“只有民主的政治体制才能保障政治清明和德福一致”。“一方面，只有民主政体才符合政治自由和政治平等两大社会治理道德原则”；“另一方面，民主政体意味着国家最高权力完全平等地共同掌握在每个公民手中，因而造成最高权力最大限度地分散和分离，使立法、行政和司法等政治权力互相分立、牵制、监督和抗衡，从而能够有效防止各级官员的腐败和德福背离而保障其政治清明和德福一致。”[①] 所以，加强和谐社会道德建设，促进德福一致，就必须建立政治清明、自由公正的民主法治社会。加强民主法治建设，保证政治清明是加强和谐社会道德建设的根本途径。

民主法治是社会主义和谐社会的基本内容和重要特征。坚持民主法治是构建社会主义和谐社会必须遵循的一个重要原则。胡锦涛认为：“我们所要建设的社会主义和谐社会，应该是民主法治”的社会。“民主法治，就是社会主义民主得到充分发扬，依法治国方略得到切实落实，各方面的积极性得到广泛调动”。[②] 坚持民主法治就是要“加强社会主义民主政治建设，发展社会主义民主，实施依法治国基本方略，建设社会主义法治国家，树立社会主义法治理念，增

① 王海明：《新伦理学》（下册），商务印书馆，2008 年版，第 1657、1658 页。

② 《十六大以来重要文献选编》（中），中央文献出版社，2008 年版，第 706 页。

强全社会法律意识，推进国家经济、政治、文化、社会生活法制化、规范化，逐步形成社会公平保障体系，促进社会公平正义。”“社会公平正义是社会和谐的基本条件，制度是社会公平正义的根本保证。”①

“依法治国是社会主义民主政治的基本要求。”众所周知，民主政体是尊重人的主体地位、实现人民当家作主的根本保证。民主制度必然要求依法治国，实现国家各项工作法治化。法治，是指政府和社会管理部门依照宪法和法律治理国家、服务社会。宪法作为国家根本大法是国家政治生活的根本指针，是国家权力运行的根本依据。在民主国家，由于人民是国家的统治者，宪法和法律便是人民意志的集中体现。因此，法治，其实就是按照人民的意志治理国家。依法治国，就是全体公民按照自己的意志治理国家、管理国家公共事务。法治国家，由于国家权力必须在宪法和法律规定的范围之内运行，绝对不能超出宪法和法律的范围，因而便保证了人民当家作主的政治地位，亦即保证了人民在整个社会公共生活中的主体地位。可见，民主政体就是国家权力依法行使的政治制度，民主即为法治，民主和法治在本质上是一致的。

毫无疑问，民主是人民掌握国家权力的政治制度。但从权力的本性而言，不管权力被谁掌握，权力永远具有无限扩张性或被滥用的倾向，总存在侵犯个人自由与个人权利、甚至沦为“多数人暴政”的可能性。托克维尔因此认为：“民主政府的本质，在于多数对政府的统治是绝对的，因为在民主制度下，谁也对抗不了多数。”② 如此，国家权力在一定情势下有可能成为被多数人用来对抗少数人或个人的工具，从而使权力被滥用。托克维尔分析道：“如果多数不团结得像一个人似地行动，以在观点上和往往在利益上反对另一个也像一个人似地行动的所谓少数，那又叫什么多数呢？但是，如果你承认

① 《十六大以来重要文献选编》（下），中央文献出版社，2008 年版，第 657 页。
② ［法］托克维尔：《论美国的民主》（上卷），商务印书馆，1988 年版，第 282 页。

一个拥有无限权威的人可以滥用他的权力去反对他的对手，那你有什么理由不承认多数也可以这样做呢？”[①] 可见，民主、多数人的民主，并不一定就能完全保障每个人的主体地位，并不一定可以完全避免个体的自由和权利不被非法侵害。因此，民主作为国家权力也必须受到必要的限制。这种限制是什么呢？那就是“宪政民主”，即确立宪法在国家政治生活的至上地位，保障每个人在国家政治和社会生活的主体地位。宪政民主是一种以宪法和法律限制政府权力从而使其遵守宪法和法律的政体。[②] 宪政民主不仅遵循民主原则、而且坚持自由原则，并以自由原则限制权力。正如哈耶克所说：“宪政就在于以政治的永久原则限制一切权力。”[③] 而政治的永久原则，就是自由原则。根据宪政思想的传统，宪法之所以为宪法，根本在于其必须遵循自由原则；否则就不是真正的宪法。宪法的根本目的就在于限制政府权力，保证每个人的政治自由。为此，萨托利再三强调：“不论过去还是现在，事实上，立宪制度就是自由主义的制度。可以说，自由主义政治就是宪政。”“只有作为不受个人感情影响的管理手段的立宪制度，才一直是并将仍然是自由社会的捍卫者。”[④] 因此，宪政民主就是限制民主的权力，从而使民主遵循自由原则，成为遵循自由宪法的民主，如此而来，民主便是自由的宪政民主，因而，也就是自由社会的充分且必要条件：一切宪政民主的社会，则是自由的社会；一切自由的社会，也必定是宪政民主的社会。[⑤] 宪政民主的社会，社会成员不仅享有政治自由，而且还享有经济自由以及其他社会自由。自由社会，每个人都能够按照自己的意愿规划人生、成就人生，能够自由选择适合自己的路途实现自身的人生目标。社会道德也真正成为了自由的道德，成为了自由的保障。

---

① ［法］托克维尔：《论美国的民主》（上卷），商务印书馆，1988 年版，第 288 页。
② 王海明：《新伦理学》（中册），商务印书馆，2008 年版，第 1044 页。
③ 王海明：《新伦理学》（中册），商务印书馆，2008 年版，第 1044 页。
④ 王海明：《新伦理学》（中册），商务印书馆，2008 年版，第 1057 页。
⑤ 王海明：《新伦理学》（中册），商务印书馆，2008 年版，第 1057 页。

社会主义社会是自由民主的社会。自由、民主是社会主义的基本特征。马克思认为，未来社会是“每个人自由发展”的“联合体”。[①] 1894 年恩格斯在表达未来社会主义的基本思想时认为：“除了《共产党宣言》中下面这句话，我再也找不出更合适的了：‘代替那存在着阶级和阶级对立的资产阶级旧社会的，将是这样一个联合体，在那里，每个人的自由发展是一切人的自由发展的条件。’”[②] 中国共产党把建立人民民主、自由的社会主义新中国作为根本的奋斗目标，把实现共产主义社会作为最高理想。毛泽东在 1944 年给秦邦宪的信中谈到：“被束缚的个性如不得解放，就没有民主主义，也没有社会主义。”[③] 1945 年，毛泽东指出：我们提出成立联合政府，“就是为着解开套在人民身上的绳索，使人民获得抗日、团结和民主的自由。”抗战胜利后的建国目标是建立一个独立的、自由的、民主的、统一的、富强的新中国。[④] 1947 年，在新年祝辞中，毛泽东豪情满怀地展望：“在不久的将来，自由的阳光一定要照遍祖国的大地。”[⑤] 共产党人从来不隐瞒自己的政治主张。建立自由民主的新中国，保障人民的自由发展，发展人的自由个性，是我们党更郑重、更深远的政治主张。因此，发展中国特色社会主义、构建社会主义和谐社会，必须更加坚定地坚持这种主张，努力实现这种庄严的政治宣言，让自由、民主的旗帜在中国大地更加鲜艳灿烂。

发展社会主义民主政治，建立自由公正的法治社会，就是从制度上保障人的社会主体地位——即保障每个人公平地享有经济自由、政治自由、文化自由、社会自由等方面的权利和利益，尊重每个人的个体人格，促进人的自由全面发展。发展社会主义民主政治，就

① 《马克思恩格斯选集》第 1 卷，人民出版社，1995 年版，第 294 页。
② 《马克思恩格斯选集》第 4 卷，人民出版社，1995 年版，第 730—731 页。
③ 《毛泽东书信选集》，人民出版社，1983 年版，第 239 页。
④ 《毛泽东文集》第三卷，人民出版社，1996 年版，第 416 页。
⑤ 《毛泽东文集》第四卷，人民出版社，1996 年版，第 211 页。

是要尊重、保证人的主体地位，保障人的自由权利，保证人民当家作主。人民当家作主，一方面意味着人民真正成为社会的主人，成为国家事务和社会公共事务的管理者，成为国家最高权力的拥有者；另一方面意味着人民成为社会的自由主体，成为社会财富的自由创造者和社会财富的公正平等的享有者。如果人民是当家作主的，那么，则意味着国家意志真正体现的是人民意志，国家和社会管理是按照人民的意愿进行和实施的。如果社会管理活动是按照人民的意愿实施的，那么，则意味着人民在社会中是自由的。可见，民主的即是自由的，自由的即是民主的。同时，由于民主的即是法治的，法治的即是民主的。因此，民主、自由、法治和人民当家作主在本质上是统一的、一致的。这样，在民主自由的法治社会，法律、道德等社会规范则是人的自由意志的体现，人们遵守法律、遵循道德，就是行使自己的自由意志，法治、德治就是按照人自己的意志治理社会、管理自己。人开展各种社会活动，从事处理人和社会、个人与他人、人与自然之间的各种事务，其实就是按照自己的自由意志行事，因而人的社会实践活动既是自由的、道德的，也是和谐的。所以说，民主法治的自由社会，道德是自由的道德，道德实践是自由的活动。

在民主法治、公平正义的自由社会，由于道德是自由的道德，道德实践是人的自由活动，因此，道德需要就会成为人的内在需要，人便会不断提高自身的道德素质，自觉成为有德性、有美德的人。人的道德实践的积极性不断提高、创造性不断增强，社会效率就会越高，社会财富就会越多，社会便会越自由公正，社会就会越文明，人的生活必会越幸福美好。由于德福一致，人们的道德需求便会更强烈，遵守道德规则的自觉性便会不断提高，人的德性则会变得更高尚。如此循环，不断反复，人的德性和社会不断向更高级的阶段提升，道德的人和道德的社会的统一性则会不断增强。

三、繁荣社会主义和谐文化

“文化是民族的血脉，是人民的精神家园。”[①]“和谐文化是全体人民团结进步的重要精神支撑。”[②]“建设和谐文化，是构建社会主义和谐社会的重要任务。”[③] 发展和繁荣和谐文化，是加强和谐社会道德建设的重要条件和途径。

文化是个难以精确回答的问题。广义上讲，文化是“人化”，与人相关的一切都可称之为文化，包括人们所创造的器物，设立的制度、规则和习俗以及创立的思想观念等；狭义上讲，文化指的是与人的精神世界、精神活动相关的具有主观性的一切，即观念形态的东西，包括知识、思想意识、价值观、信仰等，其中最核心的是价值观。

恰如对文化的认识一样，对和谐文化涵义的理解也很不一致。刘云山认为：“和谐文化以崇尚和谐、追求和谐为价值取向，融思想观念、思维方式、行为规范、社会风尚为一体，反映着人们对和谐社会的总体认识、基本观念和理想追求，是中国特色社会主义文化的重要组成部分。”[④] 李忠杰认为：“所谓和谐文化，是指一种以和谐为思想内核和价值取向，以倡导、研究、阐释、传播、实施、奉行和谐理念为主要内容的文化形态、文化现象和文化性状。它包括思想观念、价值体系、行为规范、文化产品、社会风尚、制度体制等多种存在方式。”[⑤] 王少安、周玉清认为，和谐文化有狭义和广义

---

① 《人民日报》2011 年 10 月 26 日。

② 《中国共产党第十七次全国代表大会文件汇编》，人民出版社，2007 年版，第 34 页。

③ 《十六大以来重要文献选编》（下），中央文献出版社，2008 年版，第 660 页。

④ 刘云山：“建设和谐文化巩固社会和谐的思想道德基础”，《新华文摘》2007 年第 1 期。

⑤ 李忠杰：“论建设和谐文化”，《新华文摘》2007 年第 5 期。

之分，广义的和谐文化“是指那种以和谐价值观、和谐精神为主导的社会文化模式或文化系统”；狭义的和谐文化指的是“建设中国特色社会主义和谐社会背景下的中国特色社会主义和谐文化”。[①] 韩美群认为，和谐文化，就是和谐的文化。从内部构成的要素看，和谐文化包括三个层次的内容：第一层是思想、观念、意识、思维等；第二层是制度、风俗、道德等；第三层是表现和谐文化的具体“产品”。同时，和谐文化是一个价值体系，反映三个方面的内容：其一是人与自然的和谐关系；其二是人与人的和谐关系；其三是人与自身的和谐关系。[②] ……尽管对和谐文化的认识不一致，但亦有相同之处：即和谐文化是以追求和谐为价值目标、以和谐价值观为指导的文化形态。简言之，和谐文化就是一种崇尚和谐、追求和谐、实现和谐的思想观念、制度体系及其行为方式。

由于和谐是一个具有不同内涵和境界的概念，因而和谐文化也同样具有不同的形态。社会主义和谐文化是追求高层次、高境界的和谐状态的文化。因为中国特色社会主义所构建的社会和谐不是那种等级尊卑的单一的“和谐”，也不是那种“主客二分”的主体征服客体的“和谐”，以及“天人合一”的无主体性的“和谐”，更不是那种通过压制人、压迫人的“暴政强制”的“和谐”，而是以人的自由、平等以及社会公正为根本原则的多样性相统一的和谐，是以人的主体性或主体力量的发挥为基础的人与自然和睦相处的和谐，是坚持以人为本、以人的自由全面发展为目标的和谐。

根本讲来，中国特色社会主义所建设的和谐文化是坚持以人为本为核心的文化。首先，“以人为本”是和谐文化建设的核心内容。文化的根本目的是用来“化人”的。不同的文化有不同的“化人”方式和目标。不同的文化环境生成不同素质、不同境界的人。由此，

① 王少安、周玉清：《社会主义和谐文化建设论》，人民出版社，2010年版，第36页。
② 韩美群：《和谐文化论》，中国社会科学出版社，2010年版，第11—12页。

文化的性质、发展方向、不同内容及形式，在很大程度上直接决定着人的文明程度及其发展形态。和谐文化建设的直接目的是为全体中国人民提供文化产品和文化服务，营造良好的有利于人的生存和发展的文化环境，改造和丰富人的主观世界，促进人的自由全面发展。为此，和谐文化建设，从根本上说就是建设“以人为本”、促进人全面而自由发展的“精神家园”和“精神生态环境”。其次，以人为本规定和谐文化建设的发展方向。文化的社会主义本质直接决定文化建设的内容和方向。社会主义是以人的自由全面发展为根本原则的社会形式，促进人的自由全面发展是社会主义社会的根本价值目标。这决定了和谐文化是为社会主义服务、为人民服务的，是以提升人的综合素质、促进人与社会全面和谐发展为根本目的的。第三，以人为本规定着文化建设的标尺。先进性是和谐文化的基本内容和任务。那么，如何衡量文化的先进与落后？衡量的标准是什么？我们认为，这个标准就是以人为本。以人为本的文化就是先进的，背离以人为本的文化就是落后的。因此，和谐文化建设，一方面是在价值层面贯彻和体现以人为本的发展理念，把促进人的自由全面发展作为和谐文化建设的最终目的；另一方面是在技术层面坚持文化的开放性和包容性，保持文化的创新能力，促进社会生产力的解放和发展、推动社会全面进步和人的自由全面发展。总之，坚持以人为本发展社会主义和谐文化，就是坚持以人的自由全面发展的价值导向，创造积极向上、丰富多彩的文化产品，建设有利于人自由全面发展的文化环境，为人的自由全面发展提供健康、丰富的文化资源和自由和谐的文化氛围。

和谐文化的根本在于和谐这一价值理念和目标，和谐文化的精髓是和谐理念与和谐精神。和谐理念、和谐理论、和谐理想与和谐精神源于现实又超越现实，反映了社会发展的基本取向，反映了人民群众的根本要求，具有历史发展的前瞻性，“它在一定程度上独立和超前于社会主义和谐社会的发展，对构建和谐社会的实践发挥着引领和支撑作用。”① 崇尚和谐、追求和谐、实现和谐的理念和精神体现了中国特色社会主义的本质要求和发展目标，承载着社会主义核心价值观，是和谐社会建设的强大思想保证和精神支撑，是推动和谐社会建设丰厚的精神源泉。因此，构建和谐社会必须坚持和谐文化的价值引领作用，坚持和谐文化对道德建设的价值引领作用，构筑社会和谐的思想道德基础。

文化对社会道德的创制和培育具有直接的指引作用。文化的内核是社会价值和价值观。社会主义核心价值体系和核心价值观是和谐文化的内核。道德作为文化的一个内在要素和社会价值体系的集中体现，是由文化所内蕴的价值体系和价值观决定的。文化的社会价值决定社会道德，社会道德彰显文化的社会价值。有什么样的文化，便孕育、生长着什么样的道德；有什么样的道德，便表征什么样的文化。判断一个社会的道德是否优良，主要看这个社会的主流文化是什么；判断一个社会的文化是否先进，即看这个社会的人们遵从什么样的主流道德。和谐社会道德建设的一项重要任务就是要建立和谐的道德体系，建立有利于促进社会和谐、促进人的自由和谐发展的道德体系。因此，加强和谐社会道德建设，构建和谐社会道德体系，必须根植于和谐文化建设的土壤，吸收和谐文化的丰富资源，秉持和谐理念，体现和谐精神，彰显和谐价值。

众所周知，任何社会不可能只有一种文化形态，而是多种文化相互交织、相互融合、相互冲突的统一体。和谐文化并非单一文化，是多文化的融合。和谐文化，既包括以和谐理念、和谐精神为思想内核和价值取向的主体文化，又包括那种与和谐价值有冲突的文化。文化冲突是人类社会一种不可避免的普遍现象。和谐社会建设是在全球化的大背景下展开的，与世界各国不同性质和形态的文化进行交流交往是历史的必然，也是发展和谐文化的必要条件；同时，我

① 王少安、周玉清：《社会主义和谐文化建设论》，人民出版社，2010 年版，第 54 页。

国本身就是一个多民族、文化形态多样的国家，因此各种文化间的碰撞和冲突在所难免。不管文化冲突以什么样的方式进行或表现，但其本质表现为价值冲突或道德冲突。文化冲突、价值冲突具有长期性、深层性、广泛性等特征。随着社会的发展，社会生活越来越复杂化，人们的社会活动范围越来越宽广，人与人之间的交往越来越多样，人们秉持的价值日益多元，因而文化冲突、价值冲突必然会越来越明显和繁复。由于价值是利益的表现，因而，文化冲突、价值冲突实际上是利益冲突。社会是人的利益共同体，人在社会中生活，总是要实现自身的利益。人要在社会中生活，实现自身的利益，便不能因为价值冲突而致使社会分割和断裂，而必须把各种冲突限定在必要的秩序和范围之内，从而保证社会的整体性存在和每个人的生存发展。长期看来，社会是不能用高压、暴力等强制手段达成和谐的，而必须通过和平、友善的方式实现和谐。和平、友善的方式其实就是道德的方式。文化的、道德的方式是解决价值冲突、利益冲突最根本的方式。

加强和谐社会道德建设，必须发展和谐文化，兴起社会主义文化建设新高潮，推动社会主义文化大发展大繁荣；必须激发全民族的文化创造力，提高国家文化软实力，增强社会的凝聚力，创造更好更多的文化产品，培育追求和谐的社会风尚，更好地保障人民群众的基本文化权益，丰富人民群众的社会文化生活，提升人民群众的精神风貌。

发展和谐文化，要加强社会主义核心价值体系建设，培育社会主义核心价值观。“社会主义核心价值体系是兴国之魂，是社会主义先进文化的精髓，决定着中国特色社会主义发展方向。”①“社会主义核心价值体系是建设和谐文化的根本。”② 因为，社会价值、尤其是核心价值要发挥对整个社会的指导、引领作用，就必须把价

① 《人民日报》2011年10月26日。

② 《十六大以来重要文献选编》（下），中央文献出版社，2008年版，第712页。

值转换为制度、法律、道德等行为规范。规则依据价值、蕴涵价值，并使价值现实化、生活化；人们遵守规则、按照规则行事、用规则指导实践和生活的过程就是践履价值、实现价值的过程。因此，加强和谐文化建设，就必须构建社会主义核心价值体系，培育社会主义核心价值观，促使人们树立共产主义的信仰和中国特色社会主义的共同理想，增强促进社会和谐的共识，提高全社会的凝聚力，为构建社会主义和谐社会提供强大的思想基础和价值支撑。

构建社会核心价值体系、培育社会主义核心价值观不能只写进文件报告，必须内化成实实在在的社会生活；不能只停留于口头，必须融入人们真真切切的行动。因此，核心价值体系和核心价值观的内容必须转化为社会的文化要素、精神因子、生活情愫，转化为全体社会成员的价值追求和精神依归。为此，“必须强化教育引导，增进社会共识，创新方式方法，健全制度保障，把社会主义核心价值体系融入国民教育、精神文明建设和党的建设全过程，贯穿改革开放和社会主义现代化建设各领域，体现到精神文化产品创作、生产、传播各方面，坚持用社会主义核心价值体系引领社会思潮，在全党全社会形成统一指导思想、共同理想信念、强大精神力量、基本道德规范。”①

发展和谐文化，要努力建设优秀传统文化传承体系，建设中华民族共有精神家园。中华文化源远流长、博大精深，积淀着中华民族的深厚精神追求，是中华民族生生不息、团结奋进的不竭动力，是中华民族发展壮大的强大精神力量，是发展中国特色社会主义文化的深厚基础。“优秀传统文化凝聚着中华民族自强不息的精神追求和历久弥新的精神财富，是发展社会主义先进文化的深厚基础，是建设中华民族共有精神家园的重要支撑。”因此，发展社会主义和谐文化，要全面认识祖国传统文化，取其精华、去其糟粕，古为今用、

① 《人民日报》2011年10月26日。

推陈出新，坚持保护利用、普及弘扬并重，加强对优秀传统文化思想价值的挖掘和阐发，维护民族文化基本元素，使优秀传统文化成为新时代鼓舞人民前进的精神力量。[①]

发展和谐文化，要积极吸收借鉴国外优秀文化成果。我们是在全球化的背景下构建和谐社会的。改革开放是发展中国的必由之路，也是构建和谐社会的必由之路。因此，发展和谐文化，必须以更加开阔的视野、更加博大的胸怀对待外来文化，积极参与国际文化交流合作，学习借鉴一切有利于我国文化改革发展的有益经验和优秀成果；必须“坚持以我为主、为我所用，学习借鉴一切有利于加强我国社会主义文化建设的有益经验、一切有利于丰富我国人民文化生活的积极成果、一切有利于发展我国文化事业和文化产业的经营管理理念和机制。”[②]

发展和谐文化，要积极发展文化事业和文化产业，丰富人民群众的精神文化生活。“丰富健康的文化生活是衡量人们生活质量的重要标志，也是实现人的全面发展的决定性因素。”[③] 随着我国经济社会的加速发展，人们的生活水平不断提高，对精神文化生活提出了新的更高要求。因此，必须积极发展文化事业和文化产业，发展社会主义先进文化，就是发展面向现代化、面向世界、面向未来的，民族的科学的大众的文化；加大政府、社会对文化事业的投入，加快建立覆盖全社会的完备的公共文化服务体系。尊重文化建设的客观规律，发挥人们的创造性，创造大量具有鲜明时代精神和民族气息的精神文化产品，营造有利于人民群众健康成长的思想文化环境，适应和满足人民群众的精神文化需求，为人的全面发展创造和提供丰富的文化资源、文化服务。

发展和谐文化，要全面深化文化体制改革，解放和发展人的文化创造力。改革开放以来，我国经济社会迅速发展，文化赖以生存

---

① 《人民日报》2011 年 10 月 26 日。

② 《人民日报》2011 年 10 月 26 日。

③ 《科学发展观学习读本》，学习出版社，2006 年版，第 80 页。

和发展的经济基础、体制环境、社会条件发生了深刻变化，文化事业取得了长足发展。但是，文化建设无论是在思想认识、文化观念、还是在管理体制、工作方式等方面与科学发展的要求、与以人为本、尤其是促进人的自由全面发展的目标还不适应，具体表现为：人民群众的生活水平已基本从温饱转变为小康，文化发展与人民群众日益增长的精神文化需要、发展自身、实现自身的愿望不相适应；已进入全面建成小康社会的发展阶段，文化发展与全面建成小康社会的要求不相适应；已实现由计划经济体制向社会主义市场经济体制的转变，现行文化体制与社会主义市场经济体制不相适应；对外开放进入了新阶段，文化发展与对外开放的新形势不相适应；世界高新技术的飞速发展，数字技术的应用和互联网的普及，带来文化创新和传播领域重大革命，文化发展的现状与世界高新技术飞速发展和应用的形势不相适应。① 改变文化发展不相适应的状况，根本途径在于全面深化文化体制改革。党的十八届三中全会指出：必须“紧紧围绕建设社会主义核心价值体系、社会主义文化强国深化文化体制改革，加快完善文化管理体制和文化生产经营机制，建立健全现代公共文化服务体系、现代文化市场体系，推动社会主义文化大发展大繁荣。”

全面深化文化体制改革，解放和发展文化生产力，是时代发展的要求，是构建和谐社会的重要任务。要按照科学发展、促进和谐的要求，改革和创新文化体制，不断解放和发展文化生产力，积极调动广大人民群众的文化创造力，促进文化事业全面繁荣和文化产业蓬勃发展，创造出更加丰富灿烂的和谐文化，不断满足人民群众日益增长的文化精神需要，提高人的思想道德和科学文化素质，促进人的自由全面发展，为人类文明进步做出新的贡献。

① 参见《十六大以来重要文献选编》（上），中央文献出版社，2005 年版，第 338—340 页。

四、促进人的自由全面发展

道德建设的主体是人。有什么样的人，便会建设什么样的社会，也会创制和遵循什么样的道德。构建和谐社会，建设和谐道德，关键在人——自由全面和谐发展的人；构建和谐社会，建设和谐道德，就是要造就自由全面和谐发展的人。可以说，培育人的德性、促进人的全面发展既是和谐社会发展的目标，又是构建和谐社会、加强和谐道德建设的重要途径。

共产主义社会是人类发展的崇高理想，是“物质财富极大丰富，人民精神境界极大提高、每个人自由而全面发展的社会”。共产主义社会是和谐社会的蓝图，是马克思主义武装起来的政党的奋斗目标。社会主义社会不仅要把实现人的自由全面发展作为价值目标和社会理想，而且要不断促进人的自由全面发展，为实现人类崇高的社会理想奠定基础、创造条件。社会主义社会不仅要坚持以实现人的自由全面发展为目标，而且要把促进人的自由全面发展作为现实的社会运动。

促进人的自由全面发展是社会主义社会的本质要求和根本任务。社会主义本质同马克思主义的主题——人的解放和促进人的自由全面发展是一致的。邓小平指出：“社会主义的本质是解放生产力、发展生产力，消灭剥削，消除两极分化，最终实现共同富裕。”[①] 人是生产力中最活跃最革命的因素，因而解放和发展生产力首要的是解放人、发展人。只有首先解放人和发展人，才能最充分最广泛发挥劳动者的积极性、主动性和创造性，才能有效实现解放和发展生产力。解放和发展生产力，其一是解放、发展人自身；其二是为人的

① 《邓小平文选》第三卷，人民出版社，1993 年版，第 273 页。

自由全面发展创造现实物质条件；“消灭剥削，消除两极分化，最终实现共同富裕”，一方面是改变社会关系，扫除制约解放和发展人的障碍；另一方面是建立促进人的解放和自由全面发展的新型社会制度。因此，社会主义在本质上内在地要求把解放每一个人、发展每一个人作为根本性的历史任务，不断增强每个人的才能、提高每个人的素质、发挥每个人的潜能。可见，邓小平的社会主义本质观体现了马克思关于未来社会的本质规定，蕴涵了促进人的自由全面发展的深刻内容。

促进人的自由全面发展是社会主义新社会的本质要求。党的最高纲领和最低纲领是辩证统一的。中国特色社会主义的各项事业，既要着眼于人民现实的物质文化生活需要，同时又要着眼于促进人民素质的提高，也就是要努力促进人的全面发展。“这是马克思主义关于建设社会主义新社会的本质要求。我们要在发展社会主义社会物质文明和精神文明的基础上，不断推进人的全面发展。”[①] 党的十六大报告把促进“人的全面发展”作为建设全面小康社会的基本内容和奋斗目标。党的十六届三中全会提出了以人为本的科学发展观，指出：我国社会发展必须“坚持以人为本，树立全面、协调、可持续的发展观，促进经济社会和人的全面发展。”党的十六届五中全会提出：“要按照以人为本的要求，从解决关系人民群众切身利益的现实问题入手，更加注重经济社会协调发展，加快发展社会事业，促进人的全面发展”。党的十六届六中全会明确把促进人的全面发展作为构建社会主义和谐社会必须坚持的一项根本原则。党的十七大报告明确指出：以人为本，就是“要始终把实现好、维护好、发展好最广泛人民的根本利益作为党和国家一切工作的出发点和落脚点，尊重人民主体地位，发挥人民首创精神，保障人民各项权益，走共同富裕道路，促进人的全面发展，做到发展为了人民、发展依靠人

① 《江泽民文选》第三卷，人民出版社，2006 年版，第 294 页。

民、发展成果由人民共享。”[①] 党的十八大指出：贯彻科学发展观，必须“始终把实现好、维护好最广大人民根本利益作为党和国家一切工作的出发点和落脚点，尊重人民首创精神，保障人民各项权益，不断在实现发展成果由人民共享、促进人的全面发展上取得新成效”。[②]

人的自由全面发展具有丰富的内涵，主要表现为：首先，人的自由全面的发展是人的多方面需要的发展。人的现实需求结构的复杂性和多层级性，既反映了人的个性的丰富性、生活方式的特征和人的发展水平，同时也反映了社会对人的需要的培育与满足的程度。其次，人的自由全面发展是人的多种社会关系的全面发展。在生产力高度发达的基础上个人劳动社会化，形成普遍的物质交换和物质关系以及政治、法律、伦理、文化等其他方面的全面而丰富的关系，并且随着交往的普遍化，突破狭隘的地域性和民族性的限制，形成世界性全球性的联系。世界历史的形成和生产、消费、交往的普遍化则必然造就全面发展的个性。再次，人的自由全面发展是个人能力的自由的全面的发展。人具有物质的、精神的天赋能力，具有生产、消费、认知、交往、道德、审美等各种潜能，个人能力的全面发展就是致力于发展和引导人的各种潜能，使人不断超越其给定性和自在性，追求更为丰富和全面的自由个性、更高的生存状态和更高的价值。人的全面而自由的发展，既体现了个体人格的丰富性和全面性，又体现了人之为人的开放性、未定性和无限超越性。把人的自由全面发展作为社会进步最根本的、最高的标准，就是要按照全面协调发展的要求建设社会，即建设全面协调持续发展的和谐社会。

构建和谐社会，促进人的自由全面发展，需要着实做好以下工作：

---

① 《中国共产党第十七次全国代表大会文件汇编》，人民出版社，2007 年版，第 15 页。

② 《十八大报告辅导读本》，人民出版社，2012 年版，第 9 页。

第一，以人为本，提高人的综合素质。实现经济社会全面持续发展，促进社会和谐，最根本、最重要的是必须依靠全体社会成员整体素质的提高。没有全体社会成员素质的全面提升，没有人的现代化，就没有社会的现代化，就没有社会的全面和谐发展。

一是要提高的人的健康素质。提高人的健康素质是促进人的全面发展的必然要求。人首先是一种自然存在物。有生命的个人是社会、历史的第一个前提。人的一切、社会的一切都建立在现实的有生命的个人这一基础之上。健康是生命的根本特征。人失去了健康便失去了生命，也失去了生命的一切。因此，我们必须大力发展社会经济，健全社会保障体系，保证人的经济权利，满足人的基本生活需要，不断提高人们的生活水平。同时，要不断提高人的健康水平。要坚持为人民健康服务的方向，坚持预防为主、以农村为重点、中西医并重，按照保基本、强基层、建机制要求，重点推进医疗保障、医疗服务、公共卫生、药品供应、监管体制综合改革，完善国民健康政策，为群众提供安全有效方便价廉的公共卫生和基本医疗服务，不断提高人的健康水平和素质。要积极开展爱国卫生运动，促进人民身心健康；要坚持计划生育的基本国策，提高出生人口素质，逐步完善政策，促进人口长期均衡发展。①

二是要提高人的思想道德素质，提高人的精神境界。思想道德素质是人的基本素质，是立人修身之本。思想道德素质是人的根本素质，是人的灵魂。思想道德素质是增强人的生命力和创造力、保持积极昂扬向上的精神状态的强大思想保证和精神动力。当代中国，提高人的思想道德素质，首先要培育马克思主义的理论素养和精神境界。马克思主义是指导人们获得自身解放和幸福的学说，是以人的自由全面发展为最终目标的人类解放理论。马克思主义理论是自

① 《十八大报告辅导读本》，人民出版社，2012 年版，第 37—38 页。

然的、彻底的人道主义，具有崇高的人文情怀和人道精神。人文精神是对人性、人的主体地位、价值尊严的无限关注和高扬，是人生的终极关怀和价值取向；它着眼于人类命运和归宿、幸福与完善、发展与进步的理性思考，是对真善美的永恒追求；它表现为人的一种超越实用理性、追求价值理性、审美情操的价值观，是人类文化的思想基础和价值源泉。人文精神属于人类意志情感范畴，本质上是一种珍惜人和人的自我实现的内在精神和博大情怀。培育和弘扬人文精神是提高人的素质、促进人的自由全面发展的重要内容与根本要求。

伟大的民族精神和时代精神是鼓舞人奋发向上的精神旗帜，是中国人民精神风貌的集中体现，是激发社会活力和人的生命力、创造力的强大动力。大力弘扬以爱国主义为核心的民族精神和以改革创新为核心的时代精神是发展先进文化的永恒主题。整个社会要运用多种手段、采取多种方式，大力倡导一切有利于发扬爱国主义、集体主义、社会主义的思想和精神，大力倡导有利于改革开放和现代化建设的思想和精神，大力倡导有利于社会进步、民族团结、人民幸福的思想和精神，大力倡导用诚实劳动实现美好生活的思想和精神，使我们每个人都具有自强不息、积极有为、昂扬向上的精神状态，培育人道、慈善、宽容、博大的人文情怀和道德情操。

三是全面提高人的科学文化素质。人的素质的全面提高在很大程度上依靠科学文化和教育事业的发展。要充分发挥教育、科技在和谐社会建设的基础性、先导性作用。教育作为培养人的活动，必须把培养人、提升人作为本质功能，把提高人的综合素质、促使人的自由全面协调发展作为首要的根本任务。教育活动要弘扬科学精神，传播科学知识，提高人的科学素质；要大力宣传和普及科学技术知识，培育科学精神和科学方法，使广大人民群众更多地了解科学技术知识和科技创新成果，更好地接受科学知识和科学技术的武装，在全社会形成讲科学、爱科学、用科学的浓厚氛围和社会风尚，不断提高全民的科学文化素质。

四是全面提高人的行为文明素质。德性是人的行为习惯，是人在长期的道德实践中形成的品格。加强道德建设，根本在于使人成为品德高尚的有美德的人。由于人的道德品质形成于人的行为之中，因此，在社会生活的各个领域、尤其是基本领域和公共领域，要注重人的行为养成，不断规范人的行为，使人的行为符合社会道德的要求，使行为成为文明的行为，促使人们养成文明的行为习惯。文明的行为即是合乎道德的行为，一个行为文明的人即是德性优良的人。

第二，深化改革，构建有利于促进人自由全面发展的和谐社会关系。社会关系的丰富、公正、协调、和谐是人的自由全面发展的前提条件。社会的全面进步与人的自由全面发展具有历史的一致性。人的发展和社会的进步是同一的历史进程。人的解放、人的发展则是通过改革社会关系、社会制度而实现的。社会的全面进步是与生产力发展要求相适应的社会关系，尤其是与生产关系的变革相统一的。

一要改革创新经济体制，建立公正和谐的经济关系。促进人的自由全面发展首先必须保障人的经济权利，实现人的经济自由。经济自由权利，就是每个人享有的从事经济活动、获得经济利益——生产、分配、交换和消费的自由，就是每个人没有外在非法强制从而能够按照自己的意愿从事经济活动、获得经济收益。经济自由是人实现自身物质利益的基本条件，是满足人自身生存和发展需要的必要前提。人只有拥有经济自由权，获得经济自由，才有生存和发展的基本保障。人如果没有经济的自主权，经济上深受剥削压榨，缺乏维系生存需要的物质资源，人是不可能自由全面发展的。人的自由全面发展不仅需要社会有丰裕的财富，而且更需要公正的分配制度与和谐的经济关系。为此，必须全面深化经济体制改革，不断完善社会主义市场经济制度和体制，确立“能够极大解放和发展社会生产力、充分发挥全社会发展积极性的体制机制”,[①] 让一切劳动、知识、技术、管理、资本的活力竞相迸发，让一切创造社会财富的源泉充分涌流，让发展成果更多更公平惠及全体人民。

二要改革创新政治体制，建立自由和谐的政治关系。建立自由和谐的政治关系其实就是实现政治自由。政治自由是人们因为没有外在强制而能够按照自己的意愿从事政治活动的状态，也就是人们按照自己的意志管理国家事务和社会事务。政治，从本质上讲，就是权力统治、权力治理。政治自由就是使国家的政治权力按照人民自己的意志来行使。一个人只有拥有政治权力，才能使权力按照自己的意志行事，才能拥有政治自由。因此，政治自由，是社会成员拥有最高国家权力的自由，每个人掌握着最高国家权力，国家最高权力体现人民的意志，掌握在人民手中。由于任何国家和社会治理体系中，权力的掌握者只能是统治者和管理者，因此，政治自由就是权力拥有者自由运用权力治理国家、管理社会。每个人享有政治自由，直接和间接地掌握国家最高权力，能够使国家的政治活动按照自己的意志运行，亦即公共权力按照人民的意愿行使。这是一个自由民主社会的标志。因此，促进人自由全面发展，关键是要使人成为不受社会压迫、剥削的人，成为自由的个人。要使人真正成为自由的个人，就必须深化政治体制改革，改变异化人的制度和体制机制，消除人的异化状态，实现政治自由，使人真正成为社会的主人。

三要改革创新社会管理体制机制，建立和谐的人际关系。十八大报告指出：“加强社会建设，是社会和谐稳定的重要保证。必须从维护最广大人民根本利益的高度，加快健全基本公共服务体系，加强和创新社会管理，推动社会主义和谐社会建设。”[②] 党的十八届三中全会进一步要求：必须“紧紧围绕更好保障和改善民生、

---

① 胡锦涛:《在纪念党的十一届三中全会召开30周年大会上的讲话》,《人民日报》2008年12月19日。

② 《十八大报告辅导读本》，人民出版社，2012年版，第34、35页。

促进社会公平正义深化社会体制改革，改革收入分配制度，促进共同富裕，推进社会领域制度创新，推进基本公共服务均等化，加快形成科学有效的社会治理体制，确保社会既充满活力又和谐有序。”。①

社会需要秩序，人们需要安宁。有秩序就必定需要治理，要安宁就必须遵守规则。因此，“加强社会管理，维护社会稳定，是构建社会主义和谐社会的必然要求。必须创新社会管理体制，整合社会管理资源，提高社会管理水平”，② 特别是要“推进国家治理体系和治理能力现代化”。社会治理，说到底是对人的管理和服务，涉及广大人民群众切身利益。社会作为众多人的集合体，稳定和秩序是社会赖以生存的前提。社会稳定是人民群众的共同心愿，是改革发展和人们生活幸福安康的基本前提和重要保障。

任何社会都有矛盾和冲突，但任何社会都必须把社会矛盾、冲突限制在一定范围之内，以保持社会的存在和发展。阶级社会主要通过阶级统治、阶级压迫的暴力手段和辅之以宗教、道德说教等方式来维持社会秩序。社会主义社会与人压迫人的阶级社会有着本质区别。社会主义社会的社会管理不是为了统治人、压制人，而是为了服务人、造福人。因此，社会治理的价值目标必须是以人为本、全心全意为人民服务，不断实现好、维护好、发展好最广大人民根本利益，实现社会和谐。

改革创新社会治理，根本在于协调各方的利益，维护人的合法权益，建立公正和谐的社会利益关系。社会管理作为调节人与人之间关系的活动，主要在于调节好人与人之间的利益关系。人与人之间的利益关系理顺了，人与人之间的社会关系就会和谐；人与人的社会关系和谐了，社会就会和谐。为此，必须进一步加强和完善维护群众权益机制，形成科学有效的利益协调机制、诉求表达机制、

---

① 《〈中共中央关于全面深化改革若干重大问题的决定〉辅导读本》，人民出版社2013年版，第49页。

② 《十六大以来重要文献选编》（下），中央文献出版社，2008年版，第662页。

矛盾调处机制、权益保障机制，统筹协调各方面利益关系，加强社会矛盾源头治理，妥善处理人民内部矛盾，坚决纠正损害群众利益的不正之风，切实维护群众合法权益。

改革创新社会治理体系关键在于在经济发展的基础上加快推进以保障和改善民生为重点的社会建设。社会建设与人民幸福安康息息相关。为此，必须把保障和改善民生作为加快转变经济发展方式的根本出发点和落脚点，坚定不移走共同富裕道路，使发展成果更好更多地惠及全体人民；必须在经济发展的基础上，更加注重社会建设，着力保障和改善民生，推进社会体制改革，扩大公共服务，完善社会治理，促进社会公平正义，解决好人们最关心最直接最现实的利益问题，努力使全体社会成员学有所教、劳有所得、病有所医、老有所养、住有所居，推进和谐社会建设，使每个人都过上更加美好的幸福生活。

人—社会—道德是一体的。人是社会的人，社会的人都具有一定的道德；社会是人的社会，社会离不开道德；道德是社会的道德，是人的道德，是人为的，也是为人的。因此，加强和谐社会道德建设、促进人的自由全面发展与构建公正的和谐社会是同一过程，统一于中国特色社会主义建设与构建社会主义和谐社会的伟大实践。

结语　坚守底线　追求高尚

习近平同志指出：国无德不兴，人无德不立。一个民族、一个人能不能把握自己，很大程度上取决于道德价值。[①] 追求真善美是人类的永恒价值。我们要让人们的灵魂经受洗礼，让人们发现自然的美、生活的美、心灵的美。我们要传递真善美，传递向上向善的价值观，引导人们增强道德判断力和道德荣誉感，向往和追求讲道德、尊道德、守道德的生活。只要中华民族一代接着一代追求真善美的道德境界，我们的民族就永远健康向上、永远充满希望。[②] 党的十八大报告认为，"全面提高人民思想道德素质和科学文化素质"是建设社会主义文化强国的重要内容，"全面提高公民道德素质"是"社会主义道德建设的基本任务"。[③] 人的道德素质即为人的德性，提高人的道德素质即是提高人的德性，使人成为品德高尚的人。

一、社会发展对人的道德要求

任何社会都会对人提出一定的道德要求，都要制定道德规导人的行为，即规定人应该做什么、不应该做什么。社会是不断发展进

---

① 《习近平总书记系列重要讲话读本》，学习出版社、人民出版社，2014 年版，第 96 页。

② 《人民日报》2014 年 10 月 16 日第 1 版。

③ 《十八大报告辅导读本》，人民出版社，2012 年版，第 31、32 页。

步的，那么，社会发展进步应当对人提出怎样的道德要求呢？对人怎样的道德要求才会有利于社会和人自身的发展进步呢？

道德是人达成善、促进和谐的道德方式，是调节人的社会关系的行为规范。正确理解的利益是整个道德的基础，道德最深层的本质是以经济关系为基础的利益关系。道德在根本上是调节人与人之间利益关系的实践方式。人的利益关系集中表现为个体利益与个体利益、个体利益和社会利益之间的矛盾关系，所以，“如何处理这种利益关系就是道德的中心问题”。不同的道德就是对这一问题不同的处理和调节方式。[①] 如果社会道德所提倡的是个体利益优先，个体利益神圣不可侵犯，社会利益只是实现个人利益的条件，那么，追求个人利益具有道德的合理性，追求个人利益就会得到鼓励和激励，社会就要求社会利益服从个人利益，每个人都应该极力维护和发展个人的正当权益。如果社会道德提倡个体利益和社会共同利益的一致性，同时兼顾个体利益和社会共同利益，那么，就是要求人应该公私兼顾。如果社会道德提倡社会共同利益（集体利益）优先，个人利益是实现集体利益的条件，那么，社会就会要求个体利益服从集体利益，人便应该大公无私、自我牺牲。在个人与个人之间利益关系的处理方面，如果社会道德提倡个体利益之间互惠互利，那么，人就应该为人为己，自利为他；相反，如果社会道德提倡的是个体之间的相互克服、相互取代或相互礼让，那么，人们就应该或舍己为人、损己利人、无私利他，或损人利已。直觉和社会经验告诉我们，捍卫自身正当利益、公私兼顾、利人利己等道德要求相对较低，是对人的基本道德要求；而大公无私、无私奉献、舍己为人、无私利他等道德要求相对较高，是对人的高要求。一般而言，低或较低的道德要求，人一般比较容易做到，而高或更高的道德要求，人则难以做到或根本做不到。孔子和子路的一次对话可以为证：“子路问君子。子曰：‘修己以敬。’曰：‘如斯而已乎？’曰：‘修己以安

① 唐凯麟：《伦理学》，高等教育出版社，2001 年版，第 32 页。

人。’曰：‘如斯而已乎?’曰：‘修己以安百姓。’‘修己以安百姓，尧舜其犹病诸?’”① 君子之德从“修己以敬”到“修己以安人”、再到“修己以安百姓”，要求层层提高，实践的难度越来越大。“修己以敬”，即“修养自己，严肃认真地对待工作”，这是君子一般都能够做到的；而到“修己以安百姓”，即“修养自己来促使所有老百姓安乐”，这是尧舜这类道德高人都难以做得到的。在许多道德学家看来，道德等社会规范在本质上是对人的自由和欲望的压抑与限制。正因如此，道德在本质上要求人们首先必须克制自己的利己欲望、压制自己的利己本性，因而，道德要求越高就意味着人们对自身的利己欲望和本性的压制则越深越重，人们所作的努力和牺牲就越大越强，所以，即使像“尧舜”那样的道德圣人都很难做到“修己以安百姓”，普通人就更加难以做到了。可见，如果道德越符合人的自由和利己之本性，那么，人就越容易按照道德的方式行事；如果道德超出人的本性，那么，人则更难按照道德的方式为人处事。

如果“社会越发展，对人的道德要求越高”，那么，社会则越来越要求人在道德上应该大公无私、无私奉献、无私利他、自我牺牲……我们姑且不论这种道德的高要求在社会实践中可行的普遍性，而是要探讨这种高层次的道德要求是否能成为社会对人一般的、普遍的行为要求呢?更进一步说，社会发展的利益关系是否需要人经常作出牺牲自身利益的道德选择呢?试想，如果这种高的道德要求是一种社会道德体系中的基本道德规则，那么，这种社会的利益关系具有怎样的性质和特征呢?毫无疑问，这种社会利益关系是完全对立、根本冲突的，是一种不牺牲一方的利益就不能实现另一方利益的对立关系。因为，只有在这种对立的利益关系中，即在利益相互冲突且不能两全的利益结构中，才能出现牺牲一方的利益而满足另一方利益的客观需要。如果人与人、人与社会的利益没有直接的、根本的对立与冲突，一方利益的实现根本不可能危及或损害另一方

① 杨伯峻译注：《论语译注》，中华书局，2007 年版，第 220—221 页。

利益的实现，一方利益的实现根本不需要靠另一方利益的受损才能实现，那么，在道德上就不需要人牺牲自我、无私奉献。① 可见，只有在利益关系根本对立、完全冲突的社会关系中，才会有道德的高要求，而在利益根本一致或根本利益一致的社会关系中，道德的高要求则不具有普遍性，只能具有特殊性。自我牺牲、无私奉献在道德体系中之所以还要作为一种特殊的要求，主要是因为在根本利益一致的社会关系中，一定范围或条件下可能出现利益关系的对立和冲突。

社会发展的客观规律和趋势决定了社会的发展进步是一个社会利益的矛盾关系不断缓和、不断协调的过程，即社会利益关系的对立性、冲突性不是在增强扩大，而是在逐渐减弱、缩小甚至消除。因为社会发展的一个重要标志就是社会关系——生产关系——利益关系的进步。社会越发展，人在生产和社会生活领域的地位变得越自由平等。人与人、人与社会的压迫和被压迫、剥削和被剥削的对立关系日渐被平等互助的关系所代替。人的社会关系、利益关系不是越来越紧张对立，而是越来越一致与和谐。因此，自由、平等、和谐的社会利益关系决定了社会创制的道德应该是自由、公正、平等、互惠互利的道德，对人的道德要求不是高标准的，而是基本的、平和的。当然，作为人生规划、人生理想，社会倡导或希望人们怀有崇高的道德理想和追求，成为崇高德性的人。这是社会发展进步所必需的。

众所周知，社会是创制道德的主体，道德是社会的产物。人的本性是自由的，人的欲望是无限膨胀的。从本性上说，人的自由和利己欲望决定人不需要什么限制，甚至不需要限制。每个人都希望极大实现自身的自由和欲望。问题是：每个人都能够无限制地实现

① 在能够实现双方或各方利益的社会关系中，并非一定要求人们牺牲自我利益而增进社会或他人利益，而应该是首先建立公正、互赢的道德规则，其次才是鼓励人们把自我奉献和牺牲作为个人的人生追求或倡导得利较多者必要时主动放弃自身利益或要求较少得利，从而增进较少得利者的利益。

自由、满足欲望吗？显然不能。因为人是社会动物，而且只有在社会中才能存在的动物，人的自由和欲望只能在社会中才能实现和满足。然而，社会是否能够无限制地实现人的自由、满足人的欲望呢？显然不可能。因为，如果社会能够满足每个人所有的自由和欲望，社会便是一个绝对自由和无所不有、且社会财富极其富有的世界。事实上，社会既不是绝对自由的，也不是无所不有的。因此，社会应该且必须对人的自由和欲望进行限制。那么，社会应该如何限制人的自由和欲望呢？或者说社会应如何限制人的自由和欲望才是道德的呢？

社会为了维持自身的存在和发展，为了保障、满足社会成员的欲望和自由，便不能任人的自由和欲望无限膨胀，而必须对人的自由和欲望进行必要的规范和限制，必须对人在思想和行为等方面提出这样那样的限定与要求。于是，社会就创制了各种各样的规则，其中道德和法律是最重要的社会规则。社会规则规定人应该做什么和不做什么。可见，道德等规范既是对人的自由和欲望及其实现的保障，又是对人的自由和欲望的限制和压抑。由此，由于道德、法律等社会规则对人的自由、欲望有一定的限制和压抑，因而是一种“必要恶”。

道德这种“必要恶”之所以必需，不在于道德本身，而在于道德所带来的结果，即不在于道德对欲望和自由的压抑，而在于压抑欲望和自由所引发的结果。社会创制道德等行为规则之所以要对人的欲望和自由进行限制和压制，一是为了避免因人的欲望膨胀而带来更大的损失和更深重的灾难，二是为了保障每个人的自由和欲望在一定程度、一定范围得以实现与满足。正如霍布斯所说，如果没有政府、道德、法律对人的欲望进行限制，人与人之间就会不断争斗，社会就会瓦解，人类就会完结。人们相互订立契约、建立国家、成立政府、制定道德和法律，限制人的欲望与自由，为的是避免人与人之间的战争状态。虽然从道德的观点看，任何社会规范，包括道德，都应该保障人的自由和满足人的欲望，但是，社会的本性和现状决定了社会不可能完全保障人的绝对自由和满足人的所有欲望，而必须对人的某些自由和欲望进行必要的限制，唯有如此，才能保障社会的存在发展，才能促进人的自由的实现和欲望的满足。

既然道德等社会规范在本质上是一种"必要恶"，是对人的自由和欲望的限制，那么，由此便可推知：道德对人的要求越多越高，则对人的自由和欲望的限制便越多、压抑便越重；反之，则越少、越轻。如果"社会越发展，对人的道德要求越高"，那么，则意味着"社会越发展，对人的自由和欲望的限制和压抑越多、越重"，亦即社会越发展，人则日益不自由、人的欲望越来越得不到满足，人的生活不是越来越幸福，而是越来越不幸。如果人的自由越来越少，欲望越来越得不到满足，生活越来越不幸，那么，我们怎么能够认为社会越来越发展进步呢？可见，社会越发展、越进步，则意味着人的生活越来越美好、幸福；人的生活越来越美好、幸福，则意味着人的自由和欲望得到越来越多、越来越好的实现和满足；人的自由和欲望得到越来越多、越来越好的实现和满足，则意味着社会、道德等规范对人的欲望和自由的限制和压抑越来越少、越来越轻。

社会的发展进步在本质上是人的解放，是人的自由的扩大、人的欲望的更大满足、人的利益的更大实现。人的解放在很大程度上就是废除那种压制人的自由和欲望的不良社会制度、社会规则，包括不良道德，从而解除那种不必要的法律和道德的限制。社会发展进步则意味着制定更多的促进和扩大人的自由和欲望的社会制度规则，协调社会利益关系，增进社会和每个人的利益。从道德上看，社会发展进步对人的自由和欲望的限制不是增多而是减少，不是加强而是减弱，对人的道德要求也不是提高而是趋于平实、一般和普遍。因此，"今天的伦理学肯定要面向大众，面向所有人，它主要关注的是建立一个普遍化的道德原则和规范体系，建立一种适度有效的社会义务和正义体系，而不是关注个人自我成圣成贤的精神追求。”①

二、品德与美德

社会创制道德不是为道德自身的完善，而是为了实现社会的整体利益——增进每个人和共同体的利益。这是社会发展的终极目标，也是道德的最终目的。实现社会和道德的最终目的就必然要求社会主体遵守社会创制的道德，以道德的方式从事社会实践活动、处理社会事务和过共同的社会生活。因此，社会一旦创制道德，则要求发挥道德应有的规约和引导作用，要求人们接受道德的规导，以实现社会创制道德的目的。人们在实际的社会生活中，自觉遵守道德的引导，依照道德的要求行事，长此以往，便形成了为人做事的习惯，便具有了某种品质，亦即形成了某种德性、拥有了某种品德。德性、品德是人长期遵守或违背道德的伦理行为积淀而成的品质。亚里士多德认为：“德性的获得，不过是先于它的行为之结果；这与技艺的获得相似。因为我们学一种技艺就必须照着去做，在做的过程中才学成了这种技艺。我们通过从事建筑而变成建筑师，通过演奏竖琴而变成竖琴手。同样，我们通过做公正的事情而成为公正的人，通过节制的行为而成为节制的人，通过勇敢的行为而成为勇敢的人。”② 就是说，一个人的品德是他长期遵守或违背社会道德规范的结果，是一个人长期的道德行为积累的结果。一个人长期或终身遵守一定的道德，那么，他就是一个有德者，是一个有德性的人，是一个有美德的人；反之，就是一个无德性的人，其道德品质就卑

① 何怀宏：《良心论》，上海三联书店，1996 年版，第 53 页。

② 亚里士多德：《尼各马可伦理学》；转引自王海明：《新伦理学》（下册），商务印书馆，2008 年版，第 1526 页。

下、恶劣。[1] 因此，“品德则是一个人的道德自我，是一个人长期遵守或违背道德的行为所形成和表现出来的稳定心理自我，是一个人长期遵守或违背道德的行为所形成和表现出来的道德人格和道德个性。”[2]

然而，由于道德有许多种类，有统治者的道德和被统治者的道德，有优良的道德和不良的道德等等。一个人如果长期信守任何一种道德，那么，他（她）是否是一个有德性的人，一个有品德的人，或者说，一个品德高尚的人，即具有美德的人呢？对此，王海明教授认为：一个人“只要遵守道德——不论是优良道德还是恶劣道德——所形成的品德都是美德”，而“只有不遵守道德——既不遵守优良道德也不遵守恶劣道德——所形成的品德才是恶德”。[3] 王教授的这种认识是真理吗？

的确，一个人的德性、品德只与人们是否长期遵守道德或违背道德直接相关，即与人们是否从事道德提倡或禁止的事直接相关。无论是做道德提倡的事情还是做道德反对的事情，只要一个人的行为是长期的，即形成了做事的习惯或行为方式，那么，这个人就具有了一种德性或品德。亚里士多德认为，合乎德性的生活是人的可实现的幸福，是人能够通过实践达成的生活，是实践的生命合于伦理德性的活动。“如果人的活动是灵魂的遵循或包含着逻各斯的实现活动；如果一个什么人的活动同一个好的什么人的活动在根源上同类（例如一个竖琴手和一个好竖琴手，所有其他例子类推），且后者的德性上的优越总是被加在他那种活动前面的（一个竖琴手的活动是演奏竖琴，一个好竖琴手的功能是出色地演奏竖琴）；如果是这样，并且我们说人的活动是灵魂的一种合乎逻各斯的实现活动与实践，且一个好人的活动就是良好地、高尚（高贵）地完善这种活动；如果一种活动在以合乎它特有的德性的方式完成时就是完成良好的；

① 参见王海明：《新伦理学》（下册），商务印书馆，2008 年版，第 1526 页。
② 王海明：《新伦理学》（下册），商务印书馆，2008 年版，第 1528 页。
③ 王海明：《新伦理学》（下册），商务印书馆，2008 年版，第 1554 页。

那么，人的善就是灵魂的合德性的实现活动，如果有不止一种的德性，就是合乎那种最好、最完善的德性的实现活动。不过，还要加上‘在一生中’。一只燕子或者一个好天气造不成春天，一天的或短时间的善也不能使一个人享得福祉。”亚里士多德还说：“道德德性则通过习惯养成，因此它的名字‘道德的’（Ethike）也是从‘习惯’（Ethos）这个词演变而来”。[①] 可见，伦理德性不仅是活动的、实践的，而且是一种行为习惯。一个人仅仅偶然做合乎道德的事情并不等于就有德性。只有经常或持之以恒从事合乎道德的活动，才能形成一种行为习惯、形成一种德性或品德，可以说，德性或品德就是人的行为习惯。只有经常以公正的方式从事管理等活动的人才具有公正的品质，只有经常节制地生活的人才具有节制的德性，只有一贯勇敢地面对危难的处境、勇敢地应对危难之事的人才具有勇敢的品德。德性的生活不仅要去行动、实践，而且要经常一贯、持之以恒地行动、实践。可以说，人的实践方式、人的生活方式就是人的行为习惯，好生活就是好的行为习惯。

因此，不管人们遵守什么样的道德，只要其在长期的社会实践中把一种外在的道德规范内化成为了内在的心理自我或人格，那么，其就具有了某一品德。如果一个商人一直遵守诚实守信的道德，那么，其就是一个诚实的人，具有诚实的品德；如果一个人长期坑蒙拐骗，那么，他就不具有诚实的品德，而具有欺诈的品德。再如，古代中国，许多女子忠诚于“父母之命、媒妁之言”的婚姻家庭道德，放弃追求心中的爱情，恪守“贞操”，宁愿做闺中的“怨妇”，那么，她们则具有“贞节”品德；“五四”运动时期，在新文化运动影响下，一些女子冲破传统家庭道德的束缚，大胆追求自己的爱情，解除“婚约”，那么，她们就不具有传统道德的“贞操”，而具有“新女性”追求爱情婚姻“自由”的品德。可见，不管人们在社会实践中遵守什么样的道德，只有是长期、经常按照道德方式进行，

① 亚里士多德：《尼各马可伦理学》，商务印书馆，2003 年版，第 20、35 页。

那么，才会形成相应的德性或品德。

然而，我们能否把诸如坑蒙拐骗者之流的“欺诈”的品德称之为美德呢？能否说古代那些恪守“三从四德”、不敢追求自由爱情而做闺中“怨妇”的女子的“节操”是美德呢？

为此，我们有必要进一步探讨品德和美德之关系。品德既然是“一个人长期遵守或违背道德的行为所形成和表现出来的道德人格和道德个性”。既然道德有优良与恶劣之别，那么，必然有长期遵守或违背优良道德所形成的道德人格和道德个性，也必然有长期遵守或违背恶劣道德所形成的道德人格和道德个性。显而易见，一个人长期坚持优良道德所形成的品德，或者长期违背恶劣道德所形成的品德，具有正道德价值；反之，一个人长期违背优良道德或长期遵守恶劣道德所形成的品德，则具有负道德价值。因此，美德不仅与人从事的社会活动的性质密切相关，而且与人所遵循的道德的性质直接相关。长期从事危害自身、他人和社会的活动或遵守恶劣道德、或违犯优良道德所形成的品德便不能称之为美德，也就是说，恶行不能形成美德。美德只能形成于长期从事有益于自身、他人和社会的活动或遵守优良道德或违犯恶劣道德的行为之中，即美德只能形成于善行之中。因此，我们不能把这两类不同性质的品德都称之为美德，不能把“只要遵守道德——不论是优良道德还是恶劣道德——所形成的品德”称之为美德。所以说，并非一切品德或德性皆为美德。能够称得上美德应当是具有正道德价值的品德，是优良的品德。亚里士多德认为：“明智与伦理德性接近，伦理德性也与明智相接近。”[①] 恰如麦金太尔所言：“一个德性是有益于一种整体生活的善的”。[②] 一个老少无欺的商人，就具有诚实的美德。一个长期与旧势力抗争，反抗恶劣道德束缚的人，如“若为自由故”的革命者、“威武不能屈”的士大夫、冲破封建家庭道德的“新女性”等，

① 《亚里士多德全集》第八卷，中国人民出版社，1992 年版，第 153 页。

② ［英］麦金太尔：《德性之后》，中国社会科学出版社，1995 年版，第 346 页。

他们违背的是恶劣道德，遵守的是优良（先进）道德，他们拥有美德。可见，美德是人因长期从事优良道德实践或违背恶劣道德规范而形成的优秀品德。既然美德是优秀品德，那么，恶德则是恶劣品德，是长期违背优良道德或遵守恶劣道德而形成的品德。恶德绝不是像王海明教授所说的不遵守任何道德——“既不遵守优良道德也不遵守恶劣道德”所形成的品德。人的道德行为必定是不遵守此种道德则遵守彼类道德的行为，不遵守任何道德的行为不能称其为道德行为或伦理行为。不是在道德行为中形成的心理自我绝对是不能称之为品德的。正因如此，王海明教授也说：“品德并非都是好东西，并非都是良好的、优秀的品质。”“德性或品德显然有优良的品德或美德与恶劣的品德或恶德之分。”[①] 优良品德、美德，是一个人的道德实践长期遵守优良道德或违背恶劣道德的结果；而恶劣品德、恶德，则是一个长期违背优良道德或遵守恶劣道德的结果。

可见，美德的形成不仅与人的行为的社会效益——正价值相关，而且是以优良道德为前提的。就是说，美德与人的善行相关，而人的善行是与社会的“良德”相符的，是人遵守良好道德或反抗、违背“恶德”的结果。因而，社会要使人有美德，重要的一点是创制良德。如果社会创制的道德是优良的，人们遵守道德无疑会极大地保障人的自由，增进人的幸福和利益，人们必定因此而长期遵守道德，从而形成良好的品德——美德。如果社会创制的道德不是优良的，而是恶劣的，人们要有美德，则只能反抗、违背社会道德。任何社会、任何时代，任何道德抗争都是用血和生命的代价换取的，在一个压制自由的社会，为争取自由，人们都是抛却、牺牲生命和爱情等许多美好的东西的。同样，一个社会如果道德恶劣，人遵守道德，则意味着“存天理、灭人欲”，必定“人吃人”，必定侵害人的自由，牺牲人的幸福和利益。同时，恶劣道德的社会必定会“逼良为娼”、“劣币驱逐良币”，如此而来，社会必定缺乏生机与活力，

① 王海明：《新伦理学》（下册），商务印书馆，2008 年版，第 1527 页。

必定停滞不前，直至毁灭。因而，道德恶劣的社会即使人人都遵守道德，也绝然不是一个好社会，人们过的生活也绝然不是好生活。相反，一个好社会首先必定是个道德规范优良的社会。只有道德优良，人遵守道德，品德才可能高尚，才能造就有美德的人。一个人人或绝大多数人具有美德的社会，才能称之为德性社会，才能成为和谐社会。所以，一个社会要成为好社会，要造就品德高尚的人，从道德自身建设的视角看，首要的任务是解决道德失范问题，创制优良的道德体系，使人们“有德可依”，且是有“良德”可依。[①]

三、美德与道德

一个好社会、一种好生活必须要有好的社会规范、好的生活规约，但是，仅仅具有好的规范、规约是远远不够的。人们的德性、美德是构成一个好社会、一种好生活的重要甚至是决定性的因素。因此，好社会、好生活，不仅要有好的规范，优良的道德，而且要有好的德性，要有个人美德。

在现代化的进程中，规范伦理学取代了自亚里士多德以来的美德伦理学的王者地位。规范伦理学追求道德的可普遍化和“道德律令”的绝对性，视道德为“绝对命令”。规范伦理学是一种典型的现代性道德理论类型。“规范伦理学实际表达着现代理性主义的客观知识化和普遍同质化的价值权威诉求。它关注的是社会基本层面的伦理规范和公共伦理秩序，甚至只是某种形式的可普遍化‘底线伦理’（the minimalist ethics，又译‘最小主义伦理’）。因此，它总是或多或少地表现为某种齐一化的普遍性社会道义要求和外在约束，甚至常常诉诸于社会对权利与义务的制度化安排，成为政治伦理和

① 李青、王义：“优良道德的创制与美德的形成”，《淮阴师范学院学报》2012 年第 4 期。

法律规范的直接表达式。”“在现代民主社会条件下，这种依托于社会政治秩序和制度安排的普遍规范伦理无疑是十分必要和现实的。惟有这样，社会伦理才有可能获取社会公共理性的支持，也才有可能取得社会民众的普遍认同。”但是，规范伦理学也陷入了一种“知识困境”：“撇开了传统的美德伦理和道德形上而进路，它并没有创立一种无任何假设前提的普遍规范伦理。”麦金太尔由此认为，只有规范或规则而无美德品格之内在基础的伦理学，是不可能实现其普遍规范的理论梦想的。“在美德与法则之间还有另一种关键性的联系，因为只有对于拥有正义美德的人来说，才可能了解如何去运用法则。”“麦金太尔的这一提示决不仅仅是某种美德与法则（作为伦理规范的最高普遍形式，如康德的‘道德律’）的辩证法的重申，毋宁说，它具体而又深刻地揭示了伦理学知识（包括道德话语）中传统与现代的理论断裂，以及由此带来的现代性道德后果。作为一种典型的传统型道德知识类型，美德伦理代表着传统道德文化的基本理论形态和道德思维方式。它注重的是人格理想完善基础上的道德目的的圆满实现，具有内在自律的‘自我约束’性道德力量和‘自我完善’型内在价值取向。”所以说，“在法则（作为现代伦理规范的原则表达）与美德（作为传统道德目的论的价值表达）之间，还存在着、且将永远存在着另外一种‘关键性的联系’，它标示出人类道德伦理的现代与传统、普遍与特殊，社会道义与个人目的，以及人类道德生活之外在性与内在性之间的深刻关联，而不是超历史的断裂。”①

人生在世，每个人都有自身对世界、人生的认知，都有个人理想、目标追求。一个人的理想有大小、目标有高低。然而，不管什么样的理想、目标，只要是对社会和每个人有益的、善的，那么就是应当的，就是值得追求的，就是应当受到社会保护和人们尊重的。每个时代都有一些人怀有伟大的社会理想、崇高的人生目标和高尚

① 万俊人：“现代性的伦理话语”，《中国社会科学战线》2002 年第 1 期。

的道德追求，并且具有坚强的意志和高尚的品德。这些人的确是社会的精英，国家的栋梁。他们站在历史的风浪尖上，引领社会的发展进步。同样，每个时代也有一些人或者许多人没有那么崇高的理想和宏伟的目标，不想成贤成圣，只想做平平淡淡、简简单单、真真切切的事情，一生坚守道德底线，承担基本的道德义务和责任，坚守基本的道德操守，想做一个平平庸庸的好人。在社会日渐世俗化、权利平等化、价值多元化的时代，可能每个人的人生目标和道德追求都不一样了，也许“平庸”会成为社会的一个重要品质，做一个不干坏事、不做不道德的事、不做违背法纪的事的“平庸之人”可能会成为社会许多人的人生态度。做一个有德性的文明的“平庸之人”，也应当受到社会的肯定、鼓励和嘉奖。因为平凡、平庸之中也可以彰显伟大、凸显崇高。

的确，任何社会都希望它的成员品德优良，是品德高尚的人，任何时代也的确有一大批品格完美、品德高尚的人。一个人品德的高尚确实与道德要求的高低紧密相连，例如，一般说来，一个仁爱的人道主义者的品德似乎要比一个公正的不偏不倚者要高尚，一个大公无私的人的品德似乎要比一个为我利他者要高尚。但是，一个人的品德是否高尚与一个人遵守的道德的性质——优良还是恶劣——直接相关，而与道德的层次高低并不直接相连。虽然道德要求、道德层次有高低之别，但道德要求的高低并不决定人的道德品质的高低，即并不是遵守高层次道德的人，品德就高尚，而遵守较低标准的道德的人，品德就低下。的确，那些大公无私、舍生取义、舍己为人、无私奉献、自我牺牲的人，品德是高尚的；那些全心全意为人民服务的人、那些把有限的生命投入到无限的为人民服务中去的人，有崇高的品德。但是，那种遵守一般道德、坚守道德底线的人，比如一辈子不伤害他人的人、不破坏一花一草的人、不失信食言的人，那些信守为己利他、互利互惠的人，比如在商品交换中始终坚持公平交易、童叟无欺的人……同样是品德高尚的。因为，从一定意义上说，一个人始终坚守道德底线，遵守基本道德，做一辈子的好人，并不是件容易的事情。这种人的品德无疑也是高尚的。可见，品德高尚者并不在于是否践履崇高道德，而根本在于内心接纳“道德律令”的指导，并按照道德“绝对命令”所要求的方式待人接物或从事社会实践活动。同样，一个道德水平高的社会并不在于有多少高标准的道德要求或制定了多少崇高的道德，而根本在于有多少具有崇高美德品质的人。一个长期或一辈子都坚守道德底线、遵守基本道德的人必定是个品德高尚的人，一个大多数社会成员都拥有美德、都具有较高德性的社会则是个好社会。因此，一个社会，如果这种平凡的高尚者或高尚的平凡者越多，便会越和谐、越美好。

同时，道德理想、崇高品德与道德底线、基本道德并不是相互对立的，更不是相互割裂的，而恰恰是相互支持、相互补充的。正如何怀宏教授所言：“每个人都有自己的人生目标和价值追求，但人必须先满足一种道德底线，然后才能去追求自己的社会理想。严守道德底线需要得到人生理想的支持，而去实现任何人生理想也要受到道德底线的限制。现时代我们面临这样一个处境：最小范围内的道德规范需要更大范围内的人们的同意和共识，最低限度的道德约束呼唤着最高精神的支持。强调道德底线与基本义务、提倡人生理想与超越精神又是紧密联系、完全可以互补的。”①

一个好社会的确需要那些经受大是大非的考验、轰轰烈烈地做一件惊天动地大好事的人。然而，一个好社会更需要那些在日常平常的生活工作中长期坚守道德底线、遵守基本道德的人。因为，真正好的社会生活主要或根本是由这些平常的事情构成的。真正讲来，一个好社会是不需要太多的大是大非的，一种好生活也不需要太多的风风雨雨，一个好的人生也不需要太多的沟壑、曲折和重大考验。一个社会、一种生活，如果给人很多的道德困境和严峻考验，很难说是好的社会和好的生活。因为道德困境、严峻考验在一定意义上说，是社会利益关系的冲突、是人生的逆境和苦难。我们能够认为

① 何怀宏：“我为什么要提出‘底线伦理’”，《北京日报》2012年2月20日。

利益关系冲突激烈且不断的社会是好社会么？人生的逆境和苦难的确可以磨砺人的意志品质，然而，我们又有多少人愿意身处逆境、历经苦难呢？苦难的生活似乎可以看作是一种人生的考验，但绝不能认为是值得过的幸福生活。

社会越发展、越进步，肯定是社会关系越公正合理、人与人的利益关系越来越密切、越来越一致，人与人、人与社会的利益冲突的程度越来越低。社会对人的道德要求更多的是一般的、基本的，而不是特殊的、崇高的。从社会道德发展的历史看，道德发展是一个由义务性向权利性转换的过程，即由义务性道德向权利性道德转变。社会发展不是要人承担更多的道德义务，而是让人享有更多的道德权利，且使每个人公正享有道德权利和履行道德义务。社会发展意味着人更充分地享有自由、更多地获得权利、更大地实现利益。社会越发展、越进步则意味着人的生活更幸福。人的幸福生活是有德性的生活。因为良好的道德是构成好生活、幸福生活的一个基本前提。优良道德是以人性为基本前提的，是以增进社会和人的利益——实现人的幸福为最终目的的，是给人较少限制的自由道德。因此，一个好的社会必须是自由的，不自由的社会不能称之为好社会；一种幸福的生活也必须是自由的，不自由的生活也不能称之为幸福的生活。

中国特色社会主义是富强、民主、文明、和谐的现代化社会，是自由、平等、公正、法治的社会，是体现科学社会主义基本原则、尤其是“以人的自由全面发展为根本原则”的社会。社会和谐作为中国特色社会主义的本质属性，要求我们在建设社会主义和谐社会的过程中构建和谐一致的社会关系。因为，社会和谐的根本在于各种利益关系的和谐一致。因此，构建和谐社会就是要构建和谐一致的社会利益关系。

利益和谐一致的社会在道德要求上是与利益不一致的社会有本质区别的。利益和谐一致的社会在制度伦理上的根本要求是保证社会基本结构（基本制度）的自由公正和民主法治；在个人德性方面则普遍要求个体应当诚信友善、互帮互助、平等互利、互惠共赢，而不是普遍的大公无私、自我牺牲，只有当个人利益和集体（社会）利益相冲突或在国家、民族的特殊时期，如遭受外族入侵、自然灾害的时候，才会要求个体无私奉献、勇于牺牲，甚至牺牲生命。因此，社会主义和谐社会道德体系主要是建构为己利他的、互利的、公正的基本道德，形成社会共同的道德信念，培育社会公共精神，使每个人做一个有德性的合格的社会公民；并不主张把“大公无私”、“自我牺牲”、“无私奉献”等高层次的“无我”道德普遍化，即作为人们应当普遍遵守的道德要求；而主张把这种崇高的道德留给个人去选择、去追求。因为，自由公正的社会制度在道德上要求个体依法维护自身利益、互利互惠、公道正派，而只有不公正的社会制度、不平等的社会关系才在道德上普遍要求社会个体——劳动者绝对奉献自我、牺牲自我。当然，社会主义和谐社会道德体系对那些特殊的群体（如军人、警察、官员等）在职业道德等方面或在特殊历史阶段或特殊环境要求人们应当且必须遵守那些“无私奉献”的高层次道德。同时，和谐社会的道德体系也主张，每一位社会成员都应当追求高尚，能够自觉培育高尚德性，做一个纯粹的、高尚的人。

制度伦理与个人道德要求是互为条件、相互促进的，前者是后者的保证和前提，后者是前者的直接表现和落脚点。从我国当前社会发展的需要看，加强道德建设，提高全体公民的道德素质，关键是要加强制度伦理建设。因为，制度伦理对加强社会道德建设、提高社会道德水准、培育个人品德具有根本性、决定性的作用。亚里士多德认为：“只有在城邦内并通过城邦生活，德性才能得到运行。离开了城邦特别是好的城邦所承担的教育，人类在理性所要求的德性方面就是无能的。”[①] 他在《政治学》中还说：“人若趋于完善就是最优良的动物，而一旦脱离了法律和公正就会变成最恶劣的动物。

① MacIntyre. Virtue Eithics. L. Beeker. Encyclopedia of Ethics. Routledge，2001：57—58. 转引自高国希：“论个人品德”，《探索与争鸣》2009 年第 11 期。

不公正被武装起来将会是莫大的祸害，人天生就具备武器，能运用智谋和德性，但也可能导向更恶劣的结局。”① 所以，加强和谐社会道德建设，不仅需要提高公民的道德素质，提高人的德行，而且根本在于改革不合理、不公正的制度和体制机制，改变不公正不合理的利益关系，建立公正的社会基本结构，构建公正和谐的社会利益关系，确保社会基本制度或基本结构的公平正义。

① ［美］余纪元：《德性之境——孔子与亚里士多德的伦理学》，中国人民大学出版社，2009年版，第180页。

主要参考文献

一、马列经典著作

《马克思恩格斯选集》（第1至4卷），人民出版社，1995年版。

《马克思恩格斯全集》第3卷，人民出版社，2002年版。

《马克思恩格斯全集》第30、31、32卷，人民出版社，1995年版。

《马克思恩格斯全集》第46卷（上、下），人民出版社，1979年版、1980年版。

《马克思恩格斯文集》第1、2、3卷，人民出版社，2009年版。

《列宁选集》第1至4卷，人民出版社，1995年版。

《列宁全集》第28、55卷，人民出版社，1990年版。

《毛泽东选集》（第一至四卷），人民出版社，1991年版。

《邓小平文选》（第二、三卷），人民出版社，1994年版、1993年版。

《习近平总书记系列重要讲话读本》，学习出版社、人民出版社，2014年版。

《十六大以来重要文献选编》（上、中、下），中央文献出版社，2005年版、2006年版、2007年版。

《十七大以来重要文献选编》（上），中央文献出版社，2009年版。

《中国共产党第十七次全国代表大会文件汇编》，人民出版社，2007 年版。

《中国共产党第十八次全国代表大会文件汇编》，人民出版社，2012 年版。

二、中文著作

安启念：《马克思恩格斯伦理思想研究》，武汉大学出版社，2010 年版。

蔡元培：《中国人的修养》，中国工人出版社，2008 年版。

陈根法：《德性论》，上海人民出版社，2004 年版。

陈泽环：《道德结构与伦理学》，上海人民出版社，2009 年版。

慈济伟：《正义的两面》，三联书店，2001 年版。

崔永东：《中西法律文化比较》，北京大学出版社，2004 年版。

樊浩：《道德形而上学体系的精神哲学基础》，中国社会科学出版社，2006 年版。

甘邵平：《人权伦理学》，中国发展出版社，2009 年版。

高国希：《道德哲学》，复旦大学出版社，2005 年版。

高兆明：《社会失范论》，江苏人民出版社，2006 年版。

高兆明：《制度公正论》，上海文艺出版社，2001 年版。

高兆明、李萍：《现代化进程中的伦理秩序研究》，人民出版社，2007 年版。

高兆明：《制度伦理研究》，商务印书馆，2011 年版。

高扬先：《走向普遍伦理》，江西人民出版社，2000 年版。

龚群：《社会伦理十讲》，中国人民大学出版社，2008 年版。

龚群：《现代伦理学》，中国人民大学出版社，2010 年版。

郭淑新：《敬畏伦理研究》，安徽人民出版社，2007 年版。

韩美群：《和谐文化论》，中国社会科学出版社，2010 年版。

韩水法：《正义的视野》，商务印书馆，2009 年版。

韩震：《重建理性主义信念》，中华书局，2009年版。

何怀宏：《伦理学是什么?》，北京大学出版社，2002年版、2008年版。

何怀宏：《良心论》，上海三联书店，1996年版。

何怀宏：《底线伦理》，辽宁人民出版社，1998年版。

何怀宏：《生生大德》，北京大学出版社，2011年版。

何霜梅：《正义与社群》，人民出版社，2009年版。

何文治：《道德建设》，天津人民出版社，1991年版。

胡真圣：《两种正义观》，中国社会科学出版社，2004年版。

江畅：《德性论》，人民出版社，2011年版。

厉以宁：《超越市场与超越政府》（修订本），经济科学出版社，2010年版。

李德顺：《价值论》，中国人民大学出版社，1987年版。

李德顺、孙伟平：《道德价值论》，云南人民出版社，2005年版。

李建华：《官员的道德》，北京大学出版社，2012年版。

李建华：《走向经济伦理》，湖南大学出版社，2008年版。

李青：《科学发展观视域中的"以人为本"》，时事出版社，2009年版。

李仁武：《制度伦理研究》，人民出版社，2009年版。

李佑新：《走出现代性道德困境》，人民出版社，2006年版。

李泽厚：《批评哲学的批判》，天津社会科学院出版社，2003年版。

李泽厚：《美学三书》，天津社会科学院出版社，2003年版。

李泽厚：《实用理性与乐感文化》，三联书店，2005年版。

李泽厚：《伦理学纲要》，人民日报出版社，2010年版。

林世选：《国民素质论》，中央编译出版社，2009年版。

刘放桐：《现代西方哲学》，人民出版社，2000年版。

刘同君、魏小强：《法伦理文化视野中的和谐社会》，江苏大学出版社，2007 年版。

罗国杰：《伦理学原理》，人民出版社，1989 年版。

罗国杰：《罗国杰文集》，河北大学出版社，2000 年版。

罗国杰：《罗国杰自选集》，中国人民大学出版社，2007 年版。

罗国杰：《建设与社会主义市场经济相适应的思想道德体系》，人民出版社，2011 年版。

欧阳英：《构建和谐社会的政治哲学阐释》，江苏人民出版社，2010 年版。

秦越存：《寻求美德之路》，中央编译出版社，2008 年版。

潘自敏：《论价值规范》，中国社会科学出版社，2006 年版。

沈晓阳：《关怀伦理研究》，人民出版社，2010 年版。

宋惠昌：《社会主义核心价值观专题解读》，中共中央党校出版社，2010 年版。

宋希仁：《西方伦理思想史》，中国人民大学出版社，2004 年版。

宋希仁：《西方伦理学思想史》，湖南教育出版社，2004 年版。

孙道进：《环境伦理学的哲学困境：一种反拨》，中国社会科学出版社，2007 年版。

孙永芬：《西方民主理论史纲》，人民出版社，2008 年版。

唐代兴：《优良道德体系论》，中国大百科全书出版社，2004 年版。

唐凯麟：《伦理学》，高等教育出版社，2001 年版。

唐凯麟：《伦理大思路》，湖南人民出版社，2000 年版。

唐凯麟：《西方伦理学经典命题》，江西人民出版社，2009 年版。

谭培文：《从底线伦理到终极关怀》，广西师范大学出版社，2009 年版。

万俊人：《现代西方伦理学史》，北京大学出版社，1990 年版。

万俊人：《道德之维》，广东省出版集团，2011 年第 2 版。

万俊人：《20 世纪西方伦理学经典》，中国人民大学出版社，2004 年版。

王海明：《伦理学原理》，北京大学出版社，2005 年版。

王海明：《新伦理学》，商务印书馆，2008 年版。

王海明：《人性论》，商务印书馆，2005 年版。

王海明：《伦理学方法》，商务印书馆，2003 年版。

王磊：《马克思恩格斯论道德》，人民出版社，2011 年版。

王少安、周玉清：《社会主义和谐文化建设论》，人民出版社，2010 年版。

王小锡：《中国伦理学 60 年》，上海人民出版社，2009 年版。

王泽应：《20 世纪中国马克思主义伦理思想研究》，人民出版社，2008 年版。

王泽应：《自然与道德》，湖南大学出版社，1999 年版。

魏英敏、王泽应：《新伦理学教程》，北京大学出版社，1992 年版。

魏英敏：《当代中国伦理与道德》，昆仑出版社，2001 年版。

卫忠海：《中国现代化的理论与实践》，四川大学出版社，2008 年版。

夏伟东：《道德本质论》，中国人民大学出版社，1991 年版。

夏伟东：《中国共产党思想道德建设史略》，山东人民出版社，2006 年版。

夏勇：《人权概念的起源》，中国社会科学出版社，2007 年版。

夏甄陶：《人是什么》，商务印书馆，2002 年版。

谢岳、程竹汝：《法治与德治》，江苏人民出版社，2003 年版。

徐春：《人的发展论》，中国人民公安大学出版社，2007 年版。

杨伯峻：《论语译注》，中华书局，2007 年版。

杨金海：《人的存在论》，中华书局，2009 年版。

杨清涛：《和谐之道》，人民出版社，2009 年版。

杨泽波：《孟子性善论研究》（修订本），中国人民大学出版社，

2010 年版。

杨祖陶、邓晓芒：《康德三大批判精粹》，人民出版社，2001 年版。

姚大志：《何谓正义：当代当代西方政治哲学研究》，人民出版社，2007 年版。

袁贵仁：《马克思的人学思想》，北京师范大学出版社，1996 年版。

袁贵仁：《价值学引论》，北京师范大学出版社，1991 年版。

袁贵仁：《价值观的理论与实践》，北京师范大学出版社，2006 年版。

张岱年：《中国伦理思想研究》，中国人民大学出版社，2011 年版。

张国清：《和谐社会研究》，人民出版社，2006 年版。

章海山：《伦理学引论》，高等教育出版社，1999 年版。

章海山：《当代道德的转型与建构》，中山大学出版社，1999 年版。

张传有：《伦理学引论》，人民出版社，2006 年版。

张华夏：《现代科学与伦理世界》（第二版），中国人民大学出版社，2010 年版。

张康之：《论伦理精神》，江苏人民出版社，2010 年版。

张述元：《人的全面发展在中国》，时事出版社，2009 年版。

张维祥：《中西哲学及其思维方式比较》，国防大学出版社，2006 年版。

张之沧等：《西方马克思主义伦理思想研究》，南京师范大学出版社，2009 年版。

赵敦华：《西方人学观念史》，北京出版社，2005 年版。

赵敦华：《西方哲学经典讲演录》，广西师范大学出版社，2007 年版。

赵汀阳：《论可能生活》，中国人民大学出版社，2010 年版。

赵汀阳：《每个人的政治》，社会科学文献出版社，2010 年版。

赵士发：《世界历史与和谐发展》，人民出版社，2006 年版。

钟明华、李萍：《马克思主义人学视域中的现代人生问题》，人民出版社，2006 年版。

周辅成：《西方伦理学名著选辑》，商务印书馆，1964 年版。

三、中文翻译著作

[美] A. 约翰·西蒙斯：《道德原则与政治义务》，郭为桂、李艳丽译，江苏人民出版社，2009 年版。

[法] 阿兰·佩雷菲特：《信任社会》，邱海婴译，商务印书馆，2005 年版。

[美] 阿历克斯·英格尔斯：《人的现代化》，殷陆君译，四川人民出版社，1985 年版。

[印] 阿马蒂亚·森：《以自由看待发展》，任赜、于真译，中国人民大学出版社，2002 年版。

[美] 爱因·兰德：《新个体主义伦理观》，秦裕译，三联书店，1993 年版。

[美] 安·兰德：《自私的德性》，焦晓菊译，华夏出版社，2007 年版。

[德] 包尔生：《伦理学体系》，何怀宏、廖申白译，中国社会科学出版社，1988 年版。

[美] 彼彻姆：《哲学的伦理学》，雷克勤等译，中国社会科学出版社，1990 年版。

[英] 边沁：《道德与立法原理导论》，时殷弘译，商务印书馆，2011 年版。

[法] 柏格森：《道德和宗教的两个来源》，王作虹等译，贵州人民出版社，2000 年版。

[古希腊] 柏拉图：《柏拉图对话录》，王太庆译，商务印书馆，

2004 年版。

［英］伯林：《自由论》，胡传胜译，译林出版社，2003 年版。

［英］伯纳德·威廉斯：《道德运气》，徐向东译，上海译文出版社，2007 年版。

［英］布莱恩·巴里：《正义诸理论》，孙晓春等译，吉林人民出版社，2004 年版。

［美］大卫·雷·格里芬：《后现代精神》，王成兵译，中央编译出版社，1998 年版。

［英］戴维·罗斯：《正当与善》，林南译，上海译文出版社，2008 年版。

［美］丹尼尔·贝尔：《资本主义文化矛盾》，严蓓雯译，江苏人民出版社，2007 年版。

［捷］丹尼尔·沙拉汉：《个人主义的谱系》，储智勇译，吉林出版集团有限公司，2009 年版。

［美］德沃金：《至上的美德》，冯克利译，江苏人民出版社，2007 年版。

［美］弗兰克·梯利：《伦理学概论》，何意译，中国人民大学出版社，1987 年版。

［美］富勒：《法律的道德性》，郑戈译，商务印书馆，2005 年版。

［法］居友：《无义务无制裁的道德概论》，余涌译，中国社会科学出版社，1994 年版。

［英］哈耶克：《自由秩序原理》，邓正来译，三联书店，1997 年版。

［英］赫伯特·斯宾塞：《国家权力与个人自由》，谭小勤等译，华夏出版社，2000 年版。

［英］霍布斯：《利维坦》，黎思复、黎廷弼译，商务印书馆，1985 年版。

［德］黑格尔：《法哲学原理》，范扬、张企泰译，商务印书馆，

1961 年版。

［德］黑格尔：《哲学史讲演录》第一至四卷，贺麟、王太庆译，商务印书馆，1959 年版。

［英］黑尔：《道德语言》，万俊人译，商务印书馆，1999 年版。

［英］吉登斯：《现代性的后果》，田禾译，译林出版社，2000 年版。

［法］卢梭：《社会契约论》，何兆武译，商务印书馆，1980 年版。

［英］罗素：《西方哲学史》，何兆武、李约瑟译，商务印书馆，1963 年版。

［英］罗素：《罗素道德哲学》，李国山等译，九州出版社，2009 年版。

［德］康德：《实践理性批判》，韩水法译，商务印书馆，1991 年版。

［德］康德：《实践理性批判》（注释本），李秋零译注，中国人民大学出版社，2012 年版。

［德］康德：《纯粹理性界限内的宗教》（注释本）李秋零译注，中国人民大学出版社，2012 年版。

［德］康德：《道德形而上学原理》，苗田力译，上海世纪出版集团，2012 年版。

［德］康德：《法的形而上学原理》，沈叔平译，商务印书馆，1991 年版。

［美］科恩：《论民主》，聂崇信、朱秀贤译，商务印书馆，1988 年版。

［德］罗伯特·施佩曼：《道德的基本观念》，沈国琴等译，上海译文出版社，2007 年版。

［美］罗尔斯：《正义论》，何怀宏、廖申白等译，中国社会科学出版社，1988 年版。

［美］罗尔斯：《政治自由主义》，万俊人译，译林出版社，

2002 年版。

［美］罗尔斯：《作为公平的正义》，姚大志译，中国社会科学出版社，2011 年版。

［法］卢梭：《社会契约论》，何兆武译，商务印书馆，2003 年修订第三版。

［美］玛莎·纳斯鲍姆：《善的脆弱性》，徐向东、陆萌译，译林出版社，2007 年版。

［美］马斯洛等：《人的潜能和价值》，林方等译，华夏出版社，1987 年版。

［美］麦金太尔：《伦理学简史》，龚群译，商务印书馆，2003 年版。

［美］麦金太尔：《德性之后》，龚群等译，中国社会科学出版社，1995 年版。

［美］麦金太尔：《追寻美德》，宋继杰译，江苏人民出版社，2008 年版。

［美］迈克尔·桑德尔：《公正该如何做是好?》，朱慧玲译，中信出版社，2011 年版。

［法］孟德斯鸠：《论法的精神》，张雁深译，商务印书馆，1982 年版。

［英］米尔恩：《人的权利与人的多样性》，中国大百科全书出版社，1995 年版。

［德］米歇尔·鲍曼：《道德的市场》，肖君、黄承业译，中国社会科学出版社，2003 年版。

［英］摩尔：《伦理学原理》，长河译，商务印书馆，1983 年版。

［美］尼布尔：《道德的人与不道德社会》，蒋庆等译，贵州人民出版社，2009 年版。

［美］诺奇克：《无政府、国家和乌托邦》，姚大志译，中国社会科学出版社，2008 年版。

［法］萨特：《存在主义是一种人道主义》，周煦良、汤永宽译，

上海译文出版社，1988 年版。

［法］托克维尔：《论美国的民主》，董果良译，商务印书馆，1988 年版。

［美］希拉里·普特南：《无本体论的伦理学》，孙小龙译，上海译文出版社，2007 年版。

［美］西季威克：《伦理学方法》，廖申白译，中国社会科学出版社，1993 年版。

［美］休谟：《人性论》，郑文运译，商务印书馆，1980 年版。

［美］休谟：《道德原理探究》，王淑芹译，中国社会科学出版社，1999 年版。

［美］休谟：《道德原则研究》，曾晓平译，商务印书馆，2001 年版。

［英］亚当·斯密：《道德情操论》，蒋自强等译，商务印书馆，1997 年版。

［古希腊］亚里士多德：《尼各马可伦理学》，廖申白译，商务印书馆，2003 年版。

［古希腊］亚里士多德：《政治学》，吴寿彭译，商务印书馆，1965 年版。

［美］余纪元：《德性之境——孔子与亚里士多德的伦理学》，林航译，中国人民大学出版社，2009 年版。

［英］约瑟夫·拉兹：《自由的道德》，孙晓春等译，吉林人民出版社，2006 年版。

四、期刊论文

陈志尚：“正确把握以人为本的科学内涵”，《北京大学学报》（社科版）2005 年第 2 期。

杜振杰：“近三十年来关于道德本质问题的研究综述”，《道德与文明》2010 年第 2 期。

方乐：“司法如何面对道德?”,《中国法学》2010 年第 2 期。

高国希：“论个人品德”,《探索与争鸣》2009 年第 11 期。

高兆明：“关于‘普世价值’的几个理论问题”,《浙江社会科学》2009 年 5 期。

韩东屏：“道德究竟是什么”,《学术月刊》2011 年第 9 期。

葛畅：“自由：道德的本质”,《学术探索》,2004 年第 8 期。

郭中华：“变动社会中的公民身份”,《武汉大学学报》（哲学社会科学版）2012 年第 1 期。

黄云明：“论道德的本质”,《河北大学学报》（哲学社会科学版）1998 年第 3 期。

江怡：“当代哲学与新的启蒙”,《苏州大学学报》2011 年第 3 期。

李德顺：“怎样看‘普世价值’?”《哲学研究》2011 年第 1 期。

李松龄：“和谐社会的经济基础”,《吉首大学学报》（社会科学版）2007 年 05 期。

李青：“论以人为本是社会主义和谐社会道德建设的核心”,《以人为本与中国特色社会主义建设》（论文集）,现代教育出版社 2011 年。

李青：“论以人为本的内在矛盾性”,《以人为本与社会主义和谐社会建设》（论文集）,中国教育出版社 2012 年版。

李青、王义：“论和谐社会构建中的集体主义原则”,《武陵学刊》2011 年第 3 期。

李青，王义：“优良道德的创制与美德的形成”,《淮阴师范学院学报》2012 年第 4 期。

李忠杰：“论建设和谐文化”,《新华文摘》2007 年第 5 期。

刘云林：“道德的结构、层次与当代中国道德建设”,《探索》2005 年第 6 期。

刘云山：“建设和谐文化巩固社会和谐的思想道德基础”,《新华文摘》2007 年第 1 期。

潘爱国："论非基本权利的宪法保护"，《法律科学》2011 年第 4 期。

庞俊来："从幸福到自由：西方道德哲学的知识生成"，《中共四川省委省级机关党校学报》2012 年第 3 期。

唐贤秋："论道德的民族性与超民族性"，《伦理学研究》2012 年第 1 期。

唐凯麟："集体主义与社会公正论纲"，《道德与文明》2004 年第 4 期。

唐永泽："论道德的本质属性"，《淮阴师范学院学报》2001 年第 2 期。

唐永泽："从生活实践中探寻道德的本质"，《江苏社会科学》2003 年第 1 期。

万俊人："现代性的伦理话语"，《中国社会科学战线》2002 年第 1 期。

万俊人："和谐社会及其道德基础"，《马克思主义与现实》2005 年第 1 期。

万俊人："人为什么要有道德"，《现代哲学》2003 年第 1、2 期。

王海明："论道德结构"，《湖南师范大学学报》（社会科学版）2004 年第 5 期。

王旭伟："法治、德治关系的分析"，《沈阳师范大学学报》（社会科学版）2005 年第 3 期。

王义、李青："以人为本：社会主义和谐社会的首要道德原则"，《武陵学刊》2010 年第 2 期。

王义、李青："论和谐社会道德体系最根本的道德原则"，《淮阴师范学院学报》2011 年第 3 期。

吴向东："制度与人的全面发展"，《哲学研究》2004 年第 8 期。

夏伟东："略论道德本质——兼与肖雪慧同志商榷"，《哲学研究》1986 年第 8 期。

肖群忠："论和谐的理想与道德"，《河北学刊》2005 年第 4 期。

肖雪慧："人的主体性是一切道德活动出发点"，《光明日报》1986 年 2 月 3 日。

肖雪慧："'道德本质在于约束性'驳论——答夏伟东同志"，《哲学研究》1987 年第 3 期。

应飞虎、戴劲松："法治与德治"，《深圳大学学报》（人文社会科学版）2001 年第 18 卷。

张博颖："集体主义：面临困境还是机遇"，《道德与文明》2005 年第 2 期。

张晓东："集体主义原则的经济学表达"，《云南社会科学》2000 年第 4 期。

张维祥、段勇："'自由'与'人的全面发展'"，《晋阳学刊》2007 年第 2 期。

周德海："论道德悖论与新道德体系的构建"，《理论建设》2008 年第 2 期。

湖南师范大学道德文化研究中心：《伦理学研究》，2008 年第 1 期—2012 年第 5 期。

中国伦理学会、天津社会科学院：《道德与文明》，2000 年第 1 期—2012 年第 5 期。

中国人民大学复印报刊资料：《伦理学》，2004 年第 1 期—2012 年第 10 期。

中国人民大学复印报刊资料：《哲学原理》，2000 年第 1 期—2012 年第 10 期。

中国人民大学复印报刊资料：《中国特色社会主义理论》，2009 年第 1 期—2012 年第 10 期。

中国社科院：《哲学研究》，2004 年第 1 期—2012 年第 12 期。

五、外文资料

Henry Shue, *Basic Rights*: *Subsistence*, *Affluence and U. S. Foreign Policy*, Princeton: Princeton University Press, second edition, 1996.

D. Regan, *Utilitarianism and Cooperation*, Oxford: Clarendon Press, 1980.

G. A. Cohen, *SelF-Ownership*, *Freedom and Equality*, Cambridge: Cambridge University Press, 1995.

L. W. Sumner, *The Moral Foundation of Roghts*, Oxford University Press, 1987.

L. W. Sumner, *Walfare*, *Happiness*, *and Ethics*, Oxford University Press, 1996.

Maclntyre, Alasdair, *After Virtue*, Notre Dame, Indiana: University of Notre Dame Press, 1984.

Maclntyre, Alasdair, *Whose Justice*? *Which Rationality*? Notre Dame, Indiana: University of Notre Dame Press, 1988.

Nozick, Robert, *Anarchy*, *State and Utopia*, New York: Basic Books, 1974.

Rawls, John, *A Theory of Justice*, Cambridge, Massachusetts: Harvard University Press, 1971.

Rawls, John, *Political Liberalism*, New York: Columbia University Press, 1996.

Rawls, John, *Justice as Fairness*, Cambridge, Massachusetts: The Belknap Press of Harvard University Press, 2001.

Warnke, Georgia, *Justice and Interpretation*, Cambridge, UK: Polity Press, 1991.

后 记

中国是个崇德的国度，中华民族是个崇德的民族，中国文化属于“崇德”的德性文化。“道德”，在中国传统社会是个关键词，在当代中国依然是个关键词、热门词。在政治和文化领域，赞扬中国者，无不赞中国的道德；贬损中国者，无不贬中国的道德；促进中国发展者，无不努力推进中国的道德建设；阻止中国进步者，无不极力阻碍中国的道德建设。在社会领域，“道德”成为了人们既爱又恨的对象，道德给生活既带来希望又带来失望；既带来崇敬、感动又带来失落和悲伤。在日常生活中，无论是赞赏一个人还是谴责一个人，无一不是从人的道德或德性着手或着力。道德像是弥漫在这个国家、民族和人们生活之中的“空气”，构成了“崇德”的生态。

今天的中国，要建设成为一个富强、民主、文明、和谐的社会主义现代化国家，要建设自由、平等、公正、法治的现代社会，实现伟大的中国梦，需要什么样的道德？怎样建设所需的道德？今天的中国人，要过一种富足、安宁、和睦、幸福的现代生活，做一个合格的现代人，需要什么样的道德？怎样培育所需的德性？

围绕构建和谐社会、创造和谐生活这一主题，我们对上述问题作了一些尝试性的回答。由于学识、功力、精力所限，不深不透、不痛不痒的地方一定很多，“正确的废话”、“不错的大话”肯定不少，敬请大家批评指教。

全国哲学社会科学规划办公室给予了我们这一宝贵的学习研究机会，清华大学万俊人教授、湖南师范大学王泽仁教授、国防大学颜晓峰教授、北京师范大学王成兵教授给予了我们精心的指导和鼓励，学院王义政委，科研部付天保部长、柯佳雄部长、沈庭云部长、游炎富副部长、范斌参谋等给予了我们无私的帮扶，《武陵学刊》编辑部张文刚主编、张群喜编辑、《淮阴师范学院学报》编辑部张超编辑给予了我们莫大的关爱，时事出版社的苏绣芳副社长给予了我们热心的支持，在此一并表示衷心的感谢。同时，感谢同事、家人给予我们的帮助和理解。

龙艳撰写了第一章、第四章第五部分的初稿，邓明辉撰写了第七章的初稿，魏维、杨冬敏撰写了第四章第三部分的初稿，马雪峰、管飞撰写了第四章第二部分的初稿，刘派翻译了英文目录，王江伟、杨军强校对了全稿。全书由李青修改、统稿，书中的所有问题和错误亦由李青负责。

李　青

2014 年 10 月